CULTS

COPYRIGHT © 2022 BY MAX CUTLER
PUBLISHED BY ARRANGEMENT WITH
WILLIAM MORRIS ENDEAVOR ENTERTAINMENT, LLC.
ALL RIGHTS RESERVED.

KOREAN TRANSLATION COPYRIGHT © 2024
BY EULYOO PUBLISHING CO., LTD.
KOREAN EDITION IS PUBLISHED BY ARRANGEMENT WITH
WILLIAM MORRIS ENDEAVOR ENTERTAINMENT, LLC.
THROUGH IMPRIMA KOREA AGENCY

이 책의 한국어판 저작권은 IMPRIMA KOREA AGENCY를 통해
WILLIAM MORRIS ENDEAVOR ENTERTAINMENT, LLC.와의
독점 계약으로 을유문화사에 있습니다. 저작권법에 의해 한국 내에서 보호를 받는
저작물이므로 무단전재와 무단복제를 금합니다.

컬트

컬트
세상을 경악시킨 집단 광기의 역사

발행일.
2024년 3월 30일 초판 1쇄
2024년 5월 20일 초판 3쇄

지은이. 맥스 커틀러, 케빈 콘리
옮긴이. 박중서
펴낸이. 정무영, 정상준
펴낸곳. (주)을유문화사
창립일. 1945년 12월 1일
주소. 서울시 마포구 서교동 469-48
전화. 02-733-8153
팩스. 02-732-9154
홈페이지. WWW.EULY⊕⊕.C⊕.KR
ISBN 978-89-324-7506-6 03300

✕ 이 책의 전체 또는 일부를 재사용하려면 저작권자와 을유문화사의 동의를 받아야 합니다.
✕ 책값은 뒤표지에 있습니다. 잘못된 책은 구입하신 곳에서 바꾸어 드립니다.

컬트

세상을
경악시킨
컬트 광기의
역사

맥스 커틀러, 케빈 콘리 지음 · 박중서 옮김

일러두기

× 옮긴이 주는 각주로, 지은이 주는 후주로 표기하였다.
× 인명이나 지명은 국립국어원의 외래어 표기법에 따랐으나
  일부 굳어진 명칭은 일반적으로 통용되는 것을 사용했다.

차 례

사람은 누구나 뭔가를, 또는 누군가를 믿고 싶어 한다. 예를 들어 더 높은 이상, 지상에 내려온 신, 하늘에서 들려오는 목소리, 우리의 지성을 뛰어넘는 또 다른 지성 같은 것을 말이다. 이러한 믿음에 대한 욕구가 소속에 대한 필요성과 조합되면 큰일이 일어날 수 있다. 예를 들어 국가가 탄생하고, 사원과 성당이 건립되고, 우주인이 달에 착륙하는 등의 일이 말이다. 소속에 대한 필요성은 강력한 본능이다. 그것이야말로 생존을 위해 서로에게 의존하는 사회적 동물인 우리 DNA의 일부이며, 종교와 정치를 유지하도록 만드는 조직 원리이다. 믿음과 소속이 함께 작용할 경우, 아울러 이 두 가지로부터 고취되는 감정이 공동체에 의해 증폭될 경우에는 사람을 도취시킬 수도 있다.

그렇다면 인간 본성의 어두운 면이 드러났던 저 희귀한 순간들은 도대체 무엇일까?

스포티파이Spotify에서 우리는 헌신적인 신자들의 긴밀한 모임 중에서도 흔히 컬트라고 일컬어지는 소집단들에, 아울러 그들을 이끄는 무시무시할 정도로 카리스마적인 인물들에 초점을 맞춰 왔다. 우리는 팟캐스트 〈컬트〉 제1회를 2017년 9월에 배포했으며, 그 첫 번째 에피소드(당시 애플의 팟캐스트 차트에서 1위로 첫 등장했다) 때부터 시작해서 매주 이 역사에 대한 강력한 반응에 깜짝 놀랐는데, 지난 4년 동안 무려 5500만 회 이상 다운로드되면서 그 인기는 꺾일 기미가 없었기 때문이다. 이렇게 관심이 쏟아지자 우리는 극단적인 신앙의 연대기를 계속 뒤지면서 매주 이런 매혹을 만족시켜 줄 만한 컬트를 찾아보았다. 한 번의 보도를 마무리할 때마다 컬트가 제공할 수 있는 최악의 사례를 우리가 마침내 발견했다고 생각했지만, 머지않아 더 심한 사례를 발견하고는 뼛속 깊이 충격을 받는 경우도 드물지 않았다.

주간 팟캐스트 덕분에 우리는 사례 연구의 목록을 훤히 꿰뚫게 되었다. 처음부터 우리는 컬트 지도자들의 삶과 그 추종자들의 삶에 관한 원 자료만을 무작정 들여다본 것이 아니라, (비록 우리가 심리학자까지는 아니었지만) 그들의 심리와 동기까지 검토했다. 우리는 시간을 들여 뒤로 한 발 물러나서 그들이 차용한 조종의 유형을 살펴보고, 그토록 많은 사람을 행동의 극단(예를 들어 연쇄 살인, 성적 일탈, 대량 자살)까지 이끌었던 무의식적 충동에 각별히 주의를 기울였다.

이후의 내용에서 독자 여러분은 매 시대마다 컬트 지도자들이 그 추종자를 유인하고 유혹했던 방법에서 유사성을 보게 될 것이다. 즉 타인을 거의 전적으로 지배하게 된 지도자들은 (단지 지루함 때문이든, 아니면 가학적 호기심 때문이든, 아니면 자기 자신의 환상을 스스로도 믿기 시작했기 때문이든 간에) 급기야 삶과 죽음에 대한 신과 같은 권능을 가졌다고 주장하게 되었다는 것을 말이다.

이 책에서 자세히 설명한 컬트 지도자들은 그 어떤 분류 기준을 적용해도 두드러질 만한 사람들이다. 이들 모두는 남들과는 다른 소질을 지녔다. 예를 들어 무자비함, 어린 시절의 수치, 억압된 성적 취향, 자신의 천재성에 대한 과장된 믿음, 가까운 사람에게 공포를 야기함으로써 얻는 쾌감 같은 것들이다. 또한 거의 모두는 세 가지 두드러진 소질을 공유했는데, 이것이야말로 악의적인 자기도취증의 어두운 3요소라 할 만하다. 첫째는 공감의 결여, 둘째는 타인을 조종하는 태도, 셋째는 과도한 자기애이다. 각각의 사례마다 과연 이들이 이런 성격에 도달한 것이 본성 때문인지, 아니면 양육 때문인지를 단언하기는 불가능하다. 하지만 거의 모두는 공감 능력을 차단하는 어떤 요인을 지닌 것으로 드러났다.

비록 그 삶의 궤적은 이미 밝혀졌으며, 그 악행에 대한 사실은 거의 전적으로 확실해졌지만, 이들 모두에게는 여전히 수수께끼가 남아 있다. 독자 여러분도 마찬가지겠지만, 더 면밀히 살펴볼수록 다음과 같은 중심 질문을 해결하기는 오히려 더 어려워진다. 매료와 거짓말과 조작과 유혹과 대안적 현실 날조에 비범한 역량을 지닌 이 사람들은 과연 각자의 핵심적인 악의에 천성적으로 도달하게 된 것일까, 아니면 삶의 상황 때문에 어찌어찌 괴물로 변모한 것일까? 그들에게 다른 선택의 여지가 있었을까? 만약 그들이 자기 선택 중에서도 최악의 선택에 대해서 후회를 느끼지 않는다면, 그들은 '실제로' 무엇을 느끼는 것일까?

　　　우리는 찰스 맨슨부터 시작한다. 1969년에, 그것도 하필 닐 암스트롱이 달에 처음으로 발을 내디딘 지 불과 몇 주 만에 그는 할리우드에서 벌어진 여섯 건의 살인을 멀찍이서 조종했다. 쿠바계 미국인 아돌포 데 헤수스 콘스탄소는 어려서부터 동물 희생 제의祭儀를 훈련했고, 이 관습을 왜곡시켜 본인의 필요에 써먹었으며, 급기야 테러와 마약 밀매와 학살의 운동을 만들고서 멕시코시티의 마약악마숭배파의 피에 굶주린 우두머리가 되었다.
　　　바그완 슈리 라즈니쉬는 차마 부정할 수 없는 재능과 영적 통찰을 지녔지만, 이런 장점을 위장막으로 삼아서 약물과 성性과 여러 대의 롤스로이스를 선호하는 취향을 숨겼으며, 자신의 검은 의도를 감춘 채 추종자들이 1980년대에 미국 땅에 생물학 무기를 배포하게 방치했다. 맨슨의 '헬터 스켈터' 살인 파티가 벌어진 지 9년 뒤, 짐 존스는 가이아나에 있는 존스타운이라는 밀림 캠프에서 벌어진 집단 자살을 감독하여 세상을 놀라게 만들었다.

　　　성적 일탈이야말로 컬트 지도자들의 특징이라 할 수 있는 자아, 권력, 감정 결여의 조합으로부터 비롯되는 일반적인 귀결, 어쩌면 불가피한 산물일지도 모른다. 캐나다의 귀농 컬트의 지도자 로크 테리오는 모세로 자처했으며, 이른바 '개미 언덕 아이들Ant Hill Kids'이라고 명명한 추종자들을 광야에서 이끌 수 있는, 세계의 종말을 피하게 할 수 있는, 그들을 죄에서 해방하여 평등과 행복 속에서 살게 도와줄 수 있는 예언자로 행세했다. 하지만 사실 그는 잔혹한 통치를 시작해서 구타, 무마취 수술, 펜치로 발가락 자르기, 굶기기, 잠 안 재우기, 노예 삼기, 성적 학대, 성기 태우기, 기타 야만적인 행동을 일삼았다. 이런 과대망상광과 호색적인 취향의 혼합을 공유했던 데이비드 코레시는 재림교의 한 종파를 장악해서 다윗가지파라고 일컬었고, 메시아적 인물로 자처하며 그 종파의 여러 여성과 아이를 낳았으며, 주류·담배·화기 단속국ATF의 수색에 대항하여 51일간 농성하다가 1993년 4월에 이르러 추종자 모두를 죽음으로 이끌었다.

이 책에 모아 놓은 컬트 지도자들의 생애담은 (충분히 예상 가능하듯이) 갖가지 폭력적인 죽음으로 마무리되는 경우도 많은데, 그래도 몇 명쯤은 악명을 떨쳤던 컬트의 해체 이후 한참이 지나서 자연사하기도 했다. 키스 라니에르는 넥시움의 설립자이고, 자기 이름 머리글자 낙인을 찍은 성노예 무리의 주모자로서, 성범죄자와 소아성애자를 전문적으로 수감하는 연방 교도소에서 복역하며 아직 살아 있는데, 불과 60대이므로 참회와 반성을 할 시간이 넉넉할 것이다. 왜냐하면 형기가 정확히 120년에 달하기 때문이다.

짐 존스의 경우처럼 지도자가 추종자와 함께 사망할 경우, 어쩌면 그것이야말로 뒤늦게나마 그의 성실을 보여 주는 증거처럼 보일 수도 있다. 하지만 하느님의 십계명 회복 운동의 창시자인 크레도니아 음웨린데는 역사상 가장 치명적인 비극 중 하나의 사망자들 사이에서 발견되지 않았다. 십계명 운동에 가입하자마자 세속 재산을 헌납한 추종자 대부분은 나무로 지은 교회 안에 갇혀 사망했다. 출구를 못질해 막아 놓은 상태에서 그 건물에 불을 지른 까닭이었다. 이른바 성모 마리아의 환상으로부터 십계명 운동의 영감을 얻었다고 전하는 음웨린데는 결국 사라졌으며, 컬트가 축적한 돈 역시 이후로는 영영 볼 수 없게 되었다.

이런 컬트 지도자들에게서 나타나는 자기도취증이 자기 몰두를 넘어서까지 성장함으로써 현실을 압도할 수도 있는 치명적인 위력으로 변모하는 경우는 한두 번이 아니었다. 이 조합에다가 고립까지 더해지면 훨씬 더 위험해질 수 있다. 1997년 3월에 캘리포니아 랜초샌타페이에 있는 외부인 출입 제한 주택지에서는 천국문의 창시자 마셜 애플화이트가 정교한 탈출 계획을 가동했다. 자기네 집단이 헤일-밥 혜성을 뒤따르는 UF⊕에 올라탈 것이고, 똑같은 셔츠와 운동복 바지와 나이키 운동화 차림인 각자의 몸을 내버려둔 채 떠나서, 새로운 다음 수준의 존재로 가게 될 것이라는 내용이었다. 하지만 실제로는 애플화이트를 포함해 천국문의 구성원 39명의 목숨을 앗아간 집단 자살에 불과했다.

　이 책에서 설명한 컬트 지도자들의 삶이나, 그들로부터 영감을 얻은 추종자들의 운명을 면밀히 들여다보면, 믿음과 카리스마와 외고집의 기묘하고도 종종 치명적인 공생을 발견할 수 있다. 이런 컬트 지도자들이 지나간 길에는 여러 구의 시체가 남아 있을 수 있지만, 애초에 그런 일이 일어날 수 있었던 이유는 어디까지나 조력자들의 오도된 헌신 때문이었다. 즉 일상생활의 규범을 넘어서고, 심지어 상식의 경계조차도 넘어서고자 하는 그들의 열성이 있었다. 작지만 종종 매우 수익성 높았던 신자 무리를 장악한 과장된 지배자들도 신뢰를 얻어 내고 또 오용하는 재능을 지니고 있었지만, 그 추종자들 역시 자기네 신앙의 실천에 적극적이고 열성적이었다. 본문의 여러 사례에서 거듭해 드러나듯, 애초에 불을 붙인 쪽은 컬트 지도자들이었지만, 그들의 손아귀에 붙잡힌 사람들 역시 비극적인 연료 노릇을 담당했던 셈이다.

I

1969년 8월의 이틀 밤에 걸쳐서 찰스 맨슨과 추종자 무리는 일련의 살인을 저질렀는데, 그 내용이 워낙 과격하다 보니 급기야 컬트의 망령이 미국 전체에 악몽으로 따라다니기 시작했다. 대대적으로 보도된 그의 재판은 야간 뉴스에 등장하는 선정적인 보도까지 완비된 상태에서 자유로운 사랑, LSD 복용, 인종 전쟁, 영화배우와 할리우드 엘리트를 노린 무작위 살인에 헌신한 비행 청년의 이미지를 상기시켰다. 맨슨은 소년원과 교도소를 전전한 배경을 통해 범죄 심리학에서 말하는 사이코패스의 요건을 거의 완벽하게 얻게 되었다. 예를 들어 조작, 예측 불가능한 폭력의 취향, 그리고 자신의 중요성에 대한 미혹된 감각이 그러했다. 1960년대의 반문화 운동이 절정에 달했던 때에 캘리포니아에 나타난 이 전과자는 낙오자와 도망자로 이루어진 무리를 피에 굶주린 컬트로 바꿔 놓았으며, 이들의 살인 파티는 이른바 사랑과 평화의 시대, 즉 히피 시대의 종식을 알렸다.

찰스 맨슨Charles Manson과 맨슨 패밀리야말로 현대 미국의 의식에 컬트 이미지를 도입하는 과정에서 다른 어떤 컬트 지도자보다도 더 큰 역할을 담당했다. 이 말은 마치 앨 고어가 인터넷을 만들었다고 말하는 식의 과장까지는 아니다.[†] 찰스 맨슨과 그가 배후 조종한 악몽 같은 테이트-라비앙카 살인 사건은 실제로도 미국의 지형에서 모든 것이 바뀌어 버린 순간을 상징했기 때문이다.

찰스 맨슨은 어떻게 이런 악명을 얻었을까? 1960년대는 텔레비전의 시대였다. 방송국은 딱 세 개뿐이었고, 미국인 상당수는 매일 저녁 TV를 켜고 6시 뉴스를 시청했다. TV가 역사에서 변화의 힘이 된 순간을 지목하라면 1960년 9월 26일, 존 F. 케네디가 사상 최초의 대통령 후보 토론회 중계 방송에서 승리한 것을 들 수 있다. 라디오 청취자는 거꾸로 케네디의 경쟁자인 공화당의 현직 부통령 리처드 닉슨이 토론회에서 승리했다고 판단했다. 하지만 TV를 시청한 사람들은 전혀 다른 사건을 목격했다. 긴장한 데다가 미열까지 있어서 땀을 흘린 닉슨과 달리, 기운이 넘치는 경쟁자는 한 시간에 걸쳐 토론이 진행되는 동안 점점 더 자신감 넘치고 위풍당당해졌던 것이다.

케네디와 텔레비전의 밀월, 또는 텔레비전과 케네디의 밀월은 대통령 부부가 백악관에 입성한 이후로도 계속되었다. 매력적인 영부인 재키 케네디가 TV를 통해서 백악관을 전국에 구경시켰을 때도 그러했으며, 비

[†] 미국 정치인 앨 고어는 국회의원 시절 정보 기술 지원 관련법 제정을 주도했는데, 훗날 '나도 인터넷의 발명에 기여했다'는 그의 발언이 '내가 인터넷을 발명했다'로 와전되면서 한동안 허위 발언 논란에 시달렸다.

극적이고 차마 잊을 수 없게도 남편이 암살된 직후에 피 묻은 옷을 여전히 걸치고 있는 아내의 모습을 TV 카메라가 포착하여 다시 한번 미국 가정에 소개했을 때도 그러했다. 사흘 뒤에 대통령의 국장國葬이 일곱 시간 연속으로 생중계되었다. 미국 전체의 텔레비전 수상기 가운데 93퍼센트가 이 행사에 채널을 맞추었다.

이 요동치는 10년의 나머지 기간 동안, 시위와 사회적 동요가 미국 전역을 휩쓰는 내내 TV는 계속해서 쟁점을 만들어 냈다. 베트남 전쟁은 '거실 전쟁'으로도 일컬어졌는데, 저녁 뉴스 프로그램마다 미국의 공습, 민간인 처형, 분신하는 베트남 승려의 영상을 보여 주었기 때문이다. 린든 존슨 대통령은 이 전쟁이 자신의 정치적 파멸이 될 것임을 직감한 나머지, 급기야 CBS와 NBC 방송국이 베트콩에게 조종당했다고 주장하기까지 했다.

1965년에 앨라배마주 버밍햄에서 주 경찰과 지역 경찰이 민권 시위대를 진압하자, ABC는 정규 방송을 중단하면서까지 공권력이 민간인 6백 명에게 발길질과 몽둥이질과 최루탄을 퍼부었다는 충격적인 보도를 뉴스 속보로 내보냈다. 이 사건이 전환점이 되어서 5개월 뒤에는 존슨 행정부가 투표권법Voting Rights Act을 통과시키게 되었다. 1967년에 인구가 많은 내륙 도시 디트로이트와 뉴어크에서 대규모 폭동이 일어나고, 1968년에는 마이애미, 시카고, 와츠, 워싱턴 DC에서도 마찬가지 상황이 벌어지자, 이번에는 불길에 휩싸인 도시를 보여 주는 영상이 TV에 등장했다.

1969년 7월 20일, 약 5억 3천만 명이 생중계로 지켜보는 가운데 닐 암스트롱과 동료 비행사들이 아폴로 11호를 타고 달 궤도를 돌고, 달 착륙선을 성공적으로 착륙시키고, 사다리를 내려와서, 지구의 유일한 천연 위성에 사상 최초로 발을 디뎠다. 이 감동적인 사건은 인류가 무엇을 달성할 수 있는지 보여 주는 가장 위대한 증거로 선전되었다.

그러다가 이 위업으로부터 불과 몇 주 뒤인 8월 9일과 10일에 TV에서는 인류의 어두운 면이 떠오르는 것을 보여 주었다. 로스앤젤레스에서 이틀 밤 사이에 무려 일곱 명이 잔혹하게 처형된 살인 사건을 저녁 뉴스마다 보도했기 때문이다.

　그로부터 2개월 뒤인 10월 12일 밤에야 경찰은 마침내 찰스 맨슨을 체포했다. 덩치가 작은 그는 당시 키 160센티미터에 몸무게 60킬로그램에 불과했지만, 자기 주위에 몰려든 사람들에게는 일종의 감전 효과를 너끈히 발휘했다. 그의 명령으로 추종자들이 실행한 살인 때문에 그 지역은 즉각적인 공황 상태에 빠졌다. 첫 번째 살인의 희생자는 베벌리힐스 시엘로드라이브 10050번지에 사는 샤론 테이트Sharon Tate와 동석자 네 명이었고, 두 번째 살인의 희생자는 로스펠리스의 웨이벌리드라이브 3301번지에 사는 레노Leno와 로즈메리 라비앙카Rosemary LaBianca 부부였다.

　나름대로 오도된 상상 속에서 맨슨은 이 살인 사건을 계기로 미국 전체에 인종 전쟁이 촉발되기를 바랐다. 그가 기대하던 묵시록적 전쟁은 결코 실현되지 않았지만, 그 범죄의 무작위적인 성격이며 살해의 잔혹한 세부 내용은 미국에 경천동지할 충격을 주었다. 수사 관련 뉴스가 선정적인 야간 뉴스 보도를 통해서 대중에게 도달하면서 꾸준히 주목받았기 때문이었다.

　하지만 이런 결과조차도 의도적이었다고 생각한다면 찰스 맨슨을 과대평가하는 셈일 것이다. 그는 관심에 굶주린 상태였다. 살인이 벌어졌을 즈음에는 인생의 절반 이상을 소년원과 교도소에서 보낸 다음이었다. 자신에게 스포트라이트를 맞추고, 이를 이용해서 자기가 원하는 바를 얻어내는 특유의 비범한 능력이야말로, 그를 상대한 교도소 내 상담가와 심리학자 거의 모두가 보고서에 언급한 한 가지 소질이었다. 1967년에 그가 워싱턴주의 맥닐섬 연방 교도소에서 위조 혐의로 선고받은 10년 형 가운데 6년 반을 마치고 조기 출소를 위해 이감된 샌프란시스코 터미널섬 교도소에서 모범수로 석방되었을 때, 미국은 여성 해방, 민권 운동, 베트남 전쟁 같은 쟁점을 둘러싸고 세대를 따라서 뚜렷이 분열되는 중이었다. 불과 몇 년 전만 해도, 캘리포니아 대학 버클리 캠퍼스의 자유언론운동 소속 학생들은 30세가 넘은 사람의 말을 절대 듣지 말라고 또래들에게 경고한 바 있었다. 1969년에 맨슨은 34세였지만, 그의 '패밀리' 구성원은 거의

17

모두가 10대와 20대 초반이었다.

맨슨 패밀리의 살인 사건은 젊은이다운 충동이 얼마나 신속하게 잘못될 수 있는지를 미국 전역에 보여 주었다. 맨슨 패밀리의 구성원들은 모두 베이비 붐 세대 출신이었다. 즉 1946년부터 1964년 사이에 태어난 7천6백만 명 이상의 아이들이 이제는 한꺼번에 반항과 실험의 전성기에 접어들었던 것이었다. 이들은 LSD와 심리학적 조작을 혼합한 맨슨의 수법에 매우 잘 넘어가는 것으로 입증되었다. 맨슨 본인은 희생자가 살해될 때 현장에 없었는데, 굳이 현장에 있을 필요가 없었다. 손 하나 까딱하지 않아도, 그 살육은 그의 확실한 서명을 희생자에게 남겨 놓았기 때문이다.

맨슨은 패밀리에 거의 절대적인 통제력을 행사했으며, 대검과 부엌칼과 '번트라인 스페셜'로 통하는 22구경 하이 스탠더드 롱혼 리볼버 같은 살인 무기를 직접 휘두를 때와 매한가지의 의도를 품고 이 능력을 이용했다. 이처럼 대리인을 이용한 살인이야말로 그의 작업 방식이었다. 이틀 밤에 걸쳐서 그는 고아, 도망자, 대학 중퇴자를 졸지에 뚜렷한 동기를 지닌 살인자로 변모시키기가 얼마나 쉬운지를 예증했다. 패밀리에 대한 장악력은 그가 체포된 이후까지도 지속되었다. 페전트드레스 차림의 젊은 여성 여러 명이 법원 밖에서 땅에 무릎을 꿇고 앉아서, 기자들이 물어볼 때마다 자기네는 "우리 아버지께서 풀려나시기를 기다리며" 철야를 하고 있다고 대답했다. 법원 내에서는 찰스 맨슨과 공모자들이 매일같이 새로운 방해 수단을 발명했다. 공판 중에 노래를 하고, 미친 듯 웃음을 터트리고, 찬송가를 부르고, 급기야 어느 시점에는 맨슨이 실제로 했던 것처럼 배석 판사 찰스 H. 올더를 향해 뛰어가면서 이렇게 소리를 지르기도 했다. "기독교 정의의 이름으로, 누군가가 네놈의 머리를 잘라 버려야 마땅해!"

살인 재판의 소란스러운 분위기 때문에, 단지 '흥분하고, 동조하고, 떨어져 나가고' 싶어 했을 뿐인 순진한 십 대며 청년이 마치 위협처럼 보이기 시작했다. 살인 이후 몇 달 사이에 '컬트'라는 용어는 새롭고도 무시무시한 의미를 지니게 되었는데, 그 범죄의 섬뜩한 성격 때문에라도 마치 완전히 새로운 어휘가 필요한 것처럼 보였기 때문이었다. 그 직전까지만 해도 '컬트'는 보통 전통 종교와는 다른 신앙 체계를 보유한 종파를 가리켰다. 심지어 전통 종교 가운데 하나 이상으로부터 그 기원과 관습이 유래한 종파의 경우에도 마찬가지였다. 불교, 유대교, 이슬람교, 기독교에서 떨어져 나온 컬트는 오래전부터 있었지만, 대부분은 태생적으로 위험하거나 악의적으로 간주되지 않았다. 이러한 종파들을 지칭할 때 전문가들은 '신흥 종교 운동New Religious Movement', 약자로 NRM이라는 용어를 선호한다.

맨슨 이전까지만 해도 '컬트'는 보통 대중문화의 요소에 느슨하게 적용되었으며, 어떤 가수나 TV 쇼의 열성 팬을 가리키는 말이었다. 하지만 이후 여러 해를 거치면서 이 단어는 정신 의학자 로버트 제이 리프턴Robert Jay Lifton이 '파괴적' 컬트라고 말한 것을 지칭하게 되었다. 즉 타인이나 자신에게 해악과 살해를 체계적으로 자행하는 집단을 지칭하게 된 것이다. 찰스 맨슨 이전에도 위험한 컬트 지도자는 물론 있었지만, 그런 사람들이 미국 대중을 매료시키기 시작한 것은 어디까지나 테이트-라비앙카 살인 사건 이후의 일이었다. 리프턴의 말에 따르면 파괴적 컬트는 세 가지 특징을 일반적으로 갖고 있기 때문에 금세 눈에 띈다. 첫째는 카리스마적 지도자로, 나중에 가서는 숭배의 대상이 되어 버린다. 둘째는 태도의 변화로, 이를 통해 컬트 지도자는 집단 구성원을 이용해 성적 그리고(또는) 경제적 이득을 얻기가 가능해진다. 셋째는 거의 전적인 통제로, 그 기원은 리프턴의 말마따나 '사고 개조'를 통해서 (또는 흔히 말하듯 정신 조종을 통해서) 뭔가를 행사할 수 있는 컬트 지도자의 능력으로까지 거슬러 올라갈 수 있다.

내륙 지방의 골칫거리

찰스 밀스 맨슨의 외할머니 낸시 매덕스는 근본주의 기독교인으로, 체서피크 앤드 오하이오 철도의 차장이었던 남편과 사별한 후에 켄터키주 동부의 척박한 도시 애슐랜드에서 글레나, 에일린, 루서, 도로시, 에이다 캐슬린까지 다섯 남매를 키웠다. 낸시는 엄격했으며, 자기 나름의 황금률 훈육이라면 아이들이 어려움을 이겨 내고 경건하며 도덕적으로 성장하는 데 도움이 될 것이라고 기대했다. 하지만 에이다 캐슬린Ada Kathleen은 다른 여자아이들처럼 놀고 싶어 했으며, 열다섯 살 때부터 주 경계선인 아이언턴 다리를 몰래 넘어가서 오하이오강 맞은편에 있는 여러 댄스 클럽에 다니기 시작했다. 그러다가 커널 워커 헨더슨 스콧이라는 여덟 살 연상의 남자와 사귀게 되었는데, 연애에 대한 증거를 어머니에게는 감쪽같이 숨겼다. 그런데 스콧도 나름의 비밀을 갖고 있었다. 그는 기혼자였다. 하지만 기혼이건 미혼이건 딱히 상관은 없었다. 그는 에이다 캐슬린이 임신했다는 사실을 알자마자 그 도시를 떠나 버렸다.

낸시는 에이다 캐슬린을 신시내티로 보내서 아기를 낳게 했는데, 거기서라면 십 대가 출산을 해도 동네 사람들의 입에 딱히 오르내리지는 않을 것이기 때문이었다. 혼자가 된 에이다 캐슬린은 나름의 수완을 입증했다. 임신한 상태였는데도 윌리엄 맨슨이라는 25세 남성을 설득해서 결혼했으며, 1934년 11월 12일에 겨우 16세의 나이로 아들 찰스를 낳았다.

하지만 어머니가 된 이후에도 에이다 캐슬린은 정착하지 못했다. 아들을 포함한 가족 모두는 훗날 그녀의 질풍노도 십 대 시절의 갖가지 일화를 내놓았는데, 그중에서도 특히나 황당무계했던 사건은 이 젊은 엄마가 유모차를 끌고 술집에 가서 아들을 맥주 한 잔과 바꿔 먹은 일이었다.

1987년에 신시내티의 WCP⊕-TV의 뉴스 진행자 앨 쇼틀코트는 맨슨에 관한 보도에서 그 일화의 한 가지 버전을 발굴했다. 즉 에이다 캐슬린이 들어간 술집의 여종업원이 자기도 아기를 너무 갖고 싶다고 고백하자, 아기 엄마가 선뜻 거래를 제안했다는 것이다. 여종업원은 에이다 캐슬린이 농담을 한다고 생각하면서도 일단 맥주를 건네주었다. 그러다가 그 손님이 잔을 내려놓자마자 실제로 아기를 그냥 남겨 놓고 술집을 떠났다는 사실을 나중에야 알고는 깜짝 놀랐던 것이다. 에이다 캐슬린의 오빠 루서는 며칠이 지나서야 그 술집과 여종업원을 찾아내 아기를 되찾아 왔다(이 과정에 며칠이 걸렸다는 수상한 세부 내용은 여종업원이 새로 얻은 모성을 나름대로 잘 활용하기로 작정했을지도 모른다는 점을 암시한다).

에이다 캐슬린은 머지않아 찰스를 친척에게 맡기고 밖에 나가 파티에 참석했으며, 심지어 며칠 동안 루서와 함께 잠적하기도 했다. 남편 윌리엄은 처음에만 해도 다른 남자의 아기를 기르는 에이다 캐슬린을 도와줄 만큼 충분히 기뻐했지만, 아내의 이런 잠적에 금세 질린 나머지 1937년에 이혼하고 말았다. 에이다 캐슬린은 정말 무심하기 짝이 없었다. 그녀는 양육비를 얻기 위해서 커널 스콧을 고소하느라 바빴다. 결국 소송에서는 승리했지만, 아들의 친아버지로부터 받은 금액이라곤 25달러가 전부였다.

그렇다면 찰스는 어머니의 악의를 물려받아서, 자기를 저버린 친아버지를 원망하면서 자라났던 걸까? 실제로 그랬는지를 확실히 보여 주는 증거는 사실상 없다. 하지만 현재는 찰스의 삶과 연계된 거의 모든 국면을 (심지어 모호한 것조차도) 샅샅이 조사하는 아마추어 탐정들의 네트워크가 번성하고 있다. 이 공동체의 여러 사람은 테이트-라비앙카 살인 사건보다 4개월 먼저 고향 애슐랜드에서 벌어졌던 한 가지 미제 살인 사건과도 맨슨을 연결시킨다. 즉 커널 스콧의 형제이자 찰스 맨슨의 삼촌인 다윈 스콧Darwin Scott이 자택에서 사체로 발견되었는데, 무려 19회나 칼에 찔리고 정육점용 큰 칼이 박힌 상태였다. 베벌리힐스와 로스펠리스에서 벌어졌던 범죄와 이 사건의 유사성 때문에 이 세 가지 모두가 맨슨의 살인적인 분개의 감정과 복수의 열망 탓이라고 여기는 사람이 많았다. 하지만 켄터키의 수사관들은 이보다 더 합리적인 결론에 도달했다. 다윈 스콧 역시 오랜 전과 기록을 지녔고, 장기간 감옥살이도 했으며, 심지어 음침한 지하 세계 사람들에게 천문학적 도박 빚을 지는 불운한 습관도 있었다는 것이었다.

실제로 검증된 사실에 따르면, 맨슨 패밀리의 매우 불안하고도 복수심 넘치는 지도자로 등극하기 훨씬 오래전부터 찰스 맨슨은 눈에 띄게 말썽이 많았던 유년기를 경험했다. 평탄치 못한 양육이야말로 폭력적인 컬트 지도자들 사이에서 나타나는 일반적인 특징이며, 그들 대부분은 학대와 방치와 범죄성의 이력을 공유한다(물론 이것도 불변의 원칙까지는 아니어서, 사랑이 넘치고 적극적으로 후원하는 가정에서 성장해 특권적인 교육까지 받았던 경우도 일부나마 있다). 하지만 컬트 지도자들 사이에서도 맨슨의 유년기는 애정 결핍이 유난히 두드러진다. 즉 빈번한 불법 행위로 인해 상처를 입고, 여러 친척집을 전전하며 마지못한 보살핌을 받고, 그 사이사이에 소년원과 보호소에 빈번하게 머물렀던 것이다. 이런 말썽들은 그가 겨우 네 살이었던 1939년 8월에 일찌감치 시작되었는데, 어머니와 외삼촌이 공모하여 프랭크 마틴이라는 남자에게 강도질을 했기 때문이었다.

남매는 밤새 함께 술을 마신 후에 어느 주유소로 마틴을 유인해서 공격하고 돈을 빼앗았는데, 이때 케첩 병을 희생자의 등에 들이대서 마치 총을 지닌 것처럼 위장했다. 하지만 자기네 신분을 위장하는 데는 끔찍하게 서툴러서, 바로 다음 날 경찰이 남매를 찾아내 체포해 버렸다. 어쩌면 찰스는 어머니가 끌려가는 모습을 직접 봤을 수도 있다. 몇 주 뒤에 에이다 캐슬린은 그 지역 매체에서 '케첩 병 강도'라고 부른 사건에 관여한 혐의로 징역 5년 형을 선고받았다.

어머니가 감옥에 가자, 가장 가까운 친척들은 가족 구성원 가운데 적절한 사람이 찰스를 맡게끔 결정해야 했다. 가장 좋은 후보로 꼽힌 이모

글레나는 남편 빌 토머스와 딸 조 앤과 함께 살고 있었다. 마침 에이다 캐슬린이 수감된 교도소에서 가장 가까운 곳이었기에, 찰스는 결국 이모네로 가게 되었다. 웨스트버지니아주 맥메첸이라는 작은 중산층 도시로, 거의 모든 사람이 광산이나 철도에서 일했다.

　머지않아 찰스는 새로운 가정에서 말썽을 일으키기 시작했다. 그는 학교의 다른 아이들보다 덩치가 작았지만, 항상 관심의 중심에 있고 싶어 했다. 사람들이 무시한다 싶으면 충동적으로 행동했다. 당시의 표준적인 체벌인 회초리조차도 그에게는 아무 효과를 발휘하지 못했다. 찰스는 학교에서 두들겨 맞는 것에 대해서도 별로 걱정하지 않는 것처럼 보였다. 불량 학생들이 아무리 덩치가 커도 말대꾸를 서슴지 않았다. 제프 긴Jeff Guinn이 방대한 전기 『맨슨: 찰스 맨슨의 생애와 시대Manson: The Life and Times of Charles Manson』에서 서술한 바에 따르면, 조 앤은 찰스를 잘 지켜보라는 지시를 받은 상태였다. 그래서 한번은 맨슨이 운동장에서 덩치 큰 아이와 말다툼을 시작하자마자 사촌 누나가 달려와서 동생을 보호했으며, 급기야 손가락을 깨물면서까지 상대방 아이를 겁을 주어 쫓아 버렸다.

　교사들은 조 앤의 행동에 깜짝 놀랐는데, 평소에 착했던 여자아이가 싸움에 휘말리는 모습을 보리라고는 예상치 못한 까닭이었다. 사촌 누나는 동생이 괴롭힘을 당했기 때문에 자기도 단지 보호하려 시도했을 뿐이라고 설명했다. 하지만 이 말이 맞느냐고 어른들이 확인을 요구하자, 찰스는 자기가 관여한 일이 아니라고 잡아뗐다. 그래도 별 상관은 없었다. 교사들은 이미 찰스를 상습 거짓말쟁이로 간주했기 때문이다. 이들은 전에도 그가 같은 반 친구들, 특히 여자아이들을 동원해서 자기 마음에 안 드는 다른 학생들을 공격하는 모습을 목격한 바 있었다. 그런데 교사들이 이 초기의 정신 조종 시도에 관해서 물어볼 때마다, 찰스는 자기가 무고하다고 주장하면서 그 여자아이들은 단지 각자가 하고 싶은 일을 했을 뿐이라고 말했다. 그리하여 조 앤의 주장과는 다른 이야기가 나오자, 교사들도 그녀의 이야기를 믿을 수밖에 없었다.

　이쯤 되자 조 앤도 사촌 동생의 진짜 모습을 간파하게 되었다. 의리라고는 없는 유능한 사기꾼으로, 자신의 불행을 언제라도 다른 누구에게 덮어씌울 태세를 갖춘 녀석이었던 것이다. 하지만 그녀는 머지않아 사촌 동생의 더 깊은 병리적 수준의 폭력을 직접 목격하게 되었다.

조 앤이 열 살이고 찰스가 일곱 살이었을 때, 유난히 무시무시한 사건이 벌어졌다. 부모가 하루 종일 집을 비웠기 때문에, 그녀가 동생 돌보기며 집안일을 도맡게 되었다. 찰스는 집안일 돕기를 거절했는데, 물론 어린 사내아이에게는 딱히 이례적인 태도도 아니었다. 그런데 그는 여기에서 그치지 않았다. 마당으로 나가서 낫을 집어 들더니만, 다시 집 안에 들어와서 누나가 맡은 일을 못 하게 방해하려 들었다. 그만하라고 타일러도 말을 듣지 않자, 조 앤은 찰스를 밖으로 내쫓고 방충망 문을 닫아 버렸다.

찰스는 소리를 지르면서 낫으로 방충망 문을 난도질했다. 그 눈빛에 겁을 먹은 조 앤은 사촌 동생이 안으로 들어오면 그 도구를 자기에게 휘두를 작정임을 확신했다. 다행히도 이모 부부가 바로 그 순간에 차를 몰고 돌아오자, 찰스는 마치 나쁜 일이라고는 전혀 없었다는 듯 낫을 내려놓았다. 그가 어린 시절에 드러냈던 이런 소질들은 사이코패스성의 통상적인 요소들에 부합한다고 간주될 수 있다. 컬트 지도자들 사이에서 흔한 조건인 사이코패스성에는 부도덕하고 반사회적인 행동, 뭔가를 사랑할 능력의 결여, 기타 여러 가지 소질이 전형적으로 보인다. 임상 심리학자 로버트 D. 헤어Robert D. Hare는 치료사들이 잠재적인 사이코패스를 확인할 수 있도록 도와주는 점검표를 개발했다. 그렇다면 어린 맨슨을 살펴보았던 사람은 과연 무엇을 추론해 낼 수 있었을까? 병리적 거짓말? 개인적 이득을 위해서 타인을 조종하는 경향? 공감의 결여? 유창한 언변과 피상적 매력? 비록 정신 의학자들 사이에서는 어린 소년에게 그렇게 부담스러운 표식을 붙이는 것에 대한 거리낌이 있었지만, 헤어가 개발한 사이코패스성 척도에서 이른바 ('이기적으로, 무정하게, 냉담하게 타인을 이용함'을 전형으로 삼는 가장 뚜렷한 진단인) 'I번 요소'와 '공격적 자기도취증'으로 분류한 징조가 이 꼬마에게는 모두 들어 있었다.

그렇다면 찰스 맨슨이 그토록 이른 나이부터 이미 눈에 띄는 정신 질환을 앓는 사이코패스였다는 뜻일까? 반드시 그런 것까지는 아니다. 비록 그의 행동이 초기 경고 신호와 일치하기는 하지만, 한편으로 (타고난 거짓말 능력을 비롯한) 이런 소질들은 고도로 지적이고 외향적인 사람들에게 수반되는 긍정적인 요소도 갖고 있기 때문이다. 헤어 박사는 이러한 사이코패스의 핵심 소질들이 의외로 유용한 것으로 입증될 수도 있다고 경고한다. 그런 소질들을 드러냄으로써 관심과 보상과 인기를 얻을 수도 있기 때문이다. 어쩐지 위험한 모순처럼 보이지만, 사이코패스의 무기고에서 가장 강력한 무기란 바로 상황이 좋을 때는 일반인들도 그들과 어울리기를 즐기는 경향이 있다는 점이다.

하지만 맨슨은 애초에 이런 소질을 어떻게 터득했던 것일까? 예를 들어 어린이는 본성이나 양육 가운데 어느 한쪽을 통해서 무감각하고 무감정하게 될 수도 있다는 것이 일반적인 생각이었다. 어떤 아이가 공감 능력을 지니고 태어났다 하더라도, 불안정한 가정에서 학대하는 부모에게 양육될 경우에는 자기방어의 일환으로, 아울러 그 환경의 반영으로 공감 능력이 사라질 수도 있다. 이런 방식으로 양육된 어린이는 치료 가능성이 가장 높으며, 대개는 정상적이고 생산적인 삶으로 인도될 수 있다. 물론 치료사가 어린이를 제때 도와줄 수 있다면 말이다.

가장 위험한 어린이는 사랑 많은 가정과 안전한 동네 출신임에도 불구하고 자기와는 정반대 환경에서 자라난 어린이와 똑같은 소질을 드러내는 경우이다. 사이코패스성의 권위자들(1941년의 기념비적인 저서 『제정신의 가면: 이른바 사이코패스 인성의 몇 가지 쟁점에 관한 해명 시도 The Mask of Sanity: An Attempt to Clarify Some Issues on the So Called Psychopathic Personality』의 저자인 허비 M. 클레클리Hervey M. Cleckley부터 '헤어 사이코패스성 점검표'를 개발한 로버트 헤어까지 여러 사람)은 일부 어린이가 사이코패스성에 대한 유전적 소인을 가지고 있다는 데에 전반적으로 의견이 일치한다. 이런 어린이는 심지어 걸음마 단계 때부터도 자극을 갈망하고, 항상 거짓말하고, 무정하게 (또는 의학 문헌상의 분류대로 '냉담하고 무감정하게callous and unemotional', 약자로 CU하게) 행동하기 마련이다. 이런 어린이가 사근사근하고 공감하는 것처럼 보일 경우, 그건 어디까지나 누군가에게서 뭔가를 얻기 위해서다. 그래서 클레클리가 '제정신의 가면'을 썼다고 지칭했던 것이다. 이런 상태는 드물지도 않다. 로버트 헤어의 주장에 따르면, 어린이 가운데 약 1퍼센트가 이런 증상을 겪는데, 이 정도면 자폐증이나 양극성 장애를 겪는 수치와 비슷하다.

　　치료를 하지 않을 경우, 사이코패스적 어린이는 8세나 9세쯤에 이르러 타인에게 폭력을 행사하게 되고, 14세부터 16세쯤에 이르러서는 범죄를 자행하게 된다. 이런 조건이 악화되지 않도록 막는 데 도움을 주는 방법 중 하나는 지속적인 관심과 시의적절한 긍정적 간섭이다. 사랑 많은 가정에는 보호 효과가 있기는 하지만, 그렇다고 완전한 방지 효과까지는 없다. 그리고 찰스 맨슨의 유년기에 없었던 것이 바로 이와 같은 종류의 가정 환경이었다.

　　맨슨은 어린 나이에 여러 가지 심리적 외상을 경험했다. 자기를 혼자 놔두고 파티에 가 버리는 어머니 밑에서 자랐기 때문에, 어쩌면 찰스는 유아 시절 어머니와의 적절한 애착 관계를 형성하기가 어려웠을 가능성이 있다. 어머니가 체포되는 모습을 지켜보고, 교도소에 어머니를 면회하러 갔던 일 역시 심리적 외상이었음이 거의 확실하다. 그런 일들이야말로 그의 성격을 바꿔 놓았을 수도 있는 만성적인 조건이었다. 아울러 맨슨은 확실히 지옥 같았던 어떤 경험으로 인해 고통을 받은 적이 있는데, 어쩌면 이것 때문에 자기 자신과 세상을 바라보는 방식이 왜곡되었을 가능성이 있다. 그가 이모네 신세를 지던 다섯 살 무렵에 다니던 학교의 1학년 담임 여교사 바너는 학생들을 언어로 학대하고 겁주는 것으로 이미 맥메첸 내에서도 악명이 높았다.

　　바너 선생은 등교 첫날부터 찰스의 어머니가 교도소에 있다면서 계속해서 찰스를 조롱했다. 찰스는 울면서 집으로 돌아갔는데, 가뜩이나 처조카를 못마땅해 하던 이모부가 보기에는 이것이야말로 나약함의 증표였다. 다음 날 빌은 조 앤의 원피스 가운데 하나를 찰스에게 억지로 입혀서 학교에 보냈는데, 이모부의 주장으로는 어디까지나 처조카가 이 경험에서 유익을 얻고, 강해지고, 남자가 되는 법을 배우길 바라는 좋은 의도였다고 한다. 그로부터 수십 년 뒤까지도 찰스는 이때의 굴욕을 생생하게 기억했다.

뉴욕시 아동정신연구소의 해럴드 코플위츠Harold Koplewicz에 따르면, 적절한 지원이 있는 환경에서는 이러한 이성異性의 옷 바꿔 입기가 자신의 성 정체성을 탐구하려는 어린이에게 긍정적이고도 유익한 표현의 형태가 될 수도 있다. 하지만 부모 역할을 하는 사람의 강요로 자신의 의지와는 반대로 이성의 옷 바꿔 입기를 할 경우, 어린이에게는 그 경험이 심각한 심리적 외상이 될 수도 있다. 이미 심각한 말썽이 있었던 유년기에서 이 한 가지 사건이 전환점이 되었다고는 장담할 수 없지만, 범죄 행동의 엽기적인 흔적을 남긴 다른 여러 연쇄 살인범 역시 바로 이런 종류의 경험을 겪었다는 점은 의미심장하다. 병리적인 거짓말쟁이 헨리 리 루커스Henry Lee Lucas는 처음에 60명, 나중에 100명, 더 나중에 3000명을 죽였다고 자백했는데, 어린 시절 매춘부인 어머니의 강요로 여자처럼 옷을 입었고, 역시나 어머니의 강요로 손님과의 성관계 장면을 지켜보았다. 1960년에 그가 처음으로 살해했다고 판명된 희생자는 바로 어머니였다. 오티스 툴Ottis Toole도 어머니의 강요로 이성의 옷을 입었고(어머니는 아들의 이름도 수전이라고 바꿔 불렀다), 다섯 살 때 아버지의 친구에게 강간당했다. 그는 지능 지수가 75에 불과하다고 알려졌으며, 외관상 무작위적으로 (6세 소년, 18세 남성 히치하이커, 60세 남성, 심지어 자기가 플로리다주 탤러해시의 한 나이트클럽에서 납치한 20세 여성에 이르기까지 닥치는 대로) 살인을 범한 것처럼 보인다. 도일 레인Doil Lane도 어린 시절에 여자 옷을 입었는데, 성인이 되어서는 각각 8세와 9세 여자아이 둘을 죽인 혐의로 유죄 선고를 받았고, 자기는 여자아이의 팬티를 좋아한다고 시인했다. '텍사스 눈알 살인마'로 통하는 찰스 올브라이트Charles Albright도 어머니의 강요로 여자 옷을 입었다. 어머니는 아들에게 인형을 건네주고 박제술을 배우도록 도와주면서도, 정작 박제 전문점에서 판매하는 비싼 유리 눈알을 사는 것만큼은 허락하지 않았다. 나중에 그는 매춘부 세 명을 살해했는데,

이 살인 사건들은 한 가지 공통된 특징으로 서로 연계되었다. 세 명 모두 마치 의사가 한 것처럼 능숙한 솜씨로 눈알이 제거되었던 것이다.

이런 연계들 외에도, 최근의 연구에서는 특정한 굴욕 사건에서 비롯된 강렬한 수치심을 미래의 사이코패스적 행동과 추가로 결부시킨다. 상당수 사람에게는 이에 대한 반응이 내적으로 일어나며, (예를 들어 스스로를 폄하하는 말을 하는 것부터 자해라든지, 심지어는 자살에 이르는) 여러 가지 부정적 결과로 귀결될 수 있다. 그런데 일부 사람에게는 수치심이 공격성으로 귀결될 수 있다(찰스 맨슨도 딱 이랬던 것처럼 보인다).이는 종종 위험한 역동力動을 지닌 행동 주기를 일으킬 수도 있다. 즉 설명이 불가능한 분노 사건을 촉발하는 방아쇠로 거듭해서 작용하면서도, 정작 수치의 원천은 계속 숨은 채로 남아 있는 것이다. 비록 I학년 때의 사건이 맨슨이 느낀 수치심의 갑작스러운 원천이라고 완전히 확증할 수는 없지만, 그의 정교한 복수 계획이며 불안정한 성격(시인하지 않은 어떤 상처stigma로부터 분출되는 통제 불능의 분노)이야말로 컬트의 패턴을 연구하는 사람들에게는 어딘가 친숙하게 들릴 수도 있다.

1930년대 말부터 1940년대 초까지 맨슨은 토머스 가족과 2년 반 동안 함께 살았으며, 바로 그 시기에 얻은 세 가지 관심사를 이후 평생 유지하게 되었다. 그것은 음악, 칼, 총에 대한 사랑이었다(음악의 경우, 이모네 집에 피아노가 있었으며, 가장 행복한 순간에 가족이 함께 모여 피아노를 치고 노래를 부르곤 했다). 1942년 말, 그의 여덟 번째 생일쯤에 어머니가 가석방되었다. 이후 찰스는 에이다 캐슬린과 함께 지내게 되었다. 처음에만 해도 아들은 엄격한 친척 대신 친어머니와 살게 된다는 것에 기뻐했다. 훗날 『맨슨의 증언Manson in His Own Words』의 저자 뉴얼 에먼스Nuel Emmons에게 직접 말했듯이, 에이다 캐슬린이 출소 후에 처음 만나 안아 주었던 일이야말로 그의 유년기에서 유일하게 행복한 기억이었다.

에이다 캐슬린은 8주 동안 술집 종업원으로 일하며 맥메첸에서 아들과 함께 지내다가, 남쪽에 있는 웨스트버지니아주 찰스턴으로 가서 한 식품점의 계산원으로 일자리를 얻었다. 얼마 지나지 않아서 어머니는 아들의 불건전한 행동을 깨닫게 되었다. 예를 들어 거듭해서 학교를 빼먹는다든지, 하루 종일 감언이설로 여자들에게 과자 사 먹을 돈을 뜯어내는 것이 그러했다. 아들이 물건을 훔치고 남을 탓하기 시작하자, 어머니는 외손자에게 잘잘못을 가르치는 일을 도와 달라고 외할머니 낸시에게 부탁했다. 하지만 도덕성에 관한 외할머니의 훈계는 그 딸에게 효과가 없었던 것만큼이나 외손자에게도 효과가 없었다.

에이다 캐슬린은 찰스를 어떻게 다루어야 할지 몰라 당황했다. 어머니가 근무를 마치고 나면 다시 예전처럼 술잔치를 벌이느라, 아주 믿음직스럽지는 못한 베이비시터들에게 번갈아 가면서 아들을 맡겼다는 사실 역시 도움이 되지 않기는 마찬가지였을 것이다. 결국 그녀는 최후의 수단으로 문제아를 다루는 기관에 보내면 아들에게도 규율과 도덕적 용기를 약간이나마 주입할 수 있을 것으로 생각했다. 그리하여 1947년에 12세였던 찰스는 가톨릭 수도회에서 운영하는 인디애나주 테러호트 소재 지보 소년 학교에 입학하게 되었다.

이로써 그의 고통스러웠던 소년기는 쩨쩨하고도 비효율적인 범죄 행동으로 가득한 청소년기로 변모해 버렸다. 첫 번째 크리스마스 휴가 동안 찰스는 이모, 이모부, 사촌 누나와 함께 연휴를 보내도 된다는 허락을 받았는데, 이마저도 사실은 관대하기 짝이 없었던 조 앤이 먼저 사촌 동생을 초청한 덕분이었다. 하지만 그는 토머스 가족의 환대를 금세 악용해 버렸다. 어른들이 교회에 간 사이에 이모부의 총을 훔치려고 시도했으며, 총기 보관함을 뒤지는 사이에 소음을 감추려고 샤워기를 틀어 놓기까지 했던 것이다. 그때쯤 가서는 조 앤도 찰스를 두려워하게 된 나머지 차마 저지하지는 못했으며, 부모님이 집에 돌아와서 왜 물을 틀어 놓았느냐고 묻자 그제야 사촌 동생에게 직접 물어보라고 대답했다. 결국 이모 내외는 무기를 훔치는 조카를 현장에서 적발했다.

학교로 돌아온 지 몇 달 뒤에 찰스는 그곳에서 도망쳐 지역 상점들을 털기 시작했다. 하지만 이제 겨우 열세 살이다 보니 신중을 기하려는 인내심도 없었고, 무사히 도망치는 데 필수적인 예민한 감각도 없었다. 그는 머지않아 붙잡혔다. 1948년에 판사는 가톨릭 학교에 다닌다는 점을 근거로 찰스가 가톨릭 신자라고 착각한 나머지 그를 네브래스카주 보이스 타운으로 보냈다. 그곳에는 도시 이름의 기원이 된 비행 소년 수용 시설이 있었으며, 그 시설은 불과 10년 전에 나온 스펜서 트레이시의 영화에도 영감을 제공한 바 있었다.[†] 그때쯤 『인디애나폴리스 뉴스』에 게재된 기사에서는 맨슨의 사진과 함께 법정 발언을 이렇게 소개해 놓았다. "제 생각

[†] 동명의 고아원 겸 교육 시설을 무대로 하는 영화 〈보이스 타운〉(1938)을 말한다. 스펜서 트레이시는 이 영화에서 해당 시설의 설립자 에드워드 J. 플래너건 신부를 연기해 아카데미 남우주연상 2연속 수상이라는 대기록을 달성했다.

에는 소와 말 옆에서 일하면 좋을 것 같아요. 저는 동물을 좋아하니까요."

찰스는 그곳에서도 오래 머물지 않았다. 도착한 지 나흘 만에 블래키 닐슨이라는 소년과 함께 자동차를 훔쳐 타고 일리노이로 도망쳤다. 두 사람은 어디선가 총도 하나 구해서 곧바로 2인조 무장 강도 행각을 벌였다. 나중에는 본격적인 범죄 실습을 계속하기로 작정해서, 상습 절도범이었던 블래키의 삼촌 밑에서 일하면서 한동안 생활했다.

1949년 초에 경찰이 다시 한번 찰스를 체포했다. 이번에 가게 된 곳은 이전보다 훨씬 더 가혹한 곳인 플레인필드 소재 인디애나 소년 학교였다. 불과 14세였던 그는 강도와 폭행부터 살인까지 온갖 범죄를 저지른 무시무시한 사람들과 어울리며 살아남아야만 했다. 그곳 직원이나 더 오래된 수감자들은 맨슨처럼 더 작고 어린 소년들을 정기적으로 학대했다. 찰스의 말에 따르면 도착한 지 얼마 되지 않아서 가혹하게 강간당했다고 한다.

이 사건에 대해서 맨슨이 더 나중에 내놓은 설명은 심리학자들이 이인증이라고 부르는 현상의 교과서적인 사례가 될 법하다. "뭐랄까, 강간을 당하고 나서도, 그냥 지워 버리고 말 수가 있습니다. … 저는 누가 폭행을 당했다고는, 그리고 그거야말로 끔찍한 일이라고 느끼지는 않았어요. 저는 그냥 이렇게 생각했습니다. '지워 버려. 그걸로 끝이야.'" 극단적인 경우에 이런 종류의 거리 두기 메커니즘은 다수의 인격 장애로 귀결될 수 있는데, 어쩌면 찰스에게는 심리적 외상의 기억과 주위 환경을 견디는 데 오히려 도움이 되었던 모양이다. 아울러 이는 한 가지 불길한 소질에 관한 초기의 증거를 제공한다. 바로 스스로를 고통에 무감각하게 만들고, 객관적 현실에서 벗어나게 만드는 능력이었다. 훗날 직접 설명한 바에 따르면, 바로 이 시기에 맨슨은 자기 말마따나 "정신 나간 게임"을 처음 개발했다. 워낙 덩치가 작아서 다른 학생들을 위협할 수 없었기에, 대신 두 팔을 펄럭이고 비명을 지르고 무시무시한 표정을 지어서 남들이 미쳤다고 여겨 겁먹게끔 했다는 것이었다. 그러면서 수감 중인 이 악명 높은 컬트 지도자는 인터뷰하러 찾아온 텔레비전 기자들 앞에서도 직접 그 기술을 선

보였다.

　찰스가 인디애나 소년 학교에서 고통을 겪었다는 점에는 사실상 의심의 여지가 없다. 그는 항상 육체적으로나 성적으로 학대당할지 모른다는 공포 속에 살아갔으며, 1949년 한 해 동안에만 무려 네 번이나 도망치려 시도했다. 그해 10월에는 다른 소년 여섯 명과 함께 그 학교의 역사상 가장 대규모였던 탈출을 주도했지만, 머지않아 어느 주유소에 침입하려다가 경찰에 체포되고 말았다. 2년 뒤에 찰스는 다른 소년 두 명과 함께 다시 도망쳤으며, 이번에는 자동차를 훔치고 중도에 여러 주유소에서 훔친 일용품을 사용해 인디애나에서 무려 2500킬로미터나 떨어진 유타주 비버까지 갔다. 하지만 성공적인 탈옥과 이후의 오랜 이동에도 불구하고, 이들은 불과 며칠 만에 체포되고 말았다.

　이후 찰스는 워싱턴 DC 소재 국립 소년 훈련 학교로 가게 되었는데, 여기에 와서야 일련의 검사를 거친 끝에 사실상 문맹이라는 것이 드러났다. 아울러 이때의 검사로 지능 지수가 평균을 약간 웃도는 109라는 사실도 드러났다. 그는 이 시설에 상주하는 심리학자들을 조종할 수 있음을 분명히 입증했다. 머지않아 심리학자 한 명이 찰스에게 휘둘린 나머지, 그가 삶을 바꾸는 데 필요한 것은 오로지 자신감 향상뿐이라고 믿게 되었다. 그리하여 버지니아주 록브리지 카운티에 있는 경비가 느슨한 내추럴 브리지 오너 수용소로 이감한다면 그의 잠재력이 최적화될 것이라는 결론까지 내렸다. 바로 이 대목에서 토머스 가족도 찰스의 삶에 다시 개입해서, 일찍 석방만 된다면 자기네가 데리고 살면서 일자리를 구하도록 도와주겠다고 행정관들에게 다짐했다. 가석방 심사는 1952년 2월로 예정되었다. 이제는 그때까지 최대한 몸을 사리고 규칙을 따르기만 하면 그만이었다. 하지만 심사를 한 달 앞둔 상태에서 찰스는 또 다른 수감자의 목에 면도칼을 들이댄 채로 강간을 하다가 적발되었다. 이후 그는 버지니아주 피터즈버그 소재 연방 소년원으로 이감되었으며, 거기서도 "동성애 행위 관련 세 건을 포함해, 모두 여덟 건의 중대한 규율 위반"을 범했던 것으로 기록되어 있다.

시설에 들어온 지 5년이 지난 시점에서 찰스 맨슨은 일반 대중에게 위험하다고 간주되는 종류의 재소자가 되어 있었다. 다음으로 그는 경비가 삼엄한 칠리코시 소재 소년원에 수감되었는데, 스물한 번째 생일인 1955년 11월 12일 이전까지는 가석방의 가망도 없었다.

칠리코시의 행정관들도 찰스가 사회 복귀에 "크게 부적절하다"고 판단했지만, 놀랍게도 찰스는 마침내 자기 행동을 바꾸려고 집중적으로 노력하기 시작했다. 그는 중학생 수준의 문해력을 체득했고, 모범수가 되었으며, 원내 자동차 정비소에서 어느 정도 열심히 일했고, 모범적인 복역으로 표창까지 받은 후에 마침내 석방되었다. 이제 겨우 19세에 불과했는데도 지난 7년 동안 사실상 여섯 개나 되는 소년원을 전전했던 것이다.

이토록 긴 구금 기간 동안 여러 강사와 복지사와 교도소 내의 정신 의학자가 정기적으로 그를 평가했다. 이들의 통찰은 그 당시의 찰스 맨슨에 대한 최고의 정보를 제공하는데, 그가 머지않아 달성할 탁월한 조작자로서의 첫 면모를 목격한 사람들이기 때문이다. 맨 처음 구금 장소였던 지보 소년 학교에서는 한 강사가 그를 중간 정도 학생, 호감이 가는 소년, 우울하다, 약간의 피해망상을 지녔다고 묘사했다. 이른바 '교정 불능자'를 받아들이는 인디애나 소년 학교에 갔을 무렵에는 교사들도 이전보다 더 회의적이어서, 찰스가 "오로지 자기가 뭔가를 얻을 수 있겠다고 짐작되는 사람에게만 착하게 군다"고 불평했다. 국립 소년 훈련 학교 시절에는 이보다 더 엇갈리는 평가를 받았는데, 한 복지사는 그가 공격적으로 반사회적이라고 단정하면서, 이 소질이 "과연 가정생활이라고 부를 수 있을지도 의문일 정도로 좋지 못한 가정생활"에서 비롯되었다고 판정했다. 또 다른

34

복지사는 이보다 인내심이 덜했던지, 그를 지켜보면서 이렇게 덧붙였다. "이 소년은 실제로는 아무런 노력도 하지 않으면서, 마치 자기가 적응하기 위해서 열심히 노력하는 듯한 인상을 주려고 시도한다." 아울러 이 관찰자는 그의 권력 의지를 감지하고서 이렇게 말했다. "내 느낌에는 그가 조만간 거물이 되려는 시도를 할 것만 같다." 맨슨의 기만 솜씨는 내추럴브리지 오너 수용소의 마지막 보고서에서 입증된 것처럼 보이는데, 순진하게도 속아 넘어간 한 정신 의학자가 다음과 같이 적어 놓았기 때문이다. "우리는 이 모든 것의 배후에 극도로 예민한 소년이 있다는, 아울러 그는 이 세상으로부터 일종의 사랑과 애정을 얻어 내는 일을 아직 포기하지 않았다는 느낌을 받게 된다." 이 서류철을 살펴보고 있자면, 맨슨의 주된 자기방어 수단인 심리 게임과 계산이 뚜렷이 드러난다.

1954년 4월에 가석방된 찰스는 오하이오주 칠리코시를 떠나 웨스트버지니아로 돌아왔다. 거기서도 처음에는 토머스 가족의 집, 나중에는 휠링 소재 에이다 캐슬린의 집처럼 이곳저곳을 전전하다가 결국 자기가 가장 선호하는 장소로, 즉 자기를 맹목적으로 사랑하는 외할머니의 집으로 들어갔다. 하지만 낸시 매덕스는 그 집에 계속 머물려면 반드시 지켜야 할 조건 하나를 찰스에게 제안했다. 길 건너편의 성결교 일파인 나사렛교회의 주일 예배에 반드시 참석해야 한다는 것이었다. 그리하여 찰스는 옷을 빼입고 설교를 들었으며, 이때 흡수한 성서의 주장 가운데 일부를 훗날 자기 추종자들에게 부과하기도 했다. 예를 들어 여자는 남자에게 복종해야 한다는, 또한 더 높은 권세에 봉사하기 위해서 자기 정체성을 버려야 한다는 권고 같은 것이 그러했다.

찰스가 이 믿음 좋은 무리에 스며들지 못한 것은 딱히 놀랄 일도 아니었다. 다른 주일 학교 아이들과 친분을 맺으려 시도했지만, 소년원 시절의 폭력이며 자기가 경험했다고 주장하는 마약에 관해 이야기하자마자 오히려 따돌림을 당했다. 그 역시 자기가 감명을 주려는 상대방이 '뽕 맞기' 같은 속어를 전혀 모르는 상황에서는 과시하기가 어려움을 깨달았다. 그러다가 하루는 사촌 누나를 찾아갔는데(당시에 조 앤은 그 지역의 한 목사와 결혼한 상태였다), 그녀가 가만 보니 상담을 받으려고 자기 집에 찾아온 어느 십 대 소녀에게 찰스가 미사여구를 늘어놓고 있었다. 사촌 누나는 사촌 동생이 갖가지 칭찬을 늘어놓아서 이 취약한 손님을 유혹하려 한다는 것을 깨달았다. 결국 조 앤은 곧바로 소녀를 내보내서 사촌 동생과 자기 집 모두로부터 멀리 떨어지게 조치했다.

한편으로 찰스는 다른 수단들을 통해 정상적인 중산층의 삶을 살려고 진지하게 시도했던 것처럼 보인다. 그는 지역 경마장인 휠링 다운스에서 이혼남 찰리 윌리스를 만났고, 이 남자의 막내딸로 주위에서 인기가 높았던 로절리도 소개받았다. 사귀기 시작했을 때부터 원체 어울리지 않는 한 쌍이어서, 1955년 1월 13일에 두 사람이 결국 결혼하자 혹시 신부가 임신한 것은 아닌가 하고 의심한 사람도 상당수였다. 어쩌면 실제로 임신했었을 수도 있지만, 이때는 아이를 낳지 않았다. 찰스는 일자리를 얻었고, 친구를 몇 명 사귀었고, (얌전히 지낼 때는 항상 그러했듯이) 음악으로 관심을 돌렸으며, 기타 코드를 배우기 시작했다. 하지만 안정적인 삶을 영위하려는 시도는 오래 지속되지 못했다. 결혼한 지 몇 달 만에 로절리가 실제로 임신하자, 찰스는 추가 수입을 얻기 위해 자동차를 훔치기 시작했다. 1955년 여름에 그는 아내를 데리고 맥메첸을 떠나서 당시 로스앤젤레스에 살고 있던 어머니를 찾아갔다. 불운하게도 이들 부부는 그곳에서 체포되고 말았는데, 훔친 자동차를 타고 주 경계를 넘어서 국토 횡단 여행을 했기 때문이었다. 이쯤 되면 연방 범죄였다.

판결을 내리기 전에 판사는 정신 의학자 에드윈 맥닐에게 검사를 의뢰했다. 맨슨은 소년원을 전전하며 성장했기 때문에 생산적인 삶을 살아가는 방법을 몰랐다고 주장했다. 맥닐 박사는 선처를 권고했는데, 결혼도 했고 아이도 곧 생길 예정이라는 이유에서였다. 판사는 이 권고를 받아들여 보호 관찰 5년을 선고했다. 하지만 찰스는 1956년 2월에 또 다른 일로 법정에 출두해야 할 일이 생기자, 아예 로절리를 데리고 그 도시를 떠나기로 작정했다.

하지만 경찰을 오래 피하지는 못했다. 아들 찰스 맨슨 2세가 태어난

지 얼마 되지 않은 1956년 4월 23일, 스물한 살의 아버지는 샌피드로의 터미널섬 교도소에 수감되었다. 감옥에 들어온 이후부터 찰스는 진짜 학습을 이어 나갔다. 그는 강력한 부모상을 결여한 취약한 여자들의 심리적 약점을 이용하는 방법을 포주들에게 배웠다. 포주들이 그에게 가르친 기법은 가정 폭력 학대범들이 사용하는 것이기도 했다. 즉 여자를 고립시키고, 그녀를 진정으로 사랑하는 사람은 자기뿐이라고 확신시키고, 구타를 통해 계속 두려워하고 복종하게 만드는 것이었다.

찰스는 이렇게 감방 동료에게서 배운 교훈에다가 『친구를 만들고 남에게 영향력을 발휘하는 방법How to Win Friends and Influence People』의 저자 데일 카네기Dale Carnegie가 만든 감옥 내 정규 교육 과정의 내용을 뒤섞었다. 감옥에서는 교육 과정이 표준적이며, 때로는 대학 학점을 취득할 목적으로, 때로는 시간을 건설적으로 사용할 목적으로 짜여 있다. 이것이야말로 찰스가 삶에서 최초로 온전하게 관심을 집중했던 수업이었다. 감방에서 그는 카네기가 사용하라고 추천한 대사들을 연습했다. 그 책에 설명된 발상 가운데 다수는 맨슨의 조작적인 성향과도 잘 맞아 떨어졌다. 그가 특히 마음에 새긴 한 마디 조언은 다음과 같았다. "내 발상을 남이 받아들여 제 것처럼 느끼게 만들라."

1958년 9월 30일에 찰스가 감옥에서 나와 보니, 로절리와 아들은 이미 다른 남자와 살고 있었다. 결국 그는 어머니 집으로 들어갔다. 하지만 감옥에서 오래 벗어나 있지는 못했다.

맨슨은 터미널섬 교도소에서 터득한 더 음침한 기법을 응용했으며, 1959년 중반에 이르러 리오나라는 젊은 여성의 포주 노릇을 하게 되었다(그녀는 훔친 사회 보장 수표를 현금으로 바꾸려고 슈퍼마켓에서 서명을 위조한 혐의로 법정에 선 찰스를 풀어 달라고 판사 앞으로 탄원서를 써서 성공을 거둔 바 있었다). 그는 이 사업으로 벌어들이는 수익에 더해서 신용 카드와 자동차를 여럿 훔쳤으며, 급기야 훔친 차를 몰고 이번에는 주 경계를 넘어 북쪽으로 갔는데, 리오나와 그녀의 친구를 데리고 성매매 목적으로 간 것이었다. 이것 역시 성매매 여성의 이동을 금지하는 맨법 위반

37

이어서 맨슨은 26세 때인 1961년 6월에 다시 감옥에 갔으며, 이번에는 워싱턴주 맥닐섬 교정 센터에 수감되었다.

이 기간에 찰스는 조작에 관한 추가 조언을 얻으려고 사이언톨로지를 연구하기 시작했다. 전생과 영혼 불멸에 관한 사이언톨로지의 믿음이라면 자기가 불안정한 여자들을 표적으로 삼는 데 도움이 될 것이라고, 즉 그들에게 심리적 외상의 배경을 벗어나는 방법을 직접 제공할 수 있을 것이라고 생각했다. 아울러 그는 기타 연주 솜씨를 갈고닦았고, 토머스 가족과 함께 살며 처음 얻은 음악에 대한 열정을 계속해서 유지했다. 그는 비틀즈도 접하게 되었는데, 그 당시에 워낙 인기가 있다 보니 심지어 연방 교도소에서도 손쉽게 들을 수 있었던 것이다. 쩨쩨한 전과 기록과 개인사에도 불구하고, 찰스는 여전히 자기가 비틀즈처럼 전 세계에서 사랑과 애정을 받게 되리라는 망상을 품고 있었다. 급기야 그는 곡을 쓰기 시작했고, 굵은 바리톤 목소리와 알앤비 장르에 대한 감각을 곡 쓰기의 재능과 조합한 유명한 음악가로서의 경력을 계획하기까지 했다. 심지어 교도관들 사이에서도 찰스가 석방 뒤에는 음악가로서 일자리를 얻을 수 있으리라는 기대가 점점 커졌다.

가석방 대상으로 전환된 1967년에 찰스는 32세로 이미 생애의 절반을 감옥에서 보낸 셈이 되었다. 하지만 놀랍게도 그는 계속 감옥에 있게 해 달라고 요청했다. 혹시 장차 자기가 어떻게 될지에 대한 직관이라도 갖고 있었던 걸까? 그것까지는 확실히 알 수 없지만, 굳이 감옥에 남아 있기를 원했던 이유라면 쉽게 알 수 있다. 감옥이야말로 규칙의 세계이며, 자기가 생존하고 번성하는 방법을 알았던 세계였기 때문이다. 여러 해 전에 정신 의학자 에드윈 맥닐에게 시인했듯이, 맨슨은 감옥 밖에서 사는 방법을 전혀 몰랐다. 감옥 안에서 자기 삶을 지속하게 해 달라고 요청한 것이야말로, 사실상 찰스 맨슨의 입장에서는 이례적인 정도의 자기 파악을 보여 준 셈이었다.

미국의 감옥 시스템은 애초부터 무슨 요구든 받아 주기 위해 고안된 것도
아니었으며, 세금으로 계속해서 먹고 자는 재소자를 위해 고안된 것은 더
더욱 아니었다. 찰스 맨슨은 1967년에 가석방되었으며, 샌프란시스코로
의 이주 허가도 받았다. 이때는 이른바 '사랑의 여름'이어서, 수십만 명의
젊은 남녀가 바로 그 도시로 몰려들고 있었다. 고립된 소도시에서의 유년
기를 거쳐 오랜 수감 생활을 하다 보니, 찰스는 이중으로 준비되지 못한
상태에서 급변하는 세계로 들어서게 되었다. 전쟁 반대 시위자와 히피의
대열이 어디에나 있었으며, 만^灣 건너편 오클랜드에 전국 본부를 두고 있
는 블랙 팬서라는 두드러진 집단은 샌프란시스코의 거리에서 매우 눈에
띄는 존재감을 발휘했다. 감옥 내에서의 엄격한 인종 분리를 오랜 세월 겪
었던 찰스는 이처럼 자기네 권리를 위해 기꺼이 싸울 태세로 새로이 나타
난 솔직하고 목소리 큰 흑인 남녀에게 위협을 느꼈다.

　한편으로 샌프란시스코의 반^反권위주의적 분위기에서는 감옥 경험
덕분에 인기를 얻을 수 있었고, 찰스는 고향 맥메첸에서 경험했던 거부와
는 전혀 다른 긍정적인 반응을 만끽했다. 그는 며칠 동안 캘리포니아 대학
버클리 캠퍼스에서 시위자며 히피와 어울렸고, 젊은이들을 연구하며 그
들을 모방하는 법을 터득했다. 급기야 반문화 가운데서 자신의 기나긴 전
과 기록을 마치 용기의 증거인 척, 즉 자신의 독립성과 차마 억압할 수 없
는 혁명적 성격의 징후인 척 용도 변경할 수 있음을 재빨리 깨달았다. 찰
스는 이 심오한 태도의 변화를 감지했으며, 자기가 별다른 노력을 하지 않
아도 출세할 수 있음을 깨달았다.

　새로 발견한 모든 간계를 이용하여 그는 버클리에서 만난 젊은 여성

메리 브루너Mary Brunner를 매료시켰다. 상대방의 이상주의와 사회관에 공감하는 척 연기함으로써, 머지않아 자기와 잠자리를 같이할 뿐만 아니라 자기에게 지낼 곳까지 제공하도록 그녀를 조종했다. 당신이 경청된다는, 가치 있다는, 특별하다는, 아름답다는 느낌을 받게 해 줄 수 있는 사람은 자기뿐이라고 납득시킨 다음, 찰스는 헤이트애시베리에서 히피들로부터 주워들은 '자유로운 사랑'이라는 새로운 개념에 대한 자기 나름의 해석을 그녀에게 주입했다. 메리가 버클리 도서관에서 일하는 동안, 찰스는 길모퉁이에 서서 그 현장의 여러 영적 스승으로부터 얻은 멋진 말들을 엮어 내고 기타까지 연주함으로써, 현장의 일부가 되고 싶어 샌프란시스코로 찾아온 사람들 중 취약한 종류를 골라 매료시켰다.

그는 그중 한 명에게서 빌린 차를 운전해서 LA로 갔다가 리넷 프롬 Lynette Fromme을 만났다. 이혼 가정 출신의 가출 청소년이었던 그녀는 찰스의 언변에 홀딱 넘어가서, 급기야 헤이트애시베리까지 따라오게 되었다. "사람들은 나를 정원사라고 부르지." 찰스는 그녀에게 이렇게 말했다. "왜냐하면 나는 '꽃의 아이들[히피]'을 모조리 돌보는 사람이거든." 찰스는 자유로운 사랑에 대한 나름의 개념을 곧바로 실행에 옮겨서 메리가 지켜보는 가운데 리넷과 성관계를 가졌고, 이후에는 리넷이 지켜보는 가운데 메리와 성관계를 가졌다. 그로부터 몇 주 뒤에 그는 세 번째 개종자를 추가했다. 히치하이크로 차를 얻어 탔다가 운전자의 초대를 받아 저녁 식사까지 얻어먹게 되었는데, 그 집 딸 루스 앤 무어하우스Ruth Ann Moorehouse 가 찰스에게 홀딱 반했던 것이다. 심지어 그는 낡은 피아노도 한 대 얻어 와서는 폭스바겐 버스와 바꾸었으며, 덕분에 늘어나는 자기 무리를 데리고 여행할 수 있게 되었다.

그의 성장 전략은 전형적인 폰지 사기처럼 작동했다. 맨슨의 미끼는 그 시대의 다른 여러 사람의 선전 문구와도 아주 다르지는 않았다. 그는 사람들에게 각자의 금기와 아울러 소유마저도 포기하고 모두를 사랑하라고 말했으며, 사이언톨로지와 데일 카네기의 일부 내용에다가 비틀즈의 노랫말과 성서 구절을 뒤섞었다. 하지만 그 선전 문구의 내용이 표준적인 수준이었다 하더라도, 이런 즉흥 연기를 하는 동안 찰스의 태도는 카리스마적이고 예측 불허였다. 노래하고, 속삭이고, 설교하고, 유혹하기를 번갈아 하면서 군중에게 최면을 걸었고, 친밀한 일대일 상태에서도 최면을 걸었다. 이런 방식으로 그는 추종자를 얻었으며, 이들의 헌신을 검증한답시고 차례대로 밖에 나가서 더 많은 사람을 자기네 무리에 데려오게 했다. 머지않아 맨슨은 헌신적인 여성 추종자들로 이루어진 커다란 집단을 거느리게 되었는데, 정작 그의 가르침이라고는 여성이 남성에게 복종해야 하고, 남성의 명령에 따라야 한다는 내용이었는데도 그러했다. 불과 몇 달 만에 그는 이 히피 하렘의 여성 아무에게나 다른 남성과의 동침을 명령할 수 있게 되었으며, 자기 추종자들을 '패밀리'라고 불렀다.

이후 찰스 맨슨은 활동 범위를 샌프란시스코 너머로까지 확장하기 시작했으며, 무지개색으로 칠한 버스를 몰고 돌아다니면서 더 많은 여자를 모집해서 자기 컬트에 합류시켰는데, 그중 다수는 학교를 졸업하자마자 샌프란시스코로 달려온 십 대였다. 1967년에 그는 성장 중인 패밀리를 거느리고 로스앤젤레스로 이주했다. 머지않아 맨슨은 이렇게 큰 집단을 먹여 살리기가 쉽지 않다는 사실을 깨달았으며, 급기야 생존을 위해 쓰레기통을 뒤져야 하는 처지가 되었다. 몇 달 뒤인 1968년에 그는 조지 스판이라는 나이 많은 시각 장애인 남성과 계약을 맺었다. 이로써 패밀리는 LA 북부 샌타수사나 산맥에 자리한 면적 2제곱킬로미터의 스판 목장(다른 이름으로는 '스판 영화 세트장')에 무료로 거주하게 되었으며, 대신 그곳의 오래된 영화 세트를 구경하는 승마 체험 코스 운영이며 여러 잡무를 떠맡게 되었다.

비록 자유로운 사랑이라는 공통의 정서 덕분에 1960년대의 정신과 딱 맞아떨어지기는 했지만, 애초부터 뿌리가 없었던 이 집단을 한데 뭉치게 만드는 요소라고는 대부분 맨슨과 그의 말, 충동에 대한 믿음뿐이었다. 결국은 이들이 공동체와 컬트를 구분하는 눈에 보이지 않는 경계선을 넘고 있다는 뜻이었다. 예를 들어 그가 모두를 설득해서 하게 만들었던 '벌레 놀이'라는 활동이 있었는데, 일종의 유대 형성 수단으로서 외관상 무해

해 보이지만 실제로는 매우 불법적인 행동이었다. 한밤중에 남의 집에 몰래 들어가 물건을 재배열하고 나오는 매우 무작위적인 침입 행위였는데, 집주인의 입장에서는 아무것도 없어지지 않았다는 사실 때문에 오히려 더 불편해질 수밖에 없었다. 하지만 그 당시에는 비행非行이나 모험, 기묘한 믿음조차도 아주 예외적인 것까지는 아니었으며, 베이비 붐 세대가 변모한 '꽃의 아이들'이 전국 각지에서 무리를 지어 사회 실험을 실시했다. 물론 끝에 가서는 변질되는 사례도 종종 있었지만, 맨슨 패밀리의 사례야말로 다른 모든 사례를 능가할 정도로 충격적이었다.

아직까지는 남들의 의심을 사지 않았던 이 컬트는 로스앤젤레스에서부터 기하급수적으로 성장하기 시작했다. 맨슨은 인격이 완전히 형성되지 않은 상태에서 문제를 겪는 젊은이들을 찾아내 자신이야말로 그들의 삶에 나타난 모든 문제를 해결할 수 있다고 납득시키는 재주를 지니고 있었다. 게다가 목장에서 항상 벌어지는 의례 가운데 하나는 집단 LSD 복용이었는데, 찰스는 사람들의 지각이 흐려진 틈을 노려 점차 늘어나는 자신의 계시 내용을 주입했다. 가장 유명한 추종자 가운데 한 명으로 그의 살인죄 재판에서 핵심 인물이었던 (다만 본인은 면책권을 부여받아 기소되지는 않았던) 린다 카사비안Linda Kasabian 역시 맨슨을 처음 만났을 때 "이거야말로 내가 찾아 헤매던 것"이라 생각했다며 훗날 회고했다. 아울러 맨슨은 믿을 수 없을 정도로 능란해서, 어떻게도 해석될 수 있는 수수께끼 같은 발언을 종종 곁들임으로써, 패밀리 구성원 후보자가 바라는 그 어떤 모습으로도 꾸밀 수 있었다(예를 들어 그는 새된 소리를 잘 질러서 '꺅꺅이'라는 별명으로 통하던 리넷 프롬에게 "방에서 나가는 방법은 문을 통과하는 것이 아니다. 단지 나가기를 원하지 않으면 너는 자유롭게 된다"고 말한 적도 있었다). 그는 구성원 모집에 워낙 큰 성공을 거두었기 때문에, 머지않아 찰스 '텍스' 왓슨 같은 남성 추종자들에게 자기네 컬트에 다른 사람들을 데려오는 방법을 가르치기 시작했다. 절정기에 패밀리의 구성원은 무려 백 명이 넘기도 했다.

맨슨은 여전히 음악을 통해 세계적 명성을 얻기를 희망했는데, 1968년 여름에 마침내 기회를 얻었다고 생각했다. 비치 보이스의 드러머였던 데니스 윌슨Dennis Wilson이 히치하이크를 하던 패밀리 구성원 두 명을 태워 주었던 것이다. 찰스는 이 기회를 이용해 이 음악가와 안면을 텄고, 마약을 권했고, 패밀리의 여러 여성에게 그와의 성관계를 강요했다. 머지않아 맨슨은 밴드에서의 비중 때문에 고심하던 윌슨의 음악적 불안정함을 이용해서 자기가 작곡한 〈존재하기를 그만두고Cease to Exist〉의 판권을 구입하게 했으며, 실제로 윌슨은 훗날 이 노래를 비치 보이스와 함께 제작했다. 맨슨은 윌슨을 통해서 여배우 도리스 데이의 아들이자 영향력 있는 음반 제작자인 테리 멜처Terry Melcher와도 만났다. 세 사람은 멜처의 자택에서 정기적으로 만났는데, 바로 그곳이 훗날 맨슨의 가장 무시무시한 범죄 장소가 된 시엘로드라이브 10050번지였다.

　테리 멜처는 수많은 히트곡을 내놓았고, 버즈와 비치 보이스의 음반도 제작했다. 찰스는 이 제작자가 자기에게도 똑같은 마술을 부려 주기를, 즉 자기가 희망하는 음악 경력을 추구하도록 도와주고 명성을 확보해 주기를 희망했다. 하지만 상황은 그의 생각대로 전개되지 않았다. 스판 영화 세트장에서 맨슨이 한 스턴트맨과 거친 말다툼을 벌이는 것을 목격한 이후, 멜처는 그와 음반 계약을 절대 맺지 않겠다고 딱 잘라 거절했다.

　1968년 12월 2일에 〈존재하기를 그만두고〉의 비치 보이스 버전이 싱글 《산 너머의 파랑새들Bluebirds over the Mountain》 B면에 수록되었고, 이후 정규 음반 《20/20》에도 수록되었다. 맨슨은 윌슨이 가한 몇 가지 변경 때문에 노발대발했다. 일단 제목을 〈사랑하지 않기를 배우지 못했어Never

Learn Not to Love〉로 바꾸었고, 가사도 일부 수정했기 때문이었다. 즉 "존재하기를 그만두고"라는 우울한 영적 초대를 비치 보이스 특유의 더 표준적인 유혹 책략인 "저항하기를 그만두고"로 개작했던 것이다.

다른 무엇보다도 윌슨은 찰스를 원작자로 명시하지도 않았다. 윌슨은 단독 작자로 행세하고 싶어 했는데, 부분적으로는 맨슨 패밀리가 뜯어 간 돈이며 스판 목장에서 박살 난 페라리 승용차의 비용 가운데 일부를 회수하기 위해서였다. 윌슨은 이 곡의 대가로 맨슨에게 10만 달러를 지불했고, 오토바이도 한 대 선물했다고 말했다. 하지만 찰스가 가장 격분한 부분은 아마도 싱글 음반이 잘 팔리지도 않았으며, 기껏해야 차트에서 61위를 차지한 노래의 B면으로 발매되었다는 점이었을 것이다. 큰 돌파구가 되리라 기대했던 기회가 시들어 버렸으니, 이 사건이야말로 맨슨의 전업 음악가 경력을 시작도 전에 끝내 버린 치욕이 아닐 수 없었다.

윌슨으로선 맨슨을 성나게 만드는 것이 얼마나 위험한지 전혀 알 길이 없었다. 찰스는 그 노래의 원작자로 기재조차 되지 못했다는 사실을 알게 되자 윌슨을 죽이겠다고 협박했다. 그러자 윌슨은 맨슨과의 관계를 끊어 버렸다. 이 실패 이후로 찰스는 음악계와 더 이상 접촉할 수 없었으며, 스타덤에 오른다는 희망도 사라져 버렸다. 남은 것이라고는 자기 컬트, 즉 패밀리의 변함없는 충성뿐이었다.

맨슨은 패밀리에게 기묘한 환상을 예언하기 시작했다. 자기가 보기에는 확실히 도래할 치열한 인종 전쟁이 벌어지고 나서, 즉 흑인 민병대와 그 지지자인 백인 자유주의자가 공민권을 거부하는 인종 차별주의자와 맞붙고 나서 다가올 종말론적인 미래에 대한 이야기였다. 그의 예언에 따르면 이 전쟁에서 살아남는 백인은 극소수일 것이며, 그나마도 머지않아 흑인 민병대에게 살해당하고 말 것이었다. 맨슨에 따르면, 패밀리는 이 봉기 동안에 데스밸리로 도피함으로써 안전을 확보할 예정이었다. 그곳에 있는 '바닥이 보이지 않는 구덩이'로 들어가면, 지상에서 전투가 벌어지는 동안 그들이 평화롭게 살 수 있는 비밀 지하 도시가 나오리라는 것이었다. 그러다가 전쟁이 끝나고 맨슨의 패밀리가 데스밸리에서 나오면, 그들이야말로 미국에서 유일하게 남은 백인이 될 예정이었다. 과거의 부패한 문명이 봉기로 인해 싹 사라지고 나면, 스스로를 다스릴 능력이 없다고 간주되는 흑인을 맨슨의 패밀리가 지배할 것이었다. 비논리의 마지막 비약 속에서, 어쩐지 맨슨은 인종 전쟁의 승자인 흑인 민병대가 자신의 지배를 순순히 받아들일 것으로 생각했던 모양이다.

1968년 11월 22일에 비틀즈의 '화이트 앨범'이 발매되자, 맨슨은 이 기념비적인 음반이 어째서인지 다가올 인종 전쟁에 관한 신비스러운 징조를 제공한다고 확신하게 되었다. 그는 비틀즈의 노래 제목을 따서 이 전쟁을 '헬터 스켈터'라고 부르기 시작했다. 맨슨의 뒤틀린 정신 속에서는 비틀즈도 다가오는 종말을 알고 있다고 간주되었다. 맨슨은 비틀즈의 진짜 메시지를 수신한 사람은 아마 자기 혼자일 거라며 추종자들을 납득시켰다. 물론 그의 주장은 터무니없었다. 그 노래 제목은 어디까지나 영국 아이들이 좋아하는 놀이공원의 미끄럼틀 이름에서 따온 것이기 때문이었다.

맨슨의 터무니없는 각본은 워낙 망상적이었기에, 일부 관찰자들은 그것이야말로 망상형 조현병의 증거라고 주장하기까지 했다. 맨슨을 대면했던 가석방 심사 위원회의 구성원 가운데 적어도 한 명은 이 이론에 동의했지만, 막상 감옥에서 면담한 FBI 요원은 그가 제정신이라고 판정했다. 물론 그 요원도 그가 영리하고, 냉담하고, 무감정하고, 사람을 조종하고, 병적인 거짓말쟁이라는 사실은 인정했지만 말이다. 결국 그는 애초부터 불안정한 성격의 혼합물인 셈이었다. 그런데 이제는 여기에다가 복수를 향한 날뛰는 열망이며, 최근에 경험한 분노 촉발 요인이며, 심지어 (하나같이 그가 예언 능력을 보유했다고 생각하는 마약에 찌든 추종자들의) 대규모 집단에 대한 거의 전적인 통제까지 곁들여졌으니, 이 인화성 혼합물에 불이 붙는 것이야 딱히 어려운 일도 아니었다.

가뜩이나 덥고 후텁지근했던 1969년 8월 9일, 스판 목장에 있던 찰스 맨슨의 정신 상태가 딱 이러했다. 하지만 맨슨의 걱정거리는 더위 말고 또 있었다. 헤이트애시베리의 군중 출신으로 그의 추종자가 되었던 지독하게도 잘생긴 젊은 배우 바비 보솔레이Bobby Beausoleil가 게리 힌먼이라는 음악 교사 겸 마약 밀매상을 살해한 죄로 체포되었던 것이다. 보솔레이가 감옥에 더 오래 있을수록 경찰에게 자백할 가능성도 더 컸기에, 맨슨도 걱정할 수밖에 없었다.

그로부터 불과 2주 전에 맨슨은 보솔레이와 함께 힌먼의 집을 찾아가서 마약 거래가 잘못되었으니 환불해 달라고 요구했었다. 이때 맨슨은 칼로 상대방의 한쪽 귀를 베어 내기까지 했다. 이로써 힌먼은 확실히 위험 요소로 변했으며, 여차하면 경찰이 패밀리를 추적하도록 만들 수도 있게 되었다. 결국 맨슨은 보솔레이에게 이렇게 말했다. "뭘 해야 하는지 알겠지."

그렇다면 맨슨은 갱단 두목과도 비슷했던 걸까, 아니면 단지 데일 카네기의 원리 가운데 하나를 실행에 옮겼던 걸까? 어느 쪽이든지 간에, 이것이야말로 그가 철저히 준수했던 것처럼 보인 원칙이었다. 즉 내 발상을 남이 받아들여 제 것처럼 느끼도록 만들라는 것이었다. 그로선 어떤 추종자에게 살인을 실행하라고 직접 명령할 필요가 없었다. 당연한 이야기지만 이틀 뒤인 7월 27일에 보솔레이는 힌먼을 칼로 찔렀으며, 이때 맨슨의 가장 헌신적인 컬트 추종자 가운데 두 명인 수전 앳킨스Susan Atkins와 메리 브루너도 가담해서 힌먼의 얼굴을 베개로 짓누르는 일을 번갈아 담당했다. 보솔레이는 죽어 가는 남자의 피를 이용해 벽에다가 "정치적 돼지"라고 쓰고 (블랙 팬서의 상징인) 야수 발자국 표시를 찍었다. 패밀리 구성원들의 입장에서는 당국을 오도하려는 의도였으니, 범죄 현장에 남은 증거를 토대로 자기네가 아니라 블랙 팬서를 용의자로 간주하기를 바란 것이었다.

하지만 보솔레이는 현장에 지문을 남겼으며, 8월 6일에는 살해당한 남자의 승용차를 도로변에 세워 놓고 잠을 자다가 경찰에게 단속되기까지 했다. 경찰은 체포 후에야 비로소 보솔레이의 지문이 힌먼의 거처에서 발견된 지문과 일치한다는 사실을 발견했다. 그런데 맨슨 패밀리 가운데 누군가가 어설프고 부주의하게 행동했던 사례는 이때가 마지막이 아니었다.

보솔레이가 감옥에 들어가자, 맨슨은 이제 경찰의 주의를 분산시키기 위해 일련의 무작위적 모방 살인을 저지를 필요가 있다고 판단했다. 누군가가, 그것도 신문 헤드라인을 장식할 만큼 부유하고 유명한 누군가가 잔혹하게 죽을 필요가 있었다. 그가 불안을 느낀 이유는 단지 여차하면 감옥으로 돌아갈 수도 있다는 전망 때문만은 아니었다. 한편으로는 추종자들에 대한 통제를 유지할 필요가 있었다. 그들은 그를 그야말로 예수와 악마를 반반씩 섞어 놓은 더 높은 존재라고 믿었기 때문이다(그는 자기 이름 '맨슨Manson'이 예수의 별명인 '사람의 아들Son of Man'이라는 뜻이라고 추종자들에게 종종 말하곤 했다).

정신 의학자 로버트 리프턴은 컬트 지도자들에게서 나타나는 이 특정한 책동, 즉 스스로를 강력한 영적 인물로, 인류의 나머지보다 더 높은 존재로 추종자들에게 내세우는 것에 주목했다. 리프턴은 이 기법을 '신비적 조종'이라고 명명했다. 그의 말에 따르면 이것이야말로 사고 개조(또는 정신 조종)의 핵심 단계 가운데 하나였다. 이러한 종류의 신비적 조종의 또 한 가지 국면은 컬트 지도자가 마치 미래를 내다볼 수 있는 척 연기하고, 스스로를 마치 예언자인 양 추종자들에게 내세운다는 점이었다. 이런 책략을 성사시키기 위해서, 컬트 지도자는 일상적인 우연의 일치를 마치 예언의 달성인 것처럼 보이도록 재구성하려 시도한다. 1960년대 말의 지극히 일상적인 사건(비틀즈의 새로운 음반 발매)을 임박한 종말론적 인종 전쟁의 징후로 바꿔 놓으려던 맨슨의 시도도 이와 같았다.

맨슨 패밀리는 자기네 지도자가 일종의 현대적 예언자라고 이미 믿고 있었다. 하지만 그해 여름이 끝나 갈 무렵까지도, 미국 흑인은 아직 백인 억압자들에게 대항하여 봉기하지 않고 있었다. 맨슨으로서는 추종자들이 자기 예언이 틀렸다고 생각하게끔, 어쩐지 신성한 존재보다는 약간 못하다고 생각하게끔 내버려둘 수가 없었다. 그리하여 그는 게리 힌먼 살해 사건과 자신의 연관성에 대한 경찰의 시선을 분산시키기 위해 노력하는 한편, 동시에 인종 전쟁을 부추길 만한 책략을 마련했다. 바로 맨슨 패밀리가 다시 한번 블랙 팬서를 결부시킬 의도로 일련의 살인을 새로 저지른다는 계획이었다.

이 모든 것의 관건은 살인 사건 이후에 인종 차별적 보복에 직면한 미국 흑인이 한데 뭉쳐 봉기를 일으키는 사건들이 연쇄적으로 발생해야 한다는 데 있었다. 그리하여 폭력과 무법이 지배하는 상황이 되고 나면, 경찰도 게리 힌먼의 죽음에 대한 수사 따위는 포기하게 되리라는 것이었다. 혼돈의 와중에 패밀리는 바비 보솔레이를 구출할 예정이었고, 맨슨은 또 한 번의 형기를 회피할 예정이었으며, 이들 모두는 거기서 4백 킬로미터쯤 떨어진 데스밸리에 미리 마련된 지하 은신처로 피난할 예정이었다. 맨슨의 계획 가운데 다수가 그러했듯이, 이는 하나부터 열까지 환상에 불과했다. 일부는 그 지역 내외에 퍼진 유령 도시와 폐광의 실제 네트워크에 근거하고, 또 일부는 비틀즈와 성서에 대한 그의 망상적 해석에 근거한 내용일 뿐이었다. 그는 화이트 앨범이 (거기 수록된 <블랙버드Blackbird>에 암시되었듯) 인종 전쟁을 예언했다고 해석했으며, 패밀리 구성원들은 맨슨이 예언된 그리스도로서 「요한 계시록」에 등장한다고 믿었다.

이 예언의 터무니없는 성격을 고려해 보면, 맨슨이 추종자에게 행사했던 장악력을 전적으로 신비적 조종 탓으로 돌리기는 어려워 보인다. 패밀리 구성원들이 함께했던 수백 회의 LSD 복용 체험 역시 인종 전쟁이 불가피하다는 그들의 믿음, 아울러 자급자족할 능력도 거의 없다시피 한 히피와 낙오자로 이루어진 이 작은 무리가 세계를 지배하기 시작하리라는 그들의 믿음에 일익을 담당했던 것이 분명하다. 도대체 어쩌다가 이런 부조리한 결론에 도달했는지 모르지만, 1969년 8월 9일 새벽에 맨슨 패밀리의 충실한 구성원들은 지도자의 어떠한 명령에도 응답할 태세를 갖춘 상태였다.

맨슨은 텍스 왓슨Tex Watson을 골라서 그 운명적인 임무의 지도자로 활동하게 했다. 이 남자의 별명은 실제로 텍사스의 소도시 출신이라는 사실에서 비롯되었는데, 한때 그는 그곳에서 가망성 있는 미래가 예정된 사람처럼 보였다. 육상 선수에 풋볼 스타로서 최고 인기인으로 뽑히고, 우등생으로 선정되고, (전교생에게 분발을 독려하는 명예로운 지위인) '응원단장'이기도 했다. LSD를 빈번하게 복용했음에도 왓슨은 자신을 여전히 타고난 지도자로 여겼으며, 심지어 어쩌면 맨슨에 버금갈 수도 있다고 여겼다. 맨슨은 이런 그의 야심을 이용해서 왓슨의 혼탁한 정신을 자극하고 행동하게 만들었다.

아울러 맨슨은 왓슨에게 개인적 책임을 상기시켰다. 1969년 6월에 맨슨은 마약 밀매상 버나드 '라차파파' 크로를 총으로 쏴 버렸는데, 애초에 패밀리가 데스밸리로 이사하는 데 필요한 비용 2500달러를 얻기 위한 사기 행각에서 텍스가 그만 실수를 저질러 벌어진 일이었다. 라차파파는 목숨을 건졌지만 굳이 경찰에 신고하지는 않았다. 이로써 찰스는 왓슨을 지키기 위해서라면 자기가 살인조차 서슴지 않는다는 점을 입증한 셈이었다. 그렇다면 왓슨도 실제로 똑같이 장담할 수 있을까?

맨슨은 인종 전쟁 책략을 시작하기 위해서 굳이 특정인을 죽여야 할 필요가 있다고 생각지는 않았다. 다만 그 범죄에서 비롯된 충격 자체만으로도 인종 전쟁을 시작하게 할 만큼 충분히 부유하고 유명한 누군가를 발견하기만 하면 그만이었다. 그래서 그는 개인적 원한의 깊은 우물 속에서 테리 멜처의 주소를 끄집어냈다. 맨슨은 자신과의 계약을 거절했던 이 음반 제작자가 베벌리힐스의 시엘로드라이브 10050번지에 지금은 살지 않는다는 사실을 알고 있었다. 하지만 지금 그곳에 사는 사람이라면 누구든지 간에 이전 거주자만큼 부유할 것이 뻔했다. 맨슨이 이런 발상을 머릿속에 집어넣어 주자마자, 왓슨은 기꺼이 테리 멜처의 예전 거주지로 가겠다고 제안했다. 맨슨의 조종 능력이 워낙 강력했기 때문에, 심지어 여러 해 뒤에 FBI와 면담했을 때조차도 왓슨은 그 잔혹한 살인이 자신의 발상이라고 믿고 있었다.

맨슨은 여성 추종자 세 명을 왓슨에게 딸려 보내고 싶어 했다. 맨슨 패밀리에서는 남성이 시키는 일을 여성이 군소리 없이 따라야 한다고 간주되었다. 이것이야말로 그가 과거 나사렛교회 시절에 체득했고, 자기 나름의 목적에 맞게 왜곡한 신조였다. 맨슨은 그날 밤의 살인 계획에 대해서는 여자들에게 굳이 말하지 않았는데, 왓슨이 명령하는 일이라면 그들이 뭐든지 할 것임을 알았기 때문이었다.

살인을 지원하기 위해서 맨슨은 자신의 최초 추종자 가운데 한 명인 퍼트리샤 크렌윈켈Patricia Krenwinkel을 선발했다. 이렇게 사근사근하고 교회에 다니는 중산층의 젊은 여성은 얼핏 보아서는 패밀리하고 영 어울리지 않을 듯했지만, 사실 그녀는 열다섯 살에 부모가 이혼하면서 고등학교를 세 번이나 옮긴 바 있었다. 그 결과 퍼트리샤는 고립되었다는 느낌을 받으며 자라났다. 그녀는 이부자매를 통해서 LSD를 접하게 되었는데, 두 여자 모두 나중에 가서는 각각 자살을 시도하기도 했다. 찰스 맨슨은 이 열아홉 살 소녀를 만나자마자 외로움과 자신감 결여를 감지했다. 크렌윈켈은 (비유하자면 금이 갔지만 아직 깨지지는 않은 상태였기에) 패밀리 구성원이 될 이상적인 후보자였다. 맨슨은 열세 살이나 나이가 더 많았음에도 불구하고 크렌윈켈을 유혹했으며, 자기야말로 영혼의 단짝이라고 그녀가 믿게 만들었다. 그는 그녀가 필요로 하는 사랑과 관심을 제공할 수 있었다. 그는 그녀에게 목적의식을 제공할 수 있었다. 맨슨이 애초의 주장과는 다른 사람이라는 사실을 퍼트리샤가 깨달았을 즈음, 그는 이미 너무 무서워서 차마 떠나지 못하게끔 그녀를 단속해 놓은 상태였다. 맨슨은 크렌윈켈을 가만히 서 있게 하고 살짝 빗나가게 칼을 던지기도 했다. 그녀를 다른 여자들 앞에서 망신 주고, 다른 추종자들 사이에서 혼자 벌거벗고 있게 했으며, 못생기고 어리석다고 욕하기도 했다. 그녀의 삶을 지옥처럼 만들었으며, 한편으로는 딱 충분한 정도의 관심만 제공함으로써 그녀가 결코 도망치지 못하겠다고 느끼도록 만들었다.

그 살육의 또 다른 공모자 수전 앳킨스는 맨슨이 1967년에 가석방된 이후 처음 만난 여자들 가운데 한 명이기도 했다. 겨우 열다섯 살에 암으로 어머니를 잃고 나서는 20대가 될 때까지 학대를 일삼는 남자 친구 여러 명을 전전하고, 술을 마시고, 마약을 복용했다. 자살도 이미 시도했고, 강도 혐의로 몇 달 동안 감방 생활을 했으며, 사탄 숭배주의 집단에서 웃통을 벗은 '흡혈귀' 무용수로 일하기도 했다. 기타를 치는 찰스 맨슨을 만나자마자 그녀는 쉬운 먹잇감이 되고 말았다. 맨슨은 성관계를 가질 때 그녀의 불안정함을 감지하고는, 마치 친아버지와 오붓한 시간을 보내는 척 연기해 보라는 명령을 내렸다. 그의 능란한 정신 조종은 강력한 효과를 발휘했다. 앳킨스는 바비 보솔레이가 게리 힌먼을 죽이는 일을 이미 도와주었기에, 맨슨도 때가 되면 다시 한번 그녀에게 의존할 수 있으리라고 여겼다.

아울러 맨슨에게는 운전 요원도 필요했다. 적임자는 린다 카사비안이었다. 이혼한 지 얼마 되지 않은 그녀는 한때 아메리칸 사이키델릭 서커스라는 공동체에서 머물다 나왔으며, 텍스 왓슨과 잠자리를 같이했고, 나중에는 전 남편의 친구 가운데 한 명에게서 훔친 돈 5천 달러를 갖고 스판목장으로 와서 패밀리에 합류했다. 맨슨의 추종자 대부분과는 달리 카사비안은 캘리포니아주의 정식 운전면허를 갖고 있었는데, 애초에 다른 구성원들의 반대에도 불구하고 맨슨이 그녀를 패밀리에 굳이 받아들인 이유도 그것 때문이었다.

하지만 1969년 8월 8일에 노란색 1959년형 포드의 운전대를 정작 잡은 사람은 왓슨이었는데, 그들 네 명이 향하는 곳이 어디인지를 아는 사람이 그뿐이었기 때문이다. 그는 밧줄, 칼, 22구경 하이 스탠더드 '번트라인 스페셜' 리볼버도 챙긴 상태였다. 차량이 구불구불한 길을 지나 베네딕

트캐니언에서 시엘로드라이브 l○○5○번지로 향하는 동안, 여자 셋은 자기네가 오늘 밤 무슨 일을 하게 될지 궁금해하며 큰 목소리로 대화를 나누었다. 자동차를 훔치러 가는 걸까, 아니면 '벌레 놀이'를 또 한 차례 하러 가는 걸까? 그들로선 미국 역사상 가장 악명 높은 살인 파티 가운데 하나를 자기네가 저지를 예정이라는 사실을 전혀 알 길이 없었다.

왓슨은 해당 주택의 정문에 차를 세웠다. 그곳에서는 본채가 보이지 않았지만, 울타리에는 먼저 그 집에 살았던 테리 멜처의 여자 친구인 배우 캔디스 버겐Candice Bergen이 설치한 크리스마스트리 전등이 반짝이고 있었다. 두 사람이 이사를 간 직후인 1969년 2월 중순에는 영화감독 로만 폴란스키Roman Polanski가 그곳을 임대한 상태였다. 왓슨은 펜치로 주택의 전화선을 끊은 다음, 포드를 몰고 언덕 아래로 내려가서 눈에 띄지 않게 세워 놓았다.

네 사람은 담장을 기어오르려 했고, 이때 돼서야 왓슨은 자기네가 지금부터 집 안에 들어가서 거기 있는 사람 모두를 죽일 거라고 설명해 주었다. 하지만 이들이 미처 담장을 기어오르기도 전에 자동차 한 대가 진입로를 따라서 들어오더니 정문 앞에 멈춰 섰다. 침입자들은 덤불에 숨어 상황을 살펴보았다. 운전자는 열여덟 살 스티븐 페어런트Steven Parent였고, 시엘로드라이브의 그 주택 별채에 사는 젊은 관리인이자 자기 친구인 윌리엄 가렛슨을 만나러 온 참이었다.

페어런트가 전자식 정문을 열려고 차창을 내린 순간, 왓슨이 덤불에서 걸어 나와 그의 목을 칼로 그어 버렸다. 페어런트는 살려 달라고 빌었지만 살인자는 근접 상태에서 네 발이나 총을 쏘았다. 협곡 지형이 소음을 삼켜 버리다 보니, 가까이서 난 총소리도 마치 멀리에서 난 것처럼 들렸다. 본채에 있는 사람 가운데 아무도 눈치를 채지 못했고, 가렛슨은 관리인용 별채에서 음악을 틀어 놓은 상태여서 역시나 아무것도 듣지 못했다.

패밀리 구성원은 이제 본채로 향했다. 왓슨은 카사비안을 먼저 보내서 창문으로 들어갈 곳이 있는지 찾아보게 했으며, 곧이어 복도 창문이 반쯤 열려 있는 것을 발견했다. 그는 방충망을 칼로 찢고 창문을 올린 다음,

카사비안을 이번에는 정문으로 보내 망을 보게 했다. 그런 다음 왓슨과 앳킨스와 크렌윈켈은 집 안으로 들어갔다.

이리저리 펼쳐진 넓은 집 안에는 그날 밤 네 명이 머물고 있었다. 사회사업가 겸 폴저스 커피 회사의 상속녀인 애비게일 폴저Abigail Folger, 폴란드 출신 배우 겸 폴저의 남자 친구인 보이치에흐 프리코프스키Wojciech Fry-kowski, 유명 영화배우 겸 로만 폴란스키의 부인으로 당시 임신 8개월이었던 샤론 테이트, 할리우드의 헤어스타일리스트로 한때 테이트와도 사귀었지만 당시엔 가까운 친구로 남아 있던 제이 세브링Jay Sebring이었다. 이들 모두는 저녁 식사를 마치고 밤이 되어 휴식을 취하는 중이었다. 테이트는 앞서 폴란스키와도 통화한 상태였다. 그는 다음번 연출 작품으로 고대하는 〈돌고래 알파〉의 각본을 막 탈고했다면서, 앞으로 이틀 안에는 집에 가게 될 거라고 말했다. 남편이 없을 때마다 테이트는 사람들을 불러서 어울리기를 좋아했다.

테이트는 패션모델 출신의 여배우로 처음에는 〈미스터 에드〉와 〈맨 프롬 엉클〉 같은 TV 시리즈에서 작은 배역을 담당했고, 나중에는 폴란스키와 만나게 된 계기였던 〈박쥐성의 무도회〉 같은 영화에서 주연을 담당했으며, 1967년에는 〈인형의 계곡〉에 출연해서 골든 글로브 후보에 지명되기도 했다. 맨슨 패밀리 가운데 어느 누구도 시엘로드라이브의 그 집에 사는 사람이 누군지 몰랐다. 어디까지나 우연의 일치로 그 죽음이 온 나라를 충격에 빠트릴 만한 유명 인사를 찾아냈던 셈이었다.

자정이 조금 지나서 거주자들은 모두 잠자리에 들 채비를 하기 시작했다. 폴저는 손님 침실에 앉아서 책을 읽었고, 프리코프스키는 거실 소파에 누워서 잠들었으며, 세브링과 테이트는 큰 침실에서 한창 대화를 나누고 있었다.

패밀리 구성원이 맨 처음 찾아낸 사람은 프리코프스키였다. 왓슨은 다른 사람들이 있는지 둘러보라고 앳킨스에게 지시했고, 그의 목소리에 프리코프스키가 잠에서 깼다. 왓슨은 그의 머리를 걷어차며 이렇게 말했다. "나는 악마고, 악마 같은 짓을 하러 여기 온 거야." 그러면서 다른 사람들에게 알리거나 도움을 요청하려 들면 곧바로 죽이겠다며 프리코프스키에게 경고했다.

앳킨스는 열려 있는 폴저의 방문 앞을 지나며 손을 흔들었다. 폴저도 그녀에게 손을 흔들어 주고 나서 다시 책을 읽었는데, 수시로 테이트의 집에 들르는 수많은 손님에게 익숙해진 상태였기 때문이었다. 복도를 따라간 앳킨스는 테이트와 세브링이 대화를 나누는 모습을 목격했지만, 두 사람은 심지어 그녀가 있다는 것조차 깨닫지 못했다.

그 와중에 크렌윈켈은 칼을 차에 놔두고 왔다는 사실을 깨닫고 정문으로 달려가서, 망보기 임무를 담당해 무기가 불필요했던 카사비안의 칼을 빌려 왔다.

보고를 받은 왓슨은 모두를 거실로 데려오라고 지시했고, 앳킨스와 크렌윈켈이 나서서 칼로 위협해 데려왔다. 왓슨은 세브링의 두 손을 묶고 목에 밧줄을 걸더니, 천장의 들보 위로 통과시킨 밧줄의 반대편 끝을 테이트의 목에 걸었다. 여배우가 울기 시작하자, 헤어스타일리스트는 임신한 여자를 이렇게 거칠게 대하는 법이 어디 있느냐고 항의했다. 왓슨은 대답 대신 그의 배를 총으로 쏘았다. 세브링은 쓰러지며 거실 카펫 위에 피를 쏟아 냈다.

왓슨은 돈을 요구했지만, 폴저의 지갑에 들어 있는 70달러를 제외하면 거의 없었다. 패밀리의 이주에 필요한 자금을 잔뜩 얻어서 그곳을 빠져나올 수 있으리라 기대했던 그는 차질이 생기자 격분했다. 어쨌거나 이곳은 유명 영화배우가 사는 호화스러운 집이었는데, 정작 거기 있는 사람 중 누구도 자기보다 현금을 더 많이 지니고 있지 않았기 때문이다.

공격의 제1막 이후에 펼쳐진 학살은 추악하고 폭력적이고 예측불허였다. 하지만 희생자들이 무기력한 상태였고, 살해자들이 지칠 줄 모르고, 세뇌되고, 양심이라곤 없이 행동했음에도 학살 그 자체는 생각만큼 손쉽지는 않았던 것으로 드러났다. 왓슨과 앳킨스는 침입에 앞서 LSD와 필로폰을 투약한 상태였으며, 그로 인해서 이후에 벌어진 유혈극에는 비일관성이 한층 더 추가되었다.

왓슨은 제이 세브링을 거듭해서 칼로 찌르기 시작했다. 헤어스타일리스트가 바닥에 쓰러져 죽어 가는 사이, 폴란드 출신 배우는 포박을 풀기 위해 안간힘을 썼다. 앳킨스가 칼로 찌르려고 했지만, 프리코프스키는 포박을 풀자마자 상대방을 붙잡고 바닥에서 몸싸움을 펼쳤으며, 그녀의 칼질은 대부분 그의 허벅지와 종아리에만 명중했다. 프리코프스키의 비명을 들은 카사비안은 정문을 떠나 본채로 접근했다. 도착하자마자 그녀는 그가 비틀거리며 현관문을 나와 덤불에 쓰러지는 모습을 보았다. 카사비안은 프리코프스키에게 미안하다고 사과하려 했지만, 왓슨이 곧바로 밖으로 따라 나오는 바람에 뜻대로 하지는 못했다. 카사비안이 지켜보는 가운데, 왓슨은 프리코프스키를 잔디밭에서 죽게 내버려 두고 떠났다. 나중에 검시관이 보고한 내용에 따르면, 그는 총을 두 발이나 맞았고, 칼에 51회나 찔렸으며, 번트라인 스페셜 리볼버 개머리판으로 머리를 가격당하기까지 했다.

공포에 사로잡힌 카사비안은 (네 명 중에서 유일하게 살인 파티 동안 일말이나마 양심의 가책을 드러냈던 인물로서) 사람들이 오고 있다고 집 안을 향해 소리를 질렀는데, 이렇게 거짓말을 하면 패밀리의 다른 구성원들도 두려워한 나머지 그 소름 끼치는 사건을 종료할 수 있으리라 예상했기 때문이다. 하지만 그녀의 말은 무시당하고 말았다.

폴저는 현관문으로 도망치려 시도했지만 크렌윈켈이 따라오더니 그녀를 바닥에 쓰러트리고 거듭해서 칼로 찔러서 흰색 나이트가운을 피로 물들여 버렸다. 어쩌면 방금 한 행동 때문에 자기도 충격을 받았는지, 크렌윈켈은 폴저가 죽었는지 여부를 잘 모르겠다고 왓슨에게 말했다. 그러자 그가 도와주러 다가왔다. 왓슨은 희생자를 완전히 처리하는 중에도, 혹시 별채에도 자기네가 죽일 만한 누군가가 있는지 확인하라고 크렌윈켈에게 지시했다.

크렌윈켈은 어쩔 줄 몰라 했다. 직접적인 명령에 불복종하는 것도 두려웠지만, 그렇다고 해서 이 학살에 다른 희생자를 추가하는 것도 원치 않았기 때문이다. 그래서 그녀는 별채 쪽으로 한창 걸어가다가, 왓슨의 눈에 띄지 않는 곳까지 오자 그대로 서서 잠시 기다린 다음, 다시 돌아가서 이 주택 경내에는 다른 사람이 전혀 없다고 보고했다. 그곳의 관리인 윌리엄 가렛슨이 이 학살에서 살아남을 수 있었던 이유다.

이쯤 되자 유일한 생존자는 샤론 테이트뿐이었다. 그녀는 살인자들에게 아기의 목숨만은 살려 달라고 애걸하고 간청했다. 차라리 자신을 인질로 잡고서 아기가 태어날 때까지 2개월만 기다려 달라고, 그 이후에는 당신들이 원하는 대로 해도 좋다고까지 말했다. 하지만 앳킨스와 왓슨은 마약에 취했고, 피를 향한 욕구에 잠식되었으며, 맨슨 패밀리의 믿음에 세뇌당한 상태였기 때문에, 태아의 안위에 대해서는 전혀 개의치 않았다. 앳킨스는 샤론 테이트를 16회나 칼로 찔렀고, 훗날 법정에서 직접 증언한 것처럼 상대방에게 이렇게 말했다. "이 여자야, 당신에게 자비 따위는 베풀지 않아!" 그 과정 내내 테이트는 엄마를 부르며 비명을 질렀다.

불과 한 시간이 조금 못 되는 사이에, 시엘로드라이브 10050번지의 본채에 머물던 사람은 모두 죽고 말았다.

뒤늦게야 앳킨스는 범죄 현장에서 뭔가 '수수께끼 같은' 행동을 하기를 찰스 맨슨이 원했다는 사실을 기억해 냈다. 그리하여 프리코프스키의 손을 묶는 데 사용했던 수건을 이용해서 현관문에다가 "돼지"라고 휘갈겨 썼는데, 앞서 보솔레이가 게리 힌먼을 죽인 후에 벽에다 쓰는 것을 보고서 따라한 행동이었다. 곧이어 왓슨과 앳킨스와 크렌윈켈은 범죄 현장을 떠나 진입로를 걸어가서, 이미 노란색 포드 옆에서 기다리고 있던 카사비안과 합류했다. 이들은 미리 가져온 여벌 옷을 꺼냈고, 차에서 기다리는 바람에 피가 묻지 않았던 카사비안을 제외한 나머지 모두는 깨끗한 옷으로 갈아입었다.

스판 목장으로 차를 몰고 돌아오던 중에 카사비안은 왓슨의 지시대로 피 묻은 옷을 한데 묶어서 가파른 언덕 밑으로 던져 버렸다. 그 길을 따라서 더 가다가 사용한 무기도 없애 버렸다. 샛길로 우회하던 도중에 이들은 어느 집 잔디밭에서 수도 호스를 발견하고는 물을 틀어서 손과 얼굴에 묻은 피를 씻었다. 집주인이 따지려고 밖으로 나왔지만 이들은 차에 올라타서 도망쳐 버렸다. 하지만 아주 빨리 도망치지는 못했기 때문에 집주인이 번호판을 목격하고 말았다.

　이들이 스판 목장으로 돌아왔을 때 맨슨은 크게 불만을 드러냈다. 돈이라고는 거의 얻어 내지 못했으며, 이들이 내놓은 설명으로 미루어 보건대 충분히 극적인 범죄 현장도 만들어 내지 못했기 때문이었다. 급기야 그는 직접 차를 몰고 시엘로드라이브 10050번지로 다시 가서 이들의 지문을 지웠으며, 샤론 테이트의 시체 근처 침상에 미국 국기를 펼쳐 놓기까지 했다. 마침 젊은이들이 베트남 전쟁에 항의하는 뜻에서 국기를 불태우던 시기이다 보니, 국기와 죽은 임산부의 조합이 상당한 주목을 받으리라 기대했던 것이다. 하지만 8월 10일에 이르러 샤론 테이트의 죽음이 모든 매체에 보도되었음에도 찰스 맨슨은 만족하지 못했다. 그가 수집한 사실로 미루어 보건대, 경찰은 이 범죄 현장에서 블랙 팬서며 게리 힌먼의 살인과 연관시키는 어떠한 단서도 포착하지 못한 상태였다. 이 살인이 그가 예언했던 인종 전쟁을 촉발하기에 충분하지 못할 것임은 분명했다. 그로서는 더 많은 사람이 죽을 필요가 있었다.

8월 1Ø일 저녁, 맨슨은 왓슨, 앳킨스, 크렌윈켈, 카사비안을 불러 모으고, 여기에 헌신적인 추종자 스티브 '클렘' 그로건Steve 'Clem' Grogan과 레슬리 반 하우턴Leslie Van Houten까지 두 명을 추가했다. 당시 19세였던 반 하우턴은 그 집단에서 가장 어렸으며, LA 근교 몬로비아의 중산층 출신이었다. 하지만 5년 전에 부모가 이혼하면서부터 마약을 복용하고 가출을 하기 시작했다. 그녀는 1년 전에 바비 보솔레이를 통해서 맨슨과 만났다. 이후로 반 하우턴은 무슨 수를 써서라도 맨슨의 비위를 맞추려 애쓰게 되었으며, 패밀리에서는 그가 즉흥적으로 내놓은 노랫말을 속기로 받아 적는 서기 노릇을 담당했다. 하지만 그날 밤에 찰스는 그녀를 위해 훨씬 더 큰 계획을 준비해 놓고 있었다.

맨슨은 8월 9일 이른 새벽에 벌어진 살인에서는 모든 관련자가 사실상 실수를 범하고 말았다고 지적했다. 그러면서 이번에는 모방 살인을 최소한 두 건 이상 저지르면 좋겠고, 차질이 없도록 하기 위해서 자기도 함께 가겠다고 덧붙였다. 그의 지시에 따라서 일곱 명이 차 한 대에 올라타고 로스펠리스의 웨이벌리드라이브에 있는 레노와 로즈메리 라비앙카 부부의 집으로 향했다. 그 옆집에서 열렸던 파티에 참석한 적이 있었던 맨슨은 웨이벌리드라이브의 주민 모두가 충분히 부유하기 때문에 이들의 살인은 센세이션을 일으키기에 충분하리라고 믿었다. 하지만 자기가 노린 희생자들이 기껏해야 식품점 한 곳(굳이 추가하자면 로즈메리 몫으로 어느 미장원의 지분 일부)만 갖고 있었을 뿐이라는 점까지는 전혀 모르고 있었다.

라비앙카 부부가 사는 집의 뒷문은 잠기지 않은 상태였다. 맨슨과 왓슨은 소파에서 잠든 레노를 발견하고 총을 겨누며 깨웠다. 맨슨은 항상 남의 호감을 사고 싶어 했으며, 심지어 자기가 죽이려고 의도한 사람에게도 호감을 사고 싶어 했기에, 레노에게 우리는 그냥 강도일 뿐이라고 장담하면서 집 안에 누가 더 있느냐고 물어보았다. 남편은 아내가 있는 침실로 이들을 안내했다. 맨슨은 로즈메리를 거실로 끌어내고, 그녀의 지갑을 빼앗았으며, 크렌윈켈과 반 하우턴을 집 안으로 들어오게 했다. 맨슨은 두 사람에게 로즈메리를 침실로 도로 데려가게 했고, '모두가 뭔가를 하도록' 확실히 조치함으로써 일행 모두가 똑같은 책임을 지게 만들었다. 그러고 나서 그는 카사비안, 앳킨스, 그로건과 함께 차로 돌아가 새로운 살인 표적을 찾아서 떠났다.

그사이에 왓슨은 레노의 머리에 베갯잇을 씌우고, 입에 재갈을 물리고, 전등 코드로 묶었다. 아직 침실에 남아 있던 로즈메리에게도 똑같이 했다. 크렌윈켈은 로즈메리를 처리하기 위해 식칼을 집어 들었다. 전날 밤에 애비게일 폴저를 살해한 이후로 더 이상 자기 손에 피를 묻히고 싶지 않았지만, 맨슨의 명령에 불복종한다면 그녀에게는 더 무시무시한 미래가 닥칠 예정이었다. 크렌윈켈과 반 하우턴이 침실에서 기다리는 사이에 왓슨은 맨슨이 직접 건네준 대검을 이용해 레노를 찔러 죽였다. 남편의 비명을 들은 로즈메리가 발버둥치자 크렌윈켈도 칼로 찌르기 시작했다. 곧이어 왓슨이 침실로 와서 마지막 일격을 담당함으로써 로즈메리의 목숨을 끊었다.

이번에는 패밀리도 찰스 맨슨이 요구한 극적인 장면을 연출하기 위해 신중을 기했다. 왓슨은 레노의 배에 "전쟁"이라는 글자를 칼로 새겼다. 크렌윈켈은 처음의 주저함을 극복하고 레노의 배에 포크를 꽂고, 목에 칼을 박았다. 반 하우턴은 라비앙카 부부의 피를 이용해 벽에다가 "돼지들에게 죽음을"과 "봉기하라"라는 글자를 적었다. 반 하우턴은 이때까지만 해도 실제 살인에는 별로 참여한 바가 없었기에, 왓슨의 지시대로 이미 죽은 로즈메리의 옷을 들추고 칼로 찔렀다. 레슬리는 잔돈이 들어 있는 가방을 찾아내 챙겼다. 부부가 모두 죽고 나자, 세 명의 침입자는 배가 고픈 나머지 냉장고를 열고는 수박과 초코 우유를 꺼내 먹어 치웠다. 살인 후의 간식을 다 먹고 나자 수박 껍질을 싱크대에 말끔히 집어넣었고, 크렌윈켈은 피를 이용해 냉장고 문에다가 "헬터 스켈터"라는 글자를 적었다.

비틀즈의 화이트 앨범에서 가져온 이 한 마디는 장차 패밀리의 비밀을 풀어내는 동시에 찰스 맨슨의 살인 유죄 선고를 확보하는 열쇠 노릇을 하게 될 예정이었다. 맨슨은 이렇게 (문자 그대로) '벽에 적힌 글자'[†]를 보면 경찰도 일련의 모방 살인에 대해서 미국 흑인 공동체를 비난할 것으로 생각했다. 하지만 처음에만 해도 경찰은 게리 힌먼, 샤론 테이트와 그 친구들, 라비앙카 부부의 살인 사건이 어떤 패턴의 일부라는 점을 전혀 모르고 있었다. 사실 8월 12일에만 해도 수사 당국에서는 테이트와 라비앙카 살인 사건 사이에 아무런 연관이 없다고 기자들에게 말했을 정도였다. 경찰은 정말로 서로 무관한 두 가지 사건을 다루고 있다고 생각했다.

맨슨은 '헬터 스켈터'를 시작하기에 실패한 상태였다. 아울러 그는 차량 절도 혐의로 한창 수사를 받는 와중에도 정작 살인 혐의는 그냥 무사히 빠져나갈 수 있을 것처럼 보였다. 패밀리는 줄곧 차량을 훔쳐서 버기카로 개조해 오고 있었는데, 인종 전쟁이 벌어지는 동안 은신할 지하 도시에서 사용하겠다는 목적이었다. 8월 16일에 결국 경찰이 스판 목장으로 찾아오게 된 이유도 어디까지나 차량과 관련된 더 작은 범죄 혐의로 이들을 체포하기 위해서였다. 맨슨과 그의 추종자 25명은 체포되어 구금되었다. 수전 앳킨스도 함께 구금되었는데, 그녀는 평소에 관심과 인정을 갈망했으며, 애초에 맨슨 패밀리에 소속된 것도 바로 그런 이유에서였다. 구금 상태에서 그녀는 유치장에 함께 있던 버지니아 그레이엄에게 지난주에 있었던 살인 사건에서 자기가 담당한 역할에 관해 자랑을 늘어놓았다. 그 일에 대해서 어떤 기분이 드느냐고 그레이엄이 묻자, 앳킨스는 임신한 샤론 테이트를 살해하는 과정에서 자기의 일부분을 죽인 셈이었다고, 지금은

[†] 구약 성서 「다니엘서」에서 바빌로니아 왕 벨사살의 연회 도중에 누군가의 손이 나타나 벽에 글자를 썼는데, 다니엘이 해석해 보니 불길한 예언이었다는 데서 비롯된 관용어로 '불길한 예언'이나 '재난의 조짐'을 뜻한다.

지치고 의기양양하고 평화로운 느낌이 드는데, 왜냐하면 이것이야말로 '헬터 스켈터'의 시작임을 알기 때문이라고 말했다.

이 단서를 계기로 경찰은 테이트와 라비앙카 살인 사건을 단일 집단과 연계시킬 필요가 생겼는데, 여기서 말하는 집단은 블랙 팬서가 아닐 예정이었다. 찰스 맨슨, 텍스 왓슨, 수전 앳킨스, 레슬리 반 하우턴, 퍼트리샤 크렌윈켈은 모두 살인 혐의로 기소되었다. 애초에 살인 파티에 참여하기를 꺼렸으며 살인 그 자체에 대해서도 경악했던 린다 카사비안은 패밀리 소유의 스테이션왜건을 몰고 스판 목장에서 떠난 상태였다. 맨슨은 무슨 볼일이 있어 떠났겠거니 생각했지만, 사실 그녀는 뉴멕시코로 도망쳐서 검찰 측 증인이 되는 조건으로 자수한 상태였다. 검찰은 사건 전모를 증언하는 대가로 면책을 제공했는데, 실제로는 카사비안이 애초에 요구한 적도 없었던 특혜였다. 그녀는 17일 동안 증인석에 앉았으며, 빈센트 불리오시Vincent Bugliosi 검사는 이 확고한 증언 덕분에 관련자 모두에게 유죄 판결을 내릴 수 있었다고 공을 돌렸다.

찰스 맨슨은 스스로 자아낸 거미줄에 사로잡힌 셈이었다. 추종자의 숫자가 늘어나면서 그는 숨어 있는 성격의 약점을 파악하고 착취해서 개인적 이득을 얻어 내는 자기 능력 이상의 것에 의존할 수밖에 없었다. 스스로를 신과 비슷한 인물로, 즉 미래를 예언할 능력을 지닌 인물로 만들어 내는 함정에 빠진 것이었다(이것이야말로 컬트 지도자들이 거듭해서 빠지는 함정이기도 하다). 맨슨은 결과적으로 자승자박을 범했다는 사실을, 인종 전쟁이며 지하 은신처며 (부적응자들로 이루어진 자기네 무리가 장차 전 세계까지는 아니어도) 온 나라를 지배하는 미래에 관한 즉흥적인 약속이야말로 그저 시간을 벌기 위한 책략에 불과했다는 사실을 끝내 깨닫지 못했다. 그는 자기 자신의 불운한 범죄 이력을 망각한 셈이었다. 예를 들어 소년원에서 탈출했지만 금세 붙잡히고, 부주의한 절도 행각을 벌이고, 훔친 수표를 슈퍼마켓에서 현금으로 바꾸려다 발각되고, 포주로 활동하다가 결국 다시 감옥에 가게 되었던 이력을 말이다. 불안정한 사람을 착취하는 그의 재능도 막상 무시무시한 범죄를 지휘하는 데서는 무용지물이어서, 뚜렷한 증거를 남긴 실책이 줄줄이 이어졌다. 예를 들어 수전 앳킨스는 자기가 사용한 칼을 시엘로드라이브의 소파 쿠션 밑에 남겨 두는 이해할 수 없는 행동을 했다. 텍스 왓슨은 번트라인 리볼버로 보이치에흐 프리코프스키를 어찌나 세게 때렸던지, 그 싸구려 권총의 손잡이 파편이 시체 주위에 남아서 추적 가능한 증거 노릇을 했다. 왓슨은 피 묻은 손으로 그 집의 전자식 정문 버튼을 누르기까지 했다. 범죄 조직으로서 평가하자면, 맨슨 패밀리의 실력이란 결손 가정 출신의 무직 약쟁이 어중이떠중이를 모아서 만든 무리에게 기대할 만한 정도에 불과했다. 그 모든 충성스러운 추종자들과 구세주 같은 야심에도 불구하고, 맨슨은 가장 거창한 계획 덕분에 자신이 생애 대부분을 보낸 바로 그 장소(감옥)로 돌아오게 되었으며, 비록 악명을 떨치기는 했지만 결과적으로는 거의 출생 당시부터 자신의 운명이었던 바로 그 원초적 수치로 돌아오게 되었다.

찰스 맨슨의 재판은 1970년 6월 15일에 시작되었으며, 공판이 매일 밤 텔레비전으로 보도됨으로써 순식간에 미국을 사로잡은 구경거리로 변모해 버렸다. 맨슨은 매번 법정 출두를 마치 공연처럼 대했다. 그는 항상 무례하게 굴었다. "누군가가 네 머리를 잘라 버려야 마땅해, 이 늙은이야!"라고 외치면서 판사를 공격하려고 연필을 치켜들고서 달려들기도 했다. 맨슨은 이런 교란 행위에 합류하는 방법에 대해서 앳킨스와 크렌윈켈과 반 하우턴에게 구체적인 지시를 내렸다. 그의 명령에 따라 하루는 여자들이 법정에서 노래를 불렀고, 또 하루는 두서없는 말을 외치거나 머리를 박박 밀기도 했다. 맨슨은 이마에 ✕자를 새겼고, 카메라 앞에서 연설을 하면서 이렇게 말했다(현장에 있었던 사람들은 그 내용에서 진실, 비일관성, 자기 연민, 조종의 섬뜩한 혼합을 알아볼 수 있었다). "나는 당신들이 만들어 내고 있는 바로 그 사람입니다. 나는 선량하며, 이제는 아무것도 모릅니다. 당신들 무리는 내게 아무런 자비도 보여 주지 않았습니다. 내 이마의 표식은 거부, 반ᴍ교회, 쓰러진 십자가, 악마의 상징, 죽음, 테러, 공포의 무료 흑색 인장입니다. 나는 좋은 사람이 되고 싶었지만, 당신들은 내가 그렇게 되도록 내버려 두지 않았습니다."

맨슨의 여성 추종자들 가운데 살인 혐의로 재판에 회부되지 않은 사람 다수는 법원 바깥에서 노숙했고, 마치 '꽃의 아이들'처럼 차려입고 언론과 인터뷰했다. 그중 일부는 증인을 위협하고 심지어 독살하려 했다. 검찰에 증언을 제공하기로 동의했던 패밀리 구성원 바버라 호이트Barbara Hoyt는 맨슨의 추종자 여러 명으로부터 증언을 거절하는 대가로 하와이 여행을 보내 주겠다는 제안을 받았다. 그녀는 루스 앤 무어하우스와 함께 하와

이로 여행을 떠났는데, 출발 직전에 동행자의 농간으로 자칫 치명적일 수 있는 10인분의 LSD가 든 햄버거를 먹었다. 바버라는 목숨을 건졌지만, 이를 계기로 더 열심히 검찰에 협조하는 증인이 되었다.

최후의 발악으로 맨슨은 공동 피고들을 조종해서 살인 사건은 자기와 아무런 관련 없이 그들 스스로 범했을 뿐이라고 법정에서 선언하게끔 만들려고 시도했다. 반 하우턴의 변호사인 로널드 휴스Ronald Hughes는 맨슨이 자기 의뢰인을 조종하고 있음을 깨달았다. 하지만 이 변호사는 찰스 맨슨에 관해서 너무 많은 것을 알았기 때문에 도리어 나쁜 결말을 맞이한 것일 수도 있다. 최종 진술 직전에 휴스는 주말 캠핑 여행을 떠났다가 실종되었다. 그리고 모든 피고가 사형 판결을 받은 바로 그날에야 비로소 시신으로 발견되었다.

비록 로널드 휴스의 사망 원인은 확실하게 밝혀지지 않았지만, 익명을 요구한 맨슨 패밀리 구성원이 담당 검사 빈센트 불리오시에게 접촉해서는 패밀리의 소행이라고 말해 주었다(그는 최종 진술에서 찰스 맨슨을 가리켜 "순종적인 노예들의 무리를 부리는 독재적인 주인"이라고 묘사했다). 지도자가 투옥된 이후에도 패밀리는 그를 위해 기꺼이 살인을 범하려고 했던 셈이다.

법정 최고형에도 불구하고, 맨슨 패밀리 구성원 가운데 어느 누구도 딱히 오랫동안 사형 판결을 기다리지는 않았다. 1972년 2월에 캘리포니아주에서 사형이 폐지되면서 맨슨, 왓슨, 크렌윈켈, 앳킨스, 반 하우턴은 (아울러 로버트 F. 케네디의 암살범인 시르한 시르한을 비롯해서, 캘리포니아주 사법부에서 사형 판결을 받은 다른 모든 살인자도 마찬가지로) 가석방 가능성 없는 무기 징역으로 감형되었기 때문이다.

추종자들은 감옥에 들어가 맨슨의 영향력으로부터 안전해지고 나서야 비로소 스스로 생각하기 시작했다. 그중 다수는 새로운 정체성을 얻으려고도 시도했다. 텍스 왓슨은 기독교에 귀의하여 인기 많은 형무소 목사가 되었지만, 정작 그를 면담한 FBI 요원은 그의 신실성에 대해서 회의적이었으며, 이 살인 주범이 가석방을 얻기 위해 수작을 부리는 것뿐이라고 믿었다. 이처럼 개심을 위한 온갖 노력에도 불구하고 캘리포니아주 가석 방 심사 위원회에서는 여전히 왓슨을 사회에 대한 위협으로 간주했고, 비 교적 최근인 2021년 10월까지도 그의 자유를 부정했다.

수전 앳킨스도 거듭난 그리스도인이 되었지만 신앙의 대상을 여러 차례 바꾸었다. 그녀는 2009년에 암으로 사망함으로써 캘리포니아 역 사상 가장 오래 복역한 여성 수감자라는 기록을 세웠다. 물론 이제는 크렌 윈켈과 반 하우턴이 그 기록을 갱신해 버렸지만 말이다.

바비 보솔레이 역시 한 가지 유형의 광신을 또 다른 유형의 광신으 로 바꿔서, 백인 우월주의 성향의 아리안 형제회에 가입했다. 그 역시 2022년에 가석방을 거부당했다.

퍼트리샤 크렌윈켈은 사형 판결을 받고 나서야 스스로 생각하기 시 작했다. 찰스 맨슨이 카드 게임에 져서 다른 죄수에게 그녀를 팔아넘겼다 는 사실을 알게 된 것이야말로 그 방향으로 나아가는 계기를 제공했음이 분명하다. 그녀는 자존감을 회복했다고, 아울러 처음에만 해도 애써 거부 했던 후회를 느끼게 되었다고 주장했다. 이제 그녀는 모범수이며, 여러 감 옥 내 동아리 고문으로 활동 중이다. 하지만 맨슨의 영향력에서 떨어져 나 왔다는 주장에도 불구하고, 그녀는 2017년에 벌써 열네 번째 가석방을 거부당했다. 다음 가석방 심사는 2022년에 이루어질 예정이다.[†]

레슬리 반 하우턴은 유죄 선고를 받은 살인자 중에서 가장 젊었고, 이 후 모범수가 되어서 맨슨 패밀리의 살인 행각에 대해 공개적으로 후회를 드러냈다. 어린 시절 부모의 요란한 이혼으로 인해 열네 살 때부터 LSD 를 반복적으로 투약했던 그녀는 아버지가 자기 삶에 다시 개입함으로써 현실 파악과 나름의 도덕률을 회복하는 데 도움을 주었다고 주장했다. 2013년의 가석방 심사에서 담당 변호사는 그녀가 1969년에 맨슨의 영 향력 아래 있으면서 가치관이 완전히 변모되었다고 지적했다. 2016년과

[†]   퍼트리샤 크렌윈켈은 2022년 5월 26일에 가석방을 허락받았지만, 그해 10월 14일에 캘리포니아 주지사가 사회에 대한 위협을 이유로 이 결정을 번복함으로써 여전히 복역 중이며, 다음번 가석방 심사는 2024년 6월 19일로 예정되어 있다.

2017년에 두 번이나 가석방 권고를 받았지만, 두 번 모두 제리 브라운 주지사의 직권으로 석방이 저지되었는데, 여전히 그녀를 참회하지 않는 살인자로 간주하던 희생자 유족의 요청을 존중한 결과였다. 가장 최근 가석방 요청은 2022년 2월에 캘리포니아주 대법원에서 거부당했다.†

어떤 사람의 경우에는 찰스 맨슨의 정신 조종이 너무나도 강력한 나머지 차마 극복이 불가능한 것으로 입증되었다. 그의 첫 추종자였던 메리 브루너는 이미 신용 카드 사기 혐의로 감옥에 있었기 때문에 살인 행각에 참여하지 못했었는데, 이후 대대적인 살인 사건 재판에서 맨슨 패밀리에게 불리한 증언을 내놓고서 죄책감을 느꼈다. 나중에 그녀는 패밀리의 다른 구성원 여러 명과 함께 총기 절도 혐의로 다시 투옥되었는데, 맨슨의 석방을 위해 1971년에 여객기 납치를 계획할 목적이었던 것으로 드러났다. 그녀는 1977년에 석방된 이후로 모습을 감춰 버렸다.

리넷 '꺅꺅이' 프롬은 1975년에 대통령 제럴드 포드를 암살하려다가 수감되었다. 하지만 무기 징역조차도 그녀의 헌신을 흔드는 데는 충분하지 못했다. 함께 투옥된 패밀리의 동료 샌드라 굿Sandra Good과 프롬은 '찰스 맨슨 교회의 자매들'로 자처했다. 맨슨에 대한 그녀의 헌신은 워낙 흔들림이 없어서, 1987년 12월 23일에 맨슨이 암 진단을 받았다는 소식을 듣고는 직접 만나 보기 위해서 탈옥까지 했을 정도였다. 〈맨슨의 여인들Manson Girls〉이라는 텔레비전 특집 프로그램을 위해 ABC와 진행한 인터뷰에서 프롬은 그 잔혹한 살인 사건으로부터 50년이 흐른 지금까지도 찰스를 여전히 사랑하고 있다고 고백했다. "저는 그를 만났다는 사실을 영예롭게 생각합니다." 그녀의 말이었다. "그리고 저는 그가 악의 축도라고 생각하는 사람들에게 이 말이 어떻게 들릴지도 알고 있습니다."

린다 카사비안은 무려 17일 동안 맨슨 패밀리의 동료 구성원들에게 불리한 증언을 내놓음으로써 모두에 대한 사형 판결을 이끌어 냈으며, 이

---

† 레슬리 반 하우턴은 2023년 5월 30일 법원이 주지사의 가석방 거부를 무효화하고 7월 7일에 주지사가 항소를 포기함으로써, 7월 11일에 53년간의 복역을 마치고 맨슨 패밀리 중에서 처음으로 가석방되었다.

후 모습을 감추고 세상의 눈을 피해 살아가고 있다. 마지막으로 목격되었을 때, 그녀는 워싱턴주 터코마에서 두 번째로 바꾼 이름을 사용하며 저소득자 주택에 살고 있었는데, 자기가 낳은 자녀 네 명 중 막내의 집에서 그리 멀지 않은 곳이었다. 유죄 선고 이후 여러 해 동안 카사비안은 자기 나름의 죄책감과 씨름했고, 마약이며 알코올 중독과도 씨름했으며, 그 무의미한 살인에 대해서 매일같이 생각한다고 말했다. 체포 기록을 보면 그사이에 있었던 그녀의 자제력 문제가 드러난다. 1976년에는 뉴햄프셔주 내슈아에서 피운 모닥불을 끄려는 소방관들을 저지하려다 공무 집행 방해로 벌금 1백 달러를 선고받았다. 1982년에는 뉴햄프셔주 라코니아에서 열린 오토바이 동호회에서 가슴을 드러냈다가 과다 노출로 벌금형을 선고받았다. 1987년에는 플로리다주 케이프커내버럴에서 음주 운전으로 벌금을 선고받았다. 마지막으로 체포되었던 1996년에는 본인의 말마따나 "마약과 알코올과 자기 파괴의 시기" 동안에 코카인과 필로폰을 소지하고 있었다. 그녀는 맨슨이 사망한 직후 『데일리 메일』과의 인터뷰에서 오늘날까지도 자기가 "조금이라도 방심해 버리면" 희생자들의 비명이 여전히 들려온다고 말했다.

2

아돌포 데 헤수스 콘스탄소와
마약악마숭배파

마이애미에서 쿠바 난민의 아들로 태어난 미국 국적자 아돌포 데 헤수스 콘스탄소야말로 이 책에 묘사된 모든 컬트 지도자 중에서도 가장 가학적이며 피에 굶주린 인물이라 할 만하다. 1980년대 말에 멕시코시티에서 시작해 텍사스주 브라운즈빌 인근의 국경 도시까지 도달한 짧은 공포의 치세 동안 콘스탄소는 이미 확인된 것만 최소 16명에 달하는 사람들을 상대로 의례적 살인을 저질렀으며, 살인과 잔혹 행위와 협박에 대한 그의 만족할 줄 모르는 욕구를 감안해 보면 실제 희생자는 더 많을 가능성이 있다. 아돌포가 자란 집 안은 아마추어 희생제에서 비롯된 썩어 가는 동물의 유해와 오물로 가득했으며, 거기서 비롯된 차마 지울 수 없는 수치감으로부터 평생에 걸친 무자비함이 자라났다. 그의 삶에서 몇 안 되는 질서의 원천은 팔로 마음베라는 산테리아의 어두운 분파에서 받은 훈련에서 비롯되었는데, 여기에서 그는 피를 흘리는 법이며, 제물로 바치는 살아 있는 동물의 고통을 무시하는 법을 배웠다. 그는 마이애미에서 정교한 입문 과정을 거친 후에 멕시코에 영업장을 차렸으며, 일개 점쟁이에서 마약악마숭배파의 배후 조종자인 엘 파드리노로 신속히 변모했다. 폭력적인 범죄 기업이자 컬트인 마약악마숭배파는 피에 굶주린 인간 희생제에서 비롯된 초자연적인 보호하에서 운영되었다. 놀라우리만치 잔혹했던 희생제에서 그는 살아 있는 희생자의 가죽을 벗겼으며, 마체테나 칼로 죽인 시신을 토막 내고 장기를 떼어 내기도 했다.

SHAME

ADOLFO DE JESÚS
CONSTANZO

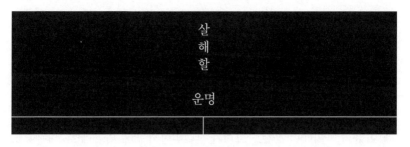

살
해
할
운명

15세의 미혼모에게서 태어난 소년이 태연하게 희생자의 피를 빼고, 성기를 절단하고, 두뇌를 잘라내서 자신의 '응강가ⁿganga', 즉 신비의 솥에 집어넣는 청년으로 성장하게 된 원인은 도대체 무엇이었을까? 유년기에 도대체 무슨 일이 있었기에 그는 이토록 무자비하고 체계적인 살인자로 변모했던 걸까?

델리아 아우로라 곤살레스 델 바예는 1962년 11월 1일에 마이애미의 리틀아바나 지역에서 아돌포 데 헤수스 콘스탄소Adolfo de Jesús Constanzo를 낳았다. 아직 십 대였던 델리아는 당시 혁명 직후의 쿠바에서 탈출한 상태였다. 아돌포의 양육에 대한 세부 내용은 거의 확인된 바가 없다. 남아 있는 가족도 있지만, 그의 살인 행각 이후에는 당연히 사람들의 눈을 피해 살아가기 때문이다. 그의 생애 초기며 소년 시절에 대해서 우리가 아는 내용은 어디까지나 추종자들의 증언에서 나온 것뿐인데, 증인 가운데 한 명은 마침 그의 유년기에 어머니와 친구 사이였다.

여하간 그런 출처에 따르면 델리아는 산테리아의 열성 신자였다. 산테리아Santería란 지금으로부터 4백 년도 더 전에 쿠바에서 살아가던 아프리카 중서부 출신 노예들의 후손 사이에서 발전한 종교이다. 가장 순수한 형태의 산테리아는 (황홀경, 의례적 북 치기, 동물 희생제, 조상과의 신비로운 의사소통 등을 특징으로 삼는) 요루바Yoruba 풍습에 근거하는데, 쿠바에서 이 신앙을 정련한 사람들은 숭배의 본성을 숨기기 위해서 자기네 고향에서 숭배했던 신들의 초자연적 속성을 로마 가톨릭 성인들에게 결부시켰다. 이런 간단한 위장 덕분에 이들은 유서 깊은 제의를 계속해서 거의 공개적으로 실천할 수 있었다.

한때 델리아는 자기가 예전부터 줄곧 가톨릭 신자였으며, 산테리아와는 아무런 관련도 없다고 주장했다(이 주장은 검증이 불가능하다. 1989년 5월에 아들의 시신을 인수한 그녀는 세상의 눈을 피해 완전히 잠적했으며, 이후 아무런 소식도 들을 수 없게 되었다). 하지만 그녀의 주장은 예전의 이웃들이라든지 아돌포의 추종자들이 내놓은 진술과는 모순된다. 아울러 마이애미 경찰도 그녀가 산테리아와 팔로 마음베Palo Mayombe 모두에 관여했다는 방대한 증거를 수집했으며, 아돌포와 (훗날 붙여진 명칭대로) 마약악마숭배파the Narcosatanists 스스로도 쿠바와 아이티에서 만연한 이 종교를 실천한다고 주장했다. 이런 설명은 아돌포의 생애 초기에 대한 더 포괄적인 이해를 위한 기반을 구성한다.

산테리아가 다른 아브라함 계통 종교(유대교, 기독교, 이슬람교)와 크게 다른 점 하나는 절대적 계명이 전혀 없다는 것이다. 산테리아에서는 마법을 선하게도 악하게도 사용할 수 있다. 주술은 유익할 수도 있고 악의적일 수도 있다. 주술이 사람을 돕느냐 해치느냐는 실행자의 의도에 달렸다. 오늘날까지도 카리브해와 라틴 아메리카 전역에서는 온갖 종류의 사람들이 산테리아를 실천한다. 수많은 쿠바 난민과 마찬가지로 아돌포의 어머니도 그 전통을 유지한 채로 미국으로 건너왔다.

델리아의 남편은 아이가 태어난 직후에 가족을 버리고 떠났는데, 아들이 친아버지를 알고 있었다는 증거는 전혀 없다. 그녀는 이후 최소한 세 번이나 다른 남자와 결혼했지만, 정작 아돌포의 삶에서 아버지 역할을 대신하며 가장 큰 영향력을 발휘한 사람은 그에게 팔로 마음베의 길을 가르쳐 준 스승이었다.

또 다른 쿠바 종교인 팔로 마음베는 여러 면에서 산테리아와 유사하며, 역시나 서아프리카(구체적으로는 콩고 강변)에서 노예로 끌려온 사람들의 신앙이 가톨릭과 조합된 결과물이다. 마음베는 이 종교가 유래한 아프리카의 지역 이름이며, 팔로는 스페인어로 막대기나 나뭇가지라는 뜻으로, 주술을 실행하기 전에 솥 안의 내용물을 젓는 도구를 가리킨다.

비록 산테리아와 팔로 마음베 사이에는 공식적인 연관성이 없지만,

양쪽의 신앙이며 신자는 상당 부분 겹친다. 팔로 마욤베의 추종자는 신에게 도움을 요청하는 대신, 주술을 통해서 죽은 자의 영혼 조종을 도모한다. 산테리아와 마찬가지로 주술은 선하게도 악하게도 사용할 수 있다. 죽은 자와의 연관성 때문에 팔로 마욤베는 산테리아의 불건전한 변종으로 종종 간주되지만, 원래 그 자체에는 본래적으로 사악한 면모가 전무하다는 점을 기억하는 것이 중요하다.

　델리아는 생후 6개월이었던 아돌포를 데리고 아이티 출신 '팔레로palero'를 찾아간 적이 있었다. 팔로 마욤베의 사제에 해당하는 인물이 아들의 양육에 대해서 조언해 주기를 기대했던 것이다. 팔레로는 아기를 살펴보더니 선택받은 자라고 선언했으며, 훗날 큰일을 하게 될 것이라고 예언했다. 심지어 자기가 아돌포의 영적 스승이자 '파드리노padrino', 즉 '대부'가 되어 주겠다고 제안하기까지 하자, 델리아는 기쁘게 받아들였다.

하지만 견습 생활이 시작되기도 전에 델리아는 마이애미를 떠나 푸에르토리코의 산후안으로 이주했는데, 머지않아 결혼할 남자를 따라서 아직 걸음마 단계였던 아돌포까지 데려갔다. 푸에르토리코에서 이 가족이 보낸 몇 년에 대해서나, 아돌포의 의붓아버지 세 명 가운데 첫 번째에 대해서는 거의 알려진 바가 없다. 델리아의 말에 따르면 아들은 모범생이었고, 인근 가톨릭교회에서 복사服事 노릇도 했고, 또한 테니스에도 뛰어났다고 한다.

하지만 남들 앞에서는 외관상 모범적인 생활을 영위하던 아돌포도 집에서는 매우 다른 종류의 생활에 빠져든 상태였다. 그의 유년기에서 성격을 형성한 환경 가운데 핵심적인 두 가지는 훗날 낯선 사람이나 적, 심지어 가까운 관련자에게도 정기적으로 자행된 악명 높은 잔혹 행위와 폭력을 마치 예고라도 했던 것처럼 보인다. 한 가지는 주변의 불결함이었고, 다른 한 가지는 동물 희생제에 대한 조기 교육이었다.

아돌포는 거의 영구적인 무질서가 지배하는 비위생적인 환경에서의 성장 경험으로부터 깊은 영향을 받았던 것처럼 보인다. 델리아는 수집 강박자라서 무엇이든지 간에 내다 버리기가 거의 불가능한 지경이었다. 이런 충동 때문에 이들이 살았던 집은 어디나 금세 혼돈으로 변해 버렸다. 설상가상으로 머지않아 집 내부까지 오물과 동물 유해로 더럽혀지고 말았으니, 이것이야말로 그녀의 열성적이면서도 아마추어적인 산테리아 실천의 증거였다.

산테리아의 사제인 '산테로santero'는 종종 희생제 공양을 통해 신들에게 도움을 간청했다. 사소한 문제가 있을 경우에는 희생 제물도 음식이나 꽃처럼 작은 것인 경우가 일반적이었다. 동물 희생제도 드물지는 않았지만, 피를 흘리는 행위는 상당히 진지하게 간주되었다. 오로지 매우 중요한 상황에서만 살해의 필요성이 있었다. 아울러 동물을 희생 제물로 사용할 경우에 그 의례적 도살에는 기도가 수반되었으며, 마지막에는 예식의 참가자들이 희생 제물의 고기를 요리해서 나누어 먹는 것이 일반적인 관습이었다.

그렇게 보자면 델리아는 거의 항상 긴급한 위기 상황에 놓여 있었던 것처럼 보인다. 어쩌면 혼자 상상한 위험에 대한 방어책일 수도 있는데, 여하간 그녀는 약간의 기회만 생겨도 희생 제물로 삼기 위해서 갖가지 동물을 잔뜩 모았다. 이웃들은 자기네 집 문간에 머리 잘린 닭이 놓여 있었다고 말했다. 한 이웃은 델리아가 머리 잘린 염소 시체를 거리에 놓아두는 모습을 목격했다고 주장했다. 관련 신고도 여러 번 있었지만, 당국에서는 아무런 조치가 없었다.

아돌포도 어려서부터 이례적인 버릇을 드러냈는데, 십중팔구 이처럼 주변에서 벌어지는 난장판을 지켜보며 나온 반응으로 보인다. 즉 그는 강박적으로 말끔했던 것이다. 혼자서 옷을 입을 수 있게 되었을 즈음에는 침대에 들기 전에 매일 밤 옷을 신경 써서 벗어 놓았으며, 자기 방(아울러 자기 것이라고 할 수 있는 모든 물건)을 한 점의 티끌 없이 깨끗하게 유지했다.

찰스 맨슨과 마찬가지로 아돌포 콘스탄소는 가장 감수성이 예민했던 시절부터 깊은 수치심에 맞서 싸웠던 것처럼 보인다. 맨슨의 굴욕이 특정한 사건(예를 들어 어머니가 체포되어 투옥되었던 일이며, 억지로 여자 옷을 입고 초등학교에 갔던 일)으로부터 자라났던 것처럼 보이는 반면, 아돌포의 수치는 집 안의 영구적인 불결함의 결과로 나타났던 것이다. 마이애미 시절의 이웃들은 그의 가족을 의심스럽게 바라보았으며, 아이를 둔 가정에서는 자녀를 아돌포와 놀지 못하게 했다.

델리아는 누가 찾아와도 내다보지 않는 것으로 그 지역에서 유명했는데, 이 사실은 심지어 경찰 보고서로도 확인이 가능하다. 이런 거부는 수집 강박자 사이에서 비공식적으로나마 '초인종 공포'라고 일컫는 흔한 행동과 관련이 있을 수 있다. 어떤 사람들은 자기 생활 공간을 워낙 저하시킨 상태이다 보니, 가족 이외의 사람이 거처에 들어오는 것조차도 회피하는데, 상대방이 자기의 생활 조건을 즉시 못마땅해하리라는 점을 자각하기 때문이다. 이러다 보니 종종 심각한 사회적 소외 같은 유해한 결과를 낳는 악순환이 시작된다. 디오게네스 증후군이라고도 부르는 이런 행동에는 치매가 수반되는 경우도 종종 있지만, 일반 대중 사이에 더 넓게 분포되어 있는지는 검증이 어렵다. 왜냐하면 수집 강박자의 거의 절반은 매우 지능이 높은 사람이어서 주변의 감지를 거뜬히 피해 가며, 외부 세계와의 상호 작용도 최소한의 수준으로만 유지하기 때문이다. 따라서 델리아가 아들의 사망 이후에 잠적할 수 있었던 것도 딱히 놀랄 만한 일까지는 아니었다. 그녀는 사실상 평생 그런 술책을 실천해 왔었다.

그토록 불결한 환경에서 성장하며 아돌포가 내면화한 수치심은 여러 가지 명칭(예를 들어 유독성 수치심이나 중핵성 수치심)으로 일컬어지지만, 그런 영구적인 감정은 (제아무리 억압한다 하더라도) 찰스 맨슨의 위험한 분노를 촉발했던 것처럼 보이는 바로 그 역학으로 이어질 수 있다. 어쩌면 아돌포는 자신의 충동(자신의 통제 안에 있는 모든 것에 대해 질서를 유지하려는 강박)이야말로 어머니의 영역을 지배했던 혼돈으로부터 자유롭다는 증거라고 생각했을 수도 있다. 하지만 델리아가 드러낸 가정의 무질서에 대한 외관상의 선호와 아들이 드러낸 통제불능의 청결벽 사이의 연계를 추적하기는 어렵지 않다. 청결벽은 아돌포가 성인이 될 때까지도 여전했고, 이후에는 자기 주위 전체의 무결성에 대한 집착뿐만 아니라 나아가 질서의 필요성으로까지 변모했다. 질서의 필요성을 어찌나 극단적으로 느꼈던지, 그는 죽음의 고통으로 위협하면서까지 추종자들에게 전적인 복종을 피로 맹세하라고 명령했다. 팔로 마음베는 이런 광란을 육성하는 데 도움을 주었는데, 그 신앙에서는 이 세상을 신자와 불신자로 나누기 때문이었다. 자신의 '파드리노'와 마찬가지로 아돌포 콘스탄소는 '팔레로(팔로 마음베의 사제)'로서의 자기가 불신자를 배려할 필요가 전혀 없다고 믿게 되었다. 즉 불신자는 모두 죽어 마땅하다는 것이었다.

살
해

견습 생활

콘스탄소 가족은 1972년까지 산후안에 살았는데, 바로 그해에 델리아의 남편이 암 진단을 받았다. 아돌포의 어머니에 관한 내용 가운데 워낙 많은 것이 그러하듯이, 그때 굳이 마이애미로 돌아오기로 작정한 이유를 알아내기는 불가능하다. 여하간 산후안에 남아 있던 남편은 이듬해에 결국 사망하고 말았다.

당시 열 살이었던 아돌포는 마이애미로 돌아와서 아이티 출신 '파드리노'와 다시 만나게 되었으니, 바로 아기 시절의 그를 살펴보고 운명에 의해 점지되었다고 말한 그 사람이었다. 그 남자에 대해서도 알려진 바는 거의 없다시피 하며, 그나마 남아 있는 몇 가지 세부 내용조차도 아돌포의 추종자들이 내놓은 2차 진술에 의거할 뿐이다. 하지만 여러 보고에 공통적으로 나오는 내용에 따르면, 그 남자는 마이애미 마약 업계의 지하 세계 인사들을 위해서 팔로 마욤베 주술을 거행함으로써 꾸준한 수입을 얻었다.

팔로 마욤베에는 두 가지 분파가 있는데, 하나는 팔로 크리스티아노Palo Cristiano이고 또 하나는 팔로 후디오Palo Judio이다. 크리스티아노 분파의 '팔레로'는 기독교의 하느님과 공조하고 악령을 거부했다. 반면 후디오 분파에서는 팔레로가 악령과 공조하기를 '원하게' 마련이었다(실제 유대교 Judaism와는 무관하며, 다만 백인 노예주들의 종교인 기독교와는 다르다는 뜻에서 이름만 차용한 것이다). 이 분파는 카디엠펨베Kadiempembe, 즉 '영혼을 삼키는 자'라는 존재와 동일시되었는데, 이는 서양의 악마 개념에 대략 상응하는 존재였다. 아돌포의 '파드리노'는 바로 이 전통의 팔레로로서 카디엠펨베의 권능을 숭배했다.

아돌포는 겨우 열한 살 때에 자기 파드리노의 '응강가' 앞에 처음으로 서게 되었다. 응강가는 콩고어로 넓은 의미에서 죽은 자의 능력, 또는 초자연적인 능력을 가리킨다. 그런데 팔로 마음베에서 응강가는 솥을 가리키기도 했으며, 이것이야말로 팔레로가 영혼의 세계와 상호 작용하는 데 사용하는 주된 도구였다. 응강가는 팔레로의 능력의 원천이었으며, 독특하게도 팔로 마음베에만 있었다.

응강가에는 희생 제물로 바친 동물의 주검, 신성한 약초, 곤충, 여러 종류의 나뭇가지가 잔뜩 들어 있어야 했다. 하지만 그중에서도 핵심 재료는 바로 인간의 유해였다. 죽은 자의 영혼을 제대로 불러내기 위해서는 응강가에 그 사람의 두개골, 뇌, 뼈 몇 개가 반드시 들어 있어야만 했다. 응강가에 유해를 적절하게 집어넣으면 그 영혼은 팔레로의 명령을 수행할 것이었다.

팔레로는 응강가가 의문의 여지없이 충성스럽게 그 주인에게 복종할 것이라고 믿었다. 악령과 공조하는 팔레로 사이에서는 난폭한 범죄자나 미치광이의 유해를 가치 높게 여겼는데, 그런 자들의 영혼이라면 제아무리 타락한 행동이라도 서슴없이 이행하리라고 믿었기 때문이다. 아울러 희생 제물을 사전에 바칠 필요는 없다고 믿었으며, 다만 영혼이 명령을 이행하고 나면 팔레로가 수탉의 피로 보상을 해 주곤 했다.

아돌포 콘스탄소에게 진정한 교육에 가장 가까웠던 뭔가가 있었다면, 그것은 바로 팔로 마음베에 대한 공부였다. 집에서 그는 어머니의 아마추어 유혈 행위에 참여했으며, 파드리노의 감독하에서는 정교한 죽음 제의의 복잡한 내용을 배웠다. 이것이야말로 그의 악명 높은 잔혹 행위를 설명하는 데 도움이 되는 인격 형성기의 영향력 가운데 두 번째에 해당했다. 즉 그가 살해에 체계적으로 입문한 것이었다.

이것이야말로 중대한 발전이 아닐 수 없었다. 1970년대부터 FBI의 프로파일러들을 통해서 보고된 바에 따르면, 연쇄 살인범에게서 일관적으로 나타나는 소질 하나가 있었다. 가장 냉혹한 자들끼리 공유하는 듯 보이는 이 소질이란 바로 유년기에 일종의 의도적 동물 고문과 학대에 참여했던 경험이었다. 아돌포의 파드리노는 바로 이런 행동 유형의 고급 과정을 제공해 주었으며, 급기야 강력한 팔레로의 입장에서는 다른 사람(특히 불신자)의 살해조차도 정당화될 수 있다고 믿게끔 이 소년을 훈련시켰다. 한 걸음씩 나아가면서, 한 의례씩 겪어 보면서, 아돌포는 팔레로의 명령일 경우에는 그 어떤 체계적 살해도 정당화될 수 있다는 믿음을 갖게 되었다.

만약 냉혹한 살인이 목표였다고 치면, 이것이야말로 이례적이라 할 정도로 엄격하고 체계적이고 효율적인 훈련장이었다. 애초에 어떤 의도가 있었건 없었건 간에, 이는 심리학자들이 성격 특성의 '어두운 3요소'라고 지칭하는 것을 아돌포 콘스탄소에게 주입하는 완벽한 수단 노릇을 해 주었다. 첫째는 사이코패스성, 즉 후회의 결여였다. 둘째는 악성 자기도취증, 즉 가학적 과대망상이었다. 셋째는 마키아벨리즘, 즉 자기 이익을 위한 타인 착취였다.

응
강
가

채우기

아돌포의 파드리노는 자신의 응강가를 작고 창문 없는 움막에 놓아두었다. 그는 이곳에 들어갈 때마다 아돌포에게 눈가리개를 씌우면서, 자신의 응강가를 바라볼 채비가 아직 되지 않은 사람은 죽을 수도 있다고 말했다. 파드리노는 아돌포의 훈련 내내 이 원칙을 유지했으며, 그가 눈가리개 밑으로 슬쩍 엿보려고 하면 때리기까지 했다.

파드리노는 사례도 후하고 꾸준한 고객인 마약 밀매상을 위한 보호 주술을 만드는 방법을 그에게 가르쳐 주었다. 다만 그 관계는 어디까지나 사업에만 국한된다는 점을 명백히 했다. 파드리노는 사실 마약 밀매상을 경멸했다. 다만 불신자들이 마약으로 자멸하기를 바란다면 아무래도 상관없다는 식이었다. 델리아와 마찬가지로 파드리노는 산테리아와 팔로 마음베를 신봉하지 않는 사람들의 생명을 사실상 가치 없다고 보았다. 로버트 리프턴 박사는 이런 태도를 '존재의 면제'라고 불렀다. 이 개념은 컬트 구성원의 흔한 행동을 설명해 준다. 즉 그들은 자기네만이 더 높은 진리를 알고 있다고 믿으며, 이런 진리를 보유하지 못한 사람들(심지어 가족이라 하더라도)은 신성한 서클의 외부에서 살아간다고 믿는다. 이것이야말로 컬트 구성원이 외부인(불신자)에게 자행하는 살인을 비롯한 온갖 종류의 범죄를 정당화하는 데 사용하는 핵심 믿음이다.

파드리노가 아돌포에게 알려 준 규칙 가운데 하나는 그 어떤 마약도 삼가야 한다는 것이었다. 그의 말에 따르면, 어떤 영혼이 아돌포의 몸을 차지하게 되었는데 그의 몸이 부정한 물질로 오염되어 있음을 알게 되면, 영혼이 그를 죽일 수도 있었다. 이후 아돌포는 이 조언을 평생 준수했다.

1977년에 열네 살이었던 아돌포는 자기가 영적 능력을 지녔다고 주장하기 시작했다. 이 능력이야말로 컬트의 기반이 되었으며, 불법 사업의 핵심 요소가 되었고, 최종적인 몰락의 핵심 요인이 되었다. 아돌포의 능력에 대한 최초의 증거는 마릴린 먼로의 팬이었던 자기 어머니를 겨냥했던 것처럼 보인다. 그는 저 상징적인 영화배우가 많은 사람이 생각하듯이 자살을 한 것이 아니라고 어머니에게 말해 주었으며, 델리아는 아들이 꿈에서 알게 된 사실이라며 꺼낸 이 대안적 결말을 마음에 들어 했다. 이로부터 3년 뒤에 델리아는 아돌포가 로널드 레이건의 암살 미수 사건도 예언했었다고 주장했다. 그 지역 산테리아 공동체의 다른 구성원들은 그녀의 허풍을 무시했다. 예전 집주인 겸 마이애미의 저명한 산테로인 에르네스토 피차르도는 이렇게 말했을 정도였다. "그 말에 귀를 기울여 보면, 또 다른 구세주가 있나 보다 싶을 정도였으니까요."

컬트 지도자들 사이에서 워낙 흔하게 발견되는 자존감과 특권 의식은 반드시 다른 곳에서 와야만 했다. 델리아와 파드리노에게 '선택받은 자'로 취급됨으로써, 아돌포는 자기가 다른 사람보다 더 낫다고 여기게 되었다. 하지만 학교 선생님들이 보기에는 또 다른 구세주가 결코 아니었다. 1981년에 아돌포는 신통치 않은 성적으로 고등학교를 졸업했다. 지역 초급 대학에 한 학기 다녔지만 결국 중퇴하고 말았다. 이후 그는 처음에는 의류를, 나중에는 사슬톱을 훔친 혐의로 체포되면서 들치기로서도 완전히 실패했다.

1983년 초에 파드리노가 아돌포에게 멕시코로 가서 주술 사업을 시작해 보라고 독려했다. 멕시코에서는 산테리아와 팔로 마욤베가 흔히 실천되지는 않았지만, 그 대신 약초를 이용해 영적 치유를 도모하는 쿠란데리스모Curanderismo라는 또 다른 종류의 민간 마법이 제법 인기를 끌고 있었다. 아돌포와 파드리노는 한 가지 종류의 민간 마법 지지자들이라면 또 다른 종류를 받아들일 가능성이 있으리라고 생각했다. 아돌포는 머지않아 멕시코시티를 정기적으로 방문하기 시작했고, 동행한 어머니를 통해 지인 마리아 델 로시오 쿠에바스 게라Maria del Rocío Cuevas Guerra를 소개받았다. 그녀는 아돌포의 초창기 고객이 되었으며, 그의 사후에는 수수께끼의 어린 시절에 관한 세부 내용 대부분을 당국에 제공하기도 했다.

멕시코시티에서 아돌포는 주요 관광 지구인 소나로사에 널린 점쟁이들 사이로 들어갔고, 도로변 카페에 차린 자기 가게에서 손님을 맞이하고 카드점을 쳐 주었다. 유년기의 견습 생활 덕분에 그는 고객에게 외관상 마법 같은 주술을 보여 주는 데 매우 뛰어났다. 1983년 4월에 바로 그곳에서 아돌포는 마르틴 킨타나 로드리게스Martin Quintana Rodriguez라는 젊은 경영학도를 만나게 되었다. 마침 이 손님은 진지한 관계가 깨지고 혼자가 된 직후였는데, 이 사실을 미처 이야기하기도 전에 아돌포가 척척 알아맞혔다고 전해진다. 두 사람은 결국 사귀게 되었는데, 아돌포는 지인들에게 마르틴을 자기 경호원이라고 소개했다. 이건 단순한 둘러대기만은 아니었다. 마르틴은 땅딸막하지만 근육질이었으며, 아돌포의 옆에 있으면 위협적인 존재감을 발휘했기 때문이다.

멕시코시티에 도착한 지 불과 몇 주 만에 아돌포는 놀라우리만치 정확한 점쟁이라는 명성을 얻게 되었다. 그가 이런 투시력에 대한 평판을 어떻게 달성했는지는 알려지지 않았지만, 어쩌면 매번 조종 때문이라고 설명하고 넘어갈 수만은 없는 어떤 재능을 실제로 가졌던 것처럼 보인다. 그는 추종자를 늘리거나 순이익을 더해야 할 필요가 있을 때마다 서슴없이 이 재능을 사용했다.

아돌포가 마르틴을 만난 지 불과 몇 주 뒤에는 호르헤 몬테스Jorge Montes와 오마르 오레아 오초아Omar Orea Ochoa가 카드점을 보러 찾아왔다. 호르헤는 50세의 전직 모델 겸 카드 점쟁이였으며, 소나로사의 여러 게이 바에서 카드점을 봐 주다가 오마르를 만났다. 이 18세의 언론학도는 과거에 한 점쟁이로부터 자신의 인생을 바꿔 놓을 강력한 남자를 언젠가 만나게 될 거라는 이야기를 들은 이후부터 초자연적인 것에 집착하던 중이었다. 그리하여 믿을 수 없을 정도로 뛰어난 신참 카드 점쟁이에 대한 소문을 호르헤가 언급하자마자 오마르는 그 사람을 직접 만나 보고 싶어 안달했다.

두 남자가 카드점을 보기 위해서 자리에 앉자마자, 아돌포는 오마르에게 젊은 시절의 예언이 곧 달성될 참이라고 말하면서, 자기 자신이야말로 과거 오마르가 친 점에서 말한 강력한 남자라고 주장했다. 오마르는 곧바로 아돌포에게 사로잡혔다.

카드점을 보고 나서 호르헤와 오마르는 아돌포와 몇 시간이나 대화를 나누었다. 아돌포는 자기가 산테로라고 말하며 그 종교의 위력을 자랑했다. 아돌포가 멕시코시티로 영구히 이주할 계획이라고 말하자, 호르헤는 모델 일자리를 알아봐 주겠다고 제안했다. 상대방이 잘생긴 것을 보고는 자기가 경력을 통해 얻은 연줄을 이용해 도와주겠다고 한 것이다. 아울러 호르헤는 아돌포의 카드점 영업에 대해서도 소문을 퍼트려 줄 수 있다고 덧붙였다.

아돌포는 원래 멕시코시티에서 2주 더 머물다가 마이애미로 돌아갈 계획이었는데, 이 만남 이후에는 대부분의 시간을 오마르와 함께 보내면서 산테리아와 팔로 마욤베를 설명하고, 자기가 그런 종교를 통해 수행할 수 있는 여러 가지 마법에 관해 설명했다. 그는 개오지 조개껍질을 던져 보더니('산테로'가 미래를 예측하기 위해 사용하는 일반적인 기법이었다), 조개껍질이 향후 성공적인 삶을 예언했다고 오마르에게 말해 주었다. 그는 또다시 남에게 들은 적도 없었던 일을 이미 알고 있는 듯 말했으며, 자기 능력을 증명하기 위해서 오마르의 형제자매 이름을 알아맞히기까지 했다.

아돌포는 오마르를 유혹하기 시작했고, 소나로사에서 그에게 식사를 대접하고 값비싼 선물을 안김으로써 공략에 성공했다. 두 사람은 처음 만난 지 며칠 만에 잠자리를 같이했다. 그리고 거의 즉시 아돌포는 머지않아 학대적인 관계로 발전할 조건을 정하기 시작해서, 마르틴 또한 자신의 연인이라는 사실을 오마르에게 알렸다. 그는 마르틴을 자기 '남자'로 삼는 한편, 오마르에게는 자기 '여자'의 역할을 담당하게 할 생각이었다. 오마르는 아돌포를 남과 공유하고 싶지 않았지만, 결국 이런 관계 설정에 동의했다.

정서적 조종의 패턴은 일찌감치 모습을 드러냈다. 아돌포는 간단한 일조차도 삼갔고, (예를 들어 개오지 조개껍질 던지기 같은) 간단한 마법 외에는 다른 어떤 능력도 발휘하기를 거부했으며, 심지어 오마르가 간청해도 꿈쩍하지 않았다. 곧이어 그는 애정도 삼갔다. 오마르에게 너그럽게 대하면서도 동시에 거리를 두었다. 오마르와 마르틴 모두 오로지 그가 원하는 일만 했는데도, 어쩐지 아돌포는 결코 만족하거나 행복하지 않은 것처럼 보였다. '간헐적 보상'이라는 이 시스템(애정이나 정서적 인정을 오랫동안 삼가다가, 곧이어 격정의 막간극이 짧게 등장하는 식)이야말로 학대적 관계의 두드러진 특징이다. 이러다 보니 아돌포를 기쁘게 하려는 오마르의 열망은 오로지 증대될 뿐이어서, 급기야 아돌포는 머지않아 오마르에 대한 정서적 통제를 수립하게 되었다. 이는 더 과도하고 폭력적인 형태의 착취로 나아가는 길을 열어 주었다.

의례적
빙
의

1983년에 아돌포는 마이애미와 멕시코시티를 여러 차례 오갔으며, 소나 로사에서 명성을 쌓아 올리고 자신의 전망을 파드리노에게 보고했다. 마침내 그해가 거의 끝나 갈 무렵, 이제 스물한 살이 된 아돌포는 파드리노에게 오랜 세월 가르침을 받고 보조 역할을 수행한 끝에 팔로 마욤베에 입문할 채비를 갖추게 되었다. 그는 이제 신자들이 '라야도 엔 팔로rayado en palo', 즉 '새김 받은 팔로'라고 부르는 자가 될 예정이었다.

우리가 알기로, 그의 팔로 마욤베 입문에 관한 설명은 추종자 몇 사람의 진술에 근거한 내용인데, 이들 모두는 과거 아돌포가 본인의 경험에 토대한 것이라고 설명한 예식에 함께 참여한 바 있었다. 아울러 이들의 설명은 팔로 마욤베 입문 의례에 관한 학술적 묘사와도 일치했다.

아돌포의 준비는 예식이 있기 몇 주 전부터 시작되었다. 그는 7일 밤을 케이폭나무 밑에서 잤는데, 카리브해를 비롯해 아메리카 대륙의 열대 및 아열대 지역과 서아프리카 일부의 토착종인 이 식물을 팔로 마욤베에서 신성시했기 때문이다. 케이폭은 두드러진 외양을 지닌 위풍당당한 나무여서, 크고 사방으로 뻗은 수관에 웬만한 사람 키보다 더 클 수도 있는 노출 뿌리가 있기 때문에 산테로가 그 밑에 들어가 하룻밤을 보내기가 용이했다. 이후 아돌포는 새 옷을 챙겨서 공동묘지로 갔으며, 어느 무덤에 옷을 파묻고 금요일이 세 번 지날 때까지 내버려 두었다. 그 기간 동안에 그는 갖가지 신성한 약초를 이용해 정화 목욕을 수행했으며, 매일같이 카디엠펨베에게 제물을 바쳤다. 파드리노와 똑같이 아돌포도 그 악마를 자신의 개인적 수호령으로 선택했던 것이다.

예식일이 되자 아돌포는 공동묘지에 묻어 둔 옷을 파냈다. 그 옷을 꺼내 입고 그는 파드리노가 응강가를 놓아둔 움막으로 갔다. 움막 안에서 파드리노는 아돌포에게 눈가리개를 씌운 다음, 의례 준비 각각을 정확하게 수행했는지 확인하기 위해 일련의 질문을 던졌다. 팔레로는 종교 제의 동안에 영혼이 사람의 몸에 빙의한다고 믿었다. 따라서 사람의 몸이 적절하게 준비되지 않으면 이 과정도 위험해질 수 있었다.

의례의 마지막 질문을 위해서 파드리노는 아돌포에게 이 예식을 진정으로 끝까지 진행하고 싶은지 물었다. 파드리노의 설명에 따르면, 일단 의례가 완료되면 아돌포의 영혼은 소멸할 예정이었다. 그리고 나면 철회할 수도 없었다. 아돌포는 자기 영혼이 이미 죽었으며, 자기에게는 신이 없다고 대답했다. 그러자 파드리노는 케이폭 나뭇가지로 그의 몸을 쓸더니, 살아 있는 닭을 집어 들고 그의 몸 곳곳에 문질렀다. 팔로 마음베의 교리에 따르면 닭은 그에게 속하지 않은 모든 것을 몸에서 끌어내는, 즉 영혼의 빙의를 위해 그의 몸을 정화하는 도구였다.

이 행위가 끝나자 파드리노는 닭의 목을 베서 그 피를 응강가에 부어 넣었다. 이어서 칼 위에 화약 한 무더기를 올려놓고 불태운 다음, 그 칼로 아돌포의 어깨에 일련의 상징을 새기기 시작했다. 바로 이 '라야도rayado', 즉 '새김'에서 예식의 명칭이 비롯된 것이었다. 이 상징들은 아돌포의 고유한 것으로서, 다른 팔레로들과 구분되는 신분증 노릇을 했다.

아돌포에게 표식 넣기를 마무리하고 나서야 파드리노는 눈가리개를 풀어 주었다. 방 안에는 촛불이 환히 밝혀져 있었다. 아돌포는 10년의 훈련을 거치고 나서야 난생처음으로 밝은 빛 아래에서 응강가를 볼 수 있었는데, 그 안에는 피와 동물의 유해와 인간의 머리뼈가 들어 있었다. 파드리노는 그에게 천으로 만든 검은색 자루를 건네주었다. 그 안에는 팔레로가 '키센게kisengue'라고 부르는 것, 즉 인간의 정강이뼈가 들어 있었다. 이 섬뜩한 졸업장은 새로운 입문자가 솥 안의 내용물을 저을 때라든지, 마법의 작용을 위해 죽은 자를 소환할 때 사용하는 것개였다. 입문식을 마치고 떠나면서 아돌포는 이제 그 힘을 자기 마음대로 부릴 수 있게 되었다고 믿었다. 즉 이제는 어엿한 팔레로가 되었다고 믿은 것이다.

아돌포 콘스탄소는 1984년에 멕시코시티로 영구 이주했으며, 소나로사에 있는 아파트를 한 채 임대했다. 호르헤는 자기 경력을 이용해 도와주겠다던 약속을 지켜서, 영매 겸 치유사라며 그를 주위에 소개하고 몇 번인가 모델 일을 얻어 주기도 했다. 그해 말에 이르러 오마르와 마르틴도 아돌포의 집으로 이사했는데, 두 사람의 가족 모두는 이런 관계를 결코 용인하지 않았다. 이에 아돌포가 보인 반응이야말로 향후의 폭력을 예고한 셈이었다. 미성년자인 동생(물론 오마르는 이미 법적으로 성인이었다)을 타락시킨 장본인이라며 경찰에 신고해 체포당할 뻔하게 했던 오마르의 누나에게는 죽여 버리겠다고 협박했다. 가족 모임에까지 참석한 아돌포를 조용히 옆으로 불러내서 여러 가지 이의를 제기한 마르틴의 형 알프레도에게는 계속 우리 둘 사이에 끼어들면 심장을 도려내 버리겠다고 귓속말했다.

자신의 새로운 양다리 관계를 남들에게는 가급적 숨겼지만, 아돌포는 두 연인이 이사해 온 다음까지도 학대를 멈추지 않았다. 아돌포는 마르틴과 오마르에게 구두 닦기며 옷 관리를 맡겼으며, 자기 거처에서 마치 하인처럼 행동하게 만들었다. 때로는 이들에게 여자 옷을 입으라고 강요하기까지 했다. 고집이 센 마르틴이 더 자주 표적이 되었다. 아돌포가 때리기라도 하면 마르틴은 그 성화를 감내하고 보복은 생각조차 못 했는데, 정작 자기가 체격 면에서는 우위에 있는데도 그러했다. 이런 일이 벌어졌다 하면 오마르는 재빨리 숨어 버렸다.

마르틴은 정기적으로 이런 상황에 지친 나머지 알프레도에게 도망갔다. 그러면 아돌포는 차를 몰고 알프레도의 집으로 찾아와서 마르틴을 향해 사랑한다고, 돌아와야 한다고, 여차하면 자기가 자살하겠다거나 둘이 같이 자살하자고 소리를 질러 댔다. 이 악순환은 몇 달에 한 번 꼴로 반복되었다.

학대 연구 전문가 베라 E. 무라디안Vera E. Mouradian은 폭력 행동의 방대한 목록을 작성한 바 있는데, 비록 이 저자가 아돌포의 사례에 대해서 직접 언급한 적은 없었지만, 아돌포는 그 목록에 기록된 고전적인 조종의 사례 가운데 상당수를 보여 주었다. 예를 들어 애정을 삼가는 것이라든지, 파트너를 마치 하인처럼 여기는 것이라든지, 파트너에게 수치스러운 행동을 하게 만드는 것이 그렇다. 두 사람이 계속 그의 곁에 머물렀다는 점은 기묘하게 여겨질 수도 있지만, 이는 학대적 관계에서 흔한 일이었다. 학대자는 종종 매력적인 일면을 드러냄으로써 이 섬뜩한 악순환의 종결을 희생자가 번번이 기대하게끔 만들지만, 그런 종결은 절대 도래하지 않는다. 즐라트카 라코베츠펠세르Zlatka Rakovec-Felser의 연구에 따르면, 이런 '신혼 단계'에서는 학대자가 사과를 하고, 용서를 구하고, 학대를 최소화하는 것이 전형적이다. 세 명 중에서 사실상 돈벌이를 전담하던 아돌포는 마르틴과 오마르에게 막대한 돈을 지출했으며, 자신의 경제적 자원을 이용해서 두 사람의 신뢰와 충성을 다시 얻어 냈고, 함께 쇼핑 잔치를 벌이기도 하고 승용차를 사 주기도 했다.

아돌포의 가정생활은 그의 지배적 행동에 압도당하고 말았던 반면, 사업만큼은 상당히 잘나가는 편이었다. 멀끔한 외모와 비범한 점술 실력으로 소나로사에서 큰 인기를 끌어서 많은 돈을 벌었다. 점차 고객이 늘어나 호르헤와 오마르와 마르틴까지 일을 돕게 되자, 아돌포는 이 세 명의 보조자와 자신의 관계를 공식화할 필요성을 느끼기 시작했다. 급기야 자기가 파드리노를 통해서 했듯이, 이들을 팔로 마욤베에 입문시키기로 결심했다. 그는 호르헤의 아파트에 남는 방을 골라서 창문을 가리고 산테리아와 팔로 마욤베에게 바치는 사당을 지었다. 그는 오마르와 마르틴과 호르헤를 따로따로 그곳으로 인도했다. 각자를 위해 닭 한 마리씩을 희생 제물로 바치고, 각자의 등에 일련의 독특한 상징을 새겼다. 그리하여 이제는 이들도 '라야도', 즉 '새김 받은' 사람이 되었다. 세 사람은 아돌포에게 복종하겠다고 맹세했는데, 이런 충성 맹세는 아돌포가 독자적으로 예식에 추가한 내용이었다. 그의 파드리노가 이와 유사한 요구를 했다는 증거는 전혀 없다.

이 입문 과정은 워낙 날림이었기 때문에, 산테리아와 팔로 마욤베에 관해 아는 사람은 아돌포의 입지에 대해서 의문을 제기하기도 했다. 입문한 지 불과 1년도 되지 않았던 그로선 충분히 숙련되었다고 간주되지 못했을 것이다. 당장 본인의 훈련만 해도 거의 10년 가까이 지속되었으니 말이다. 하지만 아돌포는 뭔가를 전통적인 방식으로 하는 데는 관심이 없었다. 오히려 그는 '자기' 방식으로, 빠르게 해치우고 싶어 했다. 자기 소원을 대행하겠다고 약속한 추종자들을 신속하게 모음으로써 아돌포는 자신을 중심으로 하는 독자적인 형태의 종교를 만들어 내는 중이었으며, 이로써 팔로 마욤베를 넘어서서 컬트의 형성으로 나아가는 중요한 한 걸음을 내디뎠던 것이다.

1985년에 아돌포는 일련의 사건들 덕분에 초월적인 신비 능력에 대한 평판이 높아지게 되었다. 첫 번째 사건에 대한 소문은 아돌포가 처음 멕시코를 방문했을 때 만났던 어머니 친구 마리아 델 로시오 쿠에바스 게라에게서 나왔다. 그녀의 주장에 따르면, 한번은 어느 비 오는 날에 점을 치던 아돌포가 바람 좀 쐬겠다면서 아파트에서 나갔다. 걸어서가 아니라 무려 3층 베란다에서 뛰어내려 밖으로 나갔다는 것이었다.

마리아는 당황한 채 1층으로 내려갔지만, 아돌포는 멀쩡한 채로 그냥 걸어서 건물로 들어왔다. 거리에는 지붕이 움푹 파여 망가진 자동차가 한 대 서 있고, 그 주위에 행인들이 모여 있었다. 사람들은 웬 남자가 자동차 위에 떨어졌는데 상처 하나 없이 멀쩡했다고 주장했다.

아돌포는 누가 그 이야기를 꺼낼 때마다 웃어 넘겼지만, 그런 일이 일어났다는 사실을 결코 부정하지는 않았다. 그가 여차하면 치명적일 수도 있었던 추락에서 멀쩡히 살아남았다는 마리아의 주장은 신비적 조종과도 일치한다. 그 특징 가운데 하나는 이른바 계획된 즉흥성으로서, 조종자가 미리 준비된 사건을 마치 더 높은 권능의 현현인 것처럼 보여 주는 것이다. 마리아의 이야기 중 어떤 것이 (일말이라도) 진실인지 아닌지를 단언하기는 어렵다. 어쩌면 아돌포는 자신의 마법 능력을 그녀에게 이해시키기 위해서, 즉 이로부터 지역 전설이 자라나기를 바라고서 그 사건을 꾸몄을 수도 있다. 아니면 그는 진짜 실수로 떨어졌지만 그저 운이 좋았던 것일 수도 있다.

이 사건이 벌어진 직후인 1985년 중반에 프란시스코라는 부동산 중개업자가 아돌포에게 도움을 요청했다. 사업이 하향세를 그리고 있는데 어떻게 해야 할지 모르겠다는 것이었다. 아돌포는 도움을 주는 대가로 4500달러를 요구했다. 개오지 조개껍질을 던지고 '림파limpa', 즉 의례적 정화까지 수행한 다음, 아돌포는 멕시코시티 시내에 있는 낙후한 부동산 일부를 구입하라고 조언했다. 프란시스코는 가진 돈 전부인 2만 달러를 모두 투자했다.

1985년 9월 19일 멕시코시티에 규모 8.1의 강진이 발생했는데, 그 도시 역사상 최악의 지진이었다. 수천 명이 사망했다. 하지만 재건 사업이 벌어지면서 프란시스코는 25만 달러에 부동산을 매각할 수 있었다. 이처럼 자연적이고 예측 불가였던 사건이 벌어지면서, 마치 아돌포가 진짜로 신비적 사전 지식에 근거하여 중개업자에게 중요하고도 예언적인 조언을 해 준 것처럼 보였다.

그다음에 일어난 교묘한 우연의 일치 덕분에 아돌포는 처음으로 죽음과 신비적 능력의 연계를 맺게 되었으며, 신중하게 육성된 자신의 전설에 이 내용을 기꺼이 추가했다. 이 일은 소나로사의 한 가수가 빚 문제를 해결하지 못했다고 찾아오면서 시작되었다. 어느 나이트클럽 소유주가 출연료를 주지 않고 오히려 경비원을 시켜 자신을 폭행했다는 것이었다. 복수를 원한 가수는 아돌포의 도움을 원했다. 아돌포는 닭 피에 적신 인형을 이용한 의례를 거행한 다음, 그 인형을 최근에 생긴 무덤에 놓아두라고 가수에게 말했다.

가수는 이 지시를 따랐다. 이후 아돌포는 나이트클럽 소유주의 집 문간에 죽은 닭을 놓아두고, 역시나 피에 적신 협박 편지를 연이어 보냈다. 나이트클럽 소유주는 주술을 신봉하는 사람이어서 이 위협을 심각하게 받아들였다. 급기야 술을 많이 마시기 시작했고, 한 달 뒤에 심장 마비로 사망했다.

이때까지만 해도 아돌포의 주술은 정화와 운세 예측으로만 이루어져 있었다. 하지만 이제는 사람이 하나 죽은 것이다. 오마르와 호르헤와 마르틴의 입장에서도 살인에 가담한 셈이었다. 이들은 이 사건에 대해서 당황하고 후회했지만, 아돌포는 신들이 항상 정의를 추구하게 마련이므로 그들이 한 일이 잘못되었을 리는 없다고 안심시켰다. 만약 더 높은 권능이 그 남자에게 심장 마비를 일으키게 했다면, 그건 어디까지나 당사자가 그걸 받아 마땅하기 때문이라는 것이었다.

이 심리적 조종은 효과를 발휘했다. 아돌포는 자신의 추종자 3인조에게 이른바 '존재의 면제' 개념을 소개한 것이었는데, 이 개념에 따르면 컬트 구성원은 신의 변덕에 대한 자기네 나름의 해석을 근거로 생사를 결정할 권한을 갖고 있었다. 아돌포가 신중하게 구축한 환경 속에서 오마르와 마르틴과 호르헤는 살인을 대행하는 것조차 정당화되는 느낌을 받았다.

나이트클럽 소유주의 죽음은 야심만만한 방향을 상징했으며, 아돌포는 독자적인 팔로 마욤베 컬트를 만들기 위한 다음 단계로 나아갔다. 새로운 팔레로들과 함께 독자적인 응강가를 만들었던 것이다. 이 과정에 대한 설명은 아돌포의 추종자들이 나중에 내놓은 진술에 의거했다.

1985년의 어느 날 밤, 아돌포의 명령을 받은 오마르와 호르헤와 마르틴이 공동묘지로 향했다. 미리 골라 놓은 무덤에 도착한 이들은 땅을 파서 관을 열었다. 그 안에 있는 시신에서 머리뼈, 정강이뼈, 갈비뼈, 손가락, 발가락을 떼어 냈다. 이 신체 부위는 무작위로 선택한 것이 아니었다. 그 각각은 팔레로의 통제하에 들어간 영혼의 능력에 대응했다. 머리뼈와 갈비뼈는 영혼이 머물 곳으로서 영혼을 생각하게 만들었고, 정강이뼈와 발가락은 영혼을 걷게 만들었고, 손가락은 영혼이 손을 쓰게 만들었다.

아마도 아돌포와 추종자들은 그 시신의 신원을 알고 있었을 것이고, 그 무덤도 최근에 생겼을 것이다. 팔레로로서 이들은 뇌가 멀쩡한 상태인 두개골을 얻고자 했는데, 그래야만 영혼도 더 똑똑해진다고 믿었기 때문이다. 그들은 유해를 호르헤의 아파트로 가져왔으며, 영혼의 적합성을 결정하기 위한 의례를 시작했다. 아돌포는 유해를 임시 제단에 늘어놓더니, 바닥에 누워서 시트를 뒤집어썼다. 화약 일곱 무더기를 올린 칼을 촛불 위에 갖다 대자 아돌포는 발작을 일으켰고, 얼굴 근육을 뒤틀며 무시무시한 표정을 지었다.

그가 팔로 마욤베의 영적 빙의를 꾸며 낸 것 역시 신비적 조종의 한 가지 사례이다. 그 자리에 있던 사람들은 그것을 단순한 연기라고 믿은 것이 아니라, 영혼이 몸을 차지했다는 징조라고 진짜 믿었다. 오마르는 그 심령체에게 아돌포에게 봉사하겠느냐고 물었다. 영혼의 입장에서 말하는 아돌포는 그러할 것이라고 대답했다. 칼 위에 올린 화약이 다 타 버리자 의례도 완료되었다. 만약 영혼이라 간주된 것이 봉사하기를 거부했거나, 또는 화약 무더기가 한꺼번에 불붙지 않았다면, 그들은 유해를 도로 묻어 버리고 새로운 머리뼈와 다른 뼈를 구해서 처음부터 다시 시작했을 것이다.

네 사람은 머리뼈와 다른 뼈를 솥에 집어넣었다. 인간의 유해와 함께 여러 가지 동물의 시체와 피를 비롯해서 곤충, 주화, 사슴뿔, 철로鐵路 고정용 못, 약초, 나뭇가지가 들어갔는데, 이것도 모두 의례의 일부였다. 이렇게 응강가가 마련되자 아돌포는 추종자 세 명에게 이제부터 자기네는 가족이라고 말했다. 그는 자기 가족을 해악에서 보호해 달라고, 부자로 만들어 달라고, 새로운 신자들과 만나게 해 달라고 응강가에게 호소했다.

처음 흘린
피와

새로운 사업

아돌포의 사업은 계속 성장했다. 1980년대에 작성된 사업 기록에 따르면, 단골 손님이 서른한 명이나 있었는데, 그중 다수는 한 번에 수천 달러씩 요금을 냈다. 한 마약 밀매상은 3년에 걸쳐 4만 달러를 냈다. 아돌포의 서비스는 워낙 인기가 높았기에, 심지어 요금표를 만들어서 고객에게 돌리기까지 했다.

독자적인 응강가를 만들었을 즈음에 아돌포는 플로렌티노 벤투라 구티에레스Florentino Ventura Gutierrez를 만났다. 아돌포의 장부에서 발견된 모든 고객 중에서도 그야말로 가장 충격적인 인물이었을 것이다. 벤투라는 한때 (미국 연방 수사국FBI에 상응하는 기관인) 멕시코 연방 사법 경찰국의 국장이었으며, 이후 인터폴 멕시코 지부장을 지냈다.

그 나라에서 가장 강력한 고위 공직자 가운데 한 명이었던 벤투라는 남모르게 매우 미신적이었다. 마약 카르텔이 대두하던 시기에 경찰 최고 위층으로 재직하느라 적수가 많았던 까닭에 마법의 보호를 받으려 했던 것이다. 결국 그는 아돌포 콘스탄소에 관한 소문을 들었고, 이 지역 유명 인사에게 도움을 받는 대가로 제법 많은 돈을 건네게 되었다. 멕시코시티 검찰 차장 페데리코 폰세 로하스Federico Ponce Rojas는 벤투라가 마약 단속반에 관한 내부 정보를 아돌포에게 제공한 것으로 의심했다. 정작 그의 동료인 마약 단속반 요원들은 이러한 주장에 의구심을 나타냈지만, 실제로 아돌포는 이 공직자와 가까워졌을 즈음에 마약 산업에 뛰어들었고, 심지어 때로는 자기가 그의 조카라고 고객 후보들에게 소개하기도 했다.

경찰 내부에 있는 아돌포의 연줄은 벤투라 하나만이 아니었다. 1985년에 그는 호르헤를 통해 살바도르 비달 가르시아 알라르콘Salvador Vidal

93

García Alarcón을 만났는데, 이 마약 단속 전담 경찰관은 칼로 피습을 당한 까닭에 얼굴 한가운데에 세로로 그은 상처가 나 있었다. 이 심한 상처 때문에 바라보는 각도에 따라서 그의 얼굴도 다르게 보였다. 호르헤가 아돌포에게 말해 준 바에 따르면, 비달은 자신의 세 가지 '얼굴'에 세 가지 심령체가 빙의했다고 믿었다. 즉 왼쪽, 오른쪽, 정면 얼굴에 각각 수Sioux족 아메리카 원주민, 쿠바인 마약 밀매상, 아프리카 주술사의 영혼이 빙의했다는 것이었다. 마약 단속 경찰관의 환심을 사는 것의 잠재적 유익을 인식한 아돌포는 만남을 주선해 달라고 호르헤에게 적극 요청했다. 개오지 조개껍질을 던지고 살펴보는 모습을 보여 준 다음, 아돌포는 호르헤에게 얻은 세 가지 심령체의 빙의에 대한 정보를 비달에게 똑같이 말해 주었다. 이번에도 신비적 조종을 이용해서 고객을 속인 것이었다.

살바도르 비달은 세 가지 심령체가 자기를 조종한다고 믿고서 고민하던 상태였기 때문에 완벽한 표적이 되었다. 숙련된 점쟁이 아돌포는 상대방의 약점을 착취하는 방법을 알았기에, 머지않아 이 공직자도 성장하는 컬트에 가담하게 되었다.

비달의 가담은 아돌포의 야심에서 중대한 사건이 아닐 수 없었다. 그는 평범한 경찰이 아니라, 상당히 덩치가 크고 위협적이었기 때문이다. 아돌포는 비달을 입문시키면서 그가 장차 자기 집단에서 행동 대장 노릇을 하게 될 것이라고 알려 주었다. 즉 아돌포가 컬트를 대신하여 뭔가를 수행하라고 명령할 경우, 군소리 없이 순종할 필요가 있다는 것이었다. 비달은 이 조건을 받아들였다.

어쩌면 아돌포가 이런 과격한 요구를 내놓은 까닭에 상대방의 헌신이 실제로 증대했을 수도 있다. 심리학자 나이절 바버Nigel Barber의 말에 따르면, 구성원에게 더 많은 것을 요구하는 컬트일수록 더 오래 지속된다. 물론 세속 집단에는 들어맞지 않는 주장이지만, 엄격한 종교의 추종자일수록 충실하게 남을 가능성이 크다. 신자라면 더 높은 목적을 명목으로 삼아 더 큰 개인적 희생을 감내할 의향이 있기 때문이다.

사회학자 리처드 소시스Richard Sosis와 에릭 R. 브레슬러Eric R. Bressler가

19세기에 있었던 83개 종교 공동체를 연구한 결과, (예를 들어 독신 생활이나 소유 포기의 경우처럼) 중대한 요구 조건을 딱 두 개만 갖고 있었던 공동체의 지속 기간은 평균 10년 이하였다. 여섯 개에서 여덟 개를 가진 공동체의 지속 기간은 50년이었고, 열한 개 이상 가진 공동체의 지속 기간은 60년이었다. 추종자에게 더 많이 요구할수록 공동체는 더 오래 존재했던 셈이다.

이제 마약 단속 경찰관을 자신의 이너 서클에 확고히 합류시킴으로써, 아돌포는 마약 전쟁의 양쪽 진영에 접근할 수 있었다. 일설에 따르면 비달은 이미 부패한 상태여서 지하 세계의 여러 인사와 연줄이 있었으며, 실제로도 미신적인 마약 밀매업자들로 이루어진 가문 전체를 아돌포에게 소개시켜 주기 시작했다. 과거에 자기 파드리노가 했던 것처럼, 이제는 아돌포도 밀매업자들에게 화물 운송 날짜를 조언하기 시작했다. 밀매업자에게 마약을 운반하라고 조언한 다음, 자신의 손아귀에 있는 비달에게 그 마약을 단속하지 말고 내버려 두라고 지시하는 식이었다. 이런 방식으로 아돌포는 (마약 업계에서 사업을 하기 위해서는 상당히 일반적인 비용이었던) 뇌물을 완전한 영적 보호로 바꿔 놓았다.

과거에는 부패한 경찰이 담당했던 이 핵심 역할을 새로이 담당함으로써, 아돌포는 이전까지만 해도 상상조차 불가능했던 금액을 벌어들이기 시작했다. 하지만 새로운 사업을 도모하는 과정에서 그와 추종자들은 잔혹한 살인으로까지 나아갔다. 1986년 가을, 아돌포는 코카인 밀매업자 기예르모 칼사다Guillermo Calzada를 만나서 마약 운송 날짜를 조언하기 시작했다. 살바도르 비달이 경찰을 조종해서 칼사다의 화물을 건드리지 못하게 하자, 아돌포의 수익이 늘어나는 데도 도움이 되었다. 1987년 초에 아돌포는 마약 밀매를 통해 수만 달러를 벌어들이게 되었는데, 그때 가서는 추종자들도 한 가지 변화를 알아챘다. 그가 돈벌이에 집착하게 되었으며, 점점 더 무자비해졌다는 점이었다.

캘리포니아 대학 버클리 캠퍼스의 심리학 교수 셰리 존슨Sheri Johnson에 따르면, 자기도취자는 강박적으로 힘과 부를 추구하는 경우가 종종 있다. 아돌포 콘스탄소에 대해서는 임상적 의미에서의 진단을 내릴 수 없겠지만, 특유의 공감 결여라든지, 타인을 착취하려는 열의라든지, 과장된 자존감 같은 것이 자기도취증의 고전적인 징후임은 분명하다. 아울러 추종자들의 증언에 따르면 그는 종종 이런 소질을 드러냈다.

기에르모 칼사다는 서비스 대가로 매달 수천 달러를 내놓았다. 하지만 마약 사업에 대해서 더 많이 알게 되면서부터 아돌포는 더 많은 요금을 청구하려 했다. 자신의 마법과 연줄 덕분에 칼사다가 수익을 얻는 것이라고 오마르와 마르틴에게 불평을 늘어놓기도 했다. 자기는 그 수익의 절반을 가질 자격이 있다는 것이었다. 당연히 두 사람은 이 주장에 동의했다. 1987년 4월에 칼사다의 자택에 찾아간 아돌포는 대담하게도 공평한 분배를 제안했다. 마약업자는 이 제안을 거절했다. 이에 격분한 아돌포를 향해서 자기 집에서 당장 나가라고 명령하기까지 했다.

아돌포는 노발대발했다. 하지만 며칠 뒤에는 칼사다에게 사과를 건네면서, 그날의 행동은 악한 주술에 사로잡힌 결과였다고 둘러댔다. 아돌포는 참회하는 뜻에서 칼사다의 가족 전체를 위해 무료 주술 예식을 치러 주겠다고 고집했다.

1987년 4월 3O일, 아돌포는 칼사다의 자택으로 찾아갔다. 그날의 의례에는 칼사다뿐만 아니라 아내, 어머니, 가정부, 동업자, 비서, 경호원까지 참석했다.

아돌포는 팔로 마욤베 찬송가를 부르기 시작했다. 그러자 총을 든 남자 둘이 쳐들어왔다. 한 명은 마르틴이었다. 추종자들의 주장에 따르면 다른 한 명은 살바도르 비달이었지만, 끝내 이 혐의로 기소되지는 않았다. 두 사람은 칼사다와 이너 서클 전체를 학살했다. 이들은 손가락, 척추, 심장, 성기를 비롯한 신체 일부를 떼어 냈으며, 심지어 희생자 두 명에게서는 뇌까지도 꺼냈다. 그런 뒤에 시신을 근처의 강에 버렸다. 일주일 뒤에 시신을 발견한 경찰은 겨우 세 구의 신원만 확인할 수 있었다. 나머지 네 구는 너무 훼손된 나머지 그 어떤 기록과도 들어맞지 않았다.

오마르에 따르면, 마르틴은 이 사건에 대해서 더 이상 언급하기를 거부했다. 하지만 아돌포는 추종자들에게 이 살인을 자세히 설명해 주면서, 범죄 현장에서 가져온 신체 일부는 응강가에 들어가서 계속 살아갈 것이라고 말했다. 무시무시한 사건을 자세히 묘사함으로써 아돌포는 추종자들을 그 살인의 부속물로 만들었지만, 이들 모두는 그에게 충성스러웠던 까닭에 차마 컬트를 떠나지 못했다.

　　범죄 심리학 교수인 캐서린 램슬랜드Katherine Ramsland에 따르면, 범죄에서 공모자를 물색하는 살인자는 자기에게 가담할 가능성이 있는 사람을 파악하고 양성하는 일에 각별히 능숙하다. 전직 교도소 심리학자였던 앨 칼라일Al Carlisle은 이러한 관계를 다음과 같이 묘사한다. "지배하는 자는 스스로의 유효성을 확인하기 위해서 추종자의 완전한 충성이 필요하다. 굴복하는 추종자는 지배하는 자의 힘과 권위가 필요하며, 그렇기 때문에 추종자는 그 사람의 그림자가 되려고 시도하고, 지배하는 자의 믿음과 윤리를 따라하려고 시도한다. 양쪽 모두 상대방으로부터 정당성을 얻는 셈이다." 아돌포와 그 추종자들 역시 칼사다 살인 사건 당시에는 바로 이러한 경로로 상당히 나아간 상태였던 것으로 보인다.

　　그 잔혹한 살인 사건으로부터 한 달 뒤인 1987년 6월에 살바도르 비달은 미국 텍사스주 남쪽 국경에 인접한 마타모로스라는 도시로 전근되었다. 아돌포는 자기 사업을 확장할 기회라고 생각해서 비달에게 그 지역에서 동업자를 찾아보게 했다. 칼사다의 마약 사업을 차지한 것만으로는 만족하지 못한 그는 지칠 줄 모르고 영향력을 넓히고 있었다.

마드리나를

유
혹
하다

살바도르 비달은 1987년 7월 중순에 그 지역의 마약 밀매업자 엘리오 에르난데스Elio Hernández와 인연을 맺게 되었다. 아직 20대였던 이 청년은 자기 가문의 사업 지도자가 된 지 겨우 7개월밖에 되지 않은 상태였다. 원래는 그의 형제 가운데 한 명이 사업을 이끌고 있었지만 6개월 전에 어느 식당 밖에서 총격으로 사망했다. 엘리오는 폭력적이고 충동적이었으며, 지도력도 검증되지 않은 상태였다. 사업 감각도 그리 뛰어나지는 못했다. 에르난데스 가문 사람들은 안절부절못했고, 그리하여 아돌포의 서비스에 이상적인 후보자가 되고 말았다.

아돌포는 에르난데스의 세계로 들어가기 위해 상당히 번거롭기까지 한 계획을 고안했다. 우선 엘리오의 예전 여자 친구인 스물두 살의 사라 알드레테Sara Aldrete로부터 시작했다. 비달이 전한 바에 따르면, 엘리오는 이미 결혼했는데도 여전히 그녀에게 미련을 두고 있었다. 아돌포의 뒤틀린 사고방식으로 보자면 사라야말로 일종의 입장권인 셈이었다.

1987년 7월 30일, 아돌포와 마르틴은 도로에서 사라가 운전하고 가던 차를 자기네 차로 가로막고 꼼짝하지 않았다. 다른 차들이 점점 더 많이 뒤에 늘어서는 상황에서, 아돌포는 그녀의 차로 다가가서 한번 만나 달라고 요구했다. 사라는 그를 쫓아내고 싶은 마음뿐이었지만, 지쳐서인지 무서워서인지 결국 굴복하고 말았다.

아돌포는 자기가 마이애미에서 온 변호사라고 둘러댔다. 사라는 왜 구슬 목걸이를 걸고 있느냐고 물었다. "이건 제가 믿는 종교의 일부랍니다." 그는 이렇게만 말하고 말았다. 이렇게 그녀의 호기심을 이용해서 다음 날 다시 만나 점심이나 먹자고 제안했다. 8월 내내 아돌포는 사라를 끌어들이기 시작했다. 그는 산테리아와 팔로 마음베에 관해서 이야기해 주었는데, 다만 자신의 인간 희생 제물에 대한 언급은 쏙 빼 버렸다. 자기가 '산테로 크리스티아노', 즉 기독교 산테로라고도 주장했는데, 아마도 그녀가 겁을 먹고 도망갈까 봐 한 말이었을 것이다. 아돌포가 카드점으로 미래를 예견할 수 있다고 말하자, 사라는 자기한테도 점을 봐 달라고 요청했다. 그는 그녀가 아직 준비되지 않았다며 거절했다.

아돌포가 접근하던 당시에 사라는 다른 남자와 사귀는 중이었다. 하지만 그해 8월에 그녀의 애인 앞으로 익명의 전화가 걸려 와서는 그녀가 바람을 피우고 있다고 알려 주었다. 급기야 두 사람은 싸움을 하고 헤어졌다. 그 직후에 사라를 만난 아돌포는 자기가 두 사람의 이별을 예견했었다고 주장했다. 그런 다음에야 그는 비로소 카드점을 쳐 주기로 했고, 세 가지 예언을 내놓았다. 첫째는 그녀가 다음 학기에 학교에서 장학금을 받게 되리라는 것이었고, 둘째는 그녀가 옛 친구에게서 전화를 받게 되리라는 것이었으며, 셋째는 예전에 그녀와 사귀었던 사람이 찾아와서 고민 상담을 하리라는 것이었다.

다른 많은 사람을 상대로 했던 것처럼, 아돌포는 곧이어 사라의 삶에 관한 정확한 세부 내용을 술술 늘어놓았다. 세 가지 예언이며 그녀의 배경에 대한 세부 내용은 전부 살바도르 비달의 조사에 근거했을 뿐이었지만, 당사자가 보기에는 마치 마법과도 같았다. 처음의 두 가지 예견은 금세 실현되었다. 학교에서 장학금을 받았으며, 옛 친구의 전화 연락도 받았다. 사라가 아돌포에게 그 사실을 말하자, 아돌포는 당연한 것 아니겠느냐는 듯한 반응을 보였다. 그런 자신감과 정확한 예언 덕분에 그녀는 그가 정말로 미래를 내다볼 수 있다고 확신하게 되었다. 사라는 신자가 되었고, 머지않아 아돌포의 애인이 되었다. 엘리오와 가까워지기 위한 계획은 딱 바라던 대로 전개되고 있었다.

아돌포는 앞서 오마르와 마르틴과 맺었던 것과 똑같은 종류의 관계를 사라와도 유지했다. 즉 너그럽지만 애정이라곤 없는 관계였다. 그해 10월에 아돌포가 자신의 양성애 성향을 밝히자, 사라는 화를 내면서도 막상 떠나지는 않았다. 아돌포의 입장에서야 에르난데스 가문과의 연고를 제외하면 사라에 대해서 아무 관심이 없었지만, 그래도 그녀를 계속 조종해서 자기 곁에 머물도록 만들고서 엘리오의 눈에 띄기만을 기다렸다. 그의 입장에서 그녀는 단지 착취할 자원일 뿐이었다. 아돌포의 모든 결정은 힘을 얻는다는 목표를 겨냥했을 뿐이며, 심지어 가장 친밀한 관계에서도 사정은 마찬가지였다.

11월에 이르자 그때껏 그가 사라에게 소비한 시간과 돈이 보답을 얻었다.

하루는 사라가 타코 노점 앞에 서 있는데 어떤 남자가 이름을 불렀다. 뒤를 돌아보니 엘리오 에르난데스가 길 건너편에서 그녀를 향해 뛰어오고 있었다. 엘리오는 자기 가문의 운수가 나쁜 상태라고 사라에게 말했다. 10개월 전에 형이 살해당했고, 이제는 자기도 목숨을 걱정하고 있다는 것이었다. 마약 사업 운영의 긴장과 책임이 엘리오를 좀먹고 있었다. 사라는 도움을 줄 수 있는 사람이 있다고 말해 주었다. 사라에 관한 아돌포의 세 번째 예언이 실현된 것이며, 이로써 그의 계획에서 다음번 조각이 제자리에 들어맞은 셈이었다.

아돌포의 삶의 궤적에서 실제로 일어났던 외관상 신비스러운 사건 가운데 상당수가 그러했듯이, 이 만남 역시 선뜻 믿기가 어렵다. 지금의 우리로선 그가 이 만남을 준비하는 데 도움을 주었는지를 확증할 수 없지만(물론 인내심을 발휘했을 수도 있지만, 그가 뭔가를 우연에 맡기는 경우는 드물었다), 다만 그가 엘리오를 신비적 조종의 주된 표적으로 삼았다는 점만큼은 확실하다. 자기 자신의 지도력, 경쟁 관계인 마약 밀매상에 대한 두려움, 형의 사후에 자기 가문이 겪은 곤경 등에서 비롯된 스트레스가 겹치면서 엘리오는 취약해지고 말았고, 이것이야말로 아돌포가 딱 필요로 하던 상황이었다. 사라는 이 계획에서 필요 불가결했다. 그녀에 대한 마약업자의 지속적인 미련이야말로 아돌포가 착취할 수 있는 약점이었기 때문이다. 그는 엘리오를 컬트에 입문시킨 다음, 사라를 이용해 그를 조종하기로 계획했다.

그러려면 먼저 아돌포가 사라를 입문시킬 필요가 있었으니, 그녀를 컬트의 위계질서에서 맨 꼭대기에 올려놓으려는 요량이었다. 그가 '엘 파드리노El Padrino', 즉 대부 노릇을 하는 것처럼 그녀가 '엘 마드리나El Madri-na', 즉 대모 노릇을 하기를 바랐던 것이다. 1988년 3월 23일, 사라는 입문을 위해 멕시코시티로 갔다. 아돌포가 바로 그곳에서 겨울을 보내고 있었기 때문이다. 밤이 되자 오마르가 사라에게 눈가리개를 씌우고 어두운 방으로 데려갔다. 아돌포는 자기가 신비의 솥(응강가)의 영혼에게 빙의되었다고 가정했을 때 사용하는 식식대는 목소리로 찬송가를 부르기 시작했다. 아돌포와 다른 사람들의 입문 예식 때와 마찬가지로 누군가가 닭을 잡아 들더니 사라의 몸 곳곳을 문지른 다음 머리를 잘랐다. 뭔가 더 커다란 동물도 그녀의 몸을 스쳤다. 사라는 울음소리를 듣고서야 염소인 것을 깨달았다. 누군가가 역시나 염소의 머리를 잘랐고, 사라는 그 피가 자기 몸에 흩뿌려지는 느낌을 받았다. 아돌포는 다른 입문자 모두에게 했던 것처럼 그녀의 셔츠를 찢어 내고 여러 개의 상징을 등에 새겼다. 그녀의 영혼이 죽었으며, 다른 추종자들은 이제부터 그녀의 가족이라고 말했다. 그녀는 그들의 대모(마드리나)였고, 그들은 그녀에게 순종할 예정이었다. 이제부터 그녀는 '새김' 받은 여자인 '라야다rayada'였다.

이제 사라는 마타모로스에서 아돌포가 벌이는 사업의 보좌관으로 일할 수 있게 되었다. 아돌포가 자리를 비우면 추종자들이 대신 그녀에게 보고했으며, 누군가가 규칙을 어기면 사라가 아돌포에게 보고했다. 아돌포는 추종자에게 세 가지 핵심 명령을 내렸다. 첫째는 자기 명령에 절대 복종하라는 것이었다. 신들은 자비가 없으며, 자기도 마찬가지라는 말이었다. 둘째로 죽은 자의 영혼과 신을 받아들여야 하며, 특히 '영혼을 삼키는 자'를 뜻하는 카디엠펨베를 받아들여야 한다는 것이었다. 그는 기독교인이야말로 동물에 불과하므로 추종자들은 교회에 다닐 수 없다고 상기시켰다. 셋째로 모든 마약 사용을 금지했는데, 이는 앞서 그의 파드리노가 내렸던 명령과 마찬가지였다. 추종자가 순수한 상태로 남아 있지 못하면 결국 죽게 된다는 말이었다.

바로 다음 날 아돌포는 라야도 예식을 통해 엘리오를 입문시켰다. 예식이 끝나자 그는 사업 거래를 제안했다. 엘리오의 가문이 벌어들이는 돈을 자기가 가져가는 대신 환불 보장 조건을 제시했다. 상대방의 수익이 늘어나지 않을 경우에는 아무것도 가져가지 않겠다는 것이었다. 이런 조건이라면 엘리오에게 무척이나 유리한 것처럼 보일 수도 있었지만, 아돌포의 입장에서 상대방은 단지 자신의 이기적인 통제 추구에서 착취할 또 하나의 졸*에 불과했다. 아돌포가 이런 제안을 한 까닭은 자기가 계약대로 실천할 수 있으리라 확신했기 때문이었다.

아돌포는 수익의 증가를 자신의 강력한 마법 탓으로 돌렸지만, 새로운 사업은 간단명료한 네트워크에 더 많이 빚지고 있었다. 에르난데스 가문은 엘리오의 형이 살해된 이후로 중요한 커넥션을 잃어버린 상태였다. 비달은 자신의 부패한 경찰 연줄을 이용해서 커넥션을 재수립해 주었다. 평소와 마찬가지로 아돌포의 마법은 초자연적인 것보다는 부패 경찰이 제공하는 강압과 제보에 더 많이 빚지고 있었다.

몇 주 뒤에 일행과 함께 마타모로스로 돌아온 아돌포는 엘리오에게 가장 충성스러운 부하들을 모아 달라고 부탁했다. 마약업자는 부하 다섯 명을 불렀다. 알바로 다리오 데 레온 발데스Alvaro Dario de Léon Valdés, 일명 엘 두비 El Duby는 무자비한 행동 대장이었으며 한때 술집에서 총싸움을 벌인 것으로 유명했다. 카를로스 데 라 야타Carlos de la Llata는 관광객에게 코카인을 판매해서 돈을 벌었다. 아우렐리오 차베스Aurelio Chavez는 에르난데스 가문의 사업 기지인 산타엘레나 목장의 관리인이었다. 세르히오 마르티네스 살리나스Sergio Martínez Salinas는 엘리오의 사촌으로 마약 화물 운송 쪽의 경험이 있었다. 마지막으로 말리오 파비오 폰세 토레스Malio Fabio Ponce Torres는 부유한 집안 출신의 대학생이었다. 아돌포는 그에게서 사업 내부의 지도자가 될 잠재력을 알아보았다. 이 다섯 명은 마타모로스에서 아돌포 컬트의 중핵을 형성했다. 1988년 4월의 전반기 동안 아돌포와 사라는 그녀의 집 거실에서 이들에게 산테리아와 팔로 마욤베의 원리를 가르쳤다. 사라와 엘리오가 입문한 지 3주 뒤에 다섯 명의 신규 유입자도 컬트에 가담했다. 이제 아돌포는 자기 마음대로 부릴 수 있는 충성스러운 행동 대원들을 거느리게 된 셈이었다.

그 와중에 살바도르 비달은 에르난데스 가문의 사업이 다시 번창하도록 도와주었다. 새로운 구성원들의 입문 직후에 그는 연방 정부에서 압수한 마리화나 1톤을 엘리오의 손에 넘기도록 조치했다. 아돌포는 의례를 통해서 그 가문의 성공 원인은 자신의 신비주의라고 내세웠으며, 개오지 조개껍질을 이용해 미리 확인했다면서 구매자의 이름을 엘리오에게 말해주었다. 이 마약으로 인한 수익은 20만 달러에 달했다.

일행은 1988년 4월부터 5월까지 이와 유사한 거래를 계속해서 성사시켰다. 아돌포와 비달은 사업 통로를 거쳐 거래를 확보했을 뿐이었지만, 컬트 지도자는 그게 마치 흑마술의 결과인 것처럼 엘리오에게 둘러댔다. 에르난데스 가문은 그 어느 때보다도 많은 돈을 벌어들이고 있었지만, 아돌포는 여기에서 만족하지 못했다. 5월 말에 그는 사업 확장을 위해서 경쟁 관계인 밀매업자의 마약을 훔치자고 엘리오에게 제안했다.

신규 유입자인 아우렐리오는 자기 집 바로 옆의 농장에 소규모 마약 밀매업자 엑토르 데 라 푸엔테Hector de la Fuente 소유의 마리화나가 보관되어 있다는 사실을 알아냈다. 아우렐리오가 이 사실을 아돌포에게 알리자, 5월 28일에 갱단은 데 라 푸엔테를 뒤쫓다 시내에서 납치했고, 그를 겁박해서 물건이 있는 곳으로 안내하게 했다. 신규 입문자 다섯 명이 포로를 앞세우고 아돌포와 마르틴까지 합세하여 농장에 도착했을 때, 마침 그 부지를 소유한 농부의 아들인 52세의 모이세스 카스티요Moises Castillo가 아버지를 도우러 와 있었다. 아돌포의 무리는 마리화나와 함께 밀매업자 데 라 푸엔테와 카스티요까지 차에 싣고 산타엘레나 목장으로 돌아왔다.

이들은 우선 마약을 숨긴 다음, 납치된 남자 둘을 인근 과수원으로 끌고 갔다. 아돌포는 한 손에 총을 들고서 데 라 푸엔테와 카스티요에게 훌륭한 기독교인인지 물어보았다. 데 라 푸엔테는 침묵을 지켰지만, 카스티요는 맞다고 대답했다. 그러자 아돌포는 기독교인은 동물에 불과하며, 동물은 희생 제물로 바쳐야 한다고 자기 부하들에게 상기시켰다. 그는 데 라 푸엔테와 카스티요 모두의 머리에 총을 쏘았다. 마약 사업에서 산전수전 다 겪은 부하들도 이 모습에는 완전히 충격을 받았다. 아돌포는 이런 반응을 오히려 반겼을 수 있다. 그의 행동은 목적 달성을 위해서라면 수단을 가리지 않을 의향이 있음을 명백히 보여 주었기 때문이다. 아돌포의 태연한 처형을 지켜본 신참들은 불편함을 느꼈을 수도 있지만, 그 세계 특유의 폭력적인 문화에서는 일부 추종자도 생겨나게 되어서 컬트의 규모는 크게 불어났다. 1988년 6월에 그는 엘리오의 조카인 세라핀 에르난데스Serafin Hernández를 입문시켰다. 엘리오의 형이며 '늙은 세라핀'이란 별명으로 통하던 아버지와 구분하기 위해 '꼬마 세라핀'이라 불리던 청년이었다.

엘리오의 조카인 꼬마 세라핀은 딱히 유능하다고 간주되지는 않았지만, 대신 컬트의 구성원으로서는 귀중한 자질을 하나 갖고 있었다. 미국 시민이기 때문에 아돌포의 다른 추종자들보다 훨씬 더 쉽게 국경을 넘나들 수 있다는 점이었다. 꼬마 세라핀은 컬트 구성원의 지위를 적극적으로 수용했으며, 마타모로스의 술집과 클럽 쪽에서 사람들의 주목을 받는 허세와 태도를 금세 체득하게 되었다. 그는 유용한 인력 채용 요원이 되었으며, 1988년 6월 중순이 되자 컬트의 마타모로스 지부의 규모를 일곱 명에서 열두 명으로 늘리는 데 도움을 주었다. 이와 동시에 살바도르 비달은 수지맞는 마약 거래를 계속해서 주선했으며, 아돌포는 자신을 서슴없이 성공의 원인으로 자처하고 나섰다. 의례 장소도 사라의 아파트에서 농장의 움막으로 옮겼으며, 이제 산타엘레나 목장에 공식 '응강가'를 만들 때가 되었다고 판단했다. 그는 솥에 들어갈 재료를 수집하기 시작했다.

그사이 1988년 7월 초에 아돌포와 마르틴이 멕시코시티로 돌아오고, 사라도 이들과 합류했다. 일행이 도착한 지 얼마 되지 않아 추종자인 호르헤 몬테스가 한 가지 문제를 들고 아돌포를 찾아왔다. 멕시코시티 홍등가에서 '라 클라우디아La Claudia'라는 예명으로 활동하는 골동품 판매상 겸 자신의 동거인인 라몬 파스 에스키벨Ramón Paz Esquivel을 제거해 달라는 것이었다. 이 남자는 한때 호르헤와 연인 사이였다. 여전히 함께 살기는 했지만 둘의 관계는 악화된 상태였다.

라몬은 종종 술에 취한 채로 젊은 남자를 데리고 돌아와서 건물이 떠나가라 소동을 일으켰다. 때로는 카드점을 보러 찾아온 호르헤의 손님을 아파트에 못 들어오게 저지하기도 했다. 최근에 라몬은 자기 골동품 가운데 한 점을 호르헤가 훔쳤다고 주장하기도 했다. 그는 집 안을 들쑤시면서 가구를 뒤집어 놓았다. 급기야 애지중지하는 개까지 걷어차는 것을 보자, 호르헤도 더는 참지 않기로 작정했다. 아돌포는 그를 돕기로 했다.

1988년 7월 16일, 아돌포와 호르헤는 물론이고 마르틴과 오마르를 비롯한 다른 추종자들까지 아파트에 모여 라몬을 기다렸다. 그가 들어오자 붙잡아 욕조로 끌고 갔다. 마르틴이 그의 양손을 묶고 입에 덕트 테이프를 붙였다. 곧이어 아돌포는 다시 한번 모두를 놀라게 했다. 라몬이 아직 살아 있는 상태에서 발가락과 손가락과 성기를 잘라 냈기 때문이었다. 호르헤와 오마르는 그만 방에서 뛰쳐나갔다. 아돌포는 추종자들 앞에서 동물을 제물로 바친 적은 여러 차례 있었지만, 이 정도 수준의 잔혹성까지는 결코 보여 준 적이 없었다. 그는 라몬의 가죽을 부분적으로 벗겨 낸 다음에야 마침내 목숨을 끊었다. 죽은 자의 피를 용기恭器에 담았고, 뼈를 몇 개 챙겼고, 라몬의 두개골에서 뇌를 꺼냈다. 이제 산타엘레나 목장의 응강가에 필요한 인간의 영혼을 갖게 된 셈이었다.

아돌포는 제물이 된 희생자가 극심한 고통과 공포 속에서 죽으면 자신의 응강가에도 더 잘 봉사할 것이라고 믿었다. 산테리아와 팔로 마윰베를 연구하는 학자 미진 곤살레스위플러Migene González-Wippler의 말에 따르면, 일부 팔레로는 검은 고양이를 고문하고 삶아서 응강가에 집어넣는데, 이런 유형의 솥은 전적으로 사악한 행위를 위해 고안된 것이다.

아돌포는 바로 이런 철학을 인간 희생자에게도 적용한 것처럼 보인다. 그는 독자적인 종교를 만들었으며, 여기서는 그런 잔혹 행위와 살인이 허락될 뿐만 아니라, 그 종교의 실천에 필수적이었다.

아돌포는 살인 습관과 사업 거래 모두에서 점점 더 무자비해졌다. 1988년 8월에는 살바도르 비달과 함께 지금까지의 거래 중에서 가장 큰 건을 계획했다. 이 경찰관은 마침 코카인 75킬로그램을 압류한 상태였다. 이들은 이 마약을 80만 달러에 '엘 간초El Gancho'라는 구매자에게 팔기로 계획했다. 엘리오와 그의 형제 오비디오가 거래를 주선했는데, 구매자인 엘 간초는 이들의 사돈이었기 때문이다. 이 고객은 에르난데스 가문과 전에 더 작은 거래를 한 적이 있었지만, 아돌포는 엘 간초에게 마약을 순순히 건네줄 생각이 없었다. 엘리오와 오비디오는 지인을 배신하고 싶지 않았지만, 아돌포는 고집을 부렸다. 평소와 마찬가지로 추종자의 감정 따위는 그의 재물을 향한 노력에서 부차적일 뿐이었다.

엘 간초가 도착하자, 엘리오와 오비디오는 미안해하면서도 총을 겨누고 돈만 챙겼다. 엘 간초는 자칫 자기가 곤란을 겪을 수 있다고, 자기네 두목이 이런 모욕을 당하면 자기를 죽일 거라고 주장했다. 두 사람은 그의 경고를 무시했는데, 강탈을 범한 지 사흘 뒤에 엘 간초가 오비디오와 두 살짜리 아들을 납치했다. 그의 지시대로 오비디오는 엘리오에게 전화를 걸어서, 다음 날까지 돈을 돌려주지 않으면 부자 모두가 죽을 것이라고 통보했다. 하지만 엘리오는 아돌포가 결코 굽히지 않을 것임을 알았다. 자포자기한 끝에 엘리오는 형제인 늙은 세라핀과 함께 경찰에 신고했지만, 마약 거래가 잘못된 결과로 납치가 벌어졌다고 두 사람이 시인하자 경찰도 돕기를 거절했다.

달리 의지할 곳이 없었던 엘리오는 아돌포의 조언을 구했다. 컬트 지도자는 의례에 쓸 희생자를 찾아오라고 명령했다. 엘리오는 차를 몰고 인근을 돌아다니다가 떠돌이를 한 명 발견하고 태워 주겠다고 제안했다. 낯선 사람은 이에 응했다. 엘리오는 산타엘레나 목장으로 돌아갔고, 컬트 구성원들은 떠돌이를 응강가가 놓인 움막으로 데려갔다. 아돌포는 모두를 밖으로 내보냈고, 엘리오만 거기 남아 돕게 했다. 컬트 지도자는 떠돌이가 아직 살아 있을 때 칼질을 시작했고, 여러 신체 부위를 응강가에 집어넣고 오비디오를 보호해 달라며 간청하고 나서야 비로소 숨을 끊어 버렸다. 아돌포는 희생자의 뇌를 응강가에 집어넣었고, 곧이어 엘리오도 지시받은 대로 희생자의 심장을 꺼냈다.

다음 날 오비디오와 아들은 무사히 집으로 돌아왔다. 이후의 조사에서도 경찰은 그 이유를 결코 확인하지 못했다. 하지만 컬트에서는 이것이야말로 아돌포가 행한 예식의 직접적인 결과라고 믿었다.

살인에 대한 아돌포의 늘어나는 집착은 연쇄 살인범들 사이에서 나타나는 일반적인 패턴에 딱 들어맞는다.『연쇄 살인의 정신 병리학: 폭력의 이론The Psychopathology of Serial Murder: A Theory of Violence』에서 범죄학자 스티븐 J. 지아난젤로Stephen J. Giannangelo는 살인자는 시간이 흐르면서 더 위험해진다고 묘사했다. 만약 누군가가 살인을 범하고도 무사히 빠져나오면 자신감도 늘어난다. 만약 살인자가 그 행위로 흥분을 느끼면, 그의 자신감은 추가 살인으로 이어진다. 머지않아 살인자는 그 행위를 편안하게 여기게 되고, 심지어 갈망하게 된다.

이는 아돌포의 행동 패턴과도 유사하다. 그는 칼사다 살인 사건 이후 1년을 기다렸다가 또다시 살인을 범했다. 하지만 정기적으로 살인을 시작하자 점점 더 많이 원하게 되었다. 아돌포의 무자비함은 공포를 자아냈고, 컬트에 대한 장악력을 강화했으며, 이 위협의 역량을 이용해 추종자를 조종함으로써 자기가 요구하는 일은 뭐든지 하게 만들었다. 사라가 동침을 거부한다며 엘리오가 불평하자, 아돌포는 그녀에게 성관계를 명령했다. 사라는 저항했지만, 그는 일단 그렇게 하고 나면 엘리오에 대한 장악력이 이전보다 더 커질 것이라고 맞받았다. 그녀는 결국 누그러지고 말았다.

사라는 신비적 조종의 희생자에게 나타나는 공통적인 특성을 보여준다. 로버트 리프턴의 주장에 따르면, 성공적으로 조종당한 사람은 자기 자신의 심리를 지도자의 심리와 통합하며, 급기야 지도자와 합세하여 다른 사람들을 공동으로 조종하기에 이른다. 사라가 실제로는 내키지 않아 하면서도 결국 성관계를 맺음으로써 엘리오에게 행한 일이 바로 그것이었다.

1988년 말부터 1989년 초까지 아돌포는 살인의 속도를 높여 나갔다. 11월에는 코카인을 투약해 유흥용 마약을 금지한 자기 명령을 어긴 추종자 한 명을 살해했다. 12월에는 살바도르 비달의 조력자인 경찰관 두 명을 살해했는데, 더는 그들을 신뢰할 수 없다는 이유에서였다. 1989년 2월 한 달 동안에만 해도 컬트는 무려 다섯 명을 제거했다. 희생자 가운데 한 명은 14세 소년이었는데, 목장 안을 걸어서 지나가다가 컬트 구성원 여러 명에게 적발당하자 아돌포가 엘리오에게 명령해서 살해한 것이었다. 뒤늦게야 엘리오는 이 소년이 사실은 자기 6촌 동생임을 알았다.

아돌포에게는 동정심이 전혀 없었다. 그는 추종자들이 서슴없이 살육을 저지르기를, 자기가 바라보는 방식으로 그들도 남들을 바라보기를 원했다. 즉 남들을 어떤 목적을 위한 수단으로서만 바라보기를 원했다. 하지만 2월의 살인 파티에도 불구하고 아돌포는 만족하지 못하고 더 많은 희생자를 갈망했다. 3월 중순에 그는 희생제를 거행하고 나서 뭔가 나쁜 징조라고 해석했다. 그 생각은 크게 틀린 것도 아니었다. 그 극악무도한 행위로 인해 마약악마숭배파에도 몰락이 찾아왔으니 말이다.

당시 아돌포 콘스탄소는 멕시코의 국경 도시 마타모로스에서 방대한 마약 밀매 사업을 성공적으로 확립한 상태였다. 아울러 잔혹하고 살인을 일삼는 컬트의 우두머리로서 자기 자리를 굳힌 상태였다. 추종자들은 머지않아 그가 의례의 마법적 측면에는 덜 관심을 두게 되었으며, 오히려 살인에만 점점 더 집착한다는 사실을 깨달았다. 이제는 일주일 단위로 살인을 범하는 지경이었다.

1989년 3월 13일, 아돌포는 또 다른 희생자를 요구했다. 그의 무리는 자기네 구역이라 간주되던 곳에 있는 한 술집에서 코카인을 판매하던 밀매업자를 찾아내서 목장으로 끌고 왔다. 아돌포는 소름 끼치는 일과를 시작했다. 희생자가 아직 살아 있는 상황에서 신체를 절단하고 가죽을 벗겼다. 하지만 기적적으로 그 남자는 비명을 지르지 않았다. 희생자에게서 아무런 소리도 끌어내지 못하자, 결국 그의 고통과 공포도 표면으로 떠오르지 못했다. 아돌포는 고통의 가시적 표현이 없는 희생제를 실패로 간주했다. 이에 대안이 마련되었다. 더 연약한 사람을 살해할 필요가 있다는 것이었다. 이상적인 표적은 더 젊은 사람, 예를 들어 대학생에 전형적인 백인 놈이라고 아돌포는 말했다. 편리하게도 마침 마타모로스에서는 봄 방학이 한창이었다.

다음 날인 1989년 3월 14일 밤, 마약악마숭배파의 추종자 말리오는 꼬마 세라핀의 픽업트럭에 함께 타고 아돌포가 명령한 일을 하러 나섰다. 새벽 2시에 대학생들이 멕시코의 마타모로스와 텍사스주 브라운즈빌을 연결하는 다리를 잔뜩 건너가는 사이, 컬트 구성원들은 혼자 뒤떨어져 가던 금발의 21세 청년 마크 킬로이Mark Kilroy를 발견하고 몸싸움 끝에 트럭에 태웠다. 이들은 사냥감을 데리고 산타엘레나로 돌아왔으며, 수갑을 채운 상태로 트럭 짐칸에 밤새도록 내버려 두었다.

다음 날 아침에 목장 관리인 도밍고 레예스Domingo Reyes가 킬로이를 발견했다. 그는 아침 식사용으로 달걀을 몇 개 갖다주었다. 관리인은 청년을 딱하게 여겼지만, 눈치가 빨랐기 때문에 더 이상의 행동은 삼갔다. 마약악마숭배파가 데려온 예비 희생자를 도왔다는 사실이 들통나기 전에 관리인은 재빨리 자기 거처로 돌아갔다.

1989년 3월 15일 정오에 마약악마숭배파는 목장에 있는 응강가 움막에 모였다. 구성원들이 밖에서 기다리는 동안 아돌포는 마크 킬로이를 고문하고 강간하고 살해했다. 그의 명령에 따라 마타모로스의 최초 추종자 다섯 명 가운데 하나인 엘 두비가 청년의 심장을 꺼냈다. 아돌포는 킬로이의 뇌도 꺼내 응강가 안에 집어넣었는데, 많이 배운 사람이므로 더 똑똑할 것이고, 복잡한 과제도 더 잘 수행할 수 있을 것이라는 이유에서였다.

하지만 이로써 컬트의 폭력적인 믿음은 그만 국경을 넘어서고 말았다. 이제는 더 엄밀한 수사가 벌어질 예정이었다. 마크의 친구들은 벌써부터 미친 듯이 그를 찾아다니는 중이었고, 경찰 역시 그의 실종을 수사하고 있었다. 킬로이의 아버지는 브라운즈빌과 마타모로스를 잇는 다리에 매일같이 나와서 아들의 얼굴이 인쇄된 실종자 전단을 나눠 주었다. 범죄가 일어났다면 멕시코 영토에서 일어난 셈이므로, 법적으로는 그 나라 정부의 사법 관할권에 있었다. 하지만 킬로이의 숙부가 미국 세관 감독관이었던 관계로 자국 내에서도 수사가 이루어지게끔 힘을 써 주었다.

멕시코 경찰 역시 이 사건을 해결해야 하는 상당한 이유를 갖고 있었다. 마타모로스를 비롯한 지역 사회 대부분이 관광으로 먹고 사는 판에, 여차 하면 부정적인 평판으로 산업이 위축될 수 있었기 때문이다. 하지만 3월의 마지막 2주 동안에는 양국 모두에서 별다른 진척이 없었다. 킬로이는 마타모로스의 거리에 술 취한 대학생이 우글거리던 날 밤늦게 사라진 것이었다. 신뢰할 만한 단서를 찾아내기가 거의 불가능했다.

그러다가 1989년 4월 1일에 돌파구가 생겼는데, 막상 그 당시에는 당국도 그 사실을 미처 몰랐다. 멕시코 연방 경찰의 마약 검문소를 붉은색 픽업트럭 한 대가 속도를 줄이지 않고 그냥 통과해 버린 사건이 있었다. 운전자는 다름 아닌 꼬마 세라핀 에르난데스였다. 현장에 있던 경찰은 세라핀의 행동이 의심스럽다고 여기고 정체를 드러내지 않은 채로 뒤를 밟았다. 세라핀이야 설령 상황을 알았어도 개의치 않았을 것이다. 나중에 당국에 실토한 바에 따르면, 애초에 그가 검문소를 가속해서 지나친 까닭도 컬트의 마법으로 인해 자기 모습이 경찰에게는 문자 그대로 보이지 않게 되었다고 믿었기 때문이었다.

경찰은 꼬마 세라핀을 뒤따라 산타엘레나 농장까지 가서 잠복하며 경내를 살펴보았다. 세라핀이 떠난 후에는 주위를 둘러보고 나서 이 목장이 마약 운송의 경유지일 가능성이 있다는 결론을 내리고, 이후 에르난데스 형제를 감시하기 시작했다. 경찰의 추측은 결실을 보았다. 일주일 뒤인 4월 8일에 마약악마숭배파가 30만 달러짜리 마약 거래를 성사시켰다. 연방 경찰은 그 거래 전체를 감시하고 있었으며, 휴대 전화 도청으로 관련자의 대화를 엿듣고 있었다. 바로 다음 날 경찰은 엘리오와 꼬마 세라핀과 컬트 구성원 두 명을 마약 밀매 혐의로 체포했다.

에르난데스 형제는 서슴없이 경찰에게 이야기를 털어놓았는데, 경찰관들의 말에 따르면, 이상하게도 이들은 체포된 것에 대해서 걱정하지 않는 것처럼 보였다. 심지어 자기네가 체포되었다는 사실을 재미있어하는 것처럼 보였다. 당국에서는 이들이 안전하다고 자신하는 이유를 알 수 없었지만, 에르난데스 형제는 영혼(아울러 파드리노)이 자기네를 특정한 해악으로부터 보호하고 있다고 믿었던 것이다.

이후 경찰은 목장 관리인 도밍고를 체포했는데, 그는 밀매업자도 아니었고 컬트 구성원도 아니었다. 위협을 느낀 관리인은 재빨리 사실을 털어놓았으며, 이 가문이 마약 거래에 관여되어 있다고 시인하면서, 가끔은 사람들이 목장으로 오기는 하는데 결코 떠나는 모습은 못 보았다고도 덧붙였다. 그중 한 명은 금발의 미국인이었다고도 했다. 경찰은 곧바로 더 큰 관심을 갖게 되었다. 마크 킬로이의 사진을 본 도밍고는 실종된 청년이 바로 그 사람이라고 확인해 주었다.

연방 경찰이 엘리오와 꼬마 세라핀을 체포한 바로 그날, 오비디오 에르난데스가 아돌포에게 전화를 걸어서 추종자들이 경찰에 구금되었다고 전했다. 다음 날인 4월 10일 이른 아침에 아돌포, 마르틴, 엘 두비, 사라는 멕시코시티로 도주해서 오마르와 만났다.

4월 11일에 꼬마 세라핀은 산타엘레나 목장에 시신 여러 구가 묻혀 있다고 경찰에게 자백했다. 경찰은 그곳에서 마크 킬로이의 유해를 비롯한 신원 미상의 손상된 시신 다수를 발견했는데, 하나같이 손가락, 귀, 발가락, 심장, 성기, 뇌가 사라진 채였다.

킬로이의 무덤을 비롯한 몇몇 무덤에서는 땅 위에 툭 튀어나온 철사 조각이 일종의 표식 노릇을 했다. 세라핀이 경찰에 설명한 바에 따르면, 이 철사는 시신의 척추에 감겨 있었다. 시신이 충분히 썩었을 때 철사를 잡아당기면 척추 전체를 땅 위로 뽑아낼 수 있었다. 이 소름 끼치는 방법도 아돌포가 자기 '파드리노'에게서 배운 것이었다. 희생자의 척추로 목걸이를 만드는데, 아돌포가 해 준 이야기에 따르면 그걸 착용한 사람에게는 행운이 찾아온다는 것이었다.

세라핀을 비롯해서 이미 체포된 컬트 구성원들은 아돌포와 그의 모든 야만스러운 방법에 대해서 서슴없이 당국에 이야기했다. 이들은 컬트 지도자의 마법이 보호해 주는 한 경찰도 자기네를 어쩌지는 못한다고 믿었다. 당국도 자기네를 감히 좌지우지하지 못한다는 추종자의 이런 확신이야말로, 완벽하게 수행된 아돌포의 신비적 조종의 결과였다. 마약악마 숭배파는 극악무도한 범죄를 저지르고도 최대한 오랫동안 무사히 빠져나갈 수 있었는데, 그 이유는 대부분 부패한 경찰 살바도르 비달의 협조 때문이었다. 하지만 아돌포는 수많은 의례와 희생제를 통해서 이들을 속였고, 급기야 모두가 자기네의 지속적인 성공은 그의 마법 덕분이라고 생각하게 만들었다. 그 효과가 어찌나 컸던지, 추종자들은 범죄를 자백한 이후까지도 자기네를 기소할 법의 능력보다 컬트 지도자의 마법을 더 믿었다.

산타엘레나 목장에서 시신이 발견된 이후, 아돌포와 나머지 추종자들에 대한 추적이 시작되었다. 컬트 소유의 콘도 가운데 한 곳에 숨어 있던 아돌포, 마르틴, 사라, 오마르, 엘 두비는 이 사건의 전개를 텔레비전으로 지켜보았다. 뉴스 보도에는 아돌포의 사진이 곁들여졌다. 그 결과 다섯 명의 도망자는 머리를 깎고 염색해서 남들이 쉽게 알아보지 못하게 만들었으며, 본격적인 도주 생활에 돌입할 준비를 했다.

일행은 최대한 실내에 머물렀으며, 한 장소에서 며칠만 지내다가 다음 장소로 이동했다. 아돌포는 이 시기 동안 포악하게 굴었으며, 특히 사라를 겨냥했다. 그녀는 날이 갈수록 점점 불안정해졌다. 급기야 열의를 잃어서 부모님 댁으로 돌아가게 해 달라고 간청했다. 아돌포는 사라가 자기네 모두를 경찰에 신고할 수도 있다고 걱정한 나머지, 그녀에게 절대 떠날 수 없을 거라고 대답했다.

아돌포는 여전히 도망칠 수 있을 거라고 확신했고, 자신의 신비적 조종과 교활함을 이용해 이 위기를 헤쳐 나갈 수 있을 거라고 생각했다. 그는 살바도르 비달에게 전화를 걸어서 멕시코 과달라하라에 있는 코카인 화물을 훔치라고 명령했다. 그렇게 해서 얻은 돈을 뇌물로 사용해 해외로 도피하려 했다. 점점 더 광란을 드러내는 행동의 징조로서, 그는 마리아 델 로시오 쿠에바스 게라에게 연락을 취했다. 자기 어머니의 오랜 친구이자, 자기가 건물 3층에서 떨어진 기적적인 사건의 목격자인 그녀에게 위조 여권 입수를 위한 도움을 얻으려 했던 것이었다. 아울러 자신들의 외모를 바꿔 줄 성형외과 의사도 구하라고 명령했다.

마약악마숭배파는 그해 4월 내내 여러 은신처를 오갔으며, 경찰은 매번 한 발짝 뒤늦게 따라갔다. 하지만 이제는 시간이 촉박했다. 수사관들은 칼사다 살인 사건, 호르헤의 동거인 라몬 살인 사건, 산타엘레나 목장에서 발견된 시신들 간의 공통점을 알아챈 것이다. 마이애미에서 달려온 팔로 마욤베 전문가 두 명의 권유에 따라서 경찰은 1989년 4월 22일에 산타엘레나 목장에 있었던 응강가를 불태워 없애기까지 했는데, 이를 통해 아돌포를 격분하게 만들면 혹시라도 그가 실수를 저지르지 않을까 하는 기대 때문이었다. 이것이야말로 전세를 역전시키는 전략이었다. 도망자들은 마침 외딴곳의 한 오두막에 머물면서 뉴스 보도를 통해 목장에 있던 움막과 응강가가 불타오르는 모습을 지켜보았다. 아돌포는 기관총으로 TV를 쏴 버린 다음, 한 시간이 넘도록 분노에 찬 소리를 지르며 오두막을 닥치는 대로 부수었다.

4월 말에 이르러 아돌포를 겨냥한 수사망이 좁혀졌다. 살바도르 비달은 그에게 전화를 걸어서 응강가 파괴를 직접 목격했다고 전했다. 이제는 아돌포의 마법이 사라졌다고 믿게 된 이 부패 경찰은 더 이상 그들을 돕지 않을 예정이었다. 한때 충성스러운 동업자였던 비달이 아돌포와 거리를 두면서 도망자들은 도주에 필요한 수입원을 모두 잃었다.

아돌포는 최후가 임박했음을 깨닫고 충성파를 독려하여 자살 계획에 합의하게 했다. 당국과의 충돌이 불가피해질 경우, 오마르가 나서서 아돌포와 마르틴을 죽이고, 이어서 나머지를 죽인 다음, 마지막으로 자살한다는 것이었다. 아돌포의 지시에 따라 4월 27일에 멕시코시티로 돌아온 일행은 마리아가 구해 놓은 허름한 아파트에 은둔했다. 닷새 뒤에 아돌포는 사라를 밖으로 보내 해외로 도피하는 데 충분할 정도로 외모를 바꿔 줄 성형외과 의사를 찾아 전화를 걸어 보게 했다. 그녀는 접촉에 성공했지만, 의사는 돕기를 거절했다.

사라는 외출한 김에 부모의 이웃집에 전화를 걸어서 가족의 안부를 확인했다. 그러면서 자기는 아돌포에게 납치되었을 뿐이며, 도망치고 싶다는 메시지를 전했다. 5월 5일에 당국에서 이들과 무관한 다른 사건을 수사하던 중에 우연히 컬트 구성원들이 은둔한 아파트로 찾아오게 되었다. 하지만 아돌포는 경찰차를 보자마자 다른 사람들을 향해 도주는 끝났다고 소리쳤다. 다른 사람들이 무장하는 사이, 그는 창문을 열고 반자동 기관총을 들어 한 경찰관을 겨누었다. 사라와 엘 두비의 증언에 따르면, 아돌포는 이렇게 외쳤다. "엄마, 이제 끝이에요!" 그러고는 총격을 가했다.

처절한 총격전이 벌어졌다. 아돌포는 얼마 남지 않은 현금 다발을 창밖으로 내던졌는데, 구경꾼이 모여들어 소란이 벌어지면 그 틈을 타서 도주할 심산이었다. 하지만 이 계획도 딱히 효과가 없자, 이번에는 근처의 프로판가스 탱크를 향해 총을 쏘았다. 폭발이 일어나서 그쪽으로 시선이 쏠리기를 바란 것이었다. 하지만 이 계획도 수포로 돌아가고 말았다. 이제는 다 끝났음을 감지한 아돌포는 오마르에게 남은 돈 수천 달러를 불태우라고 지시했다. 자기네가 가질 수 없다면, 다른 누구도 못 갖게 만들겠다는 심산이었다. 엘 두비가 남은 탄창 두 개를 건네주자, 아돌포도 마침내 포기하고 말았다.

그는 자살 계획을 곧바로 수행하라고 마약악마숭배파에게 명령했다. 하지만 오마르는 아돌포와 마르틴을 죽이기를 거부했다. 아돌포는 엘 두비에게 먼저 시작하라고 명령했지만 역시나 소용이 없었다. 아돌포는 자기가 죽은 자 가운데서 다시 살아 돌아올 것이라고 엘 두비에게 장담했다. 이제는 사라도 찬동하며 소리를 지르는 가운데, 엘 두비는 마지못해 이 마지막 과제를 수행했다. 아돌포와 마르틴이 침실 옷장에 들어가 서 있는 사이, 엘 두비는 탄창 하나를 모두 이들에게 쏟아부었다. 하지만 두 사람 외에는 아무도 죽이지 않았다. 순식간에 악몽은 끝나 버렸다.

사라는 경찰을 향해 달려가면서 자기가 인질로 잡혀 있었다고 주장했다. 곧이어 엘 두비도 밖으로 나와 체포되었다. 건물로 들어간 경찰은 침대 밑에 숨어 있던 오마르를 발견했다. 궁지에 몰린 마약악마숭배파와 간헐적으로 총격전을 벌이던 경찰은 현장의 혼돈 때문에 처음에는 아돌포를 자기네가 사살했다고 잘못 발표했다. 하지만 엘 두비가 머지않아 자백했듯이, 그가 자신의 파드리노를 직접 사살했다는 사실이 뒤늦게야 탄

도학적 증거를 통해 밝혀졌다.

경찰은 체포된 세 사람을 곧바로 취조했으며, 마약악마숭배파의 범죄에 대해서 대중이 아는 내용의 상당 부분은 바로 이때의 자세한 심문에서 비롯되었다. 사라는 무고함을 주장했으며, 원래는 아돌포와 함께 휴가를 즐기기 위해 마타모로스를 떠나 멕시코시티로 갔을 뿐이라고 진술했다. 하지만 그녀는 짐을 꾸리지도 않고 떠났으며, 부모 역시 그런 계획에 대해서는 전혀 아는 바가 없었다. 앞서 아파트 밖으로 나와 전화를 걸었을 때 도망치지 않았던 이유도 설명하지 못했다.

또한 사라는 아돌포의 마약 거래와 살인 파티에 대해서도 너무 많은 것을 알고 있었기 때문에 무고해 보일 수가 없었다. 그녀는 아돌포의 어두운 면모에 대해서는 오로지 그가 직접 이야기해 준 파편적인 내용을 통해서 극히 조금밖에 몰랐다고 주장했다. 그럼에도 사라는 그의 잔혹한 범죄 가운데 여러 가지를 증언했고, 그리하여 핵심 증인에서 주요 피의자로 재빨리 신분이 전환되었다.

엘 두비 역시 자백을 했다. 처음에만 해도 그는 파드리노를 살해한 스스로의 역할에 경악했다. 하지만 머지않아 자기가 컬트 내에서 경험했던 허세를 회복했고, 당신들이 무슨 짓을 해도 나에게는 효과가 없을 것이라며 경찰에게 호언장담했다. 엘 두비는 여전히 아돌포가 죽은 자 가운데서 다시 살아 돌아올 것이라고, 그리하여 자기를 구류 상태에서 풀어 줄 것이라고 믿는 듯했다. 아돌포의 정신 조종은 사망 이후까지도 상당 부분 유효한 상태였다.

오마르는 그 무엇에 대해서도 시인하지 않으려고 들었다. 자기는 컬트의 살인 행위 가운데 어느 것과도 무관하다고, 자기는 단지 아돌포의 연인 겸 가정부였다고 주장했다. 부분적으로야 사실이었다. 오마르는 마약악마숭배파의 활동에는 관여하지 않았기 때문이다. 아울러 그는 마타모로스에서 수백 킬로미터나 떨어진 멕시코시티에 살고 있었다. 하지만 결국에는 오마르도 호르헤 몬테스의 동거인 라몬의 희생 제물용 살인 현장에 있었음을 시인했다.

엘 두비는 아돌포와 마르틴을 살해한 혐의로 징역 30년 형을 선고받았고, 호르헤 몬테스는 라몬을 살해한 혐의로 35년 형을 선고받았다. 양쪽의 형량 차이는 후자의 경우에 가해자가 피해자의 자발적 요청을 받아 살해한 것이 아니었다는 사실 때문으로 보인다.

사라는 아돌포와 마르틴을 살해한 혐의에 대해서는 무죄 판결을 받았지만, 범죄 관여에 대해서는 유죄 판결을 받았다. 그녀는 징역 6년 형에 처해졌다. 1994년에는 컬트의 희생 제물 살해 여러 건에 대해서 유죄 판결을 받고 징역 62년 형에 처해졌다. 엘리오, 꼬마 세라핀, 세르히오는 물론이고 다비드 세르나라는 또 다른 추종자 역시 각각 징역 67년 형에 처해졌다.

오마르는 선고 때까지 살아남지 못했다. 수감되자마자 건강이 급속도로 악화되기 시작했던 것이다. 그는 체포된 지 1년도 되지 않은 1990년 2월에 24세의 나이로 에이즈 합병증으로 인한 심장 마비로 사망했다. 다른 추종자 두 명도 기소되기는 했지만 재판을 받지는 않았다. 한 명은 마타모로스의 최초 입문자 다섯 명 가운데 하나였던 말리오 파비오 폰세 토레스였고, 또 한 명은 엘리오의 형제 오비디오 에르난데스였다. 두 사람 모두 종적을 감추었고 끝내 체포되지 않았다.

살바도르 비달은 코카인 소지 및 판매 혐의로 기소되었지만, 살인으로까지 혐의가 연장되지는 않았다. 당국에서는 그가 훌륭한 경찰관이었지만, 단지 마약업자의 돈과 마법에 대한 믿음 때문에 부패했을 뿐이라고 주장했다. 아울러 아돌포의 컬트에 관여한 다른 경찰관은 전혀 없다고도 주장했다. 비달은 마약 관련 혐의로 징역 7년에서 25년 형에 처해질 뻔했지만, 실제로 복역했다는 증거는 없다.

산타엘레나 목장은 멕시코 정부의 재산이 되었다. 살인 사건 이후로는 방치되고 말았는데, 어느 누구도 그곳에서 일하려고 들지 않았기 때문이다. 때로는 한밤중에 누군가가 땅을 판 흔적이 생기기도 했는데, 아마도 시체의 일부분을 찾아내려는 마법 실천가들의 소행으로 추정된다. 이로 인해 마약악마숭배파가 해체되지 않았다는 소문까지 생겨났지만, 사실임을 뒷받침할 만한 지역 내 활동은 거의 없다시피 하다.

그런데 아돌포 콘스탄소는 한 가지 수수께끼를 남겨 놓았으며, 이는 이야기가 아직 끝나지 않았음을 암시한다. 경찰은 멕시코시티의 카예포 모나에 있는 아돌포의 콘도를 수색하다가 방 하나를 발견했는데, 그곳은 멕시코시티에서 컬트의 의례와 입문식이 상당수 거행된 장소였다. 바닥에 흩어져 썩어 가는 피와 동물 유해 한가운데는 오물이 전혀 묻지 않은 크고 깨끗한 원형 자국이 남아 있었다. 뭔가가 그 자리에 놓여 있었다가 경찰 수색 직전에 다른 곳으로 옮겨진 것이었다. 바로 응강가였다. 아돌포 와 마약악마숭배파가 도주하면서 그 물건을 챙겨 갔지만, 정작 도피 중에 는 일일이 들고 다니지 않았다.

결국 아돌포의 최초 응강가는 아직 저 바깥의 어딘가에 남아 있다는 뜻이다. 그 물건은 끝내 발견되지 않았다.

| 착취 | 바그완 슈리 라즈니쉬 |

바그완 슈리 라즈니쉬는 본래 재치 넘치는 철학 교수였다가 카리스마적 구루로 스스로의 이미지를 바꾸었다. 처음에는 1970년대 인도에 생겼고 나중에는 1980년대 미국 오리건에 생긴 그의 아슈람에서는 자유로운 사랑, 자본주의, 춤을 통한 깨달음에 관한 가르침을 설파함으로써 대부분 미국인과 유럽인으로 이루어진 수많은 추종자를 끌어들였다. 하지만 라즈니쉬가 마약 사용의 나락으로 떨어져서 아산화질소를 흡입하고, 축복을 주는 대가로 비싼 선물을 받는 사이에(절정기에 그는 93대의 롤스로이스를 소유했는데, 그중 한 대의 범퍼 속에는 최루탄 발사기가 설치되어 있었다), 그의 추종자들은 생물학 무기 공격을 실시하여 오리건의 여러 식당에 있는 샐러드 바에 살모넬라균을 살포했는데, 지역 선거를 조작하고 인근 도시를 장악하려는 의도였다. 결국 이들은 시골 공동체를 장악하고, 공공 장소에서의 노출을 합법화하고 이에 항의하는 주민을 괴롭혔다. 하지만 정부의 기소로 인해 이들의 운명은 결정되고 말았다. 라즈니쉬는 인도로 추방되었고, 귀의자들은 감옥에 갔으며, 수많은 롤스로이스는 경매를 통해 7백만 달러에 매각되었다.

| EXPLOITATION | BHAGWAN SHREE RAJNEESH |

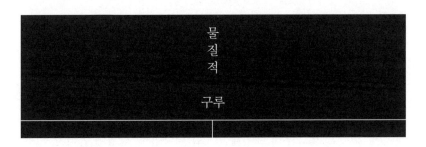

바그완 슈리 라즈니쉬Bhagwan Shree Rajneesh야말로 깨달은 구루guru라는 배역을 어느 누구보다 잘 연기한 사람이라 할 만하다. 치렁치렁한 법복이며, 길고 하얀 턱수염이며, 장난기 어린 눈이며, 오렌지색 옷을 걸친 귀의자들에게 하는 정기 설법을 이용해서 그는 어마어마한 헌신을 이끌어 냈다. 라즈니쉬는 다르샨darshan(산스크리트어로 신을 바라보고 영적 축복을 받을 기회를 의미한다) 세션에서 추종자들에게 사냐신sannyasins, 즉 세상에 등을 돌린 은둔자라는 새로운 이름을 지어 주었다. 그는 수도 공동체를 뜻하는 아슈람ashram 한가운데에 있는 마치 보좌寶座 같은 의자에 앉아서 즉흥 연설을 내놓았는데, 거기에는 다음과 같이 수수께끼 같고, 쾌활하고, 관대한 격언이 가득했다. "하느님은 심각하지 않다. 그렇지 않았더라면 이토록 많은 음악과 기쁨이 들어 있는, 이토록 많은 사랑이 들어 있는, 이토록 아름다운 세상을 창조할 수 없었을 테니까."

1970년대에 영적 소생을 추구하는 사람들이 수천 명씩 인도로 모여들면서, 라즈니쉬는 대부분 서양인으로 구성된 광신적 추종 세력을 얻게 되었다. 이들은 그의 전매특허인 '역동적 명상'을 배우기 위해 아슈람으로 떼 지어 몰려들었는데, 이 구루는 이처럼 뛰어다니는 흥분된 춤 양식 겸 명상을 가리켜 깨달음으로 가는 길이라고 가르쳤다. 더 전통적인 형태의 좌식 명상을 위한 인내심이나 정력을 갖지 못했음직한 베이비 붐 세대는 라즈니쉬의 인도하에 이 새롭고도 역동적인 방식의 동양 영성을 자유롭게 실천했다. 그중 다수는 자신의 헌신을 입증하기 위해 세속적 소유를 포기하고 라즈니쉬에게 정성스러운 선물을 제공하고, 막대하고도 정기적인 기부를 했으며, 덕분에 이 성인聖人은 어마어마하게 호화스러운 생활을

121

하게 되었다. "자본주의는 자유의 상태이다." 그는 귀의자들에게 이렇게 말했다. "내가 자본주의를 지지하는 이유도 바로 그래서이다. 자본주의는 우리에게 온갖 종류의 자유를 허락해 준다."[1]

하지만 이 구루가 호화로운 생활을 하는 사이, 추종자들은 그의 사치스러운 생활을 뒷바라지하기 위해 열두 시간씩 일해야만 했다. 1980년대에 건강 문제와 기소 우려로 인해 인도를 떠나야 할 상황에 몰리자, 그는 가장 헌신적인 추종자인 동시에 그 자체로 강인하고 카리스마적 지도자였던 마 아난드 실라Ma Anand Sheela를 불러서 미국에 새로운 아슈람을 설립하라는 임무를 맡겼다. 그녀는 이 임무에 뛰어들어 오리건주 앤틸로프 외곽에 면적 260제곱킬로미터의 부지를 매입했다. 실라의 지휘하에 귀의자들은 불과 몇 달 만에 그곳을 자급자족 공동체로 변모시켰으며, 건물과 하수도와 발전소뿐만 아니라 공동체 생활에 필요한 식량을 재배하는 수십 제곱킬로미터의 농지도 완비했다.

하지만 수천 명에 달하는 사냐신이 앤틸로프로, 아울러 이제는 라즈니쉬푸람Rajneeshpuram이라고 일컬어지는 새로운 정착지로 찾아오면서 인근 지역 사회와의 갈등이 빚어졌다. 지역민들은 새로운 거주민이 외딴 계곡에 홍수처럼 밀려드는 것에 반대했고, 옷을 걸치지도 않고 돌아다니거나 온종일 요란하게 성관계를 일삼는 등의 기묘한 생활 방식에도 반대했다. 라즈니쉬푸람이 운영될 수 있도록 허락했던 법률을 마을에서 바꾸겠다고 위협하자, 실라는 노숙자 다수를 데려와 자기네 경내에 살게 함으로써 그 어떤 수단도 투표로 저지할 수 있게 했다. 아슈람에서는 앤틸로프의 부동산을 매입하고, 지역 사업체도 차지하기 시작했다. 주와 지역 당국에서 수사를 지속하자, 실라는 폭력적으로 변모하여 살인은 물론이고 심지어 생물학전까지도 계획했다.

그 와중에 라즈니쉬는 할리우드를 무대로 활동하는 치과 의사를 알게 되어서, 마약(특히 아산화질소를 선호했다)을 제공받았으며, 이후로는 은거하며 방종한 생활을 했다. 그는 차량 행렬을 이용한 정기적인 '다르샨'을 만들었다. 라즈니쉬푸람의 도로에 열성 추종자들이 늘어서 있다가,

여러 롤스로이스 가운데 한 대에 올라타고 천천히 지나가는 라즈니쉬를 향해 꽃을 던졌다. 하지만 그때쯤에는 당국도 포위를 좁혀 오고 있었으며, 1985년에는 정착지에 대한 압수 수색을 실시하여 살인 모의, 도청, 정부 기만 음모 등의 혐의로 기소를 제기할 수 있는 충분한 증거를 발견했다. 불과 몇 달 사이에 오리건의 아슈람은 유령 도시로 변하고 말았다. 실라는 유죄 판결을 받았지만, 겨우 29개월만 복역했다. 그녀는 석방되어 국외로 추방당했지만 계속해서 자기는 무고하다고 주장했다.

머리에 저주를 받은

악마
같은
아이

이 모든 난장판을 시작한 장본인은 1931년 12월 11일에 인도 쿠치와다에 있는 할아버지 집에서 태어났다. 자이나교도였던 부모는 아들의 이름을 모한 찬드라 자인Mohan Chandra Jain이라고 지었다. 자이나교는 비폭력, 진실성, 순결함, 무소유의 삶을 신봉하는 고대 인도 종교이다. 추종자는 다른 무엇보다도 더 높은 영적 층위에 대한 추구를 신봉하며, 이번 삶에서 다음 삶으로의 환생을 거듭하는 과정에서 카르마를 파괴하는 동시에 삶을 완성하는 것을 목표로 삼는다. 이 철학은 라즈니쉬의 가르침에도 상당 부분 영향을 주었지만, 정작 본인은 무소유의 삶을 열망하지 않았음이 분명하다.

라즈니쉬는 태어났을 때부터 뭔가 신경이 쓰이는 예언의 대상이었다. 그의 할아버지가 유명한 점성술사에게 출생 천궁도, 즉 손자가 태어난 바로 그 시간의 행성 배열을 그려 달라고 의뢰했다. 천궁도에서 드러나는 행성 배열의 기하학적 도형은 그 사람의 인성과 미래의 열쇠를 쥐고 있다고 간주되었는데, 실제로는 개인의 해석에 따라 충분히 결과가 달라질 수 있었다. 점성술사는 라즈니쉬가 생의 처음 7년을 넘기지 못할 것이라고 믿은 나머지, 그 나이에 도달하기 전까지는 천궁도를 완성하지 않겠다고 거절했다. 그 결과로 라즈니쉬의 유년기 초기에는 죽음에 대한 위협이 그림자를 드리웠다. 그의 가족이 더욱 불안해한 건 그 예언이 그럴싸하게 보였기 때문이었다. 라즈니쉬는 만성 천식에 시달렸으며, 급기야 천연두에 걸려서 자칫 목숨을 잃을 뻔도 했다.

가다르와라에 살고 있었던 그의 부모는 이례적일 정도로 바빴다. 자녀가 열한 명이나 있었으며, 라즈니쉬의 할머니로부터 물려받은 사업을 운영하는 추가적인 책임도 맡고 있었다. 부담을 줄이기 위해서 부모는 라즈니쉬를 외조부모에게 보내서 함께 살게 했다. 외할머니는 머지않아 그의 성격 형성기에 가장 영향력 있는 사람으로 자리를 잡았다. 그녀는 외손자를 기르면서 절대적 자유를 허용했고, 어떤 제약도 부과하지 않았다.

하지만 라즈니쉬는 자유로운 정신의 독립성뿐만 아니라 어두운 면을 지니고 있어서, 점차 죽음과 주술에 집착하게 되었다. 소년이 생애 처음 7년을 견디고 살아남아 1938년이 되자, 점성술사는 약속을 지켜서 마침내 천궁도를 그려 주었다. 하지만 그의 해석은 세월이 흘러도 딱히 나아지지 않았다. 이제는 21세를 넘기지 못할 것이라는 예언이 나왔으며, 이 예언은 유년기 내내 소년의 뇌리를 맴돌 예정이었다.

이 무서운 점괘가 나온 바로 그해에 라즈니쉬의 외할아버지가 사망했는데, 이 사건은 소년에게 큰 충격을 주었다. 그는 이 상실을 "모든 애착의 죽음"이라고 지칭했다. 머지않아 라즈니쉬는 주위 사람들과 거리를 두기 시작했는데, 어쩌면 고통과 슬픔으로부터 자신을 보호하려는 방법이었을 수도 있고, 또 어쩌면 외할아버지의 죽음 이후 외할머니와 함께 가다르와라에 있는 부모의 부산한 집으로 옮겨 왔기 때문이었을 수도 있다.

집에 돌아온 라즈니쉬는 정규 교육을 받기 시작했는데, 공부에는 뛰어난 재능을 보였지만 항상 교사의 권위에 도전해서 언쟁을 벌였다. 그는 기대에 부응하기를 거부했고, 반항적인 행동으로 툭하면 말썽을 일으켰다. 본인의 설명이라든지, 당시를 기억하는 다른 사람들의 증언에 따르면 그는 무모하고도 장난꾸러기였다. 라즈니쉬는 규칙을 깨는 데서 기쁨을 느꼈다. 그뿐만 아니라 자신의 신체적 한계를 시험하기도 좋아했는데, 마치 자신의 젊은 삶 위에 맴도는 죽음의 망령을 조롱하는 듯했다.

14세 때 라즈니쉬는 만약 잔인한 최후가 자신의 운명이라면 당당하게 맞서기로 결심했다. "만약 점성술사의 말대로 죽음이 벌어질 예정이라면, 차라리 준비하는 편이 더 나을 것이니." 그는 이렇게 말했다. "차라리 내가 달려 나가서 중도에 맞이해도 안 될 것은 없지 않을까? 내가 죽을 예정이라면, 자각한 상태에서 죽는 편이 더 낫다."[2] 그리하여 라즈니쉬는 가다르와라 외곽의 오래된 사원으로 거처를 옮겨 폐허 속에서 7일 동안 명상을 했다. 식량과 식수를 매일같이 가져오게 했지만, 나머지 시간에는 혼자 있으면서 죽음을 기다렸다.

어린 소년이 이런 일을 하게 내버려 두었다고 해서 부모를 비난할 수는 없다. 물론 서양의 정서로는 딱 기소감이겠지만 말이다. 인도에서 이 사건은 영성의 입증으로 간주되는 동시에, 어린 소년의 열렬한 헌신의 징조로 간주되어야 마땅했으니, 그곳에서는 어린이의 규율 준수를 칭찬할 뿐만 아니라 심지어 권장하기 때문이었다. 어린 나이에도 그는 수많은 지망생이 쉽게 얻지 못해 아쉬워하는 정력과 끈기를 드러냈다. 비록 훗날에 가서는 자신의 방종을 위해 이용하고 말았지만, 영적 재능의 진정성이라는 면에서 라즈니쉬는 여러 컬트 지도자와는 달랐다.

"나는 7일 동안 기다렸지만 … 죽음은 찾아오지 않았다." 라즈니쉬의 말이다. "이상하고 기묘한 느낌이 일어났고 … 죽어 가는 느낌은 일면 차분하고도 조용해지는 것과 비슷했다. 그때는 어느 것도 전혀 걱정을 만들어 내지 못하니, 모든 걱정은 삶과 관련된 것이기 때문이다."[3] 자기가 조만간 죽을 것이라고 스스로 확신함으로써, 라즈니쉬는 여러 사람이 영적이거나 종교적이라고 해석하는 임사臨死 체험을 할 이상적인 환경을 만

126

들어 냈던 것처럼 보인다. 연구자들은 이런 상태가 고조된 두뇌 활동을 유도한다고, 아울러 그런 상태가 신비적 경험의 고유한 특성 가운데 상당수를 공유한다고 믿는다. 예를 들어 신체로부터의 분리, 시간과 공간의 초월, 우주적 통합이나 하나 됨의 느낌, 깊이 느껴지는 긍정적인 기분, 신성함의 느낌, 직관적 깨달음 등이 그렇다. 어떤 사람은 죽음의 문턱에 서 보는 경험을 평화롭고도 차분하다고 묘사하는 반면, 어떤 사람은 내세에서 온 신성한 존재의 환상을 열거한다. 라즈니쉬가 사원에서 7일 동안 살아남은 후에 묘사한 내용도 이런 현상으로 설명할 수 있다.

물론 그는 죽지 않았다. 그런데 임사 체험 분야의 주도적인 연구자 가운데 한 명인 전직 버지니아 대학 교수 브루스 그레이슨Bruce Greyson에 따르면, 이런 사건을 계기로 체험자는 자기 삶에서 완전히 새로운 방향으로 나아가게 될 수도 있다. 투쟁이나 의심이나 두려움이 두드러진 삶을 살았던 사람들에게는 이런 일이 특히 흔한데, 라즈니쉬의 삶도 마찬가지였음이 분명하다.

하지만 비록 자신의 죽음에 대한 예언을 이겨 냈다고 믿게 되었음에도 죽음의 현존은 여전히 그의 곁을 맴돌고 있었다. 라즈니쉬가 열다섯 살일 때 여자 친구 샤시 샤르마가 장티푸스로 사망했는데, 환생에 대한 자이나교의 믿음에 걸맞게 그녀는 다음 생에 다시 그에게 돌아오겠다고 약속했다(그로부터 22년 뒤에 라즈니쉬는 역동적 명상을 배우는 새로운 추종자들이 모인 어느 명상 캠프에 찾아온 영국 여성 크리스틴 울프 스미스Christine Wolf Smith를 보자마자 그 약속을 떠올리게 될 예정이었다. 샤르마가 죽은 이듬해에 태어난 크리스틴은 그의 지도하에 자신의 전생을 기억하게 되었으며, 이후 그의 변함없는 동반자가 되었다).

하지만 라즈니쉬는 개인적 계시의 시작점에 있었다. 19세 때 그는 고향에서 140킬로미터쯤 떨어진 자발푸르 소재 히트카리니 대학에 입학했다. 사원의 폐허에서의 경험으로부터 7년 뒤인 1953년에는 21세 생일과 아울러 또 한 번의 7년 주기 생존을 맞이하여 깨달음을 선언했다.

깨달음이라고 하면 종교마다 여러 가지를 의미하게 마련이지만, 자이나교 전통에서는 더 폭넓고 확장적인 함의가 있었다. 보통 깨달음은 존재의 평화로운 상태로 여겨지며, 이 상태에서 영혼은 일상적 걱정과 나날의 인생 관심사를 초월한다. 하지만 자이나교에서 '케발라 즈나나Kevala Jnana'라고 지칭되는 깨달음은 지고한 지혜, 심지어 전지全知에 대한 폭넓은 주장을 의미한다. 물론 라즈니쉬 같은 대학생이 모든 것을 안다고 믿는 것은 드문 일도 아니었지만, 그는 자신의 주장이 일반적이지 않음을 완전히 자각하고 있었다. 그는 남다르게 되기 위한 첫 걸음을 시작했으며, 심지어 자기는 인류 나머지보다 더 높은 영적 층위에서 움직이고 있다고 확신하기도 했다.

더 높은 의식에 대한 학습의 일환으로 라즈니쉬는 그리스계 아르메니아인 영성 철학자 게오르게 구르지예프George Gurdjieff의 가르침에 매료되었다. 구르지예프는 대부분의 인간이 각자의 감정과 신체 사이의 불통을 경험하고 있으며, 그리하여 반半의식의 최면 상태에서 살아간다고 주장했다. 하지만 그의 말처럼 이런 '비몽사몽'은 우리가 더 높은 의식과 내적 성장의 최대 잠재력을 달성하는 과정에서 극복되고 초월될 수 있다. 한 가지 특별히 매력적인 국면(아울러 훗날 라즈니쉬 컬트의 대대적인 성장의 핵심)은 깨달음을 얻은 스승이 제자의 개인적 필요를 보살펴 줄 수 있으며, 제자가 더 높은 의식에 도달하기 위해 수행할 필요가 있는 과제를 지목해서 도울 수 있다는 구르지예프의 믿음이었다. 이것이야말로 라즈니쉬가 수천 명에 달하는 귀의자를 이용하는 데 도움을 주었던 유용한 원칙이었다. 추종자들은 라즈니쉬푸람에서 무임금 노동(땅을 파서 화장실을 만들건, 콩나물을 씻건, 살모넬라균을 배양하건)을 기꺼이 수행하면 자기네가 더 높은 층위로 상승한다고 생각했다.

어쩌면 이미 깨달았기 때문이었을 수도 있고, 아니면 전지를 체득하기 전부터 똑똑하고 전투적이었기 때문이었을 수도 있지만, 여하간 라즈니쉬는 수업 시간에 주저 없이 선생님에게 덤벼들었다. 수업을 탈선시키기를 좋아했으며, 담당 교수의 추론과 권위에 의문을 제기했고, 전반적으로 상당히 교란적인 행동을 일삼았기에 급기야 학교에서 자퇴 권고를 받았다. 결국 그는 역시나 자발푸르에 있는 D. N. 자이나교 대학으로 옮겨서 1955년에 철학 학사 학위를 받았다.

새로운 학교에서도 라즈니쉬는 논쟁적인 접근법을 누그러뜨리지 않았기에 교수진은 기발한 해결책을 강구했다. 그의 수업 출석을 면제시켜 동료 학생들이 헛소리에 교란되지 않게 했던 것이다. 단지 시험을 칠 때만 출석하면 그만이었다. 그는 학교의 토론 클럽에 가입하고 전국 대회에서 우승함으로써 마침내 자신의 논쟁 실력에 대한 보상을 얻게 되었다.

대학을 졸업한 직후에 라즈니쉬는 사가르 대학에 입학해서 철학 석사 학위 과정을 밟았다. 이후에는 라이푸르 산스크리트 대학에서 강사로 재직했다. 하지만 라즈니쉬의 철학을 조사한 정신 의학자 쿠마르 마이소르 나가라즈Kumar Mysore Nagaraj에 따르면, 라이푸르 산스크리트 대학 행정부에서는 이 강사가 학생들에게 부정적인 영향을 주고, 학생들의 도덕과 성격에 위협이 된다고 우려해 금세 직위에서 해제했다. 라즈니쉬는 다음 직장인 자발푸르 대학에서 강사로 재직했으며, 1960년에 29세의 나이로 철학 교수가 되었다.

그는 매년 자발푸르에서 거행되는 연례 행사 ('모든 신앙의 회합'을 뜻하는) 사르바 다르마 삼멜란Sarva Dharma Sammelan에서 연설하기 시작했다.

라즈니쉬가 그곳에서 행한 강연 녹취록은 기독교와 하시디즘, 요가와 선불교, 심지어 지그문트 프로이트와 헨리 포드까지 광범위한 논제에 대한 숙고를 담은 4백 권이 넘는 책으로 제작되었다. 그는 여러 다른 철학에서 내용을 빌려 왔고, 자기가 흥미롭게 느낀 짧은 내용을 선별한 다음, 급기야 독자적인 신앙 체계를 만들어 냈다.

1962년에 이르러 라즈니쉬는 가르침의 큰 줄기를 거의 완전하게 형성했고, 이제는 '역동적 명상'이라고 명명한 독자적인 형태의 명상에 전념하는 3일 내지 10일짜리 수련회를 직접 지도하는 캠프를 개최하기 시작했다. 이 독특한 명상 기법은 활동과 정지를 조합했다. 그의 가르침에 따르면, 이 명상에서는 10분 동안의 활발하고 불규칙적인 호흡 다음에 10분 동안의 폭발적이고 역시나 불규칙적인 움직임이 필수다("완전히 미쳐 버려라." 그는 이렇게 조언했다. "비명을 외치고, 고함을 지르고, 울고, 뛰고, 걷어차고, 흔들고, 춤추고, 노래하라. 자기 자신을 사방으로 내던져라. 아무것도 거리끼지 마라. 여러분의 온몸을 계속 움직여라"4). 10분짜리 세 번째 단계에서 그는 제자들에게 두 팔을 머리 위로 치켜들고 위아래로 뛰면서, '후! 후! 후!' 하고 말하기를 지칠 때까지 반복하게 했다. 역동적 명상의 네 번째 단계는 15분간 이어지는데, 이때 제자들은 문자 그대로 그 자리에 얼어붙는다("네 번째 단계는 스스로 찾아온다." 그의 설명이다. "그러다가 여러분의 행동이 아닌 뭔가가 일어난다. 그것은 축복으로 다가온다. 여러분은 진공, 공허가 되고, 뭔가가 여러분을 채운다. 여러분이 아닐 때에 영적인 뭔가가 여러분에게 쏟아져 들어온다. 여러분은 거기 있지 않으니, 행동이 전혀 없기 때문이다. 행위자가 없으면 자아는 사라진다"5). 역시나 15분짜리인 다섯 번째 단계에서 제자들은 축하하며 마음껏 즐긴다.

이것은 딱히 대단한 규율까지는 필요 없는 의례가 분명하다. 대부분의 명상에서는 학생이 자리에 앉아서 머릿속의 생각을 비우라는 가르침을 받는 반면, 라즈니쉬의 가르침에서는 오히려 신경이 곤두선 상태를 거치라고, 순수한 열광을 통해 정신을 차단함으로써 스스로를 소진시키라고 말했다. 이처럼 지루함과는 거리가 있는 명상이야말로 사전 훈련도 받지 않았고 가만히 앉아 있을 의향도 없는 과다 활동 성향의 서양인들에게 딱 들어맞는 방식이었기에 처음부터 추종자가 생겨났다.

이러한 운동 반, 명상 반 기법을 발명하던 즈음, 라즈니쉬는 순회 강연을 다니면서 정통 인도 종교를 비판하고 자본주의를 예찬했는데, 이런 접근법은 종교 권위자들로부터는 증오를 얻었지만, 부유한 인도 사업가 몇몇으로부터는 도리어 사랑(아울러 후원)을 얻게 되었다. 급기야 1965년에 이들 사업가가 협업해 지반 자그루티 켄드라Jeevan Jagruti Kendra, 즉 삶의 자각 센터를 만들었으며, 이 집단 덕분에 라즈니쉬는 여행과 강연 자금을 지원받고 학계에서 일할 필요성으로부터 해방되었다.

자본주의에 대한 그의 철학은 나중에 녹취를 거쳐 『오라, 오라, 또다시 오라Come, Come, Yet Again Come』라는 책에 수록되었는데, 거기서 그는 이렇게 말했다. "자본주의는 이념이 아니다. 이것은 사회에 부과된 것이 아니라 자연적 성장이다. 공산주의, 파시즘, 사회주의와는 다르다. 이런 것들은 이념이다. 이런 것들은 반드시 부과되어야만 한다. 자본주의는 자유의 상태이다. 내가 이를 지지하는 이유도 그래서이다."[6]

라즈니쉬는 37세였던 1968년부터 성性과 성행위에 대한 긍정에 더 많이 초점을 맞추어서 발언하기 시작했다. 이 당시의 강연은 훗날『성에서 초의식으로From Sex to Superconsciousness』라는 제목으로 간행되어서, 인도 언론 매체로부터 '성의 구루'라는 평판을 얻기도 했다. 그의 가르침은 분개한 보수적 공동체로부터 상당한 반발을 얻었지만, 한편으로는 영리한 마케팅 도구이기도 했다. 왜냐하면 자신의 지지자들 가운데 가장 씀씀이가 너그러운 사람들이 이미 성 혁명이 자리 잡기 시작한 서양 출신이라는 사실을 깨달았기 때문이다. 그는 의도적으로 분노를 촉발시켰으며, 심지어 마법사처럼 자신의 강연에 최면을 섞어 넣음으로써 어딜 가든지 자기가 주목을 받게 만들었다.

성의 신성함에 대한 강연에서 라즈니쉬는 원기 왕성한 표현이야말로 영적 성장과 더 높은 의식을 달성하는 데 필수적이라고 주장했다. 그는 종교적이고 사회적인 규범이 성적 표현에 수치와 부끄러움을 결부시킴으로써 그 모든 형태를 규제한다고 믿었다. 이런 부정적인 함의 때문에 아이들이 각자의 욕망을 이해하는 데 필요한 적절한 교육을 받지 못하게 되었다고 주장했다. 이와 상충되는 관점을 지닌 보수적인 지도자들은 사적인 자리에서나 이야기(실천)해야 마땅하다고 여기는 문제를 다루는 그의 대중 강연에 분노를 느꼈다.

라즈니쉬는 전혀 삼가려 들지 않았다. 그의 말에 따르면, 너무 많은 종교가 내세의 보상에만 초점을 맞추면서 정작 현세의 아름다움과 즐거움, 신성함을 무시해 버렸다. 라즈니쉬는 전반적인 사랑이야말로, 그중에서도 특히 성관계야말로 깨달음으로 가는 방법이라고 가르쳤다. 그는 성적 표현을 통한 사랑의 해방을 옹호했다(왜냐하면 사랑은 종종 내면에 갇혀 있기 때문이었다). "인간의 전체 사회는 병들었고 비참하다." 라즈니쉬의 말이다. "이 암적인 사회가 변화하기 위해서는 성의 에너지가 신성하다는 점을, 성에 대한 이끌림이 본질적으로 종교적이라는 점을 승인하는 것이 필수다."

이것이야말로 서양인에게는 시의적절한 발언이 아닐 수 없었다. 개방 결혼에, 무과실 이혼에, 이제는 동성애 해방과 페미니즘까지 합류하면서, 오랫동안 유지된 사회적 규범을 전복하는 동시에 모든 형태의 성적 표현을 장려했기 때문이다. 이것은 라즈니쉬의 철학적 가르침과 완벽하게 맞아떨어지는 운동이었다. 휴 B. 어번Hugh B. Urban이 저서인 『붓다 조르바: 전 세계 오쇼 운동의 성, 영성, 자본주의Zorba the Buddha: Sex, Spirituality, and Capitalism in the Global Osho Movement』에서 논의한 것처럼, 그의 운동의 형성은 편리하게도 제2차 페미니즘 운동과 때를 같이했다. 라즈니쉬는 여성의 우월성을 신봉하면서, 여러 차례 오르가즘에 도달할 수 있는 여성의 능력이야말로 더 커다란 성적 에너지를 소유했다는 증거라고 주장했다. 이런 사실이 남성에게는 두려움을 주입했기에, 여러 세기 동안 여성을 억압하고 지배하게 되었다는 것이다. 종교 컬트에서 여성의 역할에 대해 저술한 수전 진 파머Susan Jean Palmer에 따르면 이는 매력적인 메시지였다. 특히 중상류층의 30대와 40대 여성에게 그러했기에, 급기야 이들은 인도로 찾아가거나 나중에는 오리건으로 찾아가서 그의 제자가 되었다.

라즈니쉬는 다른 어떤 페미니즘 운동에서도 제공할 수 없었던 자유와 깨달음으로 가는 길을 자기가 제공할 수 있다고 믿었다. "내가 보기에 다가올 시대는 곧 여성의 시대가 될 것이다. 남성은 5천 년 동안 시도했지만 실패하고 말았다. 그걸로 충분하다! 이제 여성의 에너지가 반드시 해방되어야 한다." 그는 이렇게 말했다. "여성의 자유는 여성 해방 같은 어리석은 운동을 통해 달성될 수 없으며 … 만약 우리가 세계에 여성 붓다를 몇 명 만들어 놓으면, 여성은 모든 속박으로부터 자유로워질 것이다."7

1960년대 말부터 시작해서 1970년대 내내 지속된 바로 이 중요한 전환점에 이르러 라즈니쉬는 사회학자들이 카리스마적 지도자라고 부르는 존재로 변모하기 시작했다. 카리스마적 지도자란 정치 경제학자 겸 사회학자 막스 베버Max Weber가 여러 컬트 인물에게 적용한 용어이다. 정치 사회학에 관한 그의 저술에서는 세 가지 유형의 권위를 거론한다. 첫째는 카리스마적 권위, 둘째는 전통적 권위, 셋째는 법적 권위이다. 베버의 정의에 따르면, 합리적 및 법적 권위와 전통적 권위는 더 일반적이고 인습적이다. 합리적 및 법적 권위는 복잡한 규범에 의해 정당화되고, 정부의 법률에 의해 규제된다. 전통적 권위는 보통 한 세대에서 다음 세대로 전수되는 권력을 가리킨다.

하지만 카리스마적 지도자는 마치 태생적인 초인적 능력이나 자질을 갖고 있는 듯 취급되고 구별된다. 이것은 라즈니쉬에게도 분명히 적용되는데, 스스로 깨달은 존재라고 주장했으며, 이 시기에 이르러서는 자신을 '바그완Bhagwan', 즉 '축복받은 이'라고 명명했기 때문이다. 이런 현상은 그가 1969년부터 1974년까지 본부를 설립하고 강연과 명상 캠프의 수익금으로 얻은 값비싼 아파트에 살았던 뭄바이에서부터 드러나기 시작했다.

뭄바이에 머무는 동안 라즈니쉬의 철학이 인류를 구제할 수 있다고 믿은 열성 추종자들이 주위에 모여들었다. 이런 귀의자들 사이에서 성적 각성에 대한 그의 옹호는 순수하게 이론적인 것만도 아니었다. 1970년대 초 여러 여성 추종자는 구루에게 애무를 당한 적이 있다고 말했다. 라즈니쉬는 "사적인 '다르샨'" 세션을 이용해서 제자들과 성관계를 했다. 자정까지 이어진 한 여성과의 세션이 끝나면 오전 4시까지 잠을 잤고, 이후 다른 여성과의 세션을 다시 시작했다. 때로는 제자들에게 자기 앞에서 옷을 벗으라고, 또는 성관계를 하라고 지시하기도 했는데, 그렇게 해야 자기가 "그들의 에너지를 치유할" 수 있다는 것이었다.

이 5년 동안 우리는 라즈니쉬 철학에서 핵심 요소 두 가지가 대두하는 것을 볼 수 있다. 첫째는 제도화된 권력과 사회 규범에 대한 크나큰 경멸이었고, 둘째는 (그가 말하는 '새로운 인간'이 평화롭게 살아갈 약속의 땅인) 붓다필드Buddhafield, 淨土를 만들려는 그의 열망이었다. 그의 귀의자들은 오로지 라즈니쉬만이 온 인류에 대한 구원의 약속을 실천할 수 있다고 믿었다.

　이는 막스 베버가 지목한 카리스마적 지도자의 마지막 자질과도 상응한다. 카리스마적 지도자는 추종자에게 '혁명적 동력'으로 보여야 한다는 것인데, 다시 말해 "'세계'를 … 향한 … 태도의 핵심 시스템의 급격한 변화를 야기한다"는 뜻이다.[8] 라즈니쉬의 붓다필드는 이전까지는 결코 경험한 적 없었던 깨달음과 구원을 제공하는 새로운 세상에 대한 개념을 환기시켰다. 20년 동안에 걸쳐서 그는 스스로를 더 높은 힘을 지닌 존재로 확립시켰고, 자기를 숭배하고 그 힘을 인정하는 사람들을 모집했다. 그리고 추종자들을 사회의 규제와 의무로부터 해방시키기 위한 공동체를 건설했다. 추종자들은 그가 약속한 (성관계와 깨달음 같은) 혜택 때문에 절대적으로 헌신했으며, 수많은 열성 제자는 라즈니쉬야말로 자기네를 약속의 땅으로 인도할 수 있는 유일한 구루라고 확신했다.

1970년대 초에 추종자들이 뭄바이로 모여들면서, 라즈니쉬는 어디를 가든지 인파에 휩쓸리게 되었다. "이제 그는 더 이상 일개의 사람이 아니었고, 공적인 관심의 대상이었다. 그는 성인, 거룩한 인물, 구루로서 이야기되었다."⁹ 귀의자 마 아난드 실라는 라즈니쉬에 관해서, 아울러 컬트의 확장에서 자신이 담당했던 중대한 (그리고 종종 불법적인) 역할에 관해서 설명한 저서에 이렇게 적었다.

1949년에 태어난 그녀의 본명은 실라 암발랄 파텔Sheela Ambalal Patel이다. 1960년대 말에 17세였던 그녀는 바로다에 살던 특권적인 중산층 가정을 떠나서 해외로 이주했으며, 뉴저지의 몽클레어 대학에서 공부했다. 재학 중에 그녀는 부유한 학생인 마크 실버먼Marc Silverman과 사랑에 빠졌는데, 그는 18세의 나이에 호지킨병 진단을 받은 상태였다. 앞으로 살날이 2년밖에 남지 않았다는 의사의 말에 마크는 결혼하기를 머뭇거렸다. 하지만 아직 젊었던 실라는 장차 어떤 운명이 되든지 간에 그와 함께 있고 싶어 했다. "우리는 논리를 무시해 버리고, 우리에게 남은 짧은 시간이나마 즐겁게 보내기로 작정했다." 그녀의 말이다. "우리는 사랑을 느끼기를, 설령 한계가 있다고 해도 삶을 포기하지는 않기를 원했다."¹⁰ 그리하여 1968년에 두 사람은 결혼했으며, 마크는 시한부 선고를 깨고 꼬박 11년이나 더 살았다.

1972년에 22세였던 실라는 어머니가 눈 수술을 받게 되었다는 소식을 전해 들었다. 그녀는 어머니 곁에 있기 위해 고향으로 돌아갔고, 마크도 수업을 마치면 뒤따라오기로 했다. 실라와 아버지는 병원에 있던 어머니를 보고 돌아오는 길에 갑자기 사촌을 만나러 계획에도 없던 뭄바이 여행을 하게 되었다. 마침 숙소인 아파트에서 몇 블록 떨어진 곳에 유명한 라즈니쉬가 있다기에, 부녀는 역시나 계획에도 없이 그를 찾아가 보았다. 그런데 상당히 의외로, 라즈니쉬의 개인 비서 마 요가 락스미Ma Yoga Laxmi 가 사냐신(라즈니쉬가 자기를 위해 일하기로 합의한 사람 거의 모두에게 부여하는 호칭이었다) 특유의 오렌지색 옷차림을 하고 나와 부녀를 순순히 맞이하더니 곧바로 라즈니쉬에게 데려갔다. 라즈니쉬는 곧장 그녀를 꼭 끌어안아 주었고, 실라는 (나중에 책에서 말했듯이) "완전히 녹아 버린 마음으로 그를 바라보게" 되었다.

이 새로운 정서에 압도된 실라는 라즈니쉬의 명상 캠프에 등록했고, 금세 '마 아난드 실라'라는 새 이름을 얻게 되었다. '마'는 라즈니쉬가 자기를 따르는 모든 여성에게 주는 호칭으로 '어머니'라는 뜻이었다. '아난드'는 '즐거움'이라는 뜻이었고, 원래 그녀의 이름이었던 '실라'는 '강한 성격을 지닌 사람'을 뜻했다. 그녀는 곧바로 사냐신이 되었다. "나는 스승께 모든 것을 맡겨 버렸다. 그분께서 '오렌지색 옷을 입으라'고 말씀하시면 나는 오렌지색 옷을 입을 것이다. 그분께서 '거리에서 벌거벗고 걸으라'고 말씀하시면 나는 거리에서 벌거벗고 걸을 것이다." 그녀의 말이다. "내가 하는 일에 대한 다른 이유는 알지 못했다. 내가 그 일을 왜 하는지 알아내고 싶은 사람은 반드시 스승께 여쭤보아야 할 것이니, 그분께서는 나의 절대적인 인도자가 되셨기 때문이다."

마침내 인도로 아내를 찾아온 남편 마크는 처음에만 해도 회의적이었지만, 머지않아 마찬가지로 사냐신이 되었다. 헌신의 한계를 시험해 보려고 열심이었던 라즈니쉬는 두 사람을 한겨울에 3주 동안 카슈미르주의 파할감에 있는 산맥으로 보내서 명상하게 했다. 부부는 이 임무를 수락하고 그곳에 가서 난방도 전무하고 식량도 부족한 상태에서 시간을 보냈다. "우리는 탁월해진 느낌을 받으며 돌아왔다. 우리는 그의 시험을 훌륭한 점수로 통과했던 것이다." 실라의 말이다.

이것이야말로 심리학자 로버트 제이 리프턴이 정신 조종에 관한 저서 『사고 개조와 전체주의의 심리학: 중국의 '세뇌' 연구Thought Reform and the

Psychology of Totalism: A Study of "Brainwashing" in China』에서 "순수성을 통한 자기 성화聖化"라고 지칭한 것의 사례이다.[11] 이와 같은 시험(보기에 따라서는 시련이라고도 할 수 있다)은 실패가 불가피할 정도로 매우 어렵게 고안되는 경우가 종종 있다. 이때 실패를 겪은 귀의자는 자극을 받아 더 열심히 노력하게 되고, 스승을 기쁘게 하려는 바람으로 심지어 더 불가능한 과제에 뛰어들게 된다. 물론 불가능하거나 불편하거나 굴욕적인 과제를 부여받은 누군가가 그 수행에 성공하는 보기 드문 경우가 생기면, 구루는 그 귀의자가 스승을 기쁘게 하려고 어느 선까지 갈 의향이 있는지를 알게 된다.

실라와 마크가 시험을 통과하자, 라즈니쉬는 두 사람에게 미국으로 돌아가서 각자의 일을 정리하라고 지시했다. 여기서 말하는 일이 정확히 무엇인지는 실라도 저서에서 설명하지 않았지만, 이들은 귀국과 함께 최근의 개종에 대한 소식을 알리면서 가족과 갈등을, 특히 마크의 가족과 갈등을 빚었다. 실라는 시아버지에 관해서 이렇게 말했다. "그분으로선 오렌지색 사롱을 걸치고 돌아다니는 아들을 두는 것보다는 차라리 범죄자 아들을 두는 것을 더 선호하셨을 것이다." 이는 리프턴이 설명한 사고 통제 기법인 '주변 개조'의 한 가지 사례인데, 외부 세계와의 의사소통을 차단하는 것이다. 그렇게 하면 컬트 지도자에 대한 의존성이 생겨나기 때문이다.

하지만 이런 정신 조종 술책조차도 라즈니쉬가 내놓은 이후의 여러 가지 요구에는 차마 비할 바가 못 되었다. 1974년에 그는 뭄바이에 완전히 싫증을 냈으며, 이 도시 때문에 유년기에 겪었던 천식이 재발했다고 비난했다. 하지만 이런 구실 뒤에는 실제적인 우려도 역시나 있었다. 추종자가 워낙 많아지다 보니, 구성원이 제대로 활동할 수 있을 만큼 더 넓은 부지가 필요해졌던 것이다. 그는 비서인 락스미의 도움을 얻어서 뭄바이 외곽의 푸네에 부지를 매입하고 아슈람을 설립했다. 이 영적 수도원은 1980년까지 모든 운영의 본부 노릇을 했다. 또한 아슈람은 비영리 자선 단체인 라즈니쉬 재단과도 통합되었는데, 이 재단은 훗날 재정적 술책으로 이용될 예정이었다.

푸네 아슈람은 라즈니쉬의 추종자들이 내놓은 기부금으로 운영되었으며, 내부의 지위는 해당 사냐신의 부와 기부금 규모에 비례해서 올라갔다. 실라의 말에 따르면 사냐신은 관심을 얻어 내는 방법으로 라즈니쉬에게 직접 기부할 수도 있었다. "어떤 사람들은 조직을 위해서라기보다는 그의 개인적 필요를 위해서 돈을 기부할 의향이 더 많았다." 그녀의 말이다. 왜냐하면 그들은 구루와 더 가까운 관계를 만들어 내기를 바랐기 때문이다. 제자들의 너그러운 씀씀이 덕분에 라즈니쉬는 나름의 취향에 따른 사치에 탐닉하기 시작했다. 특히 롤스로이스에 탐닉했는데, 이 자동차는 인도에서 토후국 왕의 호화 생활에 결부되는 물건이었다. 이런 물질주의로 인해 그는 광범위한 비판도 받았다. "진정한 영적 지도자는 사치스러운 생활을 영위하리라고 간주되지 않는다. 대중의 의식 속에 영성은 물질적 가난을 의미한다." 실라의 말이다. 그녀는 라즈니쉬가 똑똑하지만 영악한 어린아이라도 되는 듯 감탄하는 어조로 말했다. "그의 생활 방식 때문에 수많은 전통적 종교인이 노발대발했다."

1974년부터 1980년까지 푸네의 아슈람은 급속히 확장되었고, 공동체 내부와 주위에는 최대 6천 명의 사냐신이 생활하며 요법 세션, 강연, 명상 수련회에 참가했고, 때로는 반라나 전라의 상태로 그랬다. 수련회 가운데 일부는 만남 집단이라고 일컬어졌는데, 이 집중적인 집단 요법 세션에서는 이른바 사냐신들을 각자의 심리적이고 영적인 안전지대에서 벗어나게 하는 데 도움을 준다는 명목하에 성적 모험을 독려했다. 물론 다른 사람들은 그저 라즈니쉬가 관음증이 있을 뿐이라고 생각했지만 말이다.

권력 구조의 일부분으로서 실라는 라즈니쉬가 귀의자를 착취하는 과정에서 어디까지 갈 의향이 있는지 알게 되었다. 그가 집단 요법, 명상 세션, 아슈람 입장 등에 요금을 물리기 시작했던 것이다. 실라는 푸네의 재정 구조의 변화에 대해서 이렇게 말했다. "모두가 깨달음에 열광했고, 자아가 없어지고 명상에 빠지기를 갈망했기 때문에, 이를 위해서라면 뭐든지 할 수 있었다. 사냐신은 각자의 주머니를 털었고, 값비싼 선물을 내놓음으로써 자신의 헌신을 입증했다. 이러한 착취는 지저분하고, 추하고, 혐오스러웠다." 라즈니쉬는 자신의 권력을 더 공격적으로 주장하기 시작했다. "그는 스승이 누구인지를 모두가 분명히 알게 했다."

이 구루는 자신의 모순을 매우 잘 알고 있었기에 한번은 이렇게 말했다. 일치야말로 "나에게는 불가능하다. 나는 이 순간을 살아가므로, 내가지금 말하는 내용은 무엇이든지 간에 이 순간만 진실이다. 나는 과거와 아무런 관련도 맺지 않으며, 미래에 대해서는 전혀 생각하지 않는다." 하지만 이것도 완전한 진실까지는 아니었다. 라즈니쉬는 추종자 무리로부터 어떻게 하면 더 많은 것을 얻어 낼 수 있는지에 대한 안목이 있었기 때문이다. 이 목표를 달성하는 데 도움을 얻고자, 그는 아슈람에 있는 여성들의 서클을 자신의 대리로 임명하여, 사업 운영을 좌우하고 아슈람을 원활히 굴러가게 할 권한을 부여했다.

『달 자매, 크리슈나 어머니, 라즈니쉬 애호가: 신흥 종교에서 여성의 역할Moon Sisters, Krishna Mothers, Rajneesh Lovers: Women's Roles in New Religions』의 저자인 캐나다의 사회학자 수전 진 파머는 라즈니쉬와 추종자 간의 역학을 연구하고, 푸네의 공동체에서 고위 직책을 차지한 여성들에 대해서 서술했다. 이들은 '권력녀'로 일컬어지게 되었다. 그중 다수는 라즈니쉬에 대한 접근을 이례적으로 허락받았으며, 개인 비서부터 개인 간호사에 이르는 다양한 역할을 담당했다. 이들은 또한 매일의 운영을 관리했으며, 중요한 의사 결정도 종종 담당했다.

하지만 라즈니쉬는 이런 권력 위임을 전복하여 경쟁과 내부 다툼을 조장했으며, 그리하여 여성들이 집단에서 각자의 상대적 위치에 대해서 불안정한 느낌을 받게 했다. "라즈니쉬는 갈등이 일어나게끔 배경을 꾸몄다. 갈등은 안으로 더 깊이 들어가기 위한 좋은 도구로 간주되었다." 실라의 말이다. "그의 말에 따르면, 갈등은 눈에 띄고 손에 잡혀야 마땅하며, 표면 아래로 집어넣거나 억압해서는 안 되었다. 오로지 그렇게 해야만 갈등이 내적 성장에 기여할 수 있다는 것이었다."

짐작건대 라즈니쉬가 여성과 일하기를 선호한 까닭은 그들이 덜 공격적이고, 더 감수성이 높고, 자신의 에너지에 열려 있다고 느꼈기 때문이었을 것이다. 그에게는 감수성이야말로 깨달음에 도달하는 핵심 요소였다. 그러나 감수성은 파악하기가 어려운 개념이었으며, 오로지 라즈니쉬 본인만이 확인할 수 있는 개방성에 의해서 정의되었다. 구루가 누군가를 남들보다 더 감수성이 많다고 간주할 경우, 그것이야말로 대단한 칭찬이자 장점의 징후로 여겨졌지만, 실제로는 불안해하는 사람들을 성공적으로 주위에 두고 있다는 뜻이었으며, 대부분 여성인 그들은 라즈니쉬에게 능력을 입증할 행동을 함으로써 서로를 능가하려고 노력하고 있었다.

자신의 초기 개인 비서 가운데 한 명으로 일했던 권력녀 마 요가 락스미에 대한 다음과 같은 언급은 라즈니쉬가 이 여성들에게 한 순간에는 권력을 위임했다가 또 다른 순간에는 불신임하는 방식을 예시한다. "락스미는 그 무엇도 결코 독자적으로 행하지는 않는다는 점을 항상 기억하라. 그녀는 완벽한 도구이며, 그녀가 이 일에 선택된 이유도 그래서니까." 그는 이렇게 말했다. "무슨 지시를 하든지 그녀는 행한다."[12] 여기서 우리는 라즈니쉬가 귀의자들에 대한 통제를 유지하는 데 도움을 주었던 두 가지 상충하는 발상을 보게 된다. 락스미는 오로지 라즈니쉬만이 알고 있는 지침에 근거해서 행동했다. 하지만 그녀는 자기 생각에 근거해 행동할 만큼 아주 강력하지는 못하다. 락스미가 행한 모든 일은 라즈니쉬의 인도를 받은 것이었다.

규칙과 규제의 전반적인 결여로 인해서, 아슈람에서 벌어지는 행동은 종
종 상황을 걷잡을 수 없이 나락으로 떨어질 위험에 처하게도 했다. 1979
년에 볼프강 도브로볼니Wolfgang Dobrowolny라는 독일인 사냥신이 아슈람을
방문해서 〈푸네의 아슈람Ashram in Poona〉이라는 영화를 제작했다. 그런데
여기에는 나체로 참가하는 집단 요법 세션에서 한 차례 일어난 탈억제된
잔혹성을 보여 주는 15분짜리 장면이 담겼다. 폭력적인 충동을 방출하기
위해 실시된 집단 베개 싸움이 걷잡을 수 없이 번진 것이었다. 이 영화는
미국으로까지 건너가게 되었고, 『로스앤젤레스 타임스』에서는 깨달음으
로 가는 길에 "부러진 뼈와 멍든 눈"이 일부나마 개입했다고 보도했다.[13]
이런 종류의 혼돈은 카리스마적 권위의 변덕으로 운영되는 조직에서 전
형적으로 나타난다. 더 고도로 조직된 관리 형태가 따르는 규범을 카리스
마적 지도자가 거부하기 때문이다.

30세였던 실라도 바로 이 시기에 개인적으로 큰 변화를 겪었다.
1980년에 남편 마크가 긴 투병 끝에 33세로 사망했던 것이다. 라즈니쉬
의 "가르침으로부터 나는 그가 죽었을 때 상실을 받아들일 힘을 얻었다."
실라의 말이다. 마크가 사망하자 그녀는 라즈니쉬와 아슈람에 열과 성을
다해 헌신했다. 하지만 공동체 구성원들 사이에서 폭력이 가속화되자, 실
라가 일더미에 파묻힘으로써 찾고자 했던 안정성을 얻기가 어려워지고
말았다. 경내에서는 신경 쇠약, 부상, 성범죄 같은 추가적인 사건들도 벌
어졌다. 거의 모든 위반 행위는 간과되었는데, 제자들은 만남 집단과 분노
요법이야말로 각자의 억제를 극복하는 데 도움을 주는 필수 과정의 일환
이라고 주입받았고, 이런 접근법은 서양인과 잘 맞아떨어졌기 때문이었

다. 이와 동시에, 아슈람의 과밀 현상이 심각한 쟁점으로 대두하면서, 라즈니쉬와 주변 지역 사회의 관계도 적대적으로 변모했다. 이제는 구루도 귀의한 추종자들을 한데 모으고 단합시키는 동시에, 아슈람을 자중시키기 위해 뭔가 조치를 취해야 한다는 점이 분명해졌다.

정확한 시점은 불분명하지만, 윈 매코맥Win McCormack이 작성한 이 운동의 연대표에 따르면 1981년 초에 또 한 가지 중대한 변화가 일어났다. 라즈니쉬가 묵언 서원을 하면서 대중 강연 수행을 중단했던 것이다. 그는 오로지 최고위 보좌관들하고만 논의했다. 추종자들은 이 시기를 구루의 활동에서 "궁극적 단계"라고 불렀는데, 이를 통해 귀의자들과 "친교를 깊게" 나누려고 했다는 것이다. 실라는 라즈니쉬의 서원 소식을 듣고 언짢았다고 말한다. "나로선 차마 믿을 수가 없었다." 그녀의 말이다. "이것이야말로 내가 사랑했던 사람의 끝을 의미했다. 그가 왜 그렇게 하는지 이해할 수 없었다."

어쩌면 실라는 라즈니쉬가 입을 다문 이후에 늘어나는 폭력과 자기네 운동의 붕괴 가능성을 진정으로 걱정했을지도 모른다. 또 어쩌면 그녀는 새로이 생겨난 권력 공백을 보고 흥분했을 수도 있다. 그 당시에 실라의 의도가 무엇이었건 간에, 구루의 침묵으로 그녀는 권력 장악의 기회를 얻게 되었다.

서원 이후에 라즈니쉬의 개인 비서 락스미는 사냐신들을 위한 새로운 부지, 즉 추종자 6천 명이 머물 수 있을 만큼 충분히 넓은 곳을 찾으라는 임무를 부여받았다. 구루는 푸네를 떠나기만 하면 근본주의 힌두교도의 박해를 벗어나 자기네 종교를 실천할 자유를 얻게 될 것이라고 믿었다. 설상가상으로 인도 총리 인디라 간디가 라즈니쉬와 그 추종자를 사회에 대한 위협으로 간주하고 있었다. 채프먼 웨이Chapman Way와 매클레인 웨이Maclain Way가 감독한 넷플릭스의 2018년 다큐멘터리 시리즈 <오쇼 라즈니쉬의 문제적 유토피아Wild Wild Country>에서 실라는 그 당시에 만연한 편견으로 인해서 "진퇴양난"에 놓였고, 인도 내에서는 새로운 부지를 찾는 것이 사실상 불가능해졌다고 말했다.

실라는 미국에서 보냈던 시절을 떠올리며 향수에 젖었지만, 한편으로는 라즈니쉬 추종자답게 생각하고 있었다. 그녀는 미국 헌법에 종교의 자유 보호 조항이 있으므로, 그곳에만 가면 자기가 선택한 공동체도 힌두교 근본주의자들의 박해 없이 살 수 있을 거라고 믿었다. 그리하여 1981년 봄에 실라가 공동체를 미국으로 옮기자고 제안하자 라즈니쉬도 기꺼이 찬동했다. "일단은 라즈니쉬의 예민한 건강, 아슈람의 과밀 상태, 정통파 힌두교도와의 충돌 증가로 인해 [푸네에서] 떠난다는 그의 결정이 내려졌다고 해 두자." 그녀의 말이다. 이것이야말로 실라의 입장에서는 일종의 역사 수정주의일 수도 있다. 여러 뉴스 보도에서 주장한 바에 따르면 이처럼 갑작스러운 이주의 실제 원인은 세금 회피였기 때문이다.

푸네에서는 라즈니쉬가 가까이에 있다는 사실에 의존하는 것처럼 보이는 사람이 워낙 많았기 때문에, 그의 출국 준비는 극비 상태로 진행되었다.

1981년 6월 1일, 모든 준비가 마침내 이루어지자 라즈니쉬와 실라와 측근 몇 명은 롤스로이스에 올라타고 다른 사람에게는 아무 말도 없이 공동체를 떠났다. BBC 원에서는 다음과 같은 머리기사를 내보냈다. "신이 달아나다." 이 보도에서도 상세한 설명은 거의 내놓지 못했다. "아무런 경고도 없었고, 아무런 작별 인사도 없었기에, 추종자들조차도 그의 행방을 전혀 알지 못하는 상태이다."

귀의자들은 카리스마적 지도자가 사라졌다는 사실에 망연자실했다. "나는 아이들과 남편을 데리고 아예 인도로 [라즈니쉬와 함께] 살러 왔다. 내가 알던 모든 것, 나의 모든 세상이 산산조각 나 버렸다." 제인 스토크Jane Stork는 『주술 깨기: 라즈니쉬 추종자로서 내 삶과 자유로 돌아오는 긴 여정Breaking the Spell: My Life as a Rajneeshee, and the Long Journey Back to Freedom』이라는 저서에서 이렇게 말했다. 라즈니쉬는 아슈람의 정문에 잠시 멈춰 섰다가 그냥 차를 타고 떠나 버렸으며, 스토크는 뒤에 남아서 자신의 운명을 혼자 숙고했다. "만약 그가 돌아오지 않는다면 나는 앞으로 뭘 해야 하지?" 공동체는 공황 상태에 빠졌으며, 앞으로 무슨 일이 벌어질지 궁금해했던 사람은 제인 스토크 혼자만이 아니었다.

하지만 라즈니쉬는 뒤에 남은 사람들에게 전달할 구체적인 메시지를 내놓았다. "모두들 한동안 각자의 고향에 돌아가 있으면서, 나의 가르침을 일상에서 실천해야 한다. 모두가 명상적인 방식으로 각자의 예전 환경에서 살아가야 한다. 새로운 공동체가 준비되고 나면, 즉 붓다필드 안에서 살아가도록 초청받고 나면 그대들도 돌아올 수 있을 것이다." 여기서 말하는 '붓다필드'란 라즈니쉬가 사회적 규제로부터 자유롭다고 묘사한 약속의 땅으로, 그곳에서는 삶과 웃음을 포용하고 진정으로 깨달은 새 사람이 될 수 있었다. 붓다필드(아울러 라즈니쉬의 안위)야말로 이제 실라의 새로운 관심사가 되었다.

라즈니쉬는 분명히 추종자들에게 나름의 의미를 제공했지만, 그의 영적 통찰에 대한 일말의 재능도 그의 착취 능력에 비하면 아무것도 아니었다. 앞에서 언급했듯이 구루는 추종자들의 감탄을 이용해서 호화스러운 생활 방식을 유지하는 데에 믿기 힘들 정도로 능숙했다. 하지만 실라에 대해서는 그런 착취가 더 교묘하게 이루어졌다. 그는 초인적인 헌신을 보이는 이 여성을 점찍은 다음 그녀가 가장 취약했던 바로 그때 그 높은 수준의 헌신을 이용했던 것이다(일찍이 카슈미르의 산꼭대기의 극한 추위 속에서 명상하라고 명령했던 적이 있으므로 상대방의 헌신에 대해서는 잘 알고 있었다). 세뇌 연구의 전문가인 마거릿 싱어Margaret Singer의 말처럼 "외로움의 시기에 있는 사람은 거의 모두가 취약한 시기에 있는 셈이어서, 컬트가 새로운 구성원을 모집하기 위해 사용하는 아첨과 기만적 유혹에 사로잡힐 수 있다."14 라즈니쉬는 수백 명의 추종자 중에서 유독 실라를 골라서 비서로 삼았는데, 어쩌면 그녀는 구루에게서 받는 관심이며 자기가 행하는 업무를 이용해서 남편 마크와의 사별 이후 경험하던 외로운 공간을 메웠을 가능성이 있다.

실라는 자서전에서 이렇게 회고했다. "실패에 대한 두려움은 정말 압도적이었다. 그를 위해서 일하기는 쉽지 않았다. 그는 나를 미치기 일보 직전까지 몰고 갔다." 그녀는 미국 곳곳을 여행하면서 테네시, 콜로라도,

애리조나에서 부지를 알아보았다. "절망적이다 보니 나는 천천히 낙담하기 시작했다. [라즈니쉬에게] 내가 약속했던 부지를 결코 찾지 못할 수도 있겠다는 생각이 들었다." 결국 실라는 오빠 비핀에게 연락을 취했는데, 그녀의 말에 따르면 이미 여러 해 동안 미국에 살고 있던 그는 무척이나 연줄이 좋았기 때문이었다. 다행스럽게도 오빠는 단순히 조언만 하고 그친 것이 아니라, 동생의 모든 필요에 어울릴 것 같아 보이는 부지를 살펴보러 오리건에 갈 수 있게 주선하겠다고 대답했다.

오리건에 도착한 실라는 포틀랜드에서 네 시간쯤 떨어진 면적 260제곱킬로미터 이상의 사막 부지 빅 머디 목장을 점찍었다. 부지의 규모와 호젓함은 무척이나 매력적이었으며, 자기네 운동의 미래에 대한 그녀의 전망에 딱 맞아떨어졌다.

"그때가 1981년 6월 11일이었다." 실라의 말이다. 마침 그날은 남편 마크의 "사망 1주기였다. 내게는 이 연관성이야말로 중요하기 짝이 없었다. 나는 이 부지를 매입하고 싶다고 말했다." 그녀는 마을 주민과 부지 소유주 앞에서 조곤조곤 말하고 사근사근한 젊은 여성으로 행세했다. 사람들과 더 잘 어울리기 위해 라즈니쉬에게 얻은 이름 대신 결혼하며 얻은 미국식 이름인 실라 실버먼을 사용했다. 그녀는 그 지역의 공무원과 목장주를 매료시켰으며, 그들의 호의를 얻기 위해서 무슨 일이든지 했다. 심지어 댄스파티를 개최하고, 목장에 소를 사들이기까지 했는데, 라즈니쉬의 공동체는 채식주의였는데도 그렇게 했다.

라즈니쉬는 실생활 면에서 비합리적인 요구를 할 때가 있었는데, 예를 들어 제자들이 숙소로 사용할 A형 골조 주택 50채를 짓는 데 걸리는 시간을 정하는 경우가 그러했다. 그래도 실라는 그의 요구를 가급적 예측하려 했다. 단지 추종자를 몰아붙이는 것만으로는 충분하지 않았다. 공동체 건설이 시작되자 그녀는 자신의 필요에 맞추고 라즈니쉬의 명령을 이행하기 위해 법적 한계까지 밀어붙였다. 예를 들어 실라는 자기네 목장 부지의 거주 가능 인구가 최대 150명쯤으로 제한된다는 그 지역의 토지 사용 제한법을 고지받았지만 곧바로 무시해 버렸다.

　어쩌면 실제로 더 많은 책임을 부여받았을 수도 있고, 아니면 라즈니쉬가 설정한 마감 기한을 구실로 삼았을 수도 있지만, 여하간 실라는 한 걸음 더 나아가 지휘권을 장악했다. 라즈니쉬푸람에서는 카리스마적 지도력을 벗어나 전통적 권위 가운데 하나로 나아가는 이행이 시작되었다. 베버의 말을 바꿔서 표현하자면, 전통적 권위 구조에서는 명령을 따라야 하는 의무가 '사실상 무제한적인' 개인적 충성의 감각으로부터 유래한다. 포틀랜드 소재 컬트 상담 시설인 적극적 행동 센터의 공동 대표 에이드리언 그리크Adrian Greek는 상황 장악을 위한 도구로서 죄의식이 담당할 수 있는 역할을 연구했다. 『뉴 리퍼블릭』과의 인터뷰에서 그는 컬트 지도자들(특히 라즈니쉬와 실라)이 "한 사람에게 완벽한 기준을, 즉 인간으로서는 차마 달성할 수 없는 기준을 설정함으로써 죄의식을 유도하기를" 좋아한다고 지적했다. "그렇게 해서 그 사람의 기분이 상하면, 그건 바로 본인의 잘못이 되는 겁니다." 이렇게 하나의 주기가 생성되는데, 추종자는 이런 죄의식을 없애기 위해서 더 헌신적으로 애쓰고, 이 과정에서 컬트 지도자의 책동에 무방비 상태로 남게 된다. 그런데도 또다시 실패하면 이전보다 더 큰 충격이 가해진다. 그리크는 이렇게 말한다. "그 사람은 항상 변화하라는 압력(아울러 죄의식)을 느끼게 되는데, 왜냐하면 자기가 항상 '깨달음'에 미치지 못하기 때문입니다."[15]

이런 뒤틀린 역학의 도움으로 실라는 라즈니쉬 추종자들로 이루어진 자신의 작업조를 극도로 생산적인 노동력으로 조직했다. 이들은 수십 제곱킬로미터의 땅에 농사를 지었고, 의료 시설이며 대중 교통 시스템도 건설했다. 이들은 종종 하루에 최대 열두 시간까지 일하며 라즈니쉬푸람을 만들었다. 이들이 이렇게까지 한 이유는 실라의 설명처럼 이 수련장이 자신들의 약속의 땅이 될 예정이었고, 이들의 모든 노력은 전체 공동체가 영적인 삶(또는 최소한 라즈니쉬가 개괄한 것처럼, 광란의 명상과 아울러 성관계 상대에 대한 손쉬운 접근이 가능한 삶)을 살아가기 위한 기초를 놓는 셈이기 때문이었다.

더 많은 사냐신이 도착하면서, 작업조의 숫자는 백 명을 넘겼다. 이들은 조립식 주택과 규격품 건축 자재를 이용해서 과제를 더 빨리 완수했다. 새로운 사무실과 라즈니쉬가 직접 사용할 주택을 짓고, 목장의 일꾼들과 조만간 도착할 사람들이 사용할 A형 골조 주택을 지은 것만으로도 법적 건축물 개수 허용치를 훌쩍 넘겨 버렸다.

불과 몇 달 만에 라즈니쉬푸람은 번성하고 있었다. 사냐신들은 농사를 지어 거주자를 먹여 살렸다. 그들은 자체 전력망으로 수백 채의 주택에 전기를 공급했다. 그들은 상하수도와 기반 시설, 도로를 만들었다. 그들은 금융 기관과 명상실, 심지어 독자적인 비행장까지 만들었으며, 포틀랜드에 있는 호텔을 하나 매입해서 다른 사냐신들이 목장으로 오기 전에 잠시 머무는 곳으로 삼았다. 게다가 특유의 붉은색과 오렌지색 옷을 판매하는 양장점이며 피자 가게가 입주한 쇼핑센터까지 있었다.

1981년 8월 29일, 부지를 매입한 지 80일도 되지 않아 라즈니쉬가 오리건에 도착해 자신의 새로운 약속의 땅에 처음으로 들어섰다. 이미 붓다필드로 이주한 수백 명의 사냐신들이 그를 맞이했다. 공동체는 이후

4년 동안 계속해서 확장되었지만, 라즈니쉬가 그곳에서 귀의자들과 합류하고 예배하는 데 필요한 모든 것을 이미 실라와 작업조가 불과 2개월 동안 시간을 다투어 가며 만들어 놓은 다음이었다.

실라는 라즈니쉬의 도착을 다음과 같이 묘사했다. "그는 … 자신의 새로운 주택으로 들어갔다. 그는 기쁨에 겨워 환한 얼굴이었다. 사냐신들은 황홀해했다. 나는 그를 향한 사랑에 푹 빠져 버렸다. 나는 새로운 고향을 만들었고 … 거기에서 그는 가장 웅장한 전망을 지닌 공동체를 건설할 수 있었다."

하지만 구루 옆에서는 침착하게 행동할 수 있었던 실라도 다른 사람들 거의 모두에게는 종종 악의적으로 굴곤 했다. 비나Veena라는 이름의 제자가 라즈니쉬의 개인 침모針母라는 지위를 이용한다는 의심이 들자마자, 실라는 그녀의 거처를 임시 움막 가운데 하나로 옮기고는 공동체가 먹을 콩나물 기르는 일을 맡겼다. 비나가 새로운 환경을 좋아할 뿐만 아니라 심지어 잘 지낸다는 이야기를 전해 듣자, 실라는 다시 그녀를 더 외딴곳의 외풍도 심한 오두막에 보내서 다른 귀의자 일곱 명과 함께 생활하도록 만들었다.

이런 식의 쩨쩨한 복수를 모두들 그냥 참고 넘긴 까닭은 실라가 워낙 유능했고, 외딴 수련장으로 추종자들이 계속 쏟아져 들어왔기 때문이었다. 인근 앤털로프에 사는 지역민의 엿보는 눈으로부터 멀리 떨어지고, 해안에 가까운 대도시로부터도 몇 시간 거리인 그곳에서, 그들은 라즈니쉬가 '성의 구루'라는 별명을 얻은 이유인 바로 그 관대하기 짝이 없는 종류의 생활 방식을 영위하기 시작했다. 여성과 남성이 별도의 숙소에 살았지만, 개인용 오두막에서의 성적 표현은 장려되었다. 겨우 여섯 살에 부모를 따라 컬트에 합류했던 남성 노아 맥스웰Noa Maxwell은 『가디언』과의 인터뷰에서 아슈람을 거닐다 보면 "사람들이 쾌락적인 성관계를 하는 소리를 항상 들을 수 있었다"고, 심지어 "밤새도록" 그러했다고 회고했다.[16]

그렇다면 이처럼 자유로운 사랑의 대가는 누가 지불했던 것일까? 어쩐지 여성들이었던 것처럼 보인다. 이른바 여성 에너지에 대한 라즈니쉬의 외관상 지지에도 불구하고, 그곳의 분위기는 특히 유독할 수 있었다. 윈 매코맥의 저서 『라즈니쉬 연대기The Rajneesh Chronicles』를 보면, 한때 귀의 자였던 로즐린 스미스Roselyn Smith가 직접 목격한 성적 착취에 관한 증언이 나온다. "제 생각에 바그완이 상당히 많은 남성을 끌어들인 이유도 이것 때문이었던 것 같습니다. 사람들은 그가 끌어들인 남성의 면면을 보면서 매우 감탄했습니다. 의사며 변호사는 물론이고 전문직도 상당히 많았거 든요. 그의 주된 미끼는 바로 성이었습니다. 사람들은 푸네에만 가면, 또 는 오리건에만 가면 성관계를 잔뜩 할 수 있다고, 여자들이 정말 개방적이 라고, 원하는 것은 모두 얻을 수 있다는 이야기를 들었고 … 아무나 고를 수 있다는 거였습니다. 아무한테나 다가가서 '하고 싶어요? 나랑 같이 집 에 갈래요?' 하고 물어볼 수 있다는 거였습니다. 설령 상대방이 싫다고 대 답하더라도, 그렇게 물어볼 다른 상대는 얼마든지 있다는 거였습니다. 제 생각에는 그가 상당히 많은 남성을 끌어들인 이유도 이것 때문이었던 것 같습니다. 왜냐하면 남성의 입장에서 이런 건 다른 어디에서도 찾을 수 없 었을 테니까요."[17]

그 와중에 앤털로프에서는 라즈니쉬에 반대하는 정서가 자라나고 있 었다. 1981년에 라즈니쉬가 도착한 직후, 그 주의 주도적인 환경 보호 단 체인 '오리건의 친구 1000명'은 사냐신들을 상대로 싸움을 시작했고, 목장에서 건물을 철거해 달라고 청원하면서, 자기네가 보기에 신규 유입 자들이 저질렀다고 생각되는 토지 사용 위반 혐의를 열거했다. 라즈니쉬 추종자들에게는 더 많은 건물이 필요했지만, 이미 세운 것만 가지고도 그 지역의 건축물 허가 규정에서 허락한 구조물 개수를 한참 넘긴 상태였다. 그리하여 라즈니쉬 추종자들은 한 가지 영리한 해결책을 떠올렸는데, 결 과적으로는 이것 때문에 지역 주민들이 격분하고 말았다.

그 당시에 오리건주 법률에서는 최소한 150명 이상의 집단이 설립 투표를 통해서 도시를 구성할 수 있는 권리를 보장했는데, 사냐신들은 실 제로 그렇게 했다. 1981년 10월에 자기네 목장을 도시로 설립해서 훗날 라즈니쉬푸람이라고 알려지게 된 것이다. 그 직후에 실라는 기자들에게 이렇게 말했다. "이곳은 매우 아름다운 도시로서 … 이제까지 우주에 없었던 곳입니다. 사람들이 조화롭게 살아가고, 사랑하며 살아가는 이곳이야말로 … 우주의 모범입니다." 더실 에드워드 폴슨Dashiell Edward Paulson은 오리건 대학 박사 학위 논문인 「라즈니쉬푸람의 관례화: 라즈니쉬 운동의 카리스마와 권위, 1981~1985년The Routinization of Rajneeshpuram: Charisma and Authority in the Rajneesh Movement, 1981-1985」에서 목장에 대한 실라의 행동에 베버의 이론을 적용했다. "실라는 임명 직후에 신속하게 자신의 권력을 굳혔다."18 폴슨의 지적이다.

추종자들은 실라의 지위에 결코 의문을 제기하지 않았다. 전통적으로 라즈니쉬의 비서는 항상 공동체에서 두 번째로 강력한 지위를 누렸기 때문이다. 폴슨은 실라를 "전통적인 수단을 지닌 전통적인 지배자"로 묘사했다. "하지만 그녀는 공동체의 복잡하고, 벅차고, 값비싼 발전을 다루기 위해 거대한 피라미드 형태의 관료제를 구축했다." 베버는 이러한 피라미드를 "관료제적 행정 기구"라고 불렀는데, 폴슨의 말에 따르면 이는 "그녀의 독재를 효율적인 행동 수단과 엮어 줌으로써 그녀의 권력을 보강했다."

실라는 앤털로프에서 일어난 반발을 무지한 편견의 증거라며 무시해 버렸다. 이후 언론의 열띤 보도가 이루어졌다. 그녀는 〈머브 그리핀 쇼〉, 〈도너휴〉, 〈크로스파이어〉 같은 프로그램을 비롯한 여러 뉴스와 토크 쇼에 직접 출연해서, 라즈니쉬푸람은 계속 거기 있을 것임을 거듭 당당하게 주장했다. 실라는 두려움이 없었고, 공격적이었으며, 도발적이었고, 마치 언론의 주목을 하나부터 열까지 즐기는 것처럼 보였다.

이탈리아, 독일, 영국, 인도, 오스트레일리아, 일본에도 오리건 공동체의 작은 버전들이 설립되었다. 각각은 다양한 사업체를 꾸림으로써 자급자족을 했다. 일부는 건설 용역을 제공했고, 일부는 식당과 댄스 클럽을 개업했다. 이 모든 라즈니쉬 센터의 공통점 하나는 세계 축제라고 적절하게 이름 지은 행사를 위해서 비행기를 타고 오리건으로 날아간다는 점이었다. 이 닷새짜리 축하 행사의 절정은 라즈니쉬 본인을 기리기 위해 떼어 놓은 특별한 시간인 스승의 날이었다. 세계 각지에서 온 최대 1만 명의 사냐신이 세계 축제 동안 춤을 추고, 식사를 하고, 일광욕을 하고, 명상을 했다. 이 행사는 사기를 높이려는 의도였지만, 목장을 위한 상당한 헌금을 긁어모으는 역할도 담당했다.

실라는 일하는 사냐신들의 숫자가 전 세계에 3만 명이나 되고, 라즈니쉬에게 귀의하는 서원인 사냐sannyas를 아직 받지 않은 제자들의 숫자는 최대 50만 명에 달한다고 믿었다. 미심쩍긴 하지만, 이것이야말로 그녀가 자신감 넘치는 발표에서 전형적으로 하는 주장이었다. 자신들의 공동체를 법적인 독립 도시로 만든 시도가 성공을 거둔 이후, 라즈니쉬푸람은 선거를 통해 구舊 앤털로프 시 의회에 사냐신을 입성시켰고, 1983년 1월에 이르러서는 전체 일곱 석 가운데 여섯 석을 차지하게 되었다.† 하지만 외관상의 승리에도 불구하고, 외부 세계와의 갈등은 이제 겨우 시작되었을 따름이었다.

1983년 7월, 실라는 한밤중에 걸려 온 전화를 받았다. 포틀랜드에 있는 라즈니쉬 호텔에서 폭탄이 터졌다는 것이었다. 이 공격으로 발생한 손해액만 20만 달러에 달했다. 『로스앤젤레스 타임스』의 보도에 따르면, 폭발범 스티븐 P. 패스터Stephen P. Paster는 범행 동기를 밝히지 않았지만, 원래 "호전적인 근본주의 무슬림 조직 소속"이었다.[19] 라즈니쉬 공동체는 곧바로 폭파 사건을 오리건의 편협하기 짝이 없고 증오심에 가득한 지역 사회 탓이라며 비난했다. 실라는 자서전에서 이렇게 썼다. "우리는 경찰과 법원이 우리 편이 아니라는 사실을 알았고 … 주에서는 우리의 권리를 보호하는 어떠한 조치도 하지 않았으며, 도리어 우리의 권리를 침해하기까지 했다." 그녀는 자기가 라즈니쉬푸람을 "보호하기 위한 과감한 조치를 취하지 않는다면" 아무도 자기네를 대신해서 그래 주지 않으리라고 믿었다.

진짜이건 상상에 불과하건 간에, 이런 위협에 대응하여 실라와 사냐신들은 무장하기로 작정했고, 무기를 구입하고 사용법을 익혔다. 정식으로 설립된 도시로서 라즈니쉬푸람은 자율 방범대를 만들고 평화군이라고 명명했다. 하지만 앤털로프 주민의 말에 따르면 그들은 평화로운 것과 거리가 멀었으니, 위협 전술을 사용하고 마을 사람들을 괴롭혔으며, 한밤중에 순찰을 돌며 주택에 밝은 조명을 비추었다. 심지어 앤털로프의 피켓 시위자 한 명을 '위협' 혐의로 체포하기도 했지만, 와스코 카운티에서 곧바로 기각해 버렸다. 두 지역 사회 사이의 긴장과 불신은 급속히 가속화했다.

이런 공격적인 전술이야말로 1983년에 라즈니쉬푸람에 대한 조사가 이루어진 주된 이유 가운데 하나였다. 오리건주 법무장관 데이비드 프론

---

† 앤털로프는 라즈니쉬 추종자들에게 마을이 넘어가는 상황을 피하기 위해 1982년 4월 투표를 통해 자진 해체 결정을 내렸다.

메이어David Frohnmayer는 앤털로프 인근에서 성장했기에, 여전히 가깝게 지내던 그곳 주민 몇 명으로부터 직접 연락을 받았다. 주민들은 라즈니쉬푸람이 농업 집단을 자처하지만 실제로는 종교 조직이라고 주장했다. 이러한 사실로 인해서 미국 수정 헌법 제1조의 확인 조항에서 유래했고 오리건주 헌법에도 반영된 국가와 종교의 분리 원칙을 새로운 도시가 과연 준수하는지, 아울러 평화군이 주 법률에 대해서가 아니라 자기네 영적 스승에게만 충성하는지에 대해서도 우려가 제기되었다.

1983년 10월, 법무장관은 라즈니쉬푸람의 도시 자격을 무효로 한다고 결정했으며, 정교분리 원칙의 침해를 그 이유로 들었다. 이 결정에 라즈니쉬 숭배자들은 편협한 종교 박해라며 언성을 높였다. 하지만 실라는 흔들리지 않고 자기가 가던 길을 지킬 예정이었다. "우리가 어떻게 하면 이 문제를 해결할 수 있었을까요?" 그녀는 <오쇼 라즈니쉬의 문제적 유토피아>에서 이렇게 물었다. "우리가 더 창의적이 될수록, 정치인들은 우리를 반대하며 더 파괴적으로 굴었습니다. 그들의 증오 때문에 우리는 어쩔 수 없이 자기 보전, 자기 보호, 자기 생존을 위한 조치들을 취해 나가게 되었던 겁니다."

"오리건 사람들은 우리가 무장했다는 사실을, 우리가 무기 사용법을 잘 안다는 사실을, 유사시에는 우리가 그 무기를 사용할 준비가 되었다는 사실을 알고 있었습니다." 제인 스토크도 <오쇼 라즈니쉬의 문제적 유토피아>에서 이렇게 말했다. 라즈니쉬가 푸네의 아슈람에서 달아났을 때 인도에 살고 있었던 그녀는 결국 그 목장까지 따라왔고, 거기서 각별히 솜씨 좋은 저격수로 실라에게 발탁되었다. 이것이 제인이 실라의 부관들이라고 지칭한 긴밀한 서클에 들어가게 된 이유 가운데 하나일 수 있다. 이들은 종종 실라의 집에서 만났는데, 목장 내에서도 지저스 그로브Jesus Grove라는 방갈로 밀집 구역에 있는 곳이었다. 라즈니쉬 추종자들과 이웃 주민들의 전면전은 이제 막 시작된 상태였다.

와스코 카운티의 11월 선거를 겨우 두 달 앞둔 1984년 9월, 라즈니쉬푸람에 여러 대의 버스가 도착하기 시작하더니 새로운 주민 후보자 수천 명을 내려놓고 떠났다. '가정 나눔' 운동이라고 지칭된 이 프로그램은 실라의 발상이었으며, 지역 선거에 기명 투표 후보로 출마한 라즈니쉬 추종자 두 명을 지지하기 위해 고안되었음이 명백했다. 대부분 그 주에서 가장 큰 도시들에서 살아가던 노숙자들 가운데 선발된 이 신규 유입자들은 처음에만 해도 새로운 환경에서 크나큰 기쁨을 누리는 것처럼 보였다. 단지 유권자 등록을 하고, 위에서 적으라는 후보자의 이름을 그대로 적겠다고 약속만 하면, 라즈니쉬푸람의 경내에 얼마든지 머물 수 있었으니 말이다.

하지만 목장에서 새로운 유권자가 급증한 것이 남들의 눈에 띄지 않을 수는 없었다. 머지않아 오리건 주무 장관 노마 폴러스Norma Paulus는 유권자 등록 절차를 중단시켰다. 이 결정은 신규 유권자 모두에게 적용되었지만, 오리건주에서 종교 컬트에 의한 '부정 선거의 가능성'이 높다고 간주해 이를 저지하려는 의도임이 명백했다. 이 조치로 인해 충분히 예상 가능했던 갈등이 생겨났다. 노숙자 출신인 한 남자가 새로운 환경에서 약물 치료를 거부하고, 유권자 등록 권리를 부정당했다는 데 격분한 끝에 실라의 목을 움켜쥐고 땅에서 번쩍 들어 올렸던 것이다. 그녀와 다른 몇몇 사냐신이 애쓴 끝에 더 심한 충돌을 막아 냈으며, 해당 남성은 목장에서 끌려 나와 몇 킬로미터 떨어진 어느 공원 벤치에 홀로 남게 되었다. 머지않아 새로운 주민 가운데 변덕스럽게, 심지어 폭력적으로 행동하기 시작하는 사람이 더 늘어나자 가정 나눔 프로젝트가 전적으로 실패했음이 분명해졌다(유권자 명단을 부풀리려고 데려온 사람 가운데 상당수는 건강 문제와

155

사회적 기능 장애를 겪고 있었는데, 애초에 그들이 노숙자가 된 이유도 바로 그래서였음을 실라는 간과했던 것이다). 실라도 간신히 목숨을 건진 셈이었으며, 그 무시무시한 경험 이후에 목장에 있는 모든 맥주에는 진정제가 아무도 모르게 추가되었다.

이보다 더 불길하게도, 가정 나눔 운동이 시작된 직후에 라즈니쉬 메디컬 센터의 간호사 마 아난드 푸자Ma Anand Puja가 시애틀 소재 의료용품 회사에서 '살모넬라' 티피뮤리움이 담긴 약병 여러 개를 구입했으며, 라즈니쉬푸람의 실험실에서 박테리아 배양을 감독했다. 그 밑에서 일했던 사람들이 훗날 당국에 제공한 정보에 근거해 윈 매코맥이 내놓은 설명에 따르면, 푸자와 실라는 적절한 병원균을 목장에 가져오는 문제를 놓고 숙고했다. 마침내 이들은 식중독의 흔한 원인인 살모넬라균으로 결정했는데, 식중독이 창궐해서 투표소에 못 간 유권자가 많아지면, 투표의 결과에 영향을 끼치는 동시에 당국의 주목도 역시나 피할 수 있을 것이라고 오판한 까닭이었다.

일단 병균을 담은 약병이 도착하자 이들은 경내에서 살모넬라균을 배양하기 시작했다. 장차 와스코 카운티의 여러 샐러드 바에 풀어놓으려는 속셈이었다. 『타임』의 필립 엘머디윗Philip Elmer-DeWitt이 이 사건 이후 몇 년이 지나서 작성한 기사에 따르면, 라즈니쉬 숭배자들은 살모넬라균을 "그 지역 식당과 슈퍼마켓 열 곳의 블루치즈 드레싱, 식탁 위의 커피용 크림 그릇, 감자 샐러드에 집어넣었다."[20] 유권자의 권리를 박탈함으로써, 라즈니쉬 추종자들이 카운티를 좌우할 수 있게 만들려는 의도였다. 나중에 가서 실라는 살모넬라균 살포와 자신은 아무런 관련이 없다고 주장했다.

질병이 창궐하자 지역 주민들은 처음부터 라즈니쉬 추종자들을 의심했다. 그 피해는 광범위했다. 위염 증세를 약간이라도 보인 사람이 751명이었고, 태내에서 감염된 신생아부터 87세 노인에 이르기까지 증세가 위중했던 사람도 150명이 넘었다. 오리건 제4선거구의 하원 의원 짐 위버Jim Weaver는 박테리아 주입이 컬트 숭배자의 소행이라고 비난했는데, 무려 미국 연방 하원 의회에서 정식으로 발언했다. 그가 나중에 매코맥에게 설명한 바에 따르면, "살모넬라균이 서로 아무런 관련도 없는 다양한 식당에 걸쳐서 확산되었다는 것은 인간의 의도적인 개입이 아니고서야 불가능한 일이었기 때문이다." 연관성이 확실히 밝혀지기까지는 여러 달이 걸렸지만, 위버는 처음부터 자기 선거구의 유권자들을 라즈니쉬 추종자들이 중독시켰다는 사실을 확신했다.

　이런 비난에 대한 라즈니쉬푸람의 최초 반응은 황당무계한 주장이라며 그냥 웃어넘기는 것이었다. 질병의 창궐 직후에 가진 기자 회견에서 제인 스토크는 연단에 올라가 자기네 공동체를 옹호했다. "우리는 그저 대유행 규모의 기쁨과 웃음으로만 전 세계를 감염시킬 생각입니다." 하지만 투표에 영향을 주려고 했던 생물학 무기 공격은 대실패로 끝나고 말았다. 질병의 창궐로 자극을 받은 지역 사회의 유권자들이 대거 투표소로 몰리면서 라즈니쉬 추종자들은 선거에서 단 하나의 의석도 차지하지 못했기 때문이다.

마약, 자살,

살
인

실라가 무척이나 열심히 이룩한 모든 것이 이제는 무시무시한 속도로 와해되기 시작했다. 법적 위험에 더해서 실라는 라즈니쉬의 가르침에 유혹되어 오리건으로 온 로스앤젤레스 출신 집단인 속칭 할리우드 패거리의 걱정스러운 행동에 관해서도 알게 되었다. 게다가 또 다른 다툼의 상대도 있었으니, 바로 영화 〈대부〉의 제작자인 앨버트 S. 루디Albert S. Ruddy의 전처 마 아난드 하샤Ma Anand Hasya였다. 하샤와 루디는 라즈니쉬에게 수십만 달러와 다이아몬드 시계를 선물했다. 머지않아 하샤는 구루의 호의를 얻게 되었고, 그의 거처에서 점점 더 많은 시간을 보내게 되었다. 심지어 실라의 동석 없이도.

여러 사냐신의 설명에 따르면 실라는 지독하게 질투심이 많았다. 제인 스토크가 〈오쇼 라즈니쉬의 문제적 유토피아〉에서 설명한 바에 따르면, 설상가상으로 할리우드 패거리가 라즈니쉬에게 마약을, 특히 아산화질소와 발륨을 제공한다는 사실도 머지않아 알게 되었다. 실라는 이 소식에 굴욕과 배신감을 느꼈다. 그녀가 그토록 헌신했던 그 사람, 그녀가 그토록 많은 일을 해 주었던 그 사람으로 말하자면, 순수한 삶을 살아가라는 본인의 가르침조차도 준수하지 않는 인물이었기 때문이다. 게다가 그는 이에 대해서 실라에게 거짓말까지 했다. 그녀는 화를 내며 라즈니쉬에게 따지면서 제발 그만하라고, 당신의 가르침이며 당신의 추종자를 생각하라고 간청했다. 하지만 라즈니쉬는 실라에게 간섭하지 말라고 잘라 말했다. 이에 그녀는 격분했다. 불법 마약 사용은 가뜩이나 법률 앞에서 불안정했던 라즈니쉬에게 설상가상이었기 때문이다. 정부에서는 그의 비자 상태를 이미 조사 중이었으며, 오리건주 공직자들은 이 공동체 내에서 이루어졌다고 간주되는 가짜 결혼에서 비롯된 이민 사기 혐의에 대한 수사에 착수한 상태였다.

이런 사건들의 결과로 오리건 지구 미국 연방 검사 찰스 터너Charles Turner는 실라의 철천지원수로 대두했는데, 그야말로 라즈니쉬 수사를 개시할 수도, 종료할 수도 있는 인물이었기 때문이다. 법무부에서 2005년에 내놓은 보도 자료에 따르면, "1985년 5월, 실라는 최측근들을 모아 회의를 열고 미국 연방 검사를 살해하기 위한 음모를 발의했다. 이 회의에서 제인 스토크는 음모에 가담하기로 했으며, 결국에는 이를 조장하는 몇 가지 행동도 수행했다. 여기에는 실제 살인자가 되기로 자원한 것, 무기를 구입한 것, 터너 검사의 일터 주차장으로 여겨진 곳을 감시한 것 등이 포함된다."

묵언의 서원에다가, 은둔하기를 좋아하는 성향에, 마약 사용까지 점차 늘어나다 보니 라즈니쉬는 이런 계획과 무관한 상태로 남아 있었다. 그렇다고 해서 그가 완전히 무죄라는 뜻은 아니다. 라즈니쉬야말로 추종자들, 특히 최측근들이 자신의 관심을 얻기 위해 경쟁하다 못해 극단으로까지 치닫도록 조장하는 시스템을 만든 장본인이기 때문이다. 아울러 그는 성적이건 심리적이건 사회적이건 간에 모든 형태의 억제를 뛰어넘는 목표를 추종자들 사이에서 육성하기도 했다. 이런 여러 가지 상황이 조합되면서, 무슨 행동이든지 간에 (심지어 가장 터무니없는 행동조차도) 라즈니쉬를 대신해서 수행했다면 헌신의 행위로 정당화된다는 사고방식이 나타났던 것이다. 그리고 이런 사고방식이 집단 중독과 살인 기도로 이어지는 사건의 연쇄를 낳았다.

하지만 실라의 머리에서 나온 중범죄는 정부 공직자 암살 하나만이 아니었다. 제인의 말에 따르면, 그녀는 라즈니쉬가 주치의인 (아울러 조지 메러디스George Meredith 박사로도 알려진) 스와미 데바라즈Swami Devaraj에게 어떻게 하면 고통 없고 존엄한 죽음을 유도할 수 있는지 물어보는 내용을 엿들었다(할리우드 패거리에게 선수를 치기 위해서 라즈니쉬의 거처를 도청하고 있었다). 의사가 그렇게 할 수 있는 화학 약품 혼합제에 대해 설명하자, 구루는 그걸 입수해 오라고 명령했다.

　그 직후에 라즈니쉬는 실라에게 1985년 7월 6일에 자신의 죽음을 맞을 준비를 하고 있다고 알렸다. 마침 그날은 세계 축제의 가장 큰 축하 행사인 스승의 날이기도 했다. 제인은 지저스 그로브에서 열린 회의에서 실라가 이 정보를 최측근 이너 서클에게 전하던 때를 기억했다. 구루의 목숨을 구하기 위해서는 데바라즈를 죽일 필요가 있다고 실라가 말했다. 제인의 묘사에 따르면 무거운 침묵이 깔렸다. 아무도 자원하지 않는 상황에서 결국 그녀가 손을 들었다.

　실라가 제공한 살인 무기는 독극물이 들어 있는 주사기였다. 제인은 1985년 세계 축제에서 벌어진 일을 이렇게 묘사했다. "나는 데바라즈에게 접근했고 … 그가 내 쪽으로 몸을 기울이자, 나는 주사기를 찔렀고 … 약간의 몸싸움이 있었지만, 나는 그걸 도로 빼내서 던져 버렸으며 … 그가 비틀거리며 내게서 멀어지자, 나는 뒤로 돌아서 걸어가 버렸는데 … 나는 혼자 있고 싶었다. 한편으로는 내가 [라즈니쉬의] 목숨을 구했다는, 꼭 해야 할 일을 한 것뿐이라는 느낌이 들었다. 하지만 마음속 깊은 곳에서 나는 산산조각 난 상태였다. 나는 살인하지 말라는 계명을 분명히 이해하면서 자라났다. 그런데 누군가를 죽이려고 한 것이었다." 그럼에도 불구하고 데바라즈는 암살 기도에서 살아남았다.

사
라
진

낙원

1985년 9월, 실라는 제인 스토크와 몇몇 측근을 줄줄이 데리고 공동체를 떠났다. 이들은 비행기를 타고 독일로 가서 그 지역 라즈니쉬 센터에 머물렀지만, 그곳에서 받은 환대는 오래가지 못했다. 바로 그달에 라즈니쉬가 침묵을 깨고 실라를 무너트리려고 했기 때문인데, 어쩌면 당국의 포위망이 좁혀지는 것이 분명한 상황에서 자기를 대신해 추종자들이 자행한 행동들로부터 거리를 두고 싶었기 때문일 수 있다. 라즈니쉬는 실라를 깎아 내렸고, 목장에서 띄엄띄엄 벌어진 중독 사태와 살인 기도를 비롯한 갖가지 사악하고 범죄적인 행동을 자행했다며 비난했다. 실라는 이에 대응하여 라즈니쉬야말로 추종자를 착취하고 조종하는 사기꾼이라고 주장했다. 그는 다시 반박을 가했다. "그녀는 자기가 저지른 모든 범죄의 부담에서 벗어나기 위해 자살을 하거나, 아니면 평생 감옥에 갇혀 고통을 받아야만 한다."[21]

여러 사냐신은 이 소동을 가리켜 마치 부모가 공공장소에서 말다툼을 벌이는 것을 목격한 것만큼이나 충격이라고 묘사했으며, 이미 경내로 들이닥치기 시작한 기자들에게 각자의 우울감, 배신감, 혼란, 고통에 대해서 털어놓았다. 라즈니쉬의 비난 덕분에 연방 당국도 이제는 수색 영장을 들고 공동체에 들어갈 명분을 얻은 셈이었으며, 10월에 실제로 목장에 대한 압수 수색이 벌어졌다. 라즈니쉬푸람을 서둘러 떠나는 과정에서 실라는 개인 비서로서 세심했던 평소 행동과 정반대로 부주의하게 굴고 말았다. 정부 요원들은 정교한 도청 장치와 불법 마약은 물론이고, 살모넬라균 중독과 라즈니쉬푸람을 연결해 주는 자체 실험실 같은 증거들을 수집했다. 이들은 미국 연방 검사 터너를 암살하려는 계획도 발견했으며, '정부

기망職職 음모' 혐의에 해당하는 정교한 결혼 중개 계획도 발견했다.

이 모든 것이 실라의 소행이며 불법적인 활동에 대해서는 아무것도 몰랐다는 라즈니쉬의 주장에도 불구하고, 연방 정부와 주 정부에서는 빈틈없이 준비해 구루와 그의 최측근 고문들을 기소했다. 이들의 혐의 중에는 1급 폭행, 살인 기도, 불법 도청뿐만 아니라 미국 정부에 대한 기망 혐의도 35건이나 포함되어 있었다. 실라, 제인 스토크, 마 아난드 푸자도 머지않아 독일에서 체포되어 미국으로 송환되었으며, 모두 유죄를 선고받았다. 마 아난드 실라는 집단 중독과 도청에 관여한 혐의로 징역 20년을 3회 중복으로 선고받았지만, 실제로는 복역한 지 29개월 만에 모범수로 가석방되었다. 마 아난드 푸자는 39개월간 복역했다. 제인 스토크는 컬트의 여러 가지 범죄에서 맡은 역할로 인해 36개월 가까이 복역했다.

1985년 10월, 라즈니쉬도 이민법 위반 및 음모 혐의로 체포되어 기소되었다. 검찰과의 협상 끝에 그는 이민 당국에 거짓 진술을 했다는 혐의 두 건의 유죄를 인정해서 벌금 40만 달러를 선고받고 미국에서 강제 추방되었다. 공동체가 해산하기 시작하면서 롤스로이스와 목장의 기타 재산은 법률 비용을 마련하기 위해 매각되었다. 1986년 말까지 라즈니쉬 추종자 가운데 다른 열여덟 명도 주 법률을 위반한 혐의로 유죄 선고를 받았다.

하지만 그토록 광포했던 폭력, 위법, 기능 장애에도 불구하고 일부 제자들은 목장에서 보냈던 시절을 각자의 삶에서 최고의 시기였다고 회고하는 한편, 여전히 라즈니쉬의 가르침을 혁명적이고 계몽적이라 간주한다. 그들은 자기네 스승이 오해받았다고 주장한다. 많은 사람은 오늘날까지도 그의 가르침을 계속해서 추종하고 있다.

라즈니쉬 본인은 앤털로프 계곡 공동체를 "실패로 돌아간 아름다운 실험"이라고 불렀다. 그는 인도의 푸네에 있는 아슈람으로 돌아갔고, 줄곧 그곳에 머물다가 1990년 58세에 심장 마비로 사망했다. 스와미 암리토Swami Amrito, 조지 메러디스 박사, 스와미 데바라즈라는 무려 세 가지 이름으로 통했던 측근은 라즈니쉬의 사후에 구루가 추종자를 위해 준비해 두었던 메시지를 낭독했다. "나는 이 고통 받는 육신을 떠나니, 이것이 내게는 지옥이 되었기 때문이다. 나를 위해 울지 말지니, 나의 현존은 항상 그대들과 함께 있을 것이다."[22]

푸네의 아슈람은 오쇼 국제 명상 리조트, 또는 때때로 명상 클럽이라는 이름으로 오늘날까지도 계속해서 방문객을 받고 있다. 이 아슈람에서는 테니스, 수영장, 사우나, 기타 "영적 성장을 위한 시설"을 완비한 "바쇼 스파"를 자랑한다. 온라인 게시판에 올라온 방문 체험기 가운데 상당수는 방문객의 아름다움과 젊음을 강조하고 있어서, 마치 라즈니쉬가 한때 설교했던 자유로운 사랑이 여전히 그 스파의 원칙이라도 되는 듯하다. 아름다움과 기타 유인들, 그리고 주간 및 야간 명상용 예복에 붙는 추가 요금을 통해서 푸네의 아슈람은 상당한 돈을 벌어들이고 있으며, 오쇼 친구 재단과 오쇼 국제 재단이라는 귀의자들의 두 가지 분파는 이 부동산과 자산의 통제권을 놓고 한창 법정 싸움을 벌이고 있다. 이 리조트의 "다원 대학"에 개설된 강좌 중에 "오쇼 무심無心" 같은 주제에서는 수강생이 정신을 깨끗이 하는 방법으로 횡설수설 말하는 법을 배우기도 하고, "내적 탄트라 맛보기"에서는 남녀 모두로 구성된 수강생이 "여러분의 성기 끝에서 에너지를 느껴 보라"라는 가르침을 받기도 한다.[23] 라즈니쉬 본인은 지상에서 남긴 마지막 발언에서 "나의 꿈을 여러분에게 남긴다"고 말했는데, 그게 결국 이런 뜻이었는지 여부는 정확히 알기 힘들다.

4

| 착취 | 짐 존스와 인민사원 |

짐 존스는 가장 파악하기 힘든 컬트 지도자로서, 조명 속에서는 카리스마적이고 공감적이었던 반면, 그늘 속에서는 가학적이고 조작적이었다. 그는 특유의 신앙 치유와 정치적 행동주의의 혼합을 통해 자신의 교회인 '그리스도 제자회 인민사원'의 신도를 불러 모았다. 20세기 중반에 증대하는 공민권 운동을 이용하여 빈민과 흑인 공동체 출신 추종자를 끌어들인 것이었다. 존스는 헌신적인 추종자들을 마치 돈 버는 기계 겸 성적 놀이터처럼 대우했고, 로스앤젤레스와 샌프란시스코에서 매주 3만 달러씩의 수익을 얻었으며, 남성과 여성을 막론하고 '치유'가 필요한 추종자라면 누구에게나 성적으로 적극적인 태도를 보였다. 영향력이 늘어나면서 그는 캘리포니아 정계에서 하나의 정치 세력이 되었다. 하지만 교회에 대한 의회의 조사가 포위망을 좁혀 오자, 천 명에 가까운 추종자들과 함께 미국을 떠났다. 존스는 추종자들에게 사회주의적 낙원을 약속했지만, 이들이 사회로부터 격리되자마자 완전한 통제권을 갖게 되면서 망상과 중독에 압도당했고, 급기야 추종자들에게는 물론이고 전 세계에도 지울 수 없는 악몽을 선사했다.

적
도
의

죽음

1978년 11월 18일, 가이아나의 울창한 밀림 속, 인민사원 농업 프로젝트, 또는 존스타운Jonestown이라고 알려진 면적 12제곱킬로미터의 외딴 개간지에서 미국 시민 908명이 한꺼번에 사망했다. 이 학살은 최초의 사망부터 최후의 사망까지 불과 네 시간 정도밖에 걸리지 않았다. 인민사원의 오랜 지도자로서 추종자들 모두가 '아버지' 또는 '아빠'라고 불렀던 인물인 짐 존스Jim Jones 역시 이들과 함께 목숨을 끊었는데, 이는 현대사에서 가장 대규모의 집단 살인이었다. 믿음이 투철한 사람들은 거의 모두가 스스로 목숨을 끊은 것처럼 보였지만, 10세 미만의 어린이와 유아 3백 명의 경우에는 부모 때문에 목숨을 빼앗긴 셈이었다.

현장에서 이루어진 녹음(FBI가 '죽음의 테이프'라고 지칭한 것) 덕분에 전 세계는 그날 일어난 일에 대한 뚜렷한 설명을 얻게 되었다. 사망자 거의 모두는 (쿨에이드의 남아메리카 버전인) 플레이버 에이드와 청산칼리 혼합물을 섭취했다. 테이프에서는 짐 존스(그는 24년 전에 인민사원을 설립했는데, 원래는 인디애나폴리스에서도 가장 가난한 지역에 있는 작은 교회로 시작했었다)가 추종자들을 향해 마시라고 타이르는 것을 들을 수 있다. "간단해, 간단하다고. 이걸 마셔도 경련은 일어나지 않을 거야." 그는 부흥 설교자 특유의 단조로운 운율로 이렇게 말한다. "그냥 간단해. 너무 늦기 전에 제발 마시란 말이야."

하지만 그 음료가 경련을 일으켰다는 것을 모두가 똑똑히 보았다. 아이들이 먼저 독극물을 먹었다. 일부 유아는 너무 어려서, 또는 겁이 난 나머지 스스로 마시지 않으려 해서, 결국 간호사가 나서서 주사기를 이용해 독극물을 아이들의 입안에 쏘아 넣어야만 했다. 아이들은 금세 죽었고 대

165

개 몇 분밖에 걸리지 않았다. 어른들은 20분 내지 그 이상으로 더 오래 걸렸다. 청산칼리 중독은 평온한 죽음을 가져오지 않는다. 일부 희생자는 구토하거나 입가에 거품을 머금었으며, 다른 희생자는 피를 토하기도 했다. 이런 광경에도 불구하고 일부 추종자는 여전히 환호했고, 아이들의 울음소리를 배경 삼아 '아빠'에게 거듭해서 감사했다.

이 과정은 독성 혼합물을 나눠 주던 파빌리온을 에워싼 무장 경비대의 감독하에 수행되었다. 대원들은 사람들을 정렬시켰고, 아무도 숲으로 도망치지 못하게 감시했다. 경비대는 인민사원 캠프의 구성원 모두가 약물을 마시는 것을 확인한 다음 뒤따라 약물을 마셨다. 사망자 가운데 청산칼리 중독으로 사망하지 않은 사람은 단 두 명뿐이었다. 바로 존스 본인과 그의 애인 중 한 명이었던 애니 무어Annie Moore였다. 두 사람은 스스로 쏜 총에 의해 사망한 것으로 추정된다.

그 지역의 열기 때문에 시신들은 놀라운 속도로 부패했다. 다음 날 아침에 가이아나 방위군과 그들을 안내한 그 지역 출신의 십 대 병사들이 현장을 발견했을 때 시신 가운데 상당수는 이미 변형되어 부풀어 오르거나 동물에 의해서 반쯤 뜯어 먹힌 상태였다. 일부는 몸에 종기가 나 있는데 주삿바늘 자국이 부풀어 오른 듯했다. 이런 주사는 독극물을 직접 마시려고 들지 않은 사람들을 위해 마련되었을 가능성이 크다. 존스는 생존자가 남기를 전혀 원하지 않았다. 그날의 자기네 행동이 역사에 용맹으로 기록될 것이라고 믿었다. "이것은 자기 파괴적인 행동이 아니야." 그는 테이프에서 이렇게 읊조렸다. "이것이야말로 혁명적인 행동이야." 그 견해에 따르면, 이 공동의 죽음은 고귀해 보일 것이었다. 심지어 로마군에게 항복하는 대신 자기 집을 불태우고 스스로 목숨을 끊은 마사다 유대인의 역사적 집단 자살에 버금갈 것이었다. 이런 역사적 충격을 달성하기 위해서 짐 존스는 추종자 모두가 함께 죽기를 바랐다.

그의 노력에도 불구하고 이 공포를 가까스로 벗어난 사람도 여러 명있었다. 현장에 도착한 가이아나 방위군 소속 병력은 76세의 흑인 여성히아신스 스래시Hyacinth Thrash를 발견했는데, 그녀는 파빌리온으로 가서 청산칼리 혼합물을 마시게끔 추종자 모두가 불려 나갔을 때 침대 밑에 숨어 있다가, 나중에 자기가 머물던 건물에서 나와 부지 내를 돌아다니며 여동생인 지포라 에드워즈Zipporah Edwards를 찾았지만 소용이 없었다. 그녀는 이렇게 외쳤다. "오, 하느님, 그들이 와서 사람들을 모두 죽이고 나 혼자만 살아남았어요!" 때마침 그곳을 찾았던 변호사 마크 레인Mark Lane과 찰스 게리Charles Garry도 경비대와 대화를 주고받은 끝에 기적적으로 빠져나올 수 있었는데, 이들은 당시 미국에서 존스와 인민사원에 제기된 소송에서 변론을 맡은 상태였다. 두 사람은 이후 밀림 속을 맴돌았고, 캠프의 외곽에 머물러 있다가 20킬로미터 떨어진 가장 가까운 마을로 가는 길을 찾아냈다.

또 다른 추종자인 78세의 흑인 남성 그로버 데이비스Grover Davis는 현장을 벗어나다가 한 경비대원에게 저지당했다. "지금 어디로 가는 겁니까?" 노인은 이렇게 대답했다. "나는 죽기 싫어." 그러자 경비대원은 그를 밀림에 들어가도록 내버려 두면서 이렇게 덧붙였다. "즐거운 삶 되시길." 데이비스는 캠프에서 아무 소리도 들리지 않을 때까지 어느 도랑에 숨어 있었다.

도대체 어떻게 해서 단 한 사람이 그토록 많은 추종자를 끌어들이고, 심지어 스스로 목숨을 끊을 정도로 맹목적이고 열성적으로 자기를 믿게 만들었던 걸까? 도대체 어떻게 해서 돌이킬 수 없는 지경에 이를 때까지도 그가 일으키는 위험을 감지한 사람이 그토록 적었던 걸까? 컬트 지도자들의 전당에서도 짐 존스는 극단을 상징한다. 여기서 말하는 극단은 단지 희생자 숫자만을 말하는 것이 아니다. 그는 로버트 리프턴이 말한 정신 조종, 또는 '사고 개조'의 점검표에 나오는 모든 항목에서 최고점에 해당한다. 신비적 조종, 주변 개조, 존재의 면제, 기타 등등 모두에서 말이다. 이것은 평생에 걸친 작업이었다. 하지만 존스는 처음부터 친절과 올바름과 혁명이라는 그럴싸한 허울을 이용해서 자신의 권력을 향한 취향과 본능을 숨기는 법을 배웠다.

대공황이 최고조에 달했을 무렵인 1931년 5월 13일, 제임스 '지미' 존스 James 'Jimmy' Jones가 인디애나주 크리트라는 시골 마을에서 리네타와 제임스 서먼 존스 부부의 아들로 태어났다. 그로부터 한 달 전에는 미니애폴리스에서 식량 폭동이 벌어졌다. 전국 실업률이 16퍼센트까지 올라가자 동요한 폭도가 식품점 창문에 벽돌을 던졌다. 그러면 뭐라도 챙겨서 하루나 이틀 밤쯤 자기 가족을 먹일 수 있으리라 기대한 것이다. 시골의 일부 지역에서는 자급농이 땅을 버리고 떠났으며, 이 '더스트 볼[모래 폭풍]' 이주자가 일자리 소문에 이끌려 길을 떠나면서 '후버빌'이라고 지칭된 임시 천막촌이 만들어지기도 했다. 이것은 당시 대통령 허버트 후버에게는 아이러니한 유산일 수밖에 없었는데, 한때 성공한 사업가였던 그는 1928년 대통령 선거에 출마했을 때만 해도 다음과 같은 약속을 내걸었기 때문이다. "모든 냄비에 닭 한 마리씩, 모든 차고에 차 한 대씩."

지미가 태어났을 무렵, 존스 가정에는 편의 시설이 거의 없다시피 했다. 이 가문은 인디애나주 동부의 그 지역에서는 제법 유명했다. 소년의 할아버지 존 헨리 존스는 랜돌프 카운티의 시골에 방대한 농지를 소유했고, 지역 정계에서도 만만찮은 인물이었다. 아울러 자기 아들 제임스와 며느리 리네타가 거처할 (당시 인구 28명에 불과했던) 크리트의 작은 농장의 첫 할부금을 내주기도 했다. 리네타는 고집이 센 여자였다. 이번이 벌써 세 번째 결혼이었는데, 두 번째 결혼은 겨우 사흘밖에 가지 못했었다. 또한 그녀는 야심만만했으며, 고등 교육을 받는 여성이 드물었던 시절에 농업 및 경영 대학에 다니기까지 했다. 독자적인 생각을 지닌 여성으로선 살기 쉬운 시절이 아니었기에, 자기보다 열다섯 살쯤 많은 남자와 결혼함으로써 그녀는 마침내 안정을 얻었다고 생각했다.

하지만 제임스는 건강한 남자가 아니었다. 제1차 세계 대전에 징집되기 전부터도 결코 믿음직한 사람까지는 아니었는데, 제대 후에는 전투의 기억에 시달리고 독가스 공격으로 인한 만성적인 호흡기 질환을 앓는 망가진 모습이 되었다. 부상 때문에 그는 땅을 경작하는 고된 노동을 할 수 없었다. 머지않아 가족은 어려운 시골 생활을 뒤로하고 인구 950명의 소도시인 인디애나주 린에서도 험한 동네로 이사했다.

그곳에서 존스 가족은 조차장에서 멀지 않은 주택을 임대했고, 농장에서 그나마 건져 온 물건들로 살림을 차렸으며, 집 뒤에 있는 차고 겸 건초간에다가 중고차를 한 대 세워 두었다. 제임스는 도로 보수반에서 일했지만, 전쟁에서 입은 부상에다 담배를 자주 피우는 버릇이 더해져 일자리를 유지하기가 거의 불가능해졌다. 가족을 부양할 돈은 대부분 리네타가 근처의 유리 공장에서 일해 벌었는데, 그사이에 남편은 지역 클럽에서 카드 노름으로 장애인 보조금을 날려 버렸다.

리네타는 공장에서 오랫동안 고생하며 일했고, 담배를 피우며 정치 이야기와 욕을 잘했다. 제임스는 무관심한 아버지이기도 해서, 자녀 양육과 카드 노름에 하루 일과를 반반씩 나누어 썼다. 리네타가 엄격히 강요한 이례적인 규칙 덕분에 지미는 린의 거리를 쏘다니며 어린 시절 대부분을 보냈다(어쩌면 그녀는 자기가 옆에 없어 보호해 줄 수 없는 상황에서 아들이 아버지와 단둘이 있는 것을 원하지 않았을 수도 있다).

하지만 이런 상황도 보기만큼 잔혹하지는 않았다. 소도시 내외에는 존스 가문의 친척이 많았기 때문에, 서로 번갈아 가면서 아이를 지켜보았던 것이다. 그래도 어머니의 엄격한 명령은 소년의 성격 형성에서 중요한 역할을 담당했다. 그는 여러 시간, 심지어 여러 날을 연속으로 혼자서 지내야만 하는 경우가 상당히 많았다. 그러다 보니 한편으로는 낯선 사람과 관계 맺는 법과 상대방이 원하는 바를 꿰뚫어 보는 법, 상대방의 취향에 호소하기 위해 자신의 행동을 재형성하는 법을 배웠다.

짐 존스는 동네의 부랑아가 되었다. 빨간색 장난감 수레를 끌고 동네를 돌아다니고, 떠돌이 동물을 붙잡아서 건초간으로 데려왔다. 그는 들개 떼를 몰고 다니는 꼬마로 동네에서 악명을 얻었다. 머지않아 그는 자기가 거느린 들개 떼의 위력을 실감했다. 개들이 곁에 있으면 부모님조차도 감히 체벌할 수 없었던 것이다.

이웃 아주머니들 가운데 다수는 꼬마를 딱하게 여겨 식사에 초대하곤 했는데, 그때마다 지미는 상대방의 관심사를 알아내고 상대방의 매료 대상을 공유했다. 그는 이런 접근법을 통해서 많은 사람과 우정을 쌓았는데, 그중에서도 가장 영향력이 있었던 사람은 바로 나사렛교회 목사의 아내인 머틀 케네디Myrtle Kennedy였다. 머틀은 (188센티미터에 깡마른 체구로) 키가 컸고 공감 능력이 뛰어났다. 그녀는 화물 열차를 몰래 얻어 타고 여행하다가 마을에 내린 부랑자들 사이에서 유명했는데, 자기 집을 지나치는 떠돌이들이 가져가 먹을 수 있게 파이를 수십 개씩 만들어 창턱에 올려놓았기 때문이다.

머지않아 머틀은 꼬마 지미를 교회에 데리고 다니게 되었다. 소년은 긴 성서 구절을 암기하는 재주가 있었다. 그는 예복을 걸치고 자기 집 차고에 모아 놓은 동물들(닭, 염소, 고양이, 도마뱀, 뱀은 물론이고 자기를 따라온 떠돌이 개들까지)을 상대로 설교를 했다. 급기야 교회를 너무 좋아하게 된 나머지, 한 번의 예배로는 충분하지가 않았다. 머틀과 함께 예배에 참석한 후에 다른 예배당을 방문하는 방식으로 매주 소도시의 교회들(감리교, 퀘이커교, 그리스도 제자회)을 모조리 찾아다녔다.

하지만 이런 교회 활동에도 불구하고, 존스는 집에서 애정을 얻지 못한다는 사실에 분개했다. 부모는 서로를 사랑하지 않는 게 분명했다. 집단 자살이 벌어지기 1년 전쯤 어느 날 밤 존스타운에서 녹음된 테이프에서 존스는 당시를 이렇게 회고했다. "나는 3학년을 마치고 죽을 준비가 되어 있었어. 나는 좆같이 공격적이고 적대적이었지. 누구 하나 나를 사랑하지도 이해하지도 않았으니까. 당시에는 부모가 아이의 학교 행사에 가는 것을 당연하게 여겼어. 부모가 행사에 가지 않으면 그 아이는 따돌림을 당하는 거야. 나는 상당히 노래를 잘했어. 그러다가 무슨 학교 공연이 있었는데, 남들의 좆같은 부모들은 다 와 있는데, 우리 부모만 없는 거야. 나는 혼자 서 있었지. 항상 혼자였어. 나머지는 모두 가족들이 왔고, 사촌들이 왔고, 이모들과 삼촌들이 왔는데, 존스만 아니었어."

그는 잘생긴 편이었지만, 검은 머리카락과 검은 눈이며 넓은 얼굴과 뚜렷한 윤곽을 놓고 보면, 그 지역에 사는 금발에 푸른 눈의 중서부 사람들처럼 보이지는 않았다. 존스는 수업이 끝나고 다른 아이들과 마음껏 뛰어다니며 무리를 지어 어울릴 때는 사람들을 조직하는 재능을 발휘하여, 한때 떠돌이 개들을 거느렸던 방식으로 이웃 아이들을 한데 불러 모았다. 그는 심지어 야구 리그를 출범시키려고 여러 팀을 결성하고 관리했으며, 이웃 도시에서 다른 팀들도 불러오고 일정표를 만들어 보기도 했다. 역시나 존스타운에서 같은 날 밤에 녹음한 테이프에서 짐은 어린 시절을 돌아보며 이렇게 말했다.

> 나는 항상 아이들을 한데 모으는 녀석이었지만, 사실은 그렇게 하기가 싫었어. 왜냐하면 계획하는 일을 너무 많이 맡아야만 했거든. 그래서 나는 사람들로부터 지원을 받아야 하는 필요를 매우 일찌감치 죽였어[원문 그대로]. 나는 사람들에 대한 진정한 필요를 느꼈던 것이 것이 언제였는지 기억도 안 나.
> … 그건 사람들이 인정하느냐 아니냐의 문제도 아니었고, 사람들이 나를 다 써먹고 나면 마치 즙을 다 짜낸 오렌지처럼 옆에 내던지느냐 아니냐의 문제도 아니었어. 나야 그걸 예상했으니까. 하지만 이런 생각이 들었지. "나는 대단한 재능을 지닌 사람은 아닐지 몰라도, 내가 줄 수 있는 한 가지는 바로 충성이야."[1]

그는 영웅적 희생이라는 이 주제를 지상에서의 마지막 날까지 계속해서 언급할 예정이었다.

존스는 자기가 동물을 기르는 헛간으로 아이들을 데려갔고, 그들을 상대로 설교조의 훈계를 내놓는가 하면, 도덕과 종교와 과학에 대한 강연

171

을 하기도 했다. 그는 예복을 걸치고, 헛간을 촛불과 책 더미로 장식했다. 더운 여름의 몇 달 동안에는 레모네이드를 만들어서까지 아이들을 꾀어서 자신의 임시 사원으로 불러 모았으며, 시원한 가을의 몇 달 동안에는 하루 여섯 시간에 걸쳐서 강연과 수업을 하기도 했다.

존스는 통신용 비둘기를 길렀고, 급조한 회중 앞에서 수수께끼의 메시지를 발목에 매단 이 새들을 헛간 밖으로 날려 보내기를 좋아했다. 메시지가 무엇인지는 절대 아이들에게 말해 주지 않았고, 자기가 수수께끼를 더 많이 만들어 낼수록 아이들의 관심도 커져만 간다는 사실을 간파했다. 훗날 인민사원의 지도자로서 발휘하게 될 최면술사와도 유사한 통제의 초기 징후는 점점 더 빈번해졌다. 제프 긴이 격찬을 받은 저서 『존스타운으로 가는 길: 짐 존스와 인민사원The Road to Jonestown: Jim Jones and the Peoples Temple』에서 지적한 것처럼, 이 젊은이는 일찌감치 문제 성향을 드러냈다. 한번은 존스가 아이들을 이끌고 자기네 차고의 서까래 위(높이 3미터에 있는 단 하나뿐인 들보였기 때문에 무척이나 위험한 곳이었다)를 걸어갔는데 그중 한 명이 겁을 내서 안전하게 후퇴하려고 했다. 하지만 짐은 그를 막아서서 못 지나가게 했다. "나는 움직일 수가 없어." 그는 이렇게 주장했다. "죽음의 천사가 나를 붙잡고 있거든." 결국에는 길을 비켜 주었지만, 그 광경을 목격한 친구 가운데 한 명은 훗날 긴에게 이렇게 시인했다. "겨우 여섯 살 남짓한 나이였지만, 저는 그거야말로 또라이 짓이라고 생각했습니다."

존스는 의심의 여지 없이 교활한 기질을 갖고 있었다. 동네 사람들은 어머니가 곁에 있을 때마다 아들에게 영향을 주었기 때문이라고 생각했다. 짐이 즐겨 했던 장난 가운데 하나는 사촌이며 또래를 불러 모은 다음에 성교육을 노골적으로 자세하게 하는 것이었다. 그는 잔혹하게 굴 수도 있어서, 한번은 자기네 차고에서 친구들이 지켜보는 가운데 강아지 한 마리를 높이 3미터에서 바닥으로 떨어트렸다. 나중에는 자기가 기르던 동물에게 즉흥적으로 수술을 했는데, 이런 무정함이야말로 사이코패스의 고전적인 초기 위험 신호 중 하나이다.

죽음에 대한 몰두도 깊어졌다. 짐은 아이들을 이끌고 동네 장의 업체에 몰래 들어간 다음, 아이들을 관 속에 눕혀서 죽는다는 게 어떤 기분인지 느껴 보게 했다. 이와 유사하게 섬뜩한 놀이로서 차에 치여 죽은 동물을 가지고 모의 장례식을 거행하기도 했다. 때로는 관객을 두려는 생각조차 하지 않아서, 다른 아이들이 멀찍이서 지켜보는 가운데 혼자 놀이터에서 장례식을 거행했다. 제2차 세계 대전이 일어나자 나치와 그 제복, 절도 있는 행진용 걸음걸이에 몰두했다. 존스는 히틀러를 연구했고, 군중을 휘어잡는 방식에 감탄했으며, 나중에 히틀러가 벙커에서 자살하자 그 허세에 깊은 인상을 받기까지 했다.

머틀 케네디는 나사렛교회에 헌신적이었으며, 존스는 그녀를 따라 정기적으로 교회에 출석했다. 하지만 존스는 다른 예배당에도 다녔는데, 과연 어느 부분에서 진짜 신앙과 다른지 알아보고 싶었다고 둘러대는 식으로 그녀를 납득시켰다. 마침 소도시 외곽의 어느 길가에 사도교회가 생겨서 회심자를 열심히 모집하기 시작했는데, 존스는 그곳의 열광적 신자들이 보이는 극적 행태와 방언, 기절하고 뛰고 고함까지 치는 토요일 밤 예배의 느슨한 형식에 매료되고 말았다. 짐은 기회가 있을 때마다 천막 부흥회에도 참석하기 시작했으며, 무엇에도 구애되지 않는 열의, 음악, 카리스마적 설교 방식을 흡수했다. 머지않아 그는 어디에나 성서를 들고 다녔고, 급기야 고등학교에서는 수업 때마다 들고 다니기까지 했다.

예배 중에서도 이토록 시끌벅적한 방식에 열중한 덕분에 존스는 잠깐이지만 대중적인 영광과 인기를 얻기까지 했다. 한번은 고등학교 운동부가 중요한 경기를 앞두었을 때, 전교생이 모인 출정식에서 상대편을 위한 모의 장례식을 거행해 달라고 친구들이 그에게 부탁했다. 짐은 열과 성을 다해서 그 일을 해냈고, 설교자의 기법에 대한 깊은 지식을 발휘해서 그 자리에 모인 학생들을 벌떡 일어나게 했으며, 학생들의 요란한 환호성 속에 상대팀 선수들을 공동묘지에 파묻어 버렸다. 제프 긴에 따르면, 출정식에 참석했던 한 친구는 이렇게 말했다. "그는 극적인 것에 대한 재능이 있었습니다."

제2차 세계 대전이 끝난 직후에 리네타 존스는 결국 이혼했다. 그리하여 출정식에서 승리를 얻은 이듬해, 즉 고등학교 졸업반으로 넘어갈 즈음에 짐은 어머니와 함께 린을 떠나 오하이오주와의 경계에 자리한 인구 4만 2천 명의 소도시 인디애나주 리치먼드로 가게 되었다. 이사 때문에 잃은 것도 있었다. 전남편이 받던 장애인 보조금과 전남편의 가족들로부터 가끔씩 받던 지원을 얻지 못하게 되자, 홀어머니가 된 리네타로서는 돈이 빠듯할 수밖에 없었다. 짐은 새로 옮긴 학교에 충분히 잘 적응해서 한 학기 일찍 졸업을 앞두고, 인근의 리드 기념 병원에서 일자리를 얻어 야간 잡역부로 근무하기 시작했다.

청년 짐은 병원에서 두각을 나타냈다. 린에서 보낸 어린 시절을 보면 남을 조종하고 위험한 측면에 대한 증거가 풍부하게 나타나는 반면, 새로운 환경에서 그는 남들의 필요와 관심사를 꿰뚫어 보는 자신의 재능을 철저하게 이용했다. 모두의 이름을 기억했고, 환자와 그 가족에게 필요한 것은 뭐든지 가져다주려고 각별히 노력했다. 힘들고 불쾌한 업무(예를 들어 환자 목욕이나 실금失禁 처리)를 도맡아서 쾌활하고도 친숙한 만남으로 변모시켰다. 자기가 당번일 때는 밤새도록 근무했으며, 병원의 내부 운영에 대한 늘어나는 지식을 이용해서 자선 병동의 가난한 사람들도 유료 병동의 부유한 환자와 똑같은 약품을 얻게 해 주었다.

이전의 삶과 비교했을 때, 리치먼드는 존스가 지금까지 살아 본 곳 중에서 가장 큰 도시였으며, 아울러 또 한 가지 중요한 차이가 있었다. 크리트와 린은 거의 전적으로 백인만 사는 소도시였다. 큐 클럭스 클랜KKK 조직원들조차도 마치 또 다른 사회단체나 시민 조직인 것처럼 공개적으로 활동했을 정도였다. 1930년대의 어느 시점에는 인디애나주의 백인 가운데 3분의 1 가까이가 클랜 소속이었다. 리네타는 이런 점을 늘 못마땅해했다. 그녀는 평소에도 가난과 불의와 노동조합과 인종 차별에 대해서 공개적으로 의견을 밝혔다. 존스도 사회 쟁점에 대한 어머니의 적극적인 헌신을 이어받았다. 주말이면 그는 리치먼드 북쪽의 가난한 지역을 찾아 길모퉁이에서 설교를 하면서 대부분 흑인인 주민 사이에서 청중을 끌어 모았는데, 그들로서는 땅딸막하고 말끔한 백인에게 인종 평등을 옹호하는 이야기를 듣는 것이 생소한 경험이었기 때문이다.

이것이야말로 짐 존스의 나머지 이력에서 중심적인 역설이었다. 사회 쟁점에 대한, 특히 인종 차별주의 반대와 공민권 지지 운동에 대한 그의 헌신은 매우 신실한 것처럼, 심지어 영감을 주는 것처럼 보였다. 그리하여 억압받는 쪽은 물론이고 권세 있는 쪽의 사람들 역시 확신을 갖고 존스에게 가담하여 힘을 합쳤다. 그가 사회 활동가의 외양을 취했을 무렵, 그처럼 선구적인 정치 활동은 이후 수십 년에 걸친 인종 분규 동안 신뢰를 얻는 주된 원천이 되었다. 사랑, 인정, 세속적 이득 면에서 거의 가진 것 없이 자라난 사람으로서 가진 자와 못 가진 자 사이의 전쟁이 각별히 인상적이었기에, 존스는 결국 철두철미한 사회주의자가 되었다.

설교를 하면서 그는 정치적 선동가와 공동체 조직가로서의 입장에다가 과거에 경험한 열광적 신자들로부터 골라낸 복음주의적 기미를 조합했다. 무대 밖에서는 실제적인 문제에 관해 리네타 존스의 근거 있고 상식적인 관점을 따랐다. 사회 정의는 연결 고리였으며, 사회주의는 마케팅 전략이었다. 이것들은 맨 마지막까지 짐 존스가 사용한 전도법의 기반이 되었다.

대부분의 컬트 지도자들에게 정치는 마치 부적절한 것처럼 느껴질 수 있다. 누군가가 전적인 헌신을 요구하는 교활한, 심지어 살인까지 일삼는 사이코패스와 맞닥뜨렸을 때, 맨 처음 떠올리는 질문이 '이 사람은 도대체 어떤 정당에 속해 있을까?'인 경우는 드물다. 이들이 어떤 종류의 정치, 종교, 윤리를 설교하든지 간에, 이들의 말이 얼마나 열성적으로 들리건 간에, 그 모두는 단지 어떤 목적을 위한 수단일 뿐이다. 카리스마적 컬트 지도자는 자기한테 유리하다 싶으면 핵심 원칙조차도 저버린다. 내심 이들이 따르는 규칙은 단 하나뿐이다. '뭐든지 간에 내가 원하는 것은 가지며, 그걸 얻기 위해 무슨 말을 하든 상관이 없다.'

하지만 존스의 입장에서 정치에 관한 생각은 그의 추종자 모집을 주도했고, 그의 구성원에게 영감을 제공했으며, 그의 호소력에 기름을 부었다. 아울러 그의 고집과 가학성, 자기가 내놓은 법을 제외한 다른 모든 법에 대한 무시는 평생에 걸쳐 추악한 섬광 속에서 모습을 드러냈다. 예를 들어 린을 떠나며 가장 친했던 돈 포먼Don Foreman과 작별 식사를 했을 때, 친구가 그만 헤어지고 싶어 하는 것을 본 존스는 총을 꺼냈고, 급기야 걸어가는 친구를 향해 발사했다. 또 한번은 대학에서 룸메이트가 침대 위층에서 잠을 자고 있었는데, 뭔가 뾰족한 것에 찔린 느낌이 들어 아래를 내려다보니 존스가 위로 손을 뻗어서 모자 고정 핀을 매트리스 사이로 찔러 넣고 있었다. 그의 잔혹성은 진짜였지만, 그늘 속에서나 모습을 드러냈다.

하지만 낮의 빛 속에서는 존스도 인종적 정의와 경제적 평등에 대한 헌신을 요란하게 선언했다. 사실 마셀린 볼드윈Marceline Baldwin도 바로 이런 쟁점에 대한 그의 진지함에 그만 시선을 사로잡히고 말았던 것이었다. 존스보다 다섯 살 많은 이 친절하고 아름다운 기독교인 여성은 리드 기념 병원 구내에 마련된 간호사 숙소에 살고 있었다. 고등학교 농구부 시절 코치가 인종 차별주의자임을 깨닫고 그만두었다는 그의 말에 그녀는 넘어갔는데, 사실 이 이야기는 완전한 날조였다. 사람들이 정확히 무엇을 듣고 싶어 하는지 간파하는 능력을 지닌 짐 존스는 이번에는 자기가 어느 이발소에서 머리를 반쯤 깎았을 무렵에 주인이 흑인을 폄하하는 걸 듣고는 곧바로 나와 버렸다고 마셀린에게 말했다. 머지않아 마셀린은 이 열심이고 잘생긴 연하남을 사랑하게 된 것 같다고 자기 룸메이트에게 말했다.

병원의 행정가와 동료들이야 잡역부의 거리 설교나 정치 활동에 관해서는 전혀 몰랐다. 그곳에서 그는 점잖고 열정적인 사람으로, 심지어 환자를 대할 때는 거의 성인聖人에 버금갈 정도로 친절한 사람으로 여겨졌다.

의료 절차에 대한 늘어나는 지식과 진지함을 통해 의사들의 인정을 얻었으며, 기꺼이 도움을 주려는 열의를 통해 간호사들의 신뢰도 얻었다. 더 나이 많은 입원 환자들과 함께 늦게까지 지내면서 책을 읽어 주고, 지저분한 일도 마다하지 않고 오랫동안 일했으며, 그런 와중에도 고등학교 학업을 계속했다.

이 젊은이의 근로 윤리와 야심에 여자의 부모도 홀딱 넘어가서, 두 사람은 1949년에 결국 결혼했다. 짐 존스는 18세였고 마셀린은 23세였다. 이후 그는 인디애나 대학에서 공부를 시작했는데, 의사와 변호사와 교사 중에 뭐가 될지는 아직 결정하지 못한 채였다. 결혼 초기에는 긴장이 가득했는데, 존스가 자기네 권리와 특혜를 놓고 뜻하지 않게 마셀린의 가족과 다툼을 벌였을 뿐만 아니라, 자기는 더 이상 하느님을 믿지 않는다고 그녀에게 씁쓸하게 토로한 까닭도 있었다. 만약 하느님이 실제로 있다면 이 세상에 이토록 많은 고통은 없어야 하지 않느냐는 주장이었다.

마셀린은 이런 점 때문에 걱정하면서도 부모의 조언을 받으며 결혼 생활이 이어지게 만드는 방법을 찾으려고 노력했다. 그러다가 1952년에 이들 부부는 어느 교회를 방문했다가 게시판에 붙어 있는 '사회적 행동을 위한 감리교 연맹'의 새로운 사회 신조를 우연히 접하게 되었다. 존스가 기꺼이 믿을 만한 종류의 선언문으로서, 실제로 교회가 "빈곤 감소, 노후 안정, 단체 교섭, 언론 자유, 감옥 개혁, 인종 집단의 권리"를 위해 노력하기로 서약해야 한다고 나와 있었다. 평소처럼 짐은 재빨리 행동에 나섰고, 처가에는 이제부터 전업 설교자가 될 생각이라고 밝혔다. 1953년에 이들 부부는 인디애나폴리스로 이사했으며, 존스는 그 도시에서도 가난한 지역에 있는 서머싯 감리교회에서 전도사로 일자리를 얻고 버틀러 대학에서 공부도 병행했다. 이제 그는 대중 연설, 정치 활동, 대중 소집 같은 자신의 모든 열정을 선용할 수 있는 소명을 찾은 셈이었다.

존스는 목사 자리를 여기저기 옮겨 다니기 시작했고, 초청 설교자로서 부업을 병행한 덕분에 매번 회중을 늘렸고, 명성을 쌓았으며, 다른 교회의 교인을 끌어왔다. 그는 옷을 갈아입는 것만큼 빈번하게 교단을 바꾼 것처럼 보인다. 처음에 짐의 구상은 간단명료하고도 이상적이었다. 인디애나폴리스 최초로 완전히 인종이 통합된 감리교 회중을 만들고 싶어 했다. 하지만 머지않아 그는 특정 교단의 규제를 모조리 내던졌으며, 대신 오순절 교회에서도 자유분방하다 못해 광신적인 분파로서, 그 당시에는 '늦은 비 새 교파New Order of the Latter Rain'라고 알려진 신앙 치유 분파와 동맹을 맺는 쪽을 선택했다.†

　존스는 가난한 동네의 길가 상점을 임대해서 '공동체 단결Community Unity'이라는 이름의 작은 교회를 세웠다. 그가 설교하기로 택한 종교의 정확한 성격이야 전혀 문제되지 않았다. 설교자로서의 자기 자신에게만 사람들이 주목하기를 바랐을 뿐이었다. 앞서 병원에서 보여 주었던 것처럼, 존스는 앞으로 나가기 위해서 고된 일을 하는 것을 마다하지 않았다. 그가 1954년 4월 10일자 『인디애나폴리스 스타』 1면에 등장할 수 있었던 이유도 전도가 아니라 바로 이런 태도 때문이었다. 존스는 자전거를 타고 도시 곳곳을 돌아다니며 원숭이를 한 마리에 29달러씩 받고 판매하기 시작했으며, 거래 중에 종종 복음을 간단히 전하기도 했다. 이는 동네의 희한한 광경이었다가 급기야 기삿거리가 되었다. 최소한 『인디애나폴리스 스타』의 편집자가 보기에는 그러했는데, 마침 존스가 이동 중에 동물 대부

---

† 　여기서 '늦은 비'란 구약 성서 「요엘서」 2장 23절에서 하느님이 이른 비와 늦은 비를 적당히 내려 주며 축복하리라는 내용에서 착안한 것이다.

178

분이 죽었다는 이유로 인도에서 온 화물에 대한 대금을 내지 못하겠다고 버텼기 때문이다.

부흥회에서 때때로 등장한 덕분에 설교단 위의 카리스마적 존재로서의 명성도 늘어났다. 늦은 비 교단에서 설교자는 한편으로 연예인이고, 한편으로는 독심술사이며, 또 한편으로는 협잡꾼이어서 자기네가 처음 본다는 군중 속에서 골라낸 사람의 이름이며, 자동차 번호판이며, 사회 보장 번호를 알아맞히곤 했다. 린과 리치먼드에서 열광적 신자들을 연구했던 까닭에 존스는 자기가 훨씬 더 잘할 수 있다고 생각했다.

짐이 이런 역할을 담당하는 것을 처음 목격했을 때 마셀린은 남편이 군중 앞에서 얼어붙지 않을까 하고 걱정했다. 하지만 일단 눈을 감고서 처음의 불안을 극복하자, 그는 이른바 황홀경으로 묘사할 수 있는 상태로 돌입했다. 빠른 속도로 쉴 새 없이 거의 한 시간 동안 떠들면서, 오순절교회 참가자 모두를 매료시켰다. 마치 무작위적인 것처럼 성서 구절을 인용했다. 청중 가운데 일부를 불러내고 손을 갖다 대서 사람들을 땅에 쓰러지게 했다. 마셀린은 남편이 발휘하는 자석 효과를 믿을 수 없었다.

인근의 로럴 스트리트 예배당의 목사 러셀 윈버그Russell Winberg도 그 모습을 보고는 존스를 정기적으로 초청해서 설교를 맡겼다. 거기서 짐은 신앙 치유를 정기적으로 수행하기 시작했다. 어떤 질병에 시달리는 자원자를 하나 불러낸 다음, 모두가 지켜보는 무대 위에서 치유하는 것이었다. 그는 이런 유형의 신앙 치료에 새로운 수준의 극적 행태와 '현실'을 가져왔다. 만약 회중 가운데 한 명이 암 투병 중이라면, 상대방에게 가까이 다가가서는 동물의 장기와 자신의 손놀림을 이용해서 피가 뚝뚝 떨어지는 살덩어리를 꺼낸 척했다. 존스와 그의 기적적 치유는 지역 및 전국 집회에서 교단 소속 목사들이 번갈아 등장하며 명성을 쌓은 늦은 비 교단에 중요한 자산이 되었다.

물론 짐이 수행한 치유는 과거 헛간에서 했던 설교의 연장에 불과했다. 그는 무대 뒤의 유리병에 '악성 종양'의 재료를 보관했다. 실제로 치료 효과가 있든 없든 간에, 이런 치유는 한 가지 층위에서 성공을 거두었다.

존스가 로럴 스트리트 예배당의 회중 중에서 열렬히 충성하는 추종자 무리를 선택하기 시작했던 것이다. 그는 머지않아 독자적인 대형 집회를 조직했으며, 전국적으로 유명한 설교자 윌리엄 브래넘William Branham을 주역으로 내세워서, 여러 경기장에서 행사를 개최하고 모든 인종을 환영했다. 이런 행사에서 모은 돈에다가 원숭이를 팔며 모은 돈을 더해 인디애나폴리스의 인종 혼합 지역에 독자적인 교회를 세울 수 있었다. 첨탑과 스테인드글라스로 장식한 새로운 교회 건물이야말로 커다란 한 걸음이 아닐 수 없었다. 이곳의 정식 명칭은 '해방의 날개Wings of Deliverance'였지만, 짐은 거의 곧바로 이곳을 '인민사원Peoples Temple'이라고 불렀다.

이 지역에 사는 새로운 교인 중에는 결국 존스를 따라 가이아나까지 가는 사람들도 있었는데, 예를 들어 건설 노동자 잭 아놀드 빔Jack Arnold Beam, 쾌활하고 뒷공론을 좋아하는 패티 카트멜Patty Cartmell, 이 목사의 손덕분에 치유된 것처럼 보인 흑인 청년 짐 코브Jim Cobb 등이었다. 존스는 코브가 훗날 교회 내에서 위대한 지도자가 될 것이라고 예언했는데, 결국 몇 마디 격려의 말로 이 소년의 운명을 결정한 셈이 되었다.

'해방의 날개'에서 짐이 선별한 회심자 중에서 가장 중요한 사람은 아마도 아치 아이제임스Archie Ijames였을 것이다. 이 흑인은 원래 전설적인 설교자 브래넘을 보려고 집회에 참석했었는데, 거기서 공동 주연이었던 존스의 사회 정의에 대한 헌신적인 설교에 깊은 감명을 받게 되었다. 아이제임스는 그에게서 유사한 정신을 발견했다. 존스 역시 그에게 당신은 목회할 운명이라고 말해 주었다. 사실 짐이야 자기 설교 내용을 실제로 실천한다는 점을 사람들에게 입증하기 위해서 교회에 흑인 지도자가 한 명 필요했을 따름이었다.

담임 교회가 생기면서 모든 것이 변화했다. 이제는 추종자들이 내놓는 헌금을 로럴 스트리트 예배당 같은 담당 지역 거점 교회에 바치는 대신 존스가 모조리 챙길 수 있었기 때문이다. 1958년에 회중의 숫자는 겨우 백 명 정도였지만, 존스는 사회 정의 지도자로서 도시에서 충분한 영향력을 인정받게 되었다. 그는 무료 급식소 한 곳과 요양소 두 곳을 열었다. 이런 시설은 두 가지 방식으로 작용했다. 첫째로는 대중의 눈앞에서 인민사원의 사역을 확고히 하는 데 도움을 주었고, 둘째로는 존스가 간절하고 외로운 영혼들을 골라내는 주된 영입 장소가 되었다.

마셀린은 단지 자신의 가족을 꾸리기를 간절히 원했던 반면, 짐 존스는 자기 가정의 구성 역시 자신의 사회 사역을 반영하기를 원했다. 우선 이들은 친어머니가 인민사원에 버리고 간 10세 소녀 애그니스를 입양했다. 이후에는 한국 어린이 두 명을 입양해서 스테파니와 루라고 이름을 지었다. 불과 2년 만에 스테파니가 교통사고로 사망하자, 존스 부부는 다시 한국의 고아원에 연락해서 스테파니의 친구 수잰을 데려왔다. 1959년에 마셀린은 유일한 친자인 스테판 간디 존스Stephan Gandhi Jones를 낳았다. 이와 동시에 부부는 흑인 고아를 입양해서 짐 존스 2세라고 이름을 지었다. 스테판과 짐은 앞으로 마치 쌍둥이처럼 자라게 될 예정이었는데, 이것이야말로 인민사원의 더 커다란 사역에 대한 은유인 셈이었다.

1960년대가 시작되면서 존스는 파더 디바인Father Divine과 제휴하기 시작했다. 터무니없이 인기 높고 어마어마하게 부유한 이 할렘의 설교자는 자신을 하느님 자체라고, 또는 재림이라고 주장했다. 존스와 마찬가지로 파더 디바인은 자신의 목회를 이용해서 공민권과 여성의 권리, 인종 분리 철폐를 위해 싸웠다. 디바인이 거둔 성공을 참고하여 존스는 물질주의에 반대하는 교리를 전했으며, 추종자들에게 세속적 집착을 모두 포기하고 인민사원의 여러 사회 사업 부서에서 전업으로 봉사하라고 독려했다. 디바인 밑에는 그를 위해서 일하고, 배고픈 자를 먹이고, 그의 본부에서 직원으로 일하는 사람들이 있었다. 존스는 할렘을 자주 방문하다가 나중에는 필라델피아를 자주 방문했는데, 당시 80세였던 디바인이 세금 문제 때문에 그곳으로 본부를 이전해서였다. 존스는 이 연장자가 사망하면 그의 소유였던 '평화 사역' 운동을 차지하려고 눈독을 들이고 있었다.

실제로 디바인의 사례로부터 영감을 받았건 아니건 간에, 존스는 신성을 자처하는 쪽으로 더 가까이 다가가기 시작했다. 바로 이때에 이르러 추종자들은 그를 '아버지'로 지칭하기 시작했다. 존스는 사건을 만들어 냄으로써 남들이 자기를 신비한 능력을 지닌 인물이라고, 또는 지상에 나타난 일종의 신이라고 추측할 수 있게 했다. 설령 이 과정에서 일부와 소원해지더라도 개의치 않았다. 단지 자신의 개인숭배 컬트에 가담할 추종자만을 원했기 때문이다. 회중 가운데서 첩자로 활동한 패티 카트멜의 도움을 얻어서, 존스는 정력적인 설교를 통해 자기가 사람의 마음을 읽고 미래를 예견할 수 있는 척했다. 그는 회중에 관해서 모든 것을 알려고 했기 때문에 그들의 두려움을 이용할 수 있었다. 믿음이 흔들리는 것처럼 보이는 사람들에게는 개인적인 파멸의 예언을 내놓았다. 확고한 지지자들에게는 성공에 대한 예견을 내놓아서 보상해 주었다.

헌신적인 추종을 만들어 가는 한편 존스는 선행이 지속되도록 각별히 주의했다. 인민사원은 계속해서 지역 사회의 노인들에게 음식과 의복과 돌봄을 제공했다. 구성원은 급증했고, 흑인과 백인 신도가 거의 동수였다. 이상적이었던 어느 젊은 목사의 권유에 따라서 존스는 자기 교회를 그리스도 제자회라는 새로운 교단에 가입시켰으며, 덕분에 최소한의 연례 납입금(아울러 막대한 세금 면제)에 대한 보장을 받게 되었다. 그뿐만 아니라 그리스도 제자회는 회중에게 어마어마한 정도의 자유를 부여한다는 것이 가장 큰 장점이었다.

인민사원이 새로 얻은 거의 주류적인 지위(사회 정의에 대한 존스의 늘어나는 평판)에 민주당 소속인 인디애나폴리스 시장 찰스 H. 보즈웰 Charles H. Boswell도 주목하게 되었다. 가난한 지역에서 신규 건축 사업을 추진하던 보즈웰은 짐 존스를 이전까지만 해도 대부분 명예직에 불과했던 인디애나폴리스 인권 위원회 대표 자리에 앉혔다. 하지만 존스는 이 일을 진지하게 받아들였고, 도시 전역에 걸친 인종 통합 캠페인을 요식업 분야에서부터 시작했다. 그가 흑인을 포함한 일행을 데리고 들어가면, 식당에서는 예약을 하지 않았다는 이유로 손님 받기를 거절했는데, 이는 흑인 손님을 물리치는 일반적인 핑계였다. 그러면 존스는 나중에 다시 (때로는 여러 차례) 찾아가서 식당 주인과 점잖게 이야기를 나누었는데, 새로운 손님을 받으면 사업에 유리할 것이며, 그렇지 않을 경우에 발생할 일은 자기도 솔직히 원하지 않는다고 설명했다. 그가 말하는 일이란 흑인과 백인을 망라한 교인 전체를 데려와서 식당 앞에서 시위를 벌이는 것이었다.

이에 지역 식당들은 하나둘씩 위협에 굴복하고 말았다. 존스는 약속한 바를 실천해서 자신의 압박 캠페인에 굴복한 식당을 다양한 인종의 교인으로 가득 채웠다. 이들은 한산한 시간에 찾아왔기 때문에, 식당에서도 한창 바쁜 시간에는 여전히 인종 분리를 지지하는 척 체면치레를 할 수 있었다. 식대는 모두 인민사원에서 지불했으므로 캠페인에 기꺼이 참여하려는 구성원이 항상 있었다.

존스는 영향력의 범위를 확장했으며, 이번에는 인디애나폴리스 경찰서에서 인종 통합을 시도했다. 그는 취업 알선 기구를 출범시켜서 유자격 지원자를 업계에 제공했으며, 자신과 인민사원의 명예를 걸고 보장한다면서 자기네 교인이야말로 이상적인 지원자라고 주장했다.

그러다가 어느 날 복부에 심한 고통을 느낀 존스는 인디애나 대학 보건 감리교 병원에 입원했는데(최종 진단에 따르면 출혈성 궤양이었다), 고통을 견딘 채로 병원에서도 인종 통합을 하라고 요구했으며, 백인 환자들만 입원하는 병동에 흑인 환자들도 입원하게끔 조치하지 않으면 치료를 받지 않겠다고 버텼다. 심지어 퇴원한 이후에도 기세를 늦추지 않았던 결과, 이 병원은 그의 인종 통합 장소 명단에 추가되었다. 이처럼 확고한 공민권 관련 업적을 달성함으로써 짐 존스는 1960년대의 나머지 기간은 물론이고 1970년대에도 상당 기간 활동가 서클로 진입할 수 있었다.

하지만 이런 활동이 모두에게 환영받았던 것은 아니다. 당시 미국에서 인종 통합을 옹호하다 보면 자칫 공산주의자로 낙인찍힐 수 있었다. 시장은 자세를 낮추라고 촉구했지만 존스는 이를 거부했으며, 일부 분노한 사람들이 인민사원 건물에다가 나치의 상징인 스와스티카를 페인트로 칠하거나, 땅에 쌓아 놓은 석탄 더미에 다이너마이트를 심었을 때도 역시나 버텼다. 급기야 존스는 두 가지 홍보용 과시를 실천했으니, 무려 흑인 결사인 이슬람 국가와 백인 결사인 큐 클럭스 클랜 모두에 접근했다가 양쪽 모두에게 대놓고 거절당한 것이었다. 그는 이들로부터 받은 편지를 인쇄해서 시청에 돌렸는데, 마치 이렇게 말하는 투였다. '내가 얼마나 온건한지 아시겠습니까? 양쪽 극단주의자 모두가 나를 거절했습니다.'

존스가 이처럼 공격적인 정치 행동을 실천하다가 마침내 물러서게 된 계기는 바로 자신의 두려움이었다. 존 F. 케네디 대통령이 핵전쟁의 위험을 경고하는 연설을 내놓은 이후, (이미 한창 예언을 내놓고 있었던) 존스도 다가오는 재난을 예고했다. 그게 언제인지는 자신도 몰랐으니, 아직 완전한 계시를 얻지는 못한 까닭이었다. 3시 9분에 일어나리라는 것은 분명했지만, 그게 오전인지 오후인지도 차마 장담하지 못했다. 퇴원 후에도 주치의는 그에게 안식년을 가지라고 강력하게 권고했다. 그리하여 존스는 다급한 사안 두 가지를 조합해서, 다가오는 종말로부터 멀리 떨어진 곳에 자기네 모두가 도피할 만한 안전한 장소를 지금부터 찾아보겠다고 인민사원에 밝혔다. 『에스콰이어』 1962년 1월호에는 「세계의 도피 장소 아홉 곳」이란 기사가 실렸는데, 그런 곳을 최대한 많이 방문해 보고 최상인 곳을 찾아낼 작정이었다.

이후 존스는 가족과 함께 브라질, 영국령 기아나(1966년에 독립하여 가이아나로 국호를 바꾸었다), 하와이를 오래 여행하면서 사회주의 원칙을 고수하는 다수의 회중을 자국 영토에 가장 기꺼이 받아들일 만한 나라가 어디인지 조사했다. 그는 미국 본토로부터 1년 이상 떨어져 있었고, 인민사원으로부터 경제적 지원도 거의 받지 않았기에, 영어를 가르친다든지 더 경제적 여유가 있는 선교 기관에서 일거리를 얻는다든지 하는 방법으로 생계를 유지하려 노력했다.

전하는 바에 따르면, 존스가 리우데자네이루에 머무는 동안 어느 외교관의 아내가 그에게 접근했다. 나중에 추종자들 앞에서 본인이 종종 꺼낸 이야기이기는 하지만, 사실 여부는 검증이 불가능하다. 당시에 존스 가족은 그 지역의 어느 고아원을 위해 모금을 시도하고 있었는데, 외교관 부인은 5천 달러를 기부하는 대가로 그에게 성관계를 요구했다. 본인의 설명에 따르면 짐은 이 제안 때문에 궁지에 몰렸다. 고아들의 명백한 필요보다 자기 자신의 도덕성을 더 중시한다는 것은 뭔가 이기적으로 보였기 때문이다. 그는 마셜린에게 조언을 구했고, 아내는 고아들의 필요가 개인적 고려보다 더 크다는 데 동의했다. 이 이야기는 흥미진진하고도 이례적인 설교감이기는 했지만, 그 배후에 놓인 메시지는 사실 성 자체와는 아무 관련이 없었다. 존스의 입장에서는 목적이 수단을 정당화하는 셈이었으며, 그는 추종자들에게도 딱 이런 입장을 기대했다.

존스는 자기가 없는 동안 인민사원을 러셀 윈버그에게 맡겼지만, 아치 아이제임스가 전한 소식에 따르면 이 대리인은 교회를 다른 방향으로 끌고 가려는 것 같았으며, 스스로 우두머리가 되려고 하면서 지금껏 그토록 많은 사람을 끌어들였던 행동주의를 깎아내렸다. 교인도 관심을 잃었고, 교회 활동에서 나온 수익금으로는 인민사원이 그 지역에서 명성을 얻게 되었던 각종 선행에 자금을 지원하기도 더 이상 충분하지 않았다. 존스는 브라질에서 만난 더 나이 많은 선교사인 에드워드 몰민 목사를 설득해 자기 대신 귀국해서 인민사원의 재정을 바로잡게 했다. 하지만 새로운 대리인이 도착하자 윈버그는 공개 반란을 일으켰고, 아이제임스도 존스에게 연락해서 곧바로 귀국하여 교회를 다시 이끌지 않으면 사업 전체를 잃어버릴 것이라고 경고했다. 케네디 대통령 암살 직후에 존스는 가족을 데리고 서둘러 귀국했으며, 윈버그는 인민사원의 더 나이 많은 백인 구성원 수십 명을 데리고 떠나 버렸다.

하느님은

우리 가운데

하나이다

1964년 말에 이르러 짐 존스는 새로운 예언을 얻었다고 인디애나폴리스의 회중에게 밝혔다. 1967년에 이 도시에 핵 재난이 닥친다는 것이었다. 따라서 우리는 그 일이 벌어지기 전에 벗어나야 한다는 것이었다. 이후 인민사원은 짐을 꾸려 샌프란시스코에서 북쪽으로 2백 킬로미터 떨어진 유카이아 외곽의 캘리포니아주 레드우드밸리로 이주했다. 존스는 이 장소가 방사능 낙진으로부터 안전한 거리에 있기 때문에 선택했다고 말했다. 인디애나주의 회중 가운데 다수는 그의 예언을 믿지 않고 남았다. 결국 이들이야말로 14년 뒤에 존스타운에서 벌어진 진짜 종말을 피한 운 좋은 회의주의자였던 셈이다.

하지만 존스의 추종자 가운데 140명은 실제로 캘리포니아로 이주했다. 이는 인민사원 구성원의 생활 방식에서 극적 변화를 상징했다. 이제는 여러 가구가 낡아 빠진 공동체 주택에서 대규모로 무리 지어 살아갔다. 물질적 편의 시설은 금지되었다. 아이들과 동물이 마당에서 멋대로 돌아다녔다. 새로운 환경에서 존스는 더 큰 책임을 담당했지만, 모든 단계마다 효율적인 조직가로 남아 있었으며, 마셀린의 도움을 얻어서 회중 가운데 다수에게 인근 멘도시노 주립 병원의 일자리를 얻어 주었다. 이후 그는 요양 시설 두 군데, 무료 급식소 한 군데, 마약 치료 센터 한 군데, 대학과 유사한 방식의 기숙사 세 군데를 설립해서, 이미 인디애나폴리스에서 개척했던 모델을 확장하기를 바랐다.

아울러 존스는 더 직접적인 방식으로 합법성을 얻으려는 시도에서 성공을 거두었다. 인민사원은 주류 개혁파 프로테스탄트 교단인 그리스도 제자회 전국 조직에 가입을 신청해서 승인을 얻어 냈다. 이때부터 인민

187

사원은 다른 신흥 종교 운동이 결여한 공식 승인 표시를 지니게 된 셈이었다. 하지만 그 대가도 만만치 않았다. 인민사원은 상당한 연례 납입금을 바쳐야 했다. 그리스도 제자회 지도부로서는 기쁠 수밖에 없었으니, 인민사원의 구성원 수가 1969년에 3백 명에서 1973년에 3천 명으로 늘어나면서 매년 1만 5천 달러 이상을 납부했기 때문이다.

인민사원의 성장은 상당 부분 짐 존스가 샌프란시스코와 로스앤젤레스 전역의 흑인 지역까지 손을 뻗은 데서 비롯되었다. 1970년에 그는 샌프란시스코의 인민사원 신규 지부에서 예배를 거행했으며, 2년 뒤에는 LA에도 또 다른 지부를 개설했다. 1970년대 절정에 이른 인민사원의 구성원 가운데 80퍼센트는 흑인이었다. 머지않아 존스는 추종자들의 헌신을 정치적 영향력으로 바꿔 놓기 시작했으며, 자기가 선택한 자유주의 성향 정치인에게 표를 몰아줄 수 있는 능력 덕분에 캘리포니아의 정계에서 유력자가 되었다. 불과 5천 표 이하로 당락이 결정되었을 정도로 박빙이었던 1975년 샌프란시스코 시장 선거에서는 인민사원이 주도한 투표 독려로 인해 조지 모스코니George Moscone가 당선되었음이 거의 확실하다. 존스와 추종자들이 집마다 돌아다녔던 핵심 선거구에서 이 후보자가 무려 12대 1로 크게 승리했기 때문이다.

모스코니는 감사하는 뜻에서 존스를 샌프란시스코 주택 위원회의 위원장으로 임명했다. 존스는 막후 실세로 떠올랐으며, 영부인 로절린 카터며 부통령 월터 먼데일처럼 민주당 소속의 전국적인 정계 인사들조차 그를 마치 존경받는 주류 정치인처럼 대했다.

팀 라이터먼Tim Reiterman의 저서 『갈까마귀: 짐 존스 목사와 그 인민의 알려지지 않은 이야기Raven: The Untold Story of Rev. Jim Jones and His People』에 따르면 존스는 인민사원의 세력을 다른 방식으로도 이용했다. 그 지역의 유력자며 경찰서장에게 케이크를 만들어 보냈고, 양당 정치인 모두에게 팬레터를 보내서 보수주의자에게는 특유의 법질서 중시 의제를 칭찬하고, 자유주의자에게는 특유의 전쟁 반대 의제를 칭찬했다. 로널드 레이건이며 J. 에드거 후버 같은 수사 기관 인사며 선출직 공직자로부터 꼬박꼬박 날아온 답장은 인민사원의 소식지에 게재했다.

인민사원의 구성원 가운데 정치적 영향력 면에서 핵심적인 인물은 바로 티머시 스톤Timothy Stoen이었다. 그는 전통적인 의미에서 가장 성공한 참여자로서, 스탠퍼드 법과 대학을 졸업하고 변호사로 성업 중이었다. 그래서 아내 그레이스와 함께 특권적 지위를 부여받았고, 다른 구성원들이 포기해야만 했던 전통적인 중산층의 편의 물품(예를 들어 전축, 식기세척기, 텔레비전)을 자기네만 사는 아파트에 보유하게끔 허락도 얻었다. 유복하고도 전통적인 습관을 지니고 있었음에도 스톤은 머지않아 필요 불가결한 존재가 되었으며, 급기야 변호사 사무실을 닫고 그 지역 검찰청에서 일하면서 법적인 문제가 나타나면 미리 개입해서 무마해 버렸다. 아내는 이런 상황에 덜 열성적이었지만, 남편을 사랑하는 까닭에 순순히 그 뒤를 따랐다.

짐 존스는 공직 참여를 통해서 명성을 높여 가는 와중에도 고도로 타인을 조종하는 신앙 치유를 가속화했으며, 대규모 사기극에 멋모르고 참여한 군중 사이에 인민사원의 충성과 구성원들을 심어 놓았다. 이들은 노인 분장을 하거나 심지어 흑인 분장을 하고서 발작하거나 죽어 가는 시늉을 했다. 열성 신자들은 이미 목적이 수단을 정당화한다는 존스의 메시지를 흡수한 상태였으며, 자기네가 시의적절한 연기를 통해서 더 많은 사람을 끌어들임으로써 결과적으로는 사람들의 생명을 살리고 있다고 여겼다.

그 와중에 존스는 추종자들에 대한 장악력을 굳혔다. 이들은 대부분 오랜 시간 일했으며, 수익의 10퍼센트 내지 25퍼센트를 교회에 내놓았다. 공동체 내부에서 그는 계획 위원회라는 기구를 설립했는데, 이름까지 차용할 정도로 소련 정부 구조의 위계로부터 영감을 받은 산물이었다. 명목상으로는 지도부 위원회였지만, 이 집단은 금세 규모가 부풀어서 급기야 인민사원 구성원 가운데 절반 이상이 소속되었다. 그리하여 존스는 더 커다란 계획 위원회를 계속 나누고 쪼개서 더 작고 더 엘리트적인 기구들로 재편했으며, 계단식 보상 시스템을 창안하는 한편 인민사원 구성원들이 그에게 좋은 인상을 주고 그와 더 가까운 자리를 얻기 위해 서로 경쟁하게끔 만들었다.

1971년에 정치와 개인사와 뻔뻔한 과장을 교묘하게 뒤섞은 악명 높은 설교를 하던 도중에 짐 존스는 세상 무엇보다도 큰 자유를 발휘했으니, 악성 자기도취자 특유의 자신감을 드러내며 자신이 하느님 사회주의자라고 선언했던 것이다. "더 이상 가난은 없습니다!" 그는 이렇게 선언하면서, 청중을 향해서 위대한 약속이라는 주제를 내놓았다. "저는 여러분 스스로도 실천할 수 있는 사례와 예시로서 여러분에게 보이기 위해 지금 이 자리에 나왔습니다. 여러분도 스스로 하느님이 될 수 있습니다! 겸손에 의해서가 아니라, 여러분이 감내할 수밖에 없는 그 모든 경제적 환경, 불의나 인종 차별, 예속 상태로부터의 부활과 승천에 의해서 말입니다. 여러분 안에는 해방의 열쇠가 잠자고 있습니다!" 단지 좌파적 요소가 가미되었을 뿐, 이것이야말로 여러 가지 면에서 전형적인 '긍정적 사고방식의 힘' 메시지에 불과했다. 하지만 이로부터 그리 멀지 않은 시기에 구약 성서에 예언된 것처럼 갈까마귀처럼 검은 머리를 지닌 예배의 대상으로서, 즉 지상의 새로운 그리스도로서 그에게 마치 권력이 이전된 것처럼 보인다. "저는 스스로 육신을 입었으니, 광야를 걷던 바로 그 육신이며 … 솔로몬이 갈까마귀처럼 검은 머리를 가졌다고 말한 그 사람이며, 이사야가 7장 20절에서 면도칼로 털을 깎는다고 말했던 바로 그입니다.† 저는 면도칼로 털을 깎고 나왔습니다! 저는 갈까마귀의 검은 머리를 갖고 나왔습니다! 저는 하느님 사회주의자로서 나왔습니다!"

1972년에 이르자 로스앤젤레스와 샌프란시스코 인민사원의 헌금 합계는 주당 3만 달러를 넘어섰다. 존스는 이 자금 가운데 일부를 이용해서 관광버스 열한 대를 빌렸고, 추종자 가운데 핵심 그룹을 선발해 함께 전도

---

† 솔로몬의 말은 「아가」 5장 11절에서 애인의 검고 아름다운 머리카락을 갈까마귀에 비유한 내용이며, 이사야의 말은 「이사야서」 7장 20절에서 하느님이 이스라엘을 벌주려 동원할 외국의 군주를 털 깎는 면도날에 비유한 내용이어서, 존스의 말은 사실상 앞뒤가 맞지 않는 횡설수설에 불과하다.

여행을 떠나서 덴버, 휴스턴, 뉴욕, 워싱턴 DC를 차례대로 들렀다. 그 와중에 그는 (사실은 그냥 싸구려 올리브유에 불과한) 치유용 기름이며 (사실은 중고 옷 가게에서 사다가 자른 것에 불과한) 자신의 낡은 예복 조각 같은 홍보 물품을 최대한 많이 판매했다. 가장 터무니없는 점은 추가 요금까지 받아 가면서 새로운 신자들에게 짐 존스 본인의 작은 사진을 판매한 것이었다.

캘리포니아로 돌아오는 길에 그는 인디애나주의 고향 마을을 방문하면 좋겠다고 생각했다. 선두에 있던 관광버스가 잠시 멈춰 자기네 예언자의 옛집으로 가는 길을 물었는데, 그 질문을 받은 동네 사람은 우연의 일치로 존스의 어린 시절 친구이자 한때 그에게 총격을 당했던 돈 포먼이었다. 그들이 말하는 예언자가 바로 짐 존스라는 이야기를 들은 포먼은 놀라지도 않았다. 허허 웃으며 고개를 절레절레 내젓더니, 어느 오래된 흙길을 손으로 가리켰을 뿐이었다.

기뻐했던 사람도 있었으니, 자신의 주일 학교 제자가 고향에 돌아온 것을 목격한 옛 스승 머틀 케네디였다. 짐 존스는 관광버스를 하룻밤 동안 린에 머물게 하고, 그곳 출신 소년이 어디까지 출세했는지를 온 마을에 보여 주었다.

하지만 캘리포니아에서는 성공을 유지하기가 힘들다는 사실이 입증되는 중이었다. 레드우드밸리의 정착지를 그 지역 공직자들이 각별히 눈여겨 보게 되었기 때문이다. 공립 초등학교에 다니도록 허락받은 인민사원 아이들에 대해서 교사들이 점점 수상함을 느낀 것이 시작이었다. 이 아이들은 조숙했으며, 교실에서 마르크스주의며 변증법적 유물론에 관해서 대놓고 말했다. 한 교사는 인민사원 아이들로 이루어진 무리가 서로의 멍 자국을 비교하는 모습을 발견했다. 한데 모여 있을 때는 모두들 주말에 놀다가 다친 상처라고 말했지만, 걱정하던 교사가 아이들을 따로따로 불러 물어보았더니 인민사원 지도부의 강요로 인해 관리 감독도 없이 산으로 가혹한 도보 여행을 다녀왔다는 대답이 나왔다.

존스의 사생활도 문제였다. 서부로 이주하기 전부터 마셀린은 남편이 여러 명과 외도를 벌인다고 의심했었는데, 캘리포니아로 돌아온 이후부터는 굳이 숨기려 하지도 않았다. 그는 회중의 관계에서 더 많은 개방성을 독려했는데, 1970년대 동안 자유로운 사랑과 배우자 교환이라는 개념이 전 국민의 상상력을 사로잡게 되면서, 성(性)적 공유는 인민사원의 핵심 특징이 되었으며, 지도자의 주먹구구식 공동체주의 선언에도 딱 맞아떨어졌다. 심지어 존스는 남자와 여자 모두를 상대하는 성관계를 신도에 대한 목회의 연장으로 간주했다. 남자들에게는 내면의 동성애적 충동에 대한 억압을 극복할 수 있도록, 관계 맺기에 곤란을 겪는 여성들에게는 존중에 따른 관계를 경험할 수 있도록 돕는다는 이유였다.

그는 가벼운 외도도 많이 가졌다. 교인들로부터 왜 남들하고만 하고 나랑은 안 하느냐는 항의가 폭주하자, 언젠가 한번은 자기를 원하는 사람이면 누구하고나 자겠다고 선언했으며, 그날 하루 동안 여성과 남성을 가리지 않고 16회 남짓한 성관계를 했다고 기록했다. 그는 짧게 만난 애인도 많았지만, 캐럴린 레이턴Carolyn Layton과는 장기간의 공개 관계를 유지했는데, 그녀의 남편 역시 인민사원의 구성원이었다. 레이턴은 이 외도를 축복이라고 간주했으며, 마치 하느님에게 선택받은 듯 존스와 깊은 사랑에 빠진 나머지, 그의 자녀를 비롯한 모든 사람 앞에서 자기네 관계를 굳이 숨기지 않았다. 급기야 그녀는 임신을 했으며, 1973년에 키모Kimo라는 별명으로 통한 짐 존Jim John을 낳았다.

계속되는 외도와 늘어나는 마약 투약(그는 특히 진정제인 퀘일루드와 주사제인 발륨을 선호했다)으로 존스는 점차 자제력을 잃어 가기 시작했다. 어쩌면 다른 영역에서도 통제권을 주장하려던 황당무계한 시도 역시 이런 사실과 관계가 있었을 수 있다. 그는 상상의 암살 시도에 반응하여 개인 안전의 세부 내용을 강화했으며, 신체적으로 가장 위압적인 추종자들에게 총을 나눠 주어서 자기를 경호하고 경내를 순찰하게 했다. 이러한 통제벽이 발동한 상태에서 내린 한 가지 조치는 나중에 다시 존스(아울러 존스타운에 머물던 908명의 추종자)를 괴롭히게 되었다. 1972년에 팀과 그레이스 스톤이 아들 존 빅터 스톤John Victor Stone을 낳았다. 하지만 컬트 지도자는 그레이스가 모르는 사이에 팀을 부추겨서 그 아이의 생부는 사실 짐 존스라고 밝힌 진술서에 서명하게 했다. 당연히 거짓말에 불과했지만, 혹시나 이들 부부의 헌신이 흔들릴 경우에 이 충성의 표지를 무기로 사용할 수 있으리라 여겼던 것이다.

추종자들에 대한 존스의 위험한 장악은 이제 언론의 관심도 끌기 시작했다. 린에서의 귀향 쇼 직후에 『인디애나폴리스 스타』의 기자들은 인민사원이 1960년대에 신앙 치유 쇼를 하던 교회였음을 떠올리고 『샌프란시스코 이그재미너』의 종교 담당 편집자 레스터 킨솔빙Lester Kinsolving에게 연락을 취했다. 이에 킨솔빙은 『인디애나폴리스 스타』를 대표하는 기자 캐럴린 피커링Carolyn Pickering과 공동 취재를 시작했다. 이들은 레드우드 밸리의 거주지를 감시하고, 지역 주민과 인터뷰하고, 아동 학대 의심과 기타 소문에 대한 정보를 수집했다. 인민사원 예배에도 참석하고 무장 경비병도 목격했다.

이들의 신문 연재 기사가 나오기 시작하면서부터, (존스가 무려 40명을 죽은 자 가운데서 다시 살려 냈다는 등의) 갖가지 터무니없는 주장이며, 인민사원의 카니발 비슷한 치유 광경이며, 누군가가 그를 하느님이라고 부르자 건성으로 부정한 사실을 샌프란시스코 주민들도 알게 되었다 ("만약 당신이 '그는 하느님이다'라고 말한다면, 어떤 사람들은 당신이 미쳤다고 생각할 겁니다. 그들은 설명할 수 없습니다. 나는 당신이 치유되어서 기쁩니다만, 나는 사실 하느님의 사자일 뿐이며 … 초자연적인 치유 능력을 갖고 있습니다"). 한 기사에서는 어느 십 대 소녀가 인민사원의 또 다른 구성원과 억지로 결혼하고 멘도시노의 생활 보호 대상자 명단에 이름을 올려서 받은 정부 지원금을 강제로 인민사원에 넘겨주었다는 사실도 밝혔다.

존스는 이에 대응해 열성 신자들을 『샌프란시스코 이그재미너』 본사로 보내 피켓 시위를 벌였다. 신문에서 직접 인터뷰하려 시도하자, 리무진을 타고 나타나서 기자를 뒷좌석에 앉은 무장 경비원 옆에 태웠다. 라이터먼의 설명에 따르면, 이후 존스는 그 기자를 태우고 도시의 험악한 지역을 한 바퀴 돌더니 텅 비어 있는 엠바카데로 부두를 지났다. 팀 스톤은 앞좌석에 앉아서 자기 신분도 밝히지 않은 채 법적 조치를 취하겠다고 위협했다. 결국 『샌프란시스코 이그재미너』는 후속 보도를 취소하고 말았다.

1973년에는 '해방의 날개' 시절부터 함께했던 충성파 가운데 한 명이었던 짐 코브를 비롯한 청년 지도자들 여덟 명이 인민사원에서 이탈했다. 이후 '여덟 혁명가'로 일컬어진 이 탈퇴자들은 처음으로 짐 존스에게 반발한 구성원들이었으며, 심지어 인민사원 공동체 가운데 한 곳에서 그에게 총구를 들이대는 선까지 나아갔다. 이들은 자기네를 놓아줄 것과, 아직 남아 있는 가족들을 처벌하지 말 것을 요구했다. 상황이 상황이니만큼 존스도 동의했다. 그 대가로 이들은 지도자와 인민사원이 계속 평온을 유지하도록 내버려 두기로 했다.

그해 12월 13일, 몇 차례 설교를 하기 위해 LA를 방문한 존스는 클린트 이스트우드 주연의 영화 〈더티 해리〉를 상영 중인 어느 극장에 들렀다. 거기서 가까운 맥아더 공원은 게이들이 모이는 지역이어서, 당시 극장 안에도 잠복 경찰이 근무 중이었다. 그리하여 존스가 한 청년을 유혹하더니 성기를 드러내고 자위를 시작하자마자 경찰이 나타나 체포해 버렸다. 팀스톤은 터무니없는 변명을 내놓았으며, 심지어 자기네 지도자가 최근 비뇨기과 수술을 받았기 때문에 주기적으로 성기를 자극시킬 필요가 있다고 설명한 의사의 확인서까지도 첨부했다. LA 경찰은 존스를 석방했지만, 대신 그에 관한 수사 서류철을 만들고 인민사원을 감시하기 시작했다.

　　존스는 자신이 보유한 정치적 연줄의 효력이 떨어지고 있음을 깨닫고, 인민사원 최고 지도자들인 마셀린, 아이제임스, 빔, 카트멜을 불러 모았다. 그는 이제 자기네만의 안전한 도피처를 찾을 때가 되었다고 말했다. 빔과 아이제임스는 가이아나(이 나라를 선택한 이유는 미국과 범죄자 인도 협정을 맺지 않은 상태였기 때문이다)로 날아갔고 수도인 조지타운의 개발 위원회에 2만 달러 기부를 약속하여 지역 정부를 구워삶았다. 1974년 말에 면적 13제곱킬로미터의 부지를 매입하면서, 이들의 사회주의 유토피아 건설이 시작되었다.

죽음과 의혹

음악가 밥 휴스턴Bob Houston은 버클리를 갓 졸업한 직후인 1969년에 아내 필리스와 함께 인민사원에 가입했다. 공동체 환경에서 부부는 사이가 멀어졌는데, 하루는 인민사원의 '카타르시스', 또는 비판 세션에서 자기네 성생활에 대해 무리로부터 질문을 받았다. 존스가 좋아했던 것처럼 보이는 그 시절 특유의 솔직한 정신으로 두 사람은 잔혹하리만치 솔직한 발언을 내놓았다. 1년 넘도록 성관계를 하지 않았다는 것이었다. 존스는 혹시 각자 다른 사람을 만나 보고 싶은 생각이 있느냐고 물어보았고, 이에 필리스는 버젓한 만남이라면 개의치 않는다고 대답했다. 그러자 존스는 레드우드밸리 공동체에 최근 새로 온 구성원인 조이스 쇼Joyce Shaw와 밥이 관계를 시작하는 것을 허락했다.

조이스와 밥은 인민사원의 간행물 『살아 있는 말씀Living Word』을 함께 만들고 있었는데, 둘 사이가 가까워지기 시작하자마자 존스는 밥에게 다시 필리스에게 돌아가라고 명령했다. 이것이야말로 그가 종종 빠져들었던 자의적인 권력 사용의 일종이었다. 이런 명령은 순종을 강조하고 자아를 박탈했다. 하지만 존스는 금세 후회하고 조이스와 밥이 다시 함께 사는 것을 허락했다. 두 사람은 심지어 인민사원 외부에서 일자리를 얻고 샌프란시스코에 아파트를 하나 임대할 수 있는 허가도 받았다. 두 사람 모두 인민사원의 사업을 운영하는 이너 서클의 일부인 계획 위원회의 구성원이기도 했다. 두 사람은 엘리트 지위에 따르는 자유와 책임을 누렸지만, 그런 와중에도 고된 노동을 담당하는 한편 샌프란시스코 아파트에 다른 구성원들을 데려와 함께 살아야만 했다.

밥은 거의 항상 두 가지 일을 했으니, 한편으로는 음악 요법사나 교사나 상담가로 일했으며, 또 한편으로는 샌프란시스코 서던 퍼시픽 철도 조차장에서 야간 전철수로 안정적인 일자리를 유지했다. 그는 생각이 깊고 학구적이었으며('꼬마 교수님'이란 별명으로 통했다), 인민사원의 정치 활동을 진지하게 받아들여서 마르크스주의와 세계 동향을 공부했다. 한번은 예배 중에 존스가 혹시 질문 있는 사람이 있느냐고 묻자, 밥은 그걸 진지한 요청이라고 오해한 나머지 상대방조차도 미처 답을 몰랐던 여러 시사 현안에 대해서 예리한 질문을 퍼붓기도 했다. 머지않아 그는 현란한 어휘와 부르주아적 지성주의를 구사한다는 이유로 비웃음을 당하는 처지가 되었는데, 지도자의 독려 없이는 결코 일어날 수 없을 법한 일이었다.

그 와중에 조이스는 점점 더 환멸을 느낀 나머지 인민사원을 떠나고 싶어 했다. 맥아더 공원 사건 이후 감시가 강화되자, 인민사원에서는 구성원들에게 봉급 전액을 교회에 내놓으라고 요구하기 시작했다. 존스는 준비를 마치는 대로 모두를 데리고 가이아나로 이주할 계획이었다. 사람들은 비용 충당을 위해 소액의 용돈만 지급받았다. 식사도 인민사원 시설에서 공동으로 해결했다. 가혹한 배급에도 불구하고 조이스는 부모에게 돌아갈 버스비로 쓸 돈을 아껴 두고 있었다. 여전히 밥을 사랑했지만, 그녀는 어느 날 밤에 근무를 마치고는 아무에게도 이야기하지 않은 채 그곳을 빠져나와 오하이오로 돌아갔다.

인민사원을 버리고 떠날 이유야 많고도 많았다. 존스는 체벌을 도입해서 나무로 만든 '교육의 매'로 때리는가 하면, 심지어 권투 경기를 개최하기도 했다. 처벌 대상자는 자기보다 더 강한 상대와 대결을 벌였다. 어찌어찌 방어에 성공해서 주먹에 맞지 않을 경우, 이보다 더 강한 상대와 재대결을 벌였다. 존스는 이 세계가 잔인한 장소라는 이유로 그런 처벌의 잔혹성을 정당화했다. 그의 말에 따르면 인민사원은 항상 사랑이 넘치며, 이곳의 교정은 항상 자비롭다고 했다. 반면 외부 세계는 자기네처럼 친절하지 않을 것이라고 했다.

통제를 보장하기 위한 더 교활하고 극단적인 방법도 있었다. 부모들은 자녀들과 성관계를 했다는 자술서에 서명할 수밖에 없었는데, 이 서류는 교회의 서류철에 보관되었다가 이들이 공동체를 떠나거나 언론에 제보하려 할 때 사용될 예정이었다. 때로 인민사원 구성원들은 빈 종이에 서명하기도 했는데, 나중에 가서 아무 내용이나 타자로 작성해 넣기 위해서였다. 이처럼 갖가지 거친 대우와 정신적 학대로 인해 여덟 혁명가의 이탈이 촉발되었고, 조이스도 장거리 전화로 밥에게 연락해서 그곳을 떠나라고 설득하기 시작했다.

밥은 골수 신자였지만, 그래도 조이스의 전화를 받기는 했다. 1976년 10월 4일, 밥은 마지막 통화에서 조이스가 부탁한 대로 옷 몇 벌을 챙겨서 우편으로 부쳤고, 그날의 첫 근무지인 소년원으로 보호 관찰 상담사 일을 하러 갔다. 그런데 두 번째 근무 도중에 밥은 조차장에서 기차에 치여죽고 말았다. 당시 기차는 사람이 걷는 속도로 느리게 움직이고 있었고, 그는 여러 해 동안 그곳에서 일한 데다가 원체 세심한 성격이었다. 조이스는 밥이 치명적인 실수를 범했을 가능성은 전혀 없다고, 심지어 인민사원의 주장처럼 자살했을 가능성은 더욱 없다고 믿었다. 인민사원의 전화를 이용하다 보니 밥이 똑부러지게 대답하지는 않았지만, 그래도 두 사람이 나눈 대화는 희망적이었다. 조이스는 존스의 행동 대원들이 밥을 살해한 것은 아닌지 의심했다. 그를 억지로 철로에 누워 있게 만들었거나, 아니면 구타해서 의식을 잃게 한 다음에 사고를 당하게 했거나, 둘 중 하나였다.

조이스는 밥의 부모에게 편지를 보내서 자신의 의구심을 털어놓았다. 그녀는 그가 필리스와의 사이에서 낳은 두 아이를 여러 해 동안이나 보살펴 왔으며, 아직도 그 아이들을 사랑하고 있었다(두 사람은 존스와 계획 위원회의 한 그룹의 요구로 이미 결혼한 상태였다). 조이스는 당신들의 손자 손녀가 가이아나로 가게 그냥 내버려 두어서는 안 된다고 경고했다. 그녀에 따르면, 사람들은 그곳에서 극심한 고통을 당하고 있으며, 그곳의 생활은 가혹했다. 샌프란시스코에서 최근에 있었던 집회에서 존스는 자기가 음료에 독극물을 탔다고 밝혔고, 이에 군중 가운데 미리 심어 놓은 교인들이 토하고 죽어 가는 척 연기를 벌이는 중에도 그저 사람들은 지켜보기만 했다. 사실은 독극물을 타지 않았다고 밝힌 다음, 그는 당황하지 않은 사람들을 칭찬하면서 그들이야말로 자기 말처럼 '혁명적 자살'을 행할 채비가 되었다고 말했다. 어쩌면 이 사건은 미래에 가이아나에서 실시된 긴급 조치를 위한 예행 연습이었을지도 모른다.

밥의 사후에 인민사원에서는 그가 당일 오전에 사표를 타자로 작성해서 짐 존스에게 제출했다고 밝혔다. 밥의 부모에게 보낸 편지에서 조이스는 그 주장이 거짓말인 이유를 설명했다. 남편은 이제껏 뭔가를 타자로 작성한 적이 한 번도 없었다는 것이었다. 그 편지는 인민사원의 다른 구성원들에게 보내는 경고임이 분명했다. 존스가 곧 하느님이라고 믿는 사람들이 보기에는 이것이야말로 배신자에게 닥치는 가혹한 운명의 증거였다. 신앙을 잃어 가면서 인민사원이 현재 가는 길에 대해 의문을 제기하기 시작한 사람들에게는 이 경고가 더 분명하게 보였다. 이것이야말로 존스가 떠나려는 사람을 처벌하기 위해 어느 정도로 난폭해질 것인지를 보여 준 셈이었다.

밥의 아버지 샘 휴스턴은 마침 어소시에이티드 프레스AP 샌프란시스코 지부의 사진 기자여서, 조이스의 편지를 『샌프란시스코 이그재미너』 최고의 탐사 보도 기자인 팀 라이터먼에게 가져갔다. 머지않아 조이스는 캘리포니아로 돌아가서 이 기자에게도 직접 제보하기 시작했다. 밥의 아버지는 여기서 멈추지 않았다. 그는 미국 연방 하원 의원 리오 라이언 Leo Ryan과도 접촉했는데, 이 정치인으로 말하자면 자기가 관심을 둔 사안에 대해서는 직접 뛰어들어 파헤치기를 좋아하는 이례적인 인물이었다. 1965년의 와츠 폭동 이후에는 대체 교사로 일하면서 그곳의 삶이 어떤지를 파악하려고 했다. 캘리포니아주 의원으로 일할 때는 감옥 개혁 위원회를 담당하면서 익명으로 직접 감옥에 가서 현장 상황을 조사하기도 했다. 어떤 사람들은 이 모두가 홍보용 술책에 불과하다고 생각했지만, 라이언의 주도로 시작된 의회 조사원과 언론인의 제휴로 인해 인민사원은 원치 않은 관심을 받게 될 처지에 놓였다.

놀랍게도 짐 존스의 입장에서는 이것조차도 부차적인 사건에 불과했는데, 마침 이보다 훨씬 더 큰 재난이 닥쳐 있었기 때문이다. 1976년에 그의 정계 대리인 팀 스톤의 아내인 그레이스 스톤이 인민사원에서 이탈했다. 하지만 팀은 이미 자기 아들의 생부가 존스라고 주장하는 서류에 서명한 상태였기 때문에, 법적으로 존 빅터 스톤은 실제로는 한 번도 동침한 적 없었던 그레이스와 존스의 아들로 되어 있었다. 따라서 그녀는 아이를 남겨 놓고 떠날 수밖에 없었다. 여차하면 아들로부터 영영 외면받게 되리라고 걱정한 어머니는 양육권 소송을 제기했다. 이 과정에서 그레이스는 인민사원의 비밀을 모두 폭로하겠다고 위협했는데, 무려 인민사원의 법적 해결사의 아내이다 보니 그녀는 모든 것을 상당히 잘 알고 있는 처지였다.

1976년 말에 『샌프란시스코 크로니클』 기자 마셜 킬더프Marshall Kilduff가 짐 존스와 주택 위원회에 관해서 보도하기 시작했다. 무장 경비원 여러 명을 대동한 채 지루하고 관료적인 청문회장에 도착한 이 목사는 뭔가 수상적은 데가 있었다. 존스를 다채로운 인물이라고 생각한 킬더프는 레드우드밸리를 방문하기로 했고, 다른 방문객 무리와 함께 내부를 구경했다. 그런데 중간쯤 되어서 그는 자기 주위의 사람 모두가 미리 심어 놓은 한패임을 깨달았다. 이들은 단지 적당한 질문을 던져 안내원이 대답 삼아 그곳의 양로원과 청소년 쉼터와 마약 재활 센터 같은 인민사원의 장점을 이야기할 수 있게 하려던 것뿐이었다. 킬더프는 기사를 써 보자고 제안했지만 편집자들은 하나같이 부정적이었다. 이 사안은 몇 년 전에 레스터 킨솔빙이 보도한 바 있었지만, 그때도 그리 큰 반응은 없었기 때문이었다.

킬더프는 굴하지 않았다. 그는 이 사안을 프리랜스 기사로 다른 여러 매체에 제안해서, 잡지 『뉴욕』의 자매지인 『뉴 웨스트』의 승인을 얻었다. 적극적인 주간지에서 정식으로 의뢰를 받게 되자, 킬더프는 이 사안을 더 깊이 파헤치기 시작했다. 몇 달이 걸려서야 그는 기사에 도움을 줄 정보원들을 찾아냈다. 여덟 혁명가 대부분에다가 그레이스 스톤 같은 이탈자 몇 명이 도움을 주었다. 1977년 7월 마지막 주에 마침내 등장한 기사는 깜짝 놀랄 만한 수준이었다. 『뉴 웨스트』에서는 광범위한 학대의 목격담을 상세히 보도했다. 엘머 머틀은 자기 딸이 허리띠로 75대나 맞은 날을 회고했다. "아이가 어찌나 심하게 맞았던지, 다른 아이들한테서 엉덩이가 햄버거처럼 다져졌다는 이야기까지 들었습니다." 엘머가 킬더프에게 한 말이었다. 버디 메러블은 동부에 다녀왔던 전세 버스 여행 중에 사람이 어찌나 많았던지 복도에 서 있기도 했고, 짐칸에 누워 있기도 했고, 때로는 버스 아래 화물칸에 들어가 있기도 했다고 자세히 설명했다. 웨인 피틸라와 짐 코브는 짐 존스가 엉터리 신앙 치유 과정에서 추출했다고 주장한 '암덩어리'의 실체로 추정되는 닭 모래주머니를 단단히 지키고 있었던 일에 대해서 증언했다. 월트 존스(짐 존스와 혈연관계는 아니었다)는 정서 불안 소년들을 위한 쉼터를 운영하는 과정에서 아이들에게 쓸 정부 지원금의 50퍼센트 이상을 인민사원에 넘겨주어야 했다고 폭로했다. 미키 터쳇은 로스앤젤레스와 샌프란시스코에서 예배를 한 번 드릴 때마다 1만 5천 달러 이상이 걷혔다고 증언했다. 어찌나 충격적인 보도였던지, 급기야 하원 의원 리오 라이언이 인민사원에 대한 전면 조사를 시작했다.

『뉴 웨스트』의 보도가 나오기 직전에 짐 존스(그는 자체 첩보망을 통해서 이미 이 기사의 사본을 입수한 상태였다)는 샌프란시스코 소재 글라이드 메모리얼 연합 감리교회의 세실 윌리엄스Cecil Williams 목사에게 연락을 취했다. 친구이자 후원자인 이 목사에게 혹시나 법적 소송이 벌어진다면 과연 자기에게 승산이 있겠느냐고 물어보고는, 대뜸 자기는 지금 가이아나로 떠날 준비를 마치고 로스앤젤레스 국제공항에 나와 있다고 덧붙였다. 본래 투사였던 윌리엄스(그는 미국 흑인 목사 중에서 동성애자의 권리를 위한 투쟁에 참여한 최초의 인물 가운데 하나다)는 존스에게 일단 국내에 머물면서 본인과 인민사원을 위해 맞서 싸우라고 촉구했다. 이렇게 떠나 버리면 오히려 유죄를 인정하는 것으로 간주된다는 이유에서였다.

하지만 짐 존스는 친구의 조언을 듣지 않았다. 그는 바로 그날 가이아나로 떠났고, 이후 미국에는 두 번 다시 발을 딛지 않았다.

암흑의
핵
심

모든 컬트의, 특히 철저한 폭력으로 끝을 맺은 컬트의 연대기에는 항상 그 조직이 선을 넘어 비인간성으로 돌입한 순간이 있게 마련이다. 어떤 경우에는 카리스마적 지도자에서 살인적인 광인으로의 이행이 워낙 점진적이기 때문에, 정확히 언제 그 일이 일어났는지를 꼬집어 말하기가 힘들다. 레드우드밸리에서 짐 존스는 이미 정신 조종의 고전적인 기법 모두를 도입한 바 있었다. 예를 들어 사람들을 가족으로부터 갈라놓기, 이의 제기자를 처벌하기, (결혼 주선이라든지, 부모와 자녀의 분리처럼) 행동을 지시하기, 식량이나 금전이나 수면 같은 귀중한 자원을 배급하기, '우리 대 그들'이라는 사고방식을 만들어 냄으로써 골수파 신자를 세상으로부터 더욱 분리하기 등이 그런 기법이었다. 하지만 존스타운에 도착하고 나서는 이런 모든 소질이 점차 더 뚜렷해지고, 더 폭력적이고, 더 걷잡을 수 없어졌다. 인민사원의 낙원 체류 기간은 짧았다. 그가 가이아나에 도착한 날부터 집단 자살이 일어난 날까지는 겨우 1년 4개월에서 조금 더 걸렸을 뿐이었다.

샌프란시스코에 남아 있던 존스의 지지자들은 당황해 마지않았다. 조지 모스코니 시장은 배신감을 느끼면서도 공개적으로는 그를 지지했으며, 자기가 전해 들은 바(문제의 주택 위원회 대표가 머지않아 돌아올 것이라는 이야기)를 계속해서 믿었다. 하지만 짐 존스가 1977년 8월 2일에 무전으로 사임 편지를 읽어 주자 그 믿음도 끝나 버리고 말았다. 추종자들이 가이아나로 대거 이동(전세기를 이용해 한 번에 40명에서 50명씩 도착했다)하면서 현지의 이민 담당 관청도 업무 부담이 커졌다. 원래 이 기관은 국외로 도망치는 사람들에 더 익숙했기 때문이다. 인민사원 구성원 가운데 다수는 아무 말도 없이 한밤을 틈타서 가족 곁을 떠났다. 또 일부는 우선 동부 연안으로 간 다음, 거기서 행적을 속이기 위해 여러 차례의 짧은 비행을 애써 거친 다음 가이아나까지 가기를 희망했다. 9월에 이르자 거의 천 명에 가까운 사람들이 밀림의 임시 공동체에 도착했다.

포트카이투마에서 망가진 도로를 지나 존스타운의 정문에 도착한 추종자의 눈에 맨 처음 보인 것은 입구 위로 설치된 나무 가로대에 매달린 간판이었다. 거기에는 이렇게 적혀 있었다.

| 환영합니다
| 인민사원
| 농업 프로젝트

다음으로 이들은 검문소를 지나갔다. 원래는 기계류를 담던 상자의 이중 바닥을 이용해 가이아나로 무기를 밀수한 상태였다. 존스는 총을 가리키는 암호인 '성서'를 언급하며 무전으로 자기 무기고에 더 많은 물건을 주문했다. 『갈까마귀: 짐 존스 목사와 그 인민의 알려지지 않은 이야기』에서 팀 라이터먼은 그런 연락 내용 가운데 하나를 인용했다. "2번가와 미션가 교차로의 성서 거래소에 가게나." 존스의 말은 바로 그 교차로에 자리한 샌프란시스코 총기 거래소를 가리키는 것이었다. "거기에는 플래시가 있을 텐데, 검은 금속으로 만들고, 길이는 24인치인 종류라네. 알아들었나?"

마지막으로 새로 온 사람들은 어느 개활지에 도착하게 되는데, 거기서는 존스타운의 전체 광경이 한눈에 들어왔다. 수만 제곱미터에 달하는 바나나 과수원과 농지가 있었다. 경내는 커다란 건물로 시작되었는데, 바로 식당이었다. 그 옆에는 샤워장이 있었고, 길을 따라가면 캠프에서 가장 활발한 공간인 파빌리온, 즉 금속 지붕이 덮인 커다란 모임 장소가 나왔다. 기숙사는 다섯 군데로 성별에 따라 분리되어 있었으며, 공동체의 가족을 위한 주택 단지도 있었고, 보육원과 학교와 무전실도 있었다. 생활 구역 뒤에는 방대한 여가 공간이 있었다. 그중에서도 가장 고급스러운 건물 두 채(물론 상대적으로 그렇다는 뜻이다. 여하간 이곳은 밀림 한가운데였으니까)는 숙박하는 방문객과 고위직을 위해 설계된 동관東館과 짐 존스와 그 가족이 사는 서관西館이었다. 하지만 가장 사적이고 덜 공동체적인 존스의 숙소조차도 미국의 기준에서 보자면 빈약한 편이었으며, 호화스러운 휴식처라기보다는 소박한 오두막에 가까웠다. 그의 숙소와 다른 숙소들의 가장 큰 차이점은 바로 옷장 속과 침대 밑 서랍 속에 잔뜩 들어 있는 약품 더미였다. 거기에는 데메롤과 퀘일루드 같은 강력한 마취제부터 마약에 취한 상태를 중화하는 각종 암페타민도 있었는데, 이 중화제는 필요한 경우 그를 언제든지 다시 남들 앞에 나설 수 있는 상태로 만드는 데 도움을 주었다.

가이아나에서 짐 존스는 과거에 자신을 신과 같은 인물로 만들어 주었던 허구를 더 이상 유지할 수가 없었다. 무엇보다도 존스타운에는 사생활이 거의 없었기 때문이다. 그곳에는 비밀이 없었다. 노인들이 사는 기숙사에서는 존스의 오두막이 훤히 보여서, 결국 그의 외도며, 특별 치료며, 마약에 취해 오랜 시간 활동 불능 상태로 있는 모습 등이 모조리 남의 눈에 띄었다. 추종자들이 배고프고 강제 노동으로 지친 상태에서 각자의 숙소에서 바깥을 내다보면, 존스가 비키니 차림인 여자들의 시중을 받으며 길고도 호화스러운 식사를 즐기는 모습이 보였다. 마약 복용으로 인한 마비 상태가 오래 지속되었음에도 그는 확성기 붙잡기를 멈추지 않았고, 알아듣기 힘든 말로 자기네 사회주의 낙원을 위협하는 적들에 대한 과대망상적 환상에 몰두했다. 몇 시간이나 이야기를 하는 데 익숙했던 존스는 이 평생의 습관을 유지했으며, 이미 앞뒤가 맞는 이야기를 꺼내지 못하게 된 지 한참이 지나서도 여전히 장황한 이야기를 내놓곤 했다. 한번은 유난히 앞뒤가 맞지 않는 이야기를 지껄이자 캠프 본부에서 마이크를 꺼 버려서, 농지에서 일하던 사람 모두가 축복이나 다름없는 침묵을 즐길 수 있었다. 때로는 최측근들이 마이크를 이어받아서 그의 의도를 해석해 주기도 했다.

존스의 장광설에서 공적公敵 제1호는 바로 팀 스톤이었다. 그는 1977년 초에 이곳을 방문해서 인민사원과 조지타운 정부 사이에 생겨난 정치적 긴장을 완화하는 데 도움을 주었으며, 자기 아들 존 빅터를 만나기도 했다. 그레이스의 이탈 이후 회의에서 배제된 팀은 혹시 아들이 부모 모두에게 등을 돌리게끔 존스가 획책하지는 않을까 하고 의심했다. 팀은 자기가 항상 감시하에 있음을 알았기에, 지나치게 의심스럽게 행동하지는 않으려고 노력했다. 한밤을 틈타 아들을 데리고 나올 계획까지는 없었지만, 존 빅터와 짐 존스가 가깝다는 사실 때문에 신경이 쓰이기는 했다. 게다가 이미 몇 년 전에 이혼한 사이였지만, 팀은 여전히 그레이스를 배신했다는 느낌을 받았다.

귀국 직후 팀은 그레이스가 존 빅터의 양육권을 되찾기 위해 캘리포니아에서 제기한 소송에 동참했다. 1977년 9월 7일에 짐 존스는 이 배신 행위를 캠프에서 발표했으며, 스톤 부부가 자기를 체포하고 아이를 데려가기 위해서 사법 기관을 파견했다고 모두에게 말했다. 그날 밤에 그는 낡아 빠진 책략을 꺼내 들었다. 서관에 대한 가짜 공격을 꾸민 것이었다. 마약 투약 때문에 거의 매일 몸이 아팠던 존스는 자신의 심각한 부상을 치유했지만, 더 이상 진실을 부정할 수 없다고 발표했다. 존스타운이 현재 포위 공격을 당하고 있다는 것이었다. 이후 6일 동안 그는 추종자들에게 휴식을 전혀 허락하지 않았고, 존스를 체포하거나 아니면 이곳의 모든 사람을 죽일 목적으로 미국의 비밀 공격 부대가 존스타운에 파견되었다고 주장했다.

이러한 자칭 전쟁의 와중에 존스는 인민사원 구성원들을 파빌리온에 한데 모았다. 슬픔이 깃든 목소리로 그는 자기네 모두가 변곡점에 도달했다고 말했다. 몇 년 전의 끔찍했던 날 밤에 샌프란시스코에 있었던 사람은 이 모임이 어디로 향하게 될지를 어쩌면 깨달았을 수도 있다. 존스는 혁명적 자살이라는 자신의 발상을 향해 공개적으로 돌아가고 있었던 것이다. 다행히 짐 존스의 유일한 친자인 스테판이 나서서 아버지를 간신히 진정시켰고, 1977년 9월의 가상 포위 공격에 대해서는 잊어버리게 했다. 하지만 집단 자살에 대한 짐 존스의 호소는 여기서 끝나지 않을 예정이었다.

확성 장치에서 지직 하고 소리가 날 때마다 추종자들은 파빌리온에 한데 모였다. 존스는 대의를 위한 자살의 잠재력과 위력에 대해서 장광설을 늘어놓았다. 추종자가 질문을 던지면 카리스마적인 태도로 이들의 의지를 꺾었으며, 합동 자살보다 커다란 몸짓은 없다고 말했다. 존스타운에서는 이런 행사를 가리켜 '철야White Nights'라고 불렀다. 한 번 시작하면 몇 시간에 걸쳐서 밤늦게까지 존스는 추종자들에게 겁을 주어서 자기네가 죽음으로부터 얼마 떨어지지 않은 상태라고 생각하게 만들었다. 하지만 상상의 포위 공격과 마찬가지로 철야 역시 매번 끝나 버리고 말았다. 존스는 추종자들을 존스타운의 일상으로 돌려보냈으며, 심지어 휴식을 취하라며 하루 휴일을 주기도 했다.

철야가 끝나고 나면 존스는 충성파를 향해서 의지의 힘을 발휘하라고 독려했다. 오로지 충성을 통해서만이 자기들을 겨냥해 모이는 적대 세력을 격파할 수 있다고 생각했기 때문이었다. 이런 치명적인 훈련 세션은 오늘날의 심리학 강의에서 조작적 조건화의 극단적 사례로 널리 인용되는데, 짐 존스는 반복과 보상을 통해서 비인간적인 것조차도 점차 정상화시켰다. 이런 방식으로 혁명적 자살이라는 부자연스러운 발상이 정상적인, 심지어 정기적인 행동으로 변하고 말았다.

수사망이

좁혀
오다

미국에서는 팀 라이터먼이 인민사원 이탈자 리언 브루사드Leon Broussard를 만났다. 원래 노숙자였던 그는 존스타운에 가면 결핍에서 해방될 수 있다는 약속을 존스에게 받은 적이 있었다. 하지만 가이아나에 도착한 브루사드는 제재소에서 건설 현장까지 목재를 운반하고 풀을 베는 등 쉬지 않고 일해야 했다. 고된 노동은 물론이고, 제대로 일하지 못하는 사람은 공개적으로 매질을 당하고 식사조차 빼앗겼다. 너무 많은 목재를 짊어져서 어깨에 상처가 난 브루사드는 처음에는 캠프 경비원에게, 나중에는 처벌을 위해 불려 나갔을 때 존스에게 직접 휴식을 요청했다.

존스는 그를 가로, 세로, 깊이 2.7미터씩인 정육면체 구덩이에 집어넣겠다고 위협했는데, 브루사드가 이미 목격했듯이 그 구덩이는 열심히 일하지 않는다고 간주되어 처벌당한 추종자들이 하루 종일 멍한 상태에서 강제로 파낸 것이었다. 그는 결국 그곳에서 탈출해 포트카이투마로 갔고, 혹사를 당했다고 진정을 제기해서 미국 대사관의 주목을 받았다. 원치 않는 주목을 피하고자 인민사원에서는 브루사드가 요구하는 대로 귀국 비용을 대 주었다. 하지만 이런 일련의 일들로 인해 존스타운은 이제 공식적으로 미국 정부의 신중한 관찰 대상이 되었으며, 이는 임박한 공격에 대한 존스의 과대망상적 예언에 또다시 불을 지폈다.

리언 브루사드의 주장은 검증이 불가능했지만, 팀 라이터먼의 조사 인력이 관련자의 친지들은 물론이고 자체적인 조사를 통해서 수집한 부정적인 내용은 그것 말고도 수두룩했다. 하원 의원 측에서도 가이아나에서 부정 행위가 벌어지고 있음을 점점 더 확신하게 되었고, 급기야 자기가 가진 선택지를 살펴보기 시작했다. 리오 라이언 의원은 항상 직접 개입할 방법을 찾으려 들었기에, 존스타운을 공식 방문하기 위한 기초 작업을 시작했다.

이제는 문명으로부터 멀어진 짐 존스는 마치 존스타운이 자신의 왕국이라도 되는 것처럼 행동하기 시작했다. 그는 쿠바와 유고슬라비아는 물론이고 심지어 북한 같은 공산주의권 국가들의 대표단을 초청했다. "긴급, 긴급, 긴급"이라고 적은 8500단어짜리 편지를 대통령 지미 카터에게 보내면서, 참고삼아 국무 장관 사이러스 밴스와 가이아나 주재 미국 대사관에도 사본을 발송했다. 편지에서 존스는 인민사원이 마약 중독자와 만성 실업자를 어엿한 시민으로 변모시키는 데 크나큰 역할을 담당했음에도, 가이아나에 있는 자기네 구성원이 생활 보호 지원금을 전달받지 못하는 등 여러 가지 면에서 미국으로부터 홀대받고 있다고 주장했다. 이 편지를 보면 마치 마약에 취한 사람이 노발대발 써 내려간 편지를 돈 많이 받는 법률 고문이 교정한 결과물처럼 보이는데, 실제로도 딱 그렇게 작성된 것이었다.

존스타운에 있는 사람들 가운데 다수는 러시아어를 배우고 있었는데, 혹시라도 가이아나에 자기네 사회주의 낙원을 건설할 수 없다면 다시 이주할 수도 있다는, 이번에는 소련으로 가면 된다는 발상을 존스가 떠올린 까닭이었다. 가이아나 주재 소련 대사관의 표도르 티모페예프Feodor Timofeyev는 심지어 인민사원을 직접 방문해서, 주민들이 부르는 공산당 찬가를 듣기까지 했다. 방문 중에는 인민사원이 자국으로 이주하는 것에 대해서 긍정하는 듯한 발언을 내놓았지만, 이 소문이 미국 대사관까지 당도해 미국 공사 리처드 매코이가 그 가능성을 언급하며 조롱하자, 티모페예프는 그런 이주가 현재는 물론이고 향후로도 진행될 일은 없을 것이라며 잘라 말했다.

그 와중에 존스는 추종자 모두를 통제하는 데서 곤란을 겪고 있었기에, 한편으로는 진료소, 한편으로는 정신 병동, 한편으로는 처벌 시설인 '확장 치료실Extended Care Unit'이란 것을 설립했다. ECU에서는 존스와 의사인 래리 샤크트Larry Schacht가 강력한 약물을 잔뜩 보관하고 있었다. 1만 명분 이상의 정신병 치료제 소라진을 비롯해 서로 다른 알약이 수천 가지나 있었다. 이 시설에서는 2만 명 분의 진통제 데메롤과 5천 명 분의 발륨을 보유하고 있었다. 모르핀, 퀘일루드, 중독성 수면제, 수술용 마취제도 상당량 있었다. 존스와 샤크트는 이들 약물을 불찬성자와 위험 분자에게 투약해 한때 충성파 추종자였던 이들을 사실상 살아 있는 좀비로 만들었다.

존스의 아들 스테판은 ECU 내부에서 실제로 무슨 일이 벌어지는지를 알고 나서부터 여차하면 부친 살해라도 저지르려고 마음먹었다. 한동안은 존스타운 덕분에 목표를 부여받았지만, 아버지의 인성이 갈수록 악화되자 아들은 존스타운의 모든 생활 국면을 통제하려는 그의 광기가 전면적인 정신 이상으로 가속화하고 있다고 믿었다. 하지만 폭력적인 쿠데타야말로 존스타운에서는 전혀 바람직하지 않은 것이었다. 그리하여 스테판은 하루하루 병들어 가는 것처럼 보이는 아버지보다 자기가 더 오래 살아남는 데 희망을 걸었다. 존스의 마약 사용은 걷잡을 수 없는 상황이었으며, 한편으로는 그러한 현실을 감추기 위해서 캠프 내에서는 그가 암에 걸렸다는 소문이 퍼져 있었다. 실제로도 칼턴 굿레트 박사가 그에게 폐 감염 진단을 내린 바 있었다. 이 의사가 나중에 신문에 밝힌 바에 따르면 존스는 워낙 상태가 나빴기 때문에, 추종자들과 함께 죽지 않았더라도 이후 자력으로는 기껏해야 몇 주밖에는 더 살아남지 못했을 터였다.

존스의 애인으로 그의 가족과 함께 서관에 살았던 캐럴린 레이턴조차도 스테판을 향해 아버지의 최후가 닥치면 아들인 너를 지지하겠다고 말했을 정도였다. 스테판은 이복동생 짐 존을 비롯한 다른 사람들을 행복하고 건강하게 유지시키기 위해 노력하며 시간을 보냈다. 그는 청년들과 농구부를 결성했고, 급기야 조지타운에서 열리는 대회에 참가를 허락받았다. 짐 존스는 외부 나들이를 허락하지 않았지만, 마셀린이 스테판도 휴식할 시간이 필요하다며 남편을 설득해서 아들들이 대회에 참석할 수 있게 해 주었다. 그리하여 1978년 11월 초에 스테판을 비롯한 농구부는 짐을 꾸려 존스타운을 떠났는데, 내심 두 번 다시 이곳으로는 돌아오지 않을 작정이었다.

그 와중에 존스타운으로의 최초이자 유일한 공식 원정을 위한 준비가 시작되었다. 선거구민의 민원을 접수한 하원 의원 리오 라이언은 조사차 가이아나로 가서, 현재 그곳에 살고 있는 미국인들의 생활 보호 지원금 상황에 대해 알아볼 예정이었다. 짐 존스는 자기가 물리적으로 저항하지 않는 한, 하원 의원을 존스타운에 오지 못하게 만드는 방법이 없음을 깨달았다. 라이언은 미국 정부의 지원을 받고 있었으며, 존스타운의 사람들은 여전히 미국 시민이었다. 존스는 이것이야말로 또 다른 믿음의 시험이라고 추종자들에게 말했는데, 최대한 많은 사람을 이탈하지 못하게 만들기 위해서였다.

팀 라이터먼과 NBC 취재진 등 언론인들도 하원 의원과 동행할 예정이었다. 아울러 관련자의 친지도 몇 사람 동행할 예정이었는데, 손녀의 상태를 확인하고 싶어 하는 밥 휴스턴의 가족들이며, 과거 인민사원의 청년 지도자였던 짐 코브도 포함되어 있었다. 심지어 팀 스톤도 동행했는데, 그는 짐 존스의 분노를 피하려고 멀찍이 조지타운에 머무를 예정이었다.

일행이 탄 비행기는 11월 15일에 조지타운에 착륙했다. 이틀 뒤인 11월 17일 저녁에야 비행기로 포트카이투마까지 간 다음, 인민사원 호송대의 호위를 받으며 농업 프로젝트까지 갔다. 경비 초소에는 무기가 전혀 보이지 않았다. 나중에 알고 보니 존스의 명령으로 총기를 모두 수거해 버린 까닭이었다.

방문단을 환영하기 위해 파빌리온에서 음식과 음악이 곁들여진 파티가 열렸다. 심지어 짐 존스까지 참석해서 자기네 사람들이 춤추고 노래하는 모습을 지켜보았으니, 철야 행사와는 정반대였다. 파빌리온 위의 플래카드에는 이렇게 적혀 있었다. "과거를 기억하지 않는 사람은 그걸 반복하는 실수를 범할 수밖에 없다."

인민사원 구성원들은 라이언 하원 의원과 기자들을 둘러싼 채 존스타운과 자기들이 사랑하는 지도자를 칭찬하느라 바빴다. 사람들 앞에 나와서 연설한 라이언조차도 이런 상황을 전혀 예상하지 못했다고 시인할 수밖에 없었다. 그는 존스타운이 구성원 다수에게 매우 긍정적인 경험을 제공한 것처럼 보이며, 자기로선 그 사실이 만족스럽다고 사람들에게 말했다. 하지만 팀 라이터먼과 동료 언론인들은 그 정도로까지 확신을 갖지는 못한 상태였다. 이들은 모두가 지켜보는 가운데 행한 즉석 인터뷰를 통해 짐 존스를 궁지로 몰 기회를 잡았고, 이때 존스의 반응은 처음부터 끝까지 변명조였다. 도대체 존스타운이 어떻게 사회주의적 가치를 상징하는지를 묻자 존스는 이렇게 말했다. "이것이야말로 내가 최선이라고 생각하는 것의 반영입니다."

곧이어 존스는 나이 어린 존 빅터를 불러내서 자기는 그곳에서 행복하다고, 그레이스와 팀 스톤이 있는 집으로는 돌아가고 싶지 않다고 모두의 앞에서 단언하게끔 했다. 그러면서 미국 조사단이 이처럼 평화로운 장소인 존스타운을 굳이 찾아오느라 시간과 세금을 낭비한 것에 대해 어깨를 으쓱하며 안타까움을 표했다. 하지만 라이언 하원 의원 일행이 포트카이투마까지 한참을 운전해 돌아가는 대신 하룻밤 머물 수 있겠느냐고 묻자 존스는 방이 충분하지 않다며 거절했다. 이들이 파빌리온에서 자도 된다고 말하며 고집을 부렸지만 그는 완고했다. 이제는 방문단이 더 이상 존스타운에서 환영받지 못한다는 사실이 명백해졌다.

일행이 올라탄 차량 행렬은 곧이어 포트카이투마로의 귀환길에 올랐다. 그곳에서 안전하게 벗어나고 나서야 비로소 NBC 기자 돈 해리스Don Harris가 팀 라이터먼에게 바짝 붙어 앉았더니 아까 축하 행사 때 건네받은 종잇조각을 보여 주었다. 거기에는 다음과 같은 메시지가 적혀 있었다. "버넌 고스니와 모니카 백비. 우리가 존스타운을 벗어나게 제발 도와주세요." 이것이야말로 이번 여행에서 상황이 아주 완벽하지는 않음을 보여주는 최초의 징후였다. 알고 보니 밤사이에 무려 열두 명 이상이 방문단에 속한 사람들에게 몰래 접근했었다. 이에 라이언도 다시 활기를 얻었다.

방문단은 11월 18일에 존스타운을 다시 찾아갔고, 이때 라이언 하원 의원은 최소한 열두 명의 이탈자를 이곳에서 데리고 나가는 것이 자기 임무가 될 것이라고 짐 존스에게 통보했다. 안타깝게도 그중에는 밥 휴스턴의 두 딸이 포함되어 있지 않았다. 자매 모두 라이언과 가족과 함께 웃으며 사진을 찍었지만, 계속 가이아나에 남아 있을 의향이었던 것이다. 마지막 인터뷰 동안에 짐 존스는 정력과 열성 모두를 싹 잃어버린 것처럼 보였다. 그는 태연한 척하려고 노력하면서, 이탈자들을 향해서 나중에라도 돌아오기로 선택한다면 존스타운에는 항상 그들의 자리가 남아 있을 것이라고 말했다.

오후 내내 라이언이 그곳을 떠날 이탈자들을 모으는 사이, 팀 라이터먼과 몇몇 사람은 존스가 최측근인 잭 빔과 패티 카트멜에게 줄곧 귓속말을 한다는 것을 알아챘다. 그러다가 카트멜이 격분한 어조로 이렇게 발언했다. "어느 누구도 떠난 적은 없어요. 짐 존스는 사랑 말고는 아무것도 표현한 적이 없어요. 나는 그와 21년을 함께했어요. 여기 온 지는 18개월이나 되었고요. 여기야말로 내게는 온 세상이에요. 그는 친절하고 사랑스러운 것 모두를 상징해요. 그의 잘못은 단 하나뿐이에요. 너무 마음이 넓다는 거예요."

현장에 있던 언론인들에게 내놓은 존스의 마지막 말에는 불편한 심정이 깔려 있었다. "우리가 내부로부터 붕괴되고 있으니 안타까운 일입니다. 우리가 원하는 것은 그냥 조용히 살게 내버려 두라는 겁니다. 저는 계속해서 노력할 겁니다. 제가 성공할지 여부는 시간이 말해 줄 겁니다." 이후 이탈자들이 안내를 받아서 의회 조사단의 차량으로 접근했다. 라이언 하원 의원은 자신감이 가득한 채 마지막으로 파빌리온 내부를 훑어보았다. 짐 존스가 멀리서 지켜보는 가운데 혹시 낙오자가 남아 있다면 더 데려갈 생각에서였다.

그런데 갑자기 인민사원의 일원인 돈 슬라이Don Sly가 자체 제작한 칼을 빼 들고는 군중을 헤치며 달려왔다. 그는 라이언 뒤에 오더니 상대방의 셔츠를 칼로 그어 열어젖히고 목에다가 칼을 갖다 댔다. 라이언의 동료들은 파빌리온으로 몸을 피했고, 인민사원 추종자 가운데 침착한 사람들이 달려들어 슬라이를 라이언에게서 떼어 놓았다. 하지만 파빌리온 안에서 그 사건 전부를 목격한 짐 존스는 미동도 없이 차분하고 조용하게 있을 뿐이었다.

라이언은 이미 나온 이탈자만 데리고 차량에 탑승하라고 방문단에게 지시했다. 존스는 슬라이를 가이아나 당국에 넘겨서 처벌을 받게 하겠다며 라이언에게 조용히 다짐했다. 이쯤 되자 방문단은 그저 이탈자들을 거기서 데리고 나오고 싶은 마음뿐이었다. 이탈자 가운데 일부는 울면서 존스타운 쪽을 손가락질했고, 떠나고 싶지만 너무 겁이 나서 말을 못한 사람들도 있다고 주장했다. 막판에 가서 캐럴린의 전남편인 추종자 래리 레이턴Larry Layton이 트럭에 올라타더니 자기도 같이 떠나고 싶다고 말했다. 짐 코브는 저 사람이야말로 열혈 충성파이기 때문에 절대로 인민사원에서 이탈할 리가 없다고 라이터먼에게 나지막이 알려 주었다. 그래서 두 사람은 각오를 단단히 했다. 뭔가가 잘못되었다. 명백히 함정인 것처럼 느껴졌다.

사라진

낙
원

스테판 존스는 인민사원의 조지타운 본부에서 자다가 느지막이 일어났다. 농구 경기에서 지고도 이겼다고 거짓말로 보고한 다음이었다. 그러다가 야단법석이 일어났다. 인민사원 조지타운 사무실의 주 운영자인 샤론 에이머스Sharon Amos가 존스타운으로부터 암호 메시지를 수신했던 것이다. 최대한 많은 무기를 꺼내서 "적들에게 복수하라"는 내용이었다. 에이머스와 다른 사람들은 이 메시지를 조지타운 호텔에 머물고 있는 팀 스톤을 찾아내 죽이라는 지령으로 받아들였다.

샤론은 기꺼이 행동할 태세였지만 스테판이 그녀에게 멈추라고 말했다. 짐 존스는 철야 행사를 하는 동안 그랬듯이 이전에도 극단적인 명령을 내린 적이 있었다. 그래서 아들은 행동에 돌입하기 전에 미국 조사단과의 일이 어떻게 돌아가고 있는지를 알아보고 싶었다.

의회 조사단은 아직 포트카이투마에 머물고 있었다. 늘어난 사람들을 태우기 위해서 또 다른 비행기를 부른 상태였다. 마침내 비행기가 도착하자 일행은 탑승을 위해 두 무리로 나뉘었다. 분위기는 잔뜩 긴장되어 있었다. 래리 레이턴의 오락가락하는 행동이 계속되었고, 이들이 탄 차량을 운전하고 온 인민사원 경비대는 이탈자들을 노려보고 있었다. 탑승 준비가 되었을 때, 지평선에 트럭이 두 대 더 나타나더니 비행장을 향해 달려왔다. 기자 가운데 한 명은 새로 온 사람들이 무기를 들고 있음을 알아챘다.

지난 몇 달 동안 자기 나라의 지도자처럼 행동한 이후, 짐 존스는 이제 궁극적인 한 걸음을 내디딘 것이었다. 그는 본격적인 전쟁에 돌입했다.

인민사원 트럭에서 총격이 시작되자, 동시에 래리 레이턴이 두 번째 비행기의 조종사를 제압하러 달려들었다. 짐 존스는 단 한 명도 살아서 그곳을 떠나게 하지 않을 심산이었다. 하원 의원 리오 라이언, 기자 돈 해리스, 촬영 기사 밥 브라운Bob Brown, 사진 기자 그레그 로빈슨Greg Robinson, 이탈자 퍼트리샤 파크스Patricia Parks는 모두 순식간에 살해되었다. 팀 라이턴을 비롯한 나머지는 거의 모두 부상을 당했다. 이들은 놀라서 비행장 주위의 무성한 풀밭과 진흙투성이 습지로 도망쳤으며, 역시나 기자인 스티브 숭Steve Sung은 비행기 안에서 죽은 척하고 남아 있었다.

총격은 몇 분 만에 멈추었고, 인민사원 트럭들은 가이아나 경찰이 출동하자 도망쳐 버렸다. 래리 레이턴은 뒤에 남았는데, 조종사의 반격으로 기절한 상태였다. 생존자들은 숨어 있던 곳에서 기어 나와서 처절한 학살의 현장으로 돌아왔다. 포트카이투마의 주민들은 부상 중에도 아직 말을 할 수 있었던 라이터먼과 몇몇 사람에게 질문을 던졌고, 할 수 있는 선에서 응급 치료를 실시했다. 조사단의 생존자들은 자기네가 CIA의 스파이가 아니라고 가이아나 사람들에게 다짐했는데, 평소에 인민사원에서 이들에 관해 거짓말을 해 놓은 상태였기 때문이었다. 이미 짐 존스와 그의 컬트를 수상하게 여겼던 지역 주민들은 인민사원이 그곳의 진정한 위협이라는 사실을 오래지 않아 납득하게 되었다. 자기네 목숨도 위험해질 수 있는 상황을 무릅쓰고, 지역 주민들은 생존자들을 포트카이투마에 숨겨 주었다.

존스타운에서는 악몽이 이제 겨우 시작된 상태였다. 확성 장치의 친숙한 사이렌이 경내에 울려 퍼졌다. 짐 존스는 잭 빔, 패티 카트멜, 캐럴린 레이턴, 마셀린 존스를 비롯한 인민사원 지도자들과의 별도 면담을 마치고 곧바로 나왔다. 면담에서 그는 난폭한 행동의 환상을 보았다고 주장했으며, 심지어 이때까지도 자신의 도덕적으로 파산한 계책을 초자연적 능력의 허울로 포장하려 들었다. 그는 인민사원의 일부 구성원들이 자발적으로 무장하고 라이언 하원 의원을 쫓아갔다고 이들에게 알렸다. 존스는 래리 레이턴이 비행기 가운데 한 대를 공중에서 납치해 밀림에 추락시킬 예정이라고 주장했다. 비행기 조종사가 반격을 가한 덕분에 수포로 돌아

215

갔으니 망정이지, 아마 이것이야말로 존스가 발동시킨 진짜 계획이었을 것이다.

바로 이 순간, 즉 아직 존스타운에 있던 컬트 구성원들이 마지막으로 파빌리온에 모이던 바로 그때 인민사원의 조지타운 본부로 무전 메시지가 송신되어 모두를 바짝 경계하게 만들었다. 존스타운에서 짐 존스가 한자리에 모인 사람들에게 연설하기 시작했을 무렵, 조지타운의 샤론 에이머스는 지연되는 일정에 점차 싫증을 내고 있었다. 명령은 이미 전달된 상태였다. 바로 철야 계획이었다. 그녀는 신앙심 깊은 사람들이 이미 (죽음을 가리키는 인민사원의 무전 암호인) "'프레지어 씨'를 만나러 가는" 중일 거라고 믿었다. 혁명적 자살이 시작된 것이었다. 샤론은 세 아이 크리스타, 마틴, 리앤을 붙들고 실랑이 끝에 욕실로 데려갔다. 그녀는 우선 크리스타의 목을 베고, 다음으로는 마틴의 목을 베었다. 마지막으로 리앤에게 자기를 죽이라고 부탁했지만, 큰딸이 칼을 제대로 찌르지 못하자 엄마가 직접 마무리했다. 곧이어 리앤도 스스로 목을 베었다. 이것이야말로 존스타운 학살극의 첫 번째 자살이었다.

농구부의 일원이었던 리 잉그럼Lee Ingram은 아래층 거실에 있었다. 시끄러운 소리를 들은 그는 위층으로 올라가 시신들을 발견했는데, 크리스타는 아직 숨이 완전히 끊어지지 않은 상태였다. 곧이어 스테판 존스가 차를 타고 나갔다가 조지타운으로 돌아와서 이 폭력적인 장면을 목격했다. 잉그럼은 곧바로 샌프란시스코에 전화를 걸어서 앞의 무전 메시지는 무시하라고 전했다. 스테판은 존스타운과 연락을 하려고 했지만 저쪽에서는 아무런 응답이 없었다. 이미 너무 늦은 다음이었다.

존스타운에서는 짐 존스가 한창 연기 중이었다. 마치 예전의 정력 가운데 일부를 되찾은 듯, 명료하게 말하고 부축 없이도 걸어다녔다. 거의 안심한 것처럼 보였으며, 앞서 캠프 지도자들에게 했던 이야기를 반복하며, 자기네가 이제 막바지에 도달했다는 확신을 표현했다. 그는 사람들에게 노골적으로 말했다. "설령 우리가 평화롭게 살아갈 수 없더라도, 평화롭게 죽을 수는 있습니다." 이 발언에 환호성이 울려 퍼졌다. 테이프 녹음만 놓고 보면 과연 이 환호성이 진짜 흥분한 사람들의 소리인지, 아니면 이것 역시 일종의 예행연습이고 그 반응에 따라 평가가 이루어지리라는 예상에서 그렇게 행동한 것인지 구분하기가 어렵다. 어느 쪽이든지 간에, 그간 철야를 한 효과는 있었다. 추종자들은 뭘 해야 할지 잘 알고 있었다.

그 자리에 참석한 3백 명 이상의 어린이를 향해 존스는 상냥하게 말했다. 만약 부모님이 너희를 지금 구해 주지 않는다면, 미국 정부가 나타나서 도살할 거라는 내용이었다. 라이언 하원 의원에게 일어난 일이며, 존스의 예상으로는 지금쯤 티모시 스톤에게 일어나고 있을 일이 세상에 알려질 경우, 존스타운의 어느 누구도 무사하지는 못할 것이었다. 아이들로서도 부모와 함께 조용히 가는 편이 축복일 것이었다. 그럼에도 이 무시무시한 날의 현존 녹음을 들어 보면 실상을 더 쉽게 이해할 수 있다. 아이들은 오후 내내 겁에 질려 대놓고 울었다.

짐 존스는 마지막 순간에도 자기가 하는 모든 말을 마치 비난을 면제받으려는 듯한 투로 꾸며 냈다. 자기는 그들을 죽이는 게 아니라고 했다. 자기는 여전히 그들의 아버지이며, 그들 모두를 긴 밤으로 데려가는 것뿐이라고 했다. 존스가 반대 의견이 있는지 묻자 크리스틴 밀러Christine Miller라는 추종자 한 명만 발언했다. 그녀는 자기네 무리가 단체로 가이아나로 이주했던 것처럼 다시 한번 이주할 수도 있을 거라고 말했다. "음, 저는 러시아로 공수하면 어떨까 해요. 제가 말씀드리고 싶은 건 그거예요. 저는 이 세상에 불가능은 없다고 생각해요. 믿음만 있다면 말이에요." 하지만 존스는 묵살해 버렸다. "자네 생각에는 이 모든 오명을 지닌 우리를 과연 러시아가 원할 것 같은가?" 그는 이렇게 반문함으로써, 자기네가 어쩌면 한때나마 지녔을지도 모르는 가치를 이제는 완전히 잃어버렸음을 지적했다.

"음, 저는 상황을 그렇게 보지는 않아요." 크리스틴이 대답했다. "제 생각에는 삶이 있는 한 희망도 있어요. 그게 바로 제 믿음이에요."

존스의 답변은 위안을 거의 주지 못했다. "음, 우리는 언젠가 죽게 되겠지. 희망이 다한 어느 장소에서 말이야. 왜냐하면 사람은 모두 죽으니까." 공포 속에서 살아갈 가치는 없다고 크리스틴에게 말하는 존스의 목소리에는 친절마저 깃들어 있었다. 하나같이 지도자의 편을 드는 군중 앞에서 크리스틴은 결국 물러서고 말았다.

대화가 지속되는 동안 샤크트 박사는 액체가 담긴 용기 여러 개를 든 의료진을 이끌고 ECU에서 나왔다. 그 안에는 지난 1976년에 존스타운으로 밀수한 청산칼리를 혼합한 플레이버 에이드가 들어 있었다. 이들은 무대 옆에 배급대를 만들었다. 거기에는 컵이 여러 개 놓여 있었다. 주사기도 여러 개 놓여 있어서, 너무 무서워한 나머지 직접 마시지 못하는 사람들의 입에다가 샤크트의 간호사들이 용액을 뿌려 넣을 수 있었다. 곧이어 짐 존스는 사람들에게 줄을 서라고 말했고, 죽음의 칵테일을 아이들에게 먼저 투여하라고 명령하는 것으로 절차가 시작되었다. 그는 일종의 음울한 축하 행사를 감독했고, 지지자와 신자에게 무대 위로 올라와 한마디씩 하라고 독려했으며, 이로써 크리스틴 밀러의 도전을 무시해 버렸다.

추종자들은 한 명씩 번갈아 가면서 존스에게 감사나 축복을 전했다. 그들이 모두를 향해 하나가 되어서 일어서자고 독려하는 사이, 먼저 독약이 투여된 아이들은 기침을 하기 시작했다. 아이들이 죽어 가는 와중에도 짐 존스를 찬양하는 연설은 계속되었다. 어른들은 나이가 있는 아이들에게 그보다 어린 아이들을 위로하는 일을 도우라고 말했다. 독약이 아프지 않다고 주장하는 몇몇 사람의 말도 들렸다. 그저 맛이 조금 이상할 뿐이라는 것이었다.

파빌리온에서 멀리 떨어진 곳에서는 존스의 애인 가운데 한 명인 마리아 카차리스Maria Katsaris가 마이클 프록스Michael Prokes와 형제지간인 두 남자에게 여행 가방을 하나 건네주었다. 그 안에는 여러 나라 화폐로 70만 달러 가까운 금액이 들어 있었고, 이와 더불어 1천 만 달러에 가까운 금액을 소련의 역외 계좌로 송금할 준비에 관해서 표도르 티모페예프에게 보내는 편지도 들어 있었다. 세 사람은 조지타운 소재 러시아 대사관에 그 여행 가방을 전달하라는 명령을 받았다. 하지만 그들은 1.5킬로미터쯤 가다 말고 돈 대부분을 땅에 파묻고 여행 가방은 버렸으며, 주머니에 4만

8천 달러를 챙겨서 도망쳐 버렸다. 이들은 나중에 가이아나 경찰에게 체포되었다.

짐 존스의 변호사인 마크 레인과 찰스 게리는 인민사원의 최후 이야기를 세상에 알리겠다고 경비대에게 약속하고 밀림으로 도망쳤다. 추종자 가운데 한 명인 스탠리 클레이턴Stanley Clayton은 경비 초소에서 뭔가 확인할 게 있는 척하며 밖으로 나간 다음, 무서운 나머지 바나나 밭에 숨어 버렸다. 현장을 떠나던 중에 그는 한 장소를 무장 경비대가 에워싼 모습도 보았는데, 그곳에서는 (크리스틴 밀러를 비롯해서) 독극물 섭취에 저항한 사람들을 주사기로 강제 투여하고 있었다.

죽어가는 사람들이 뻔히 보이는 와중에도 짐 존스를 찬양하는 연설은 계속되었다. 남자도 여자도 쓰러지기 시작했다. 일부는 소리치거나 비명을 질렀다. 샤크트 박사가 무대에 올라가서 그곳에 모인 사람들을 향해 당신들은 저승으로 건너가고 있는 거라고 설명했다. 이것은 끝이 아니라 새로운 시작이라는 것이었다. 한 시간에 걸친 대량 학살의 중간쯤에 존스는 라이언 하원 의원이 사망했다는 소식을 전해 들었다. 그는 추종자들에게 이렇게 말했다. "이제 다 끝났어. 이제 다 끝났어. 대단한 유산이로군." 존스는 사람들에게 서두르라고 촉구했다. 시간이 별로 없었다. 적이 오고 있었다.

몇 시간 뒤에 존스타운에 밤이 찾아왔지만, 주민 9백 명이 평소에 내던 소리는 전혀 들리지 않았다. 그 침묵의 와중에 스탠리 클레이턴은 총소리 여러 발을 듣고는 위험을 무릅쓰고 숨어 있던 곳에서 나왔다. 파빌리온은 조용했다. 그는 군중 사이를, 즉 파빌리온과 보도에 쓰러지고 액체 용기 옆에 무더기로 쌓인 시체 더미를 헤치고 걸어갔다. 모두 죽어 있었다. 짐 빔. 패티 카트멜. 마셀린 존스. 무대 위에서, 그러니까 여러 시간 연설을 하면서 앉아 있던 의자 바로 밑에는 짐 존스가 쓰러져 있었는데, 머리에 총을 맞아 사망한 상태였다. 훗날 부검 결과 그의 몸에서는 진정제인 펜토바르비탈이 높은 수준으로 검출되었다. 간에서는 치명적인 수치가 나왔지만 뇌에서는 적은 수치가 나왔기 때문에, 결국 존스가 그날 오후에 진정제를 복용했고, 다량의 약물에도 내성이 생겼을 만큼 심각한 진정제 중독이었음이 분명해졌다.

서관에서는 시신이 13구나 더 발견됐는데, 그중에는 존 빅터 스톤과 캐럴린 레이턴의 시신도 있었다. 캐럴린의 자매 애니 무어는 총을 맞고 사망했는데, 존스 말고 이런 방식으로 사망한 사람은 그녀가 유일했다. 가이아나에서 겪은 이전까지의 경험을 마치 그리워하듯 되돌아보는 내용을 담은 그녀의 일기장이 바로 옆 바닥에 놓여 있었다. "이 세상에서 좋은 것은 뭐든지 항상 공격을 받는 듯하다." 그녀의 말이었다. 다른 색깔 잉크로 쓴 마지막 한 마디는 다음과 같았다. "우리가 죽는 이유는 당신들이 우리를 살게 놔두지 않았기 때문이다."

짐 존스는 틀렸다. 인민사원은 차마 지울 수 없는 유산을 남겼다. 하지만 혁명적 자살조차도 동정을 얻는 데는 완전히 실패했다. 오늘날 누구도 짐 존스를 어떤 종류의 선견자로 생각하지 않는다. 사건 직후에 래리 레이턴은 기소되어 재판받은 유일한 인민사원 구성원이었는데, 미국 연방 하원 의원을 살해하려는 음모를 꾸민 혐의였다.

소수의 생존자는 사방팔방으로 흩어졌다. 집단 자살 당시 78세였던 그로버 데이비스는 미국으로 돌아가서 생활 보호 지원금을 받으며 살다가 1993년에 사망했다. 히아신스 스래시는 인디애나폴리스로 돌아가서 그 지역 저술가 메리언 K. 타운Marian K. Towne과 공조하여 『유일한 생존자: 가이아나 존스타운에서 살아남다The Onliest One Alive: Surviving Jonestown, Guyana』라는 책을 내놓았다. 그녀는 1995년에 사망했다.

오랫동안 인민사원의 대변인으로 일했고, 막판에 돈 가방을 가지고 존스타운을 벗어났던 마이클 프록스는 대단한 기삿감이 있다고 호언장담하며 기자 회견을 열었다. 회견 내내 그는 짐 존스를 찬양했으며, 이후 화장실에 들어가 총으로 머리를 쏴서 자살했다.

서로에게서 위안을 찾은 사람들도 있었다. 아치 아이제임스는 헌신적인 보편구제설 신봉자로 남아 있으면서, 종종 과거의 구성원들에게 연락을 취해서 생존자들의 연합을 결성하려 했다. 언론인 팀 라이터먼은 앞에서 소개했듯이 인민사원의 역사적 윤곽에 대한 가장 권위 있는 저서를 간행했다. 존스타운은 역사에 이름을 남겼으며, 언어를 통해서도 기억되었다. 영어에서 '쿨에이드를 마신다drinking the Kool-Aid'라는 표현이 맹목적이고 무조건적인 충성의 동의어가 되었기 때문이다.

여러 해 뒤에 스테판 존스는 아버지의 유산과 불편한 화해를 했다. 그가 분노를 금세 극복한 까닭은 자기 삶의 나머지를 감내하려면 그렇게 할 수밖에 없었기 때문이었다. 그의 형제인 짐 2세와 티모시 모두 존스타운 농구부의 일원이었던 관계로 살아남았으며, 일찍이 짐 존스에게 입양되었던 한국계 미국인 누나 수잰도 살아남았다. 그녀는 인민사원의 지도자 가운데 한 명이었던 패티 카트멜의 아들 마이크 카트멜Mike Cartmell과 결혼했는데, 가이아나로의 이주가 시작되기 전에 부부가 함께 이탈했던 것이다. 그러나 존스와 마셀린에게 입양되었던 루와 애그니스는 물론이고, 존스와 캐럴린 레이턴의 아들인 키모 역시 가족과 함께 존스타운에서 모두 목숨을 잃었다.

존스타운에서만 무려 9백 구 이상의 시신이 나온데다, 조지타운의 본부와 포트카이투마 비행장에서 나온 시신까지 한꺼번에 운반하려다 보니, 수송 문제에서는 악몽이 아닐 수 없었다. 미국 재입국을 위해 맨 먼저 선정된 장소는 당연히 오클랜드 육군 기지였다. 사망자 대부분의 가족이 여전히 캘리포니아 북부에 남아 있었기 때문이었다. 하지만 에리카 메일먼Erika Mailman의 『롤링 스톤』 기사에 나온 것처럼, 기지 관계자들은 슬픔에 사로잡힌 군중을 상대하는 상황을 원치 않았기에, 결국 시신들은 델라웨어주의 도버 공군 기지로 이송되었다. 그런데 한바탕 소동이 지나가고 난 뒤에도 무려 4백 구 이상의 시신이 연고자가 나타나지 않았는데, 아예 가족이 없는 경우이거나, 가족이 있어도 거기까지 오는 비용이 너무 비쌌기 때문이었다. 짐 존스는 평생 의도적으로 가난한 사람과 억압받는 사람 중에서 추종자를 끌어모았다. 연고자가 없는 시신 가운데 최소한 절반은 어린이였는데, 이름표마저 빗물에 지워진 상태였고, 너무 어리다 보니 지문이나 치아 형태 같은 신원 확인용 신체 특징조차도 기록된 바 없었다.

이에 캘리포니아주 오클랜드 소재 에버그린 공동묘지에서 이 잃어버린 영혼들에게 마지막 휴식처를 주겠다고 자원하고 나섰다. 소유주 버크 캄프하우젠Buck Kamphausen은 사망자 누구나 버젓하게 매장될 자격이 있다고 생각했다. 마침 부지 내에 언덕이 하나 있어서 시신을 효율적인 계단식으로 매장할 수 있었다. 짐 2세와 스테판이 모금한 돈 덕분에 캄프하우젠은 그곳에 작은 기념비도 세웠다. 기념비는 신원 확인된 사망자의 명단이 적힌 화강암 석판 네 개로 이루어져 있다.

하지만 기념비의 공식 개막은 소송으로 인해 몇 년이나 미루어졌는데, 일부 유가족이 짐 존스의 이름을 명단에 포함하는 것에 반대했기 때문이다. 하지만 결국에는 그의 이름도 알파벳 순서대로 명단에 포함되었다. 지금도 매년 11월 18일이면 생존자와 유가족이 그곳에 함께 모여 기도를 드리고, 그 운명적인 날에 잃어버린 생명들을 기억한다.

5

| 가학성 | 로크 테리오와
개미 언덕 아이들 |

1970년대와 1980년대에 캐나다의 외딴 지역에 공동체를 설립한 종말론 컬트인 '개미 언덕 아이들'은 본래 순수하고 건강한 생활 방식을 설교하는 유토피아 고립주의자들로 시작했다. 하지만 나중에 가서는 걷잡을 수 없이 나락으로 떨어진 가학성의 무시무시한 사례로 남고 말았다. 다음 두 가지 가운데 어느 쪽이 더 믿기 어려운지는 차마 판단하기 어렵다. 컬트 지도자 로크 테리오의 잔혹성일까, 아니면 여러 해 동안이나 그의 야만성과 무정함을 감내한 희생자들의 수동성일까? 판매 사원의 재능을 보유한 잘생긴 프랑스계 캐나다인 테리오는 추종자들을 거느리고 황무지에 고립되어 살아가면서 여러 아내에게 잔혹 행위를 자행했는데, 그중 한 명을 고문이나 다름없는 무면허 수술로 살해한 다음, 그 시신을 오욕하기까지 했다. 심지어 자녀들도 무척이나 잔혹한 행동으로 괴롭혔기에, 아내 가운데 한 명은 유아를 테리오에게 내놓는 대신 차라리 눈밭에 방치해 죽게 했을 정도였다. 배우자 가운데 한 명의 팔을 자른 혐의로 감옥에 가서도 그는 매우 강력한 충성심을 유지시켰고, 급기야 투옥 중에도 배우자 면회를 통해 아내 세 명으로부터 자녀 세 명을 더 낳기까지 했다. 하지만 특유의 사악한 카리스마도 동료 죄수들에게는 효과가 없었는지, 금지 물품인 칼로 무장한 감방 동료에게 살해당해 63세로 최후를 맞고 말았다.

| SADISM | ROCH THÉRIAULT |

악성

자기도취자

컬트 지도자라면 거의 모두가 자기도취자로 분류될 수 있다. 하지만 자기도취적 인격 장애는 워낙 폭넓은 행동을 포함하기 때문에, 극단적인 경우에 어떤 사람들은 완전히 다른 생물처럼 보이기까지 한다. 예를 들어 (이 책에서 나중에 자세히 나올) 마셜 애플화이트만 해도 대부분의 증언에 따르면 무조건적 헌신을 고취시키는 친절한 인물이었기 때문에 38명을 죽음으로 이끌 위력을 갖게 된 것이다. 하지만 로크 테리오Roch Thériault의 경우에는 어느 누구도 (개인적으로 알고 지낸 사람이라면 특히나 더) 친절하다고 묘사한 적이 없는 인물이다.

테리오는 잔인하고, 교묘하게 잔혹하며, 냉혹하고, 무정한 인물이었다. 그 어떤 자연적 인간 본능도 능가하는 폭력 취향을 거듭해서 드러냈으며, 제 자식의 신체를 훼손하고, 자신이 일으킨 고통에 대해 지독히 무관심했다. 그가 앓았던 것이 거의 분명한 심리적 장애는 그 자체로 하나의 유형이다. 바로 악성 자기도취증으로, 반사회적이고 과대망상적이고 가학적인 인격 장애의 요소가 잔뜩 들어 있다. 악성 자기도취자는 무자비한 타인 이용, 반응성 분노, 충동적 폭력이라는 특징 때문에 헤어 사이코패스성 점검표에 나오는 일반적인 자기도취자를 능가한다. 하지만 아돌포 데 헤수스 콘스탄소처럼 의례적으로 동물을 죽이면서, 또한 타인의 고통이 자신의 어두운 목적에 기여할 수 있음을 배우면서, 어린 시절을 폭력적인 미래를 위한 훈련의 시간으로 보낸 것까지는 아니었다. 대신 테리오는 타인의 고통을 바라보는 것에 대한 전적인 애착에서 영감을 얻었던 것처럼 보인다. 그의 뉘우침 없는 가학성은 '쾌활한 잔혹성'의 수준까지 올라갔는데, 이것을 놓고 심리학자 m. 스콧 펙M. Scott Peck은 급기야 '사악함'을 유용한 분석 용어로 제안하기도 했다.

　테리오는 1947년 5월 16일에 퀘벡주의 사그네강을 끼고 있는 산업 도시 사그네에서 태어났다. 아버지 이아생트 테리오는 주택 전문 페인트 업자였고, 취업을 위해 세계 최고의 석면 생산지 가운데 하나인 퀘벡주 셋퍼드마인스로 이주했다. 심리학자들이 (학대가 또다시 학대를 낳는다는 믿음 때문에) 가장 학대적인 사람들에게서 유년기 학대의 증거를 종종 찾아본다는 사실을 인식했기 때문인지, 로크 테리오는 자기도 어렸을 때 끔찍한 폭력을 겪었다고 즐겨 말하곤 했다. 그는 자기가 유혹하려는 여성은 물론이고, 자기를 면책시킬 수 있는 법원 지명 심리학자들로부터도 원하는 바를 얻는 데 이런 이야기가 도움이 된다는 사실을 알아냈다. 테리오는 아내들 가운데 한 명인 (원래 성은 '라프랑스Lafrance'인) 지젤Gisèle에게 자기가 아버지에게 배를 주먹으로 맞아 심한 부상을 입은 적이 있다고 말했다. 때로는 9세에서 12세 사이의 언젠가 아버지가 미는 바람에 계단에서 굴러떨어진 적도 있다고 말했다(그는 성인이 되어서 위궤양으로 고생했는데, 이 질환조차도 자기가 감내했다고 주장한 폭력 탓으로 돌렸지만, 정작 타박상이 위궤양의 원인으로 언급된 사례는 이제껏 한 번도 없었다).

　테리오는 변명의 여지가 없는 행동을 설명하기 위해서 이런 학대 이력을 들먹였는데, 자기가 잔인하게 살해한 여성의 자매에게 보낸 편지에서는 다음과 같이 주장하기도 했다. "저는 두 살 때부터 가족에게 개보다 더 심하게 학대받고 얻어맞았습니다. 열네 살이 되자 아버지가 저를 때리고는 집에서 쫓아내면서 두 번 다시 발을 들여놓지 말라고 말했습니다." 하지만 테리오는 집에서 쫓겨난 적이 전혀 없었다. 그는 공부도 잘하고 재능 있는 학생으로 독서도 좋아했으며, 본인의 말에 따르면 야외에서 시간을 보내기도 했다. 성인이 되어 내놓은 야비한 변명에서는 자기 아버지를 폭력적인 알코올 중독자로 묘사했지만, 이웃들과 친구들의 기억은 달랐다. 아버지 역시 아들을 때린 것을 부정했지만, 다만 한 가지는 인정했다. "저는 필요할 때 그를 처벌했습니다." 당시에는 체벌이 일반적이었던 만큼, 유능한 거짓말쟁이로서 자기가 뭔가 잘못했을 때마다 형제자매를 탓했던 테리오야말로 아버지에게 훈육의 기회를 여러 번 제공했던 것으로 보인다. 하지만 이웃 가운데 한 명은 이아생트와 그 아들들이 '뼈'라는 놀이를 했던 것을 기억했는데, 묵직한 작업용 장화를 신고 부엌 식탁에 둘러앉아서 누군가가 항복할 때까지 서로의 다리를 걷어차는 놀이였다.

그렇다면 테리오는 그 시대의 엄격한 가정 출신의 아이들보다도 더 심한 고통을 겪었던 걸까? 아니면 처음부터 사이코패스의 일반적인 조건대로 냉혹하고 무정했던 걸까? 『사이코패스 위스퍼러: 양심 없는 자들의 과학The Psychopath Whisperer: The Science of Those Without Conscience』의 저자인 심리학자 켄트 A. 키엘Kent A. Kiehl에 따르면, 그런 아이들의 경우에는 뇌에서 감정 처리를 담당하는 부위인 변연계가 애초부터 덜 발달되어 있다. 이들은 뇌의 공포 처리 기관인 편도체도 비활성화되어 있을 수 있는데, 그런 경우에는 타인의 비탄이나 공포를 인식하지 못하기 때문에 범죄적 폭력 행위를 저지르는 경향이 생긴다. 이들도 감정을 지적으로 이해할 수는 있지만, 스스로 감정을 느끼지는 못하기 때문에 타인을 조종하는 고조된 능력을 갖게 된다. 이들은 남에게 고통을 가해도 심박이 빨라지지 않는다. 공포나 굴복이나 비탄 같은 극단적 감정은 단지 이들의 호기심을 자극하는 데만 기여할 뿐이다.

이러한 수준의 사람들은 또한 자신을 통제하는 데서 무능력을 드러내며, 그렇기 때문에 더 나중에 가서는 성관계, 마약, 알코올 같은 것들을 과도하게 추구하게 된다. 급기야 자기 내면에 자극을 만들어 낼 수 있는 흥분이라면, 즉 자기가 정상적으로는 경험할 수 없는 갖가지 감정을 대체할 수 있는 흥분이라면 어떤 종류든지 간에 찾아 나서게 된다. 공포의 결여, 거기다가 용인되는 행동의 한계를 이해하지 못하는 무능력까지 합쳐지면 인화성 높은 혼합물이 탄생한다. 자기가 고취하는 공포에서 비롯된 희열을 찾아 나서고, 설상가상으로 약물 복용의 부추김까지 받으면 타인에게 두려움을 주고 해악을 끼칠 수 있는 상황을 만들어 내는 것을 즐기게 된다.

그렇다면 로크 테리오가 캐나다의 외딴 황무지에서 추종자들을 고문하고, 거세하고, 신체를 훼손하고, 토막내고, 살해하고, 오욕한 이유도 그래서였을까? 지금 와서는 판단하기가 어렵다. 하지만 가족과 이웃의 말에 따르면 그의 유년기는 본인이 타인에게 행사하면서 즐거워했던 것처럼 보이는 공포와 조금이라도 비슷한 것을 전혀 제공하지 않았다. 그가 고통에서 즐거움을 찾아내는 경향이 원래부터 있었다고만 추측할 뿐이다.

테리오는 학교에서 두각을 나타냈고, 교사들도 그가 똑똑하고 창의적이고 근면하다는 사실을 알았다. 자기 반에서 최고로 유망한 학생이었던 것이다. 그는 영어를 독학했는데, 이는 유용할 뿐만 아니라 프랑스어만 구사하는 가족에 비해서 자기가 얼마나 더 똑똑한지를 보여 줄 수 있는 기회이기도 했다. 하지만 부모가 노동 계급이었던 관계로 테리오는 형제자매 모두와 마찬가지로 그 지역 학교에서 배울 수 있는 마지막 단계인 7학년을 끝으로 정규 교육을 마쳤다. 인근 도시로 가서 교육을 지속하는 대신, 집에 머물면서 잔디를 깎고 이런저런 일을 해서 가족 부양을 도왔다.

　테리오는 집에 있는 몇 안 되는 책 가운데 하나인 성서를 읽으면서 자기 계발을 지속했다. 성인이 되어서 유창하고 길게 설교할 수 있었던 것으로 미루어 보자면 성서를 깊이 읽었던 것처럼 보인다. 그의 가족은 대공황 이후 퀘벡에서 인기가 높았던 가톨릭의 한 분파인 '성 미카엘의 순례자the Pilgrims of Saint Michael'에 속했다. 이 집단은 사회적으로 보수적인 입장에다가, 노동자에 대한 수익 재분배를 내세우는 사회 신용론이라는 일종의 경제적 포퓰리즘을 조합했다. 만약 이 주장이 현실에서 시행되었다면 2020년 미국 민주당 예비 선거에서 앤드루 양이 내세웠던 보편적 기본소득 제안과도 유사했을 것이다.

　성 미카엘의 순례자 교도는 '하얀 베레모'라고도 알려져 있었는데, 그런 모자를 쓰고 집집마다 돌아다니며 홍보 책자를 건네며 사회 신용론의 가치를 설명함으로써 추종자를 얻으려고 했기 때문이다. 워낙 눈에 띄는 모자를 쓰고 다닌 까닭에 추종자는 두드러질 수밖에 없었고, 테리오의 아버지가 아들을 비롯한 다른 형제자매를 데리고 동네를 행진하며 하얀 베레모를 홍보하고 헌금을 요구할 때는 특히나 더 두드러질 수밖에 없었다.

친구들이 이런 공개 활동을 놀려 대자, 가뜩이나 불안했던 테리오의 자존감에는 치명타가 되었다. 자기도취자는 과장된 자존감에도 불구하고 타인의 인정을 얻는 데 집착하며, 놀림 받는 것을 참을 수 없어 한다. 테리오는 억지로 아버지를 따라서 그 일을 해야 하는 것을 혐오했으며, 덩달아 가톨릭에 대해서까지도 분개하게 되었다. 그로선 부모의 신앙과 (테리오 가족이 하얀 베레모를 위해 동네를 행진하는 것을 친구와 이웃이 비웃고 있다는) 자신의 굴욕감을 차마 분리할 수 없었던 것이다.

비록 이런 상황 때문에 크나큰 괴로움을 맛보긴 했지만, 가뜩이나 어렵기로 악명 높은 방문 판매 활동인 전도를 하면서 간혹 낯선 사람들의 인정을 이끌어 내는 귀중한 경험도 얻었다. 훗날 테리오는 이런 구매 권유 방식의 설득에 놀라우리만치 능숙해지게 되는데, 우리로서는 하얀 베레모에 대한 그의 혐오에도 불구하고 혹시 그 괴로운 경험으로부터 그가 이득을 얻지도 않았을까 하는 의문을 품게 된다.

1961년에 학교를 졸업한 이후 테리오는 여러 가지 허드렛일을 하며 용돈을 벌고 무도장에서 시간을 보냈다. 이제는 최고 성적을 얻음으로써 자신의 우월성을 예증하는 대신, 또 다른 특이한 이점을 발휘할 수 있음을 깨달았다. 테리오와 개미 언덕 아이들에 관한 폴 카일라Paul Kaihla와 로스 레이버Ross Laver의 저서 『야만인 메시야: 컬트 지도자 로크 테리오와 그를 사랑한 여자들의 충격 실화Savage Messiah: The Shocking Story of Cult Leader Rock Thériault and the Women Who Loved Him』에 따르면 로크는 훗날 이렇게 적었다. "어린 시절부터 나는 항상 뭔가 다르다고, 평범한 사람은 아니라고 믿었다. 이것은 정신적 인상일 뿐만 아니라 해부학적 인상이기도 했다." 자기가 커다란 성기를 가졌다는 점에서 남다르다고, 덕분에 본인의 주장처럼 남들이 부러워할 만한 성적 역량을 얻었다고 확신했던 것이다. 굳이 이런 특징까지 감안하지 않더라도 그는 키가 크고 잘생겼으며, 강렬한 푸른색 눈에 굵고 무성한 눈썹을 갖고 있었다. 무엇에 대해서든 이야기할 수 있어서, 작은 탄광촌에서도 그를 따르는 여자들이 생겨났다.

십 대 시절 내내 지역 무도장에서 유혹한 여러 여자 사이를 전전하던 테리오는 20세가 되어서야 전통적인 생활 방식을 시도했고, 1967년에 17세였던 프랑신 그르니에Francine Grenier와 결혼했다. 그는 부모의 집에서 겨우 8백 미터쯤 떨어진 곳에 가정을 꾸렸는데, 이것만 놓고 봐도 14세 때 집에서 쫓겨났다고 주장하는 자녀가 기꺼이 할 법한 일은 아니었다. 하지만 부부는 그곳에 오래 머물지 않고 1년이 채 되기도 전에 몬트리올로 이사했으며, 테리오는 굴뚝 검사원으로 일하게 되었다. 이때부터 알코올을 접하기는 했지만 그저 가볍게 술을 즐기는 편이었다. 부부는 만족한 것처럼 보였다. 1969년에는 첫아들 로크실뱅이 태어났고, 1971년 4월에는 둘째 아들 프랑수아가 태어났다.

하지만 프랑신이 둘째를 임신 중이었을 때, 테리오는 갑작스레 건강이 나빠져서 심각한 위통을 호소했는데, 이 질환은 남은 생애 동안 그를 괴롭힐 예정이었다. 병원에서는 소화성 궤양이라고 진단했는데, 오늘날에는 위산 분비를 조절하는 약으로 효과적인 치료가 가능하다. 하지만 1971년에는 미주 신경 절단 처치를 감내해야 했다. 이 처치는 이후로는 거의 실시되지 않은 수술의 일종으로, 신체에서 가장 긴 단일 신경계인 미주 신경에서 위장을 지나가는 부분을 절단하는 것이었다. 그런데 미주 신경이 사람을 진정시키는 휴식 및 수리 회복을 관장하는 부교감 신경계에 심오한 영향을 끼치는 것을 당시에는 미처 몰랐다. 즉 싸움 혹은 도망 본능이라고 알려진 스트레스 반응을 관장하는 교감 신경계와는 정반대의 역할을 하는 곳에 문제가 생긴다는 뜻이다.

그렇다면 이 성공적이지 못한 수술이 처치 직후에 프랑신이 감지했다는 테리오의 급격한 기분 변화에 영향을 미쳤을까? 이로 인해 그녀의 남편은 점점 더 학대 성향으로 변했다고 하니 말이다. 의사들이 위장의 상당 부분을 잘라 낸 결과로, 테리오는 신진대사와 성깔 모두를 통제하는 핵심 요소까지 덩달아 잃어버렸던 것일까? 1971년 가을에 두 번째 수술을 하고 나서 그는 몇 달 동안 구토했으며 참기 힘든 고통으로 괴로워했다. 나중에 알게 된 바에 따르면, 그는 서투른 수술 때문에 '빠른 비움 증후군'

을 앓았던 것이다. 음식을 먹으면 신체가 영양분을 적절하게 흡수할 시간도 없이 곧바로 위장에서 소장으로 넘어갔다. 오늘날에는 비만대사 수술의 일종인 위 우회술을 받은 환자 가운데 15퍼센트만이 이런 상황을 겪으며, 보통은 간단한 식단 조절로 해결된다. 이때 특화된 식단을 고수하지 않는 사람은 피로, 구토, 위통 같은 증상을 겪게 되는데, 테리오가 바로 이런 괴로움에 시달리기 시작했던 것이다.

만성 고통은 정신 건강에도 영향을 주었다. 테리오는 낙천적이고 가정적인 남자에서 고통과 어두운 강박에 소모되는 사람으로 변모했다. 그는 원래 복잡한 정보를 재빨리 습득하는 천재 같은 능력 덕분에 폭넓은 독서를 즐겼다. 그런데 이제는 이 능력을 의학 교과서에 집중해서 사용했으며, 처음부터 끝까지 모조리 읽고서 인간 해부학과 빠른 비움 증후군에 대해서 친구들에게 한참 떠들었다. 훗날 프랑신은 그 수술이야말로 이전까지는 버젓했던 자신들의 결혼에서 전환점이 되었다고 말했다. 아내와 아이를 아끼는 사랑 많은 남편이었던 테리오가 오로지 자기 자신에게만 강박적으로 사로잡힌 사람으로 변모했다는 것이다. 다른 무엇보다도 그는 독학을 통해서 자신의 의료 행위 능력에 대해 위험한 과신을 하게 되었다.

만성 통증, 의료 강박, 자가 치료를 위한 음주 모두는 테리오의 이후 행보에서 일익을 담당했다. 그는 직장을 그만두었고, 점차 늘어나는 가족을 억지로 끌고 셰퍼드마인스로 돌아왔다. 또한 자신의 내면은 이제 가짜라서 조만간 죽게 될 거라고 사람들에게 말하고 다니기 시작했다. 그는 자기 건강에 대해서 떠들지 않을 때는 프랑신과 그녀의 외모에 집착했다. 이미 여러 해 동안 다른 남자들이 쳐다보지 못하게 긴치마를 입으라고 고집을 부렸는데, 갑자기 태도를 바꿔서 다리가 훤히 드러나는 짧은 치마를 입으라고 했다.

아내를 통제하고 자기 의지를 강요하는 이런 외관상의 자의적인 충동은 머지않아 그의 결혼과 자기 존재 전체를 압도하게 될 학대 경향의 초기 경고 신호였다. 새롭고도 성가신 성적 집착을 보여 주는 증거는 아내의 의복에 대한 갑작스러운 관심뿐만이 아니었다. 그는 나체주의자 공동체를 시작하는 것에 관해 이야기했고, 심지어 처가에 소유지 일부를 그런 목적으로 사용할 수 있는지 물어보기까지 했다. 이는 자기 혼자서 좌지우지할 수 있는 대안적인 세계를 만들려는 테리오의 욕망이 처음 드러난 사례였다. 달성하지 못한 최초의 시도야말로 그런 욕구의 가장 간단하고 원초적인 표현이었던 것처럼 보이는데, 나체주의자 공동체의 구성원이 된다면 자신의 해부학점 이점을 항상 과시할 수 있을 것이기 때문이었다.

셋퍼드마인스로 돌아온 테리오는 아버지 소유의 땅에서 목공소를 차릴 수 있도록 허락을 얻었다. 그는 아버지에게 손재주를 물려받은 것처럼 보이는데, 장인匠人 시절에는 물론이고 훗날의 오지 생활 시절에도 이 능력을 매우 유용하게 써먹었다. 새로운 사업은 처음에만 해도 번성했다. 나무를 베어서 그 목재로 가구와 주방 도구를 만드는 일이었다. 이웃 일부가 그 지역의 건물 신축 허가 과정에 불만을 품자, 마치 관련 조례 전체를 외우고 있기라도 한 듯한 테리오가 적극 나서서 이들에게 유리한 방법을 조언했고, 심지어 자신에게 적대적이었던 이웃들까지도 이용할 수 있게끔 법률의 맹점을 지적해 주었다. 주민 권리 대변자로서 거둔 성공 덕분에 그는 1975년에 시 의회 의원으로 선출되었다. 아울러 지역 가톨릭 사회 조직인 아라미스 클럽Aramis Club에도 가입하여 자선 행사와 지역 무도회 기금 마련을 돕기도 했다. 급기야 그 클럽의 가입 심사 위원회의 대표로도 임명되었는데, 워낙 부적절한 발상을 항상 꺼내다 보니 결국 회원 자격을 박탈당하고 말았다(예를 들어 클럽 회원에게 사탄 그림이 뒤에 새겨진 옷을 입히자는 식의 발상이었다). 테리오는 시 의회에서도 유사한 운명을 맞았는데, 실제로는 회의에 참석한 경우도 드물었다. 그나마 몇 번 출석했을 때도 자신의 불건전하고 재정적으로 무책임한 건설 제안에 반대하는 동료 의원들을 위협했다. 의회도 머지않아 그를 쫓아내고 말았다.

그사이에 테리오의 결혼 생활 역시 공직 참여보다 딱히 더 나을 것 없는 상황이 되었다. 그가 '사업 출장'으로 위장한 외지에서의 불륜에 시간을 허비하면서부터 가구 사업의 수익은 줄어들었으며, 부부는 재정 유지를 위해서 다른 분야로도 눈을 돌리지 않을 수 없었다. 프랑신은 식당 종업원으로 일하게 되었고, 테리오는 인근의 더 큰 도시로 목공소를 옮기게 되었다. 머지않아 아내는 남편이 물건 판매에 사용하는 시간보다 여러 여자를 만나서 호텔 방으로 데려가는 데 사용하는 시간이 더 많다는 사실을 깨달았다. 그 단서 가운데 하나는 다음과 같았다. 테리오가 출장을 다녀올 때마다 번번이 위장약이 성적 역량을 저해한다는 확신을 품었던 것이다. 의사의 권유로 약 먹기를 중단한 그는 고통을 줄이려고 음주를 재개했다. 그 직후인 1976년에 프랑신은 결국 테리오와 이혼하고 두 아이와 함께 떠났다.

도대체 무엇이 테리오의 마음을 사로잡았기에 결혼이며 사업의 붕괴조차도 아랑곳하지 않게 만들었던 걸까? 하나는 매력적인 26세 여성 지젤 라프랑스였고, 다른 하나는 자기 강박의 새로운 배출구였다. 프랑신의 의심대로 그는 출장 중에 홀리데이 인 무도장에서 지젤을 만났다. 머지않아 지젤은 셋퍼드마인스에 거처를 마련했으며, 테리오는 주말마다 그곳에서 그녀와 함께 지내면서 두 아들에게 그녀를 소개하기도 했다. 이와 동시에 아라미스 클럽에서 쫓겨난 뒤부터 그의 개인적 신앙도 다시 한번 변모를 겪게 되었다. 테리오는 재림교인이 되기로 작정했으며, 수도사의 예복을 걸치고 돌아다니기 시작했다. 그는 맨 먼저 지젤을 이 신앙으로 회심시켰는데, 이때부터 시작된 성性과 복음주의의 혼합을 이후 감옥에 갇히기 전까지 줄곧 추구하게 되었다.

테리오가 재림교를 매력적으로 여긴 이유는 데이비드 코레시가 역시나 같은 교단을 매력적으로 여긴 이유와 같았다(코레시에 대해서는 6장에서 더 자세히 살펴보도록 하자). 재림교는 누구든지 영감을 얻을 수 있다며 여지를 두었기에, 자칫 이 점을 악용해 타인에게 신처럼 군림하는 권위를 얻어내는 부도덕한 인간이 나올 가능성도 있었다. 비록 살아 있는 예언자를 적극 육성하지는 않았지만, 역사적으로 이 교파는 예언자로 자처하는 사람들의 주장을 잘 수용하는 편이었다. 테리오도 결국에는 타인에게 군림하기 위해 재림교를 악용했지만, 처음에는 단지 이 교파의 레위기에 근거한 엄격한 식단 규칙과 전반적인 건강 강조에 매료된 까닭에 열성 신자가 되었을 뿐이었다. 그의 열성을 인지한 피에르 지타Pierre Zita 목사는 당신의 변모에 감동하여 신앙에 동참할 만한 사람들을 찾아서 데려오라고 전도자로 파견했다.

다시 한번 테리오는 판매 사원으로서의 능력을 놀라울 정도로 발휘할 수 있었다. 머지않아 그는 (상당 부분 서로 겹치는 두 집단인) 교회와 지역 유기농 식품 운동 모두에서 주도적인 인물로 두각을 나타냈다. 테리오는 오로지 그 신앙만이 제공할 수 있는 경이의 사례로 자기 자신의 건강을 들 수 있었다. 그는 술을 끊고 건강한 채식 생활을 채택했는데, 심판의 날과 예수의 재림이 임박했다는 믿음 때문이었다. 특유의 언변 덕분에 새로운 구성원이 수십 명이나 들어왔다.

1977년 여름에 피에르 지타는 테리오를 새로운 지역으로 파견했는데, 인근 도시 플레시스빌에 사는 프랑스계 가톨릭 신자들 사이에서 개종자를 끌어오려고 한 것이었다. 앞서와 마찬가지로 테리오는 젊은 교인들을 모집했으며, 그중에는 자크 피세Jacques Fiset라는 남성과 그의 친구들인 19세의 샹탈 라브리Chantal Labrie, 18세의 프랑신 라플람Francine Laflamme, 21세의 솔랑주 부알라르Solange Boilard라는 여성 세 명도 있었다. 이때의 성공으로 테리오는 자기가 이처럼 교인의 급증을 주도하는 인물이 되고 싶다는 사실을 자각했다. 자기만의 이탈 교단을 설립할 계획은 불과 몇 달 만에 수립되었지만, 그 계획을 실행에 옮기는 데는 거의 1년 가까이 걸렸다.

테리오의 전도가 성공한 데는 한 가지 핵심 요소가 있었다. 그는 상대방에게서 착취할 수 있는 약점을 찾아내는 데 능숙했다. 솔랑주 부알라르는 명석하고 반항적인 젊은 여성이었지만 가정생활이 불행했다. 알코올 중독자로 가족 모두를 학대했던 아버지를 혐오했으며, 그런 까닭에 폭력의 대물림이라고 알려진 것에 취약했다(부모로부터 시작되는 이 패턴은 자녀가 성장하며 희생자나 학대자 가운데 한쪽이 되어 유사한 관계의 악순환에 빠지면서 지속된다). 본인도 학대의 피해자라서 그랬는지는 알 수 없지만, 여하간 테리오는 타인의 이런 약점을 금세 알아챘다.

샹탈 라브리는 솔랑주와 달리 행복한 가정생활을 보냈다. 성격은 몽상가였지만 부모는 비교적 그녀를 사랑하고 보호했다. 그런데도 자주 뚱했던 것을 보면 우울증을 앓았을 가능성도 있다. 프랑신 라플람은 사교적이었지만 외모에 대해서 불안을 느꼈다. 남성 컬트 지도자는 젊은 여성의 자신감 상실을 이용해서 스스로 사랑받는다고, 아름답다고, 특별하다고 느끼게 만든다. 테리오는 강렬한 카리스마를 지녔기에, 자기와 접촉하는 사람을 누구든지 매료시킬 수 있었다.

머지않아 그는 자크, 솔랑주, 샹탈, 프랑신을 불러내 주말 동안 지젤의 아파트에서 지내게 했으며, 여기서 이들은 임박한 세계 종말에 관한 두서없고 긴 테리오의 설교를 들었다. 컬트 지도자가 취할 수 있는 가장 당연한 행보 가운데 하나는 바로 이런 방법을 이용해서 자기 추종자들을 고립시키는 것이었다. 이것이 로버트 제이 리프턴이 말한 사고 개조의 여덟 가지 원칙 가운데 하나인 주변 개조이다. 이처럼 모두를 지젤의 집에 계속 머무르게 한 것은 테리오가 추종자들을 타인으로부터 차단하고 집단 역학을 강화하기 위해 사용한 여러 가지 조종 가운데 겨우 하나에 불과했다.

그해 여름은 유난히 생산적이었다. 머지않아 여섯 명의 핵심 구성원이 추가되었던 것이다. 니콜 뤼엘Nicole Ruel은 어머니의 죽음으로부터 벗어나지 못한 젊은 여성으로, 테리오를 만나자마자 금세 지젤의 아파트로 이사를 왔다. 클로드 우엘레트Claude Ouelette는 24세로 원래는 안경사 학교에 입학하려 했지만, 머지않아 테리오의 성서 강좌에 정기적으로 출석하게 되었다. 프랑신의 고등학교 시절 친구 두 명도 모습을 드러내기 시작했는데, 한 명은 그저 마리즈Marise라는 이름만 확인된 18세 여성이었고, 다른한 명은 20세의 조제 펠레티에Josée Pelletier였다. 이후 로소 호수 인근의 재림교인 수련회장에서 테리오는 젊고 예쁜 회심자 두 명을 더 모집했는데, 해당 시설의 직원으로 근무하던 프랑스계 캐나다인 여성인 가브리엘 라발레Gabrielle Lavallée와 그 친구인 욜랑드 기네베이르Yolande Guinnebert였다.

1977년 가을에 이르러 테리오는 새로운 가담자들을 설득해서 대학을 그만두고 자신의 금연 프로그램을 위한 채식 식사 준비를 돕게 했다. 머지않아 새로운 공동체는 재림교인을 위한 기부금을 요청함으로써 일주일에 수천 달러를 걷어 들였지만, 실제로는 테리오가 그 돈을 독차지했다. 그는 아직 추종자들에게 손을 대지 않았지만, 이미 파렴치하게 이들을 착취하고 있었으며, 수지맞는 노동력으로 변모시키고 있었다.

그해 9월에는 새로운 구성원이 두 명 들어왔다. 24세의 건설 노동자 자크 기게르Jacques Giguere와 그의 아내인 23세의 케이크 공장 노동자 마리즈 그르니에Maryse Grenier였다. 자크 기게르는 단순한 삶을 영위하는 것에 대한 테리오의 연설에 미혹되었지만, 마리즈는 단지 자기가 사랑하는 남자를 따라왔을 뿐이었다. 그녀는 집단 내의 다른 사람들과 거리를 두었으며, 테리오의 성적 유혹에 끝내 넘어가지 않은 유일한 여성이기도 했다.

추종자들의 부모들은 그해 가을 내내 자녀가 대학에 전혀 다니지 않았다는 사실을 알게 되었고, 자기들이 보기에는 (매우 정확하게도) 위험한 사기꾼 같은 그로부터 자기 자식을 구출하려고 했다. 샹탈의 부모가 특히나 끈질겨서 테리오의 손아귀에서 벗어나는 데 도움을 줄 만한 심리학자에게 딸을 데려갈 수 있었다. 결국 샹탈은 한 달 동안 정신 병원에 입원하기로 합의했다.

테리오는 샹탈의 갑작스러운 이탈로부터 한 가지 교훈을 배웠으니, 자기 추종자들이 아직 충분히 고립되지 않았다는 점이었다. 그로선 이들을 외부의 영향력으로부터, 특히 그의 계획에 간섭하기를 원하는 부모나 치료사로부터 완전히 떨어트릴 필요가 있었다. 1977년 10월에 테리오가 셋퍼드마인스에서 자동차로 한 시간쯤 걸리는 생트마리드보스에 있는 2층 건물을 임대한 이유도 이 때문이다. 이후 그는 병원에 입원한 샹탈을 설득해 다시 집단에 가담하게 만들었으며, 결국 두 사람은 함께 병원을 벗어나 자신들의 새로운 공동 거처로 향했다.

테리오의 추종자들은 '건강한 생활 클리닉Healthy Living Clinic'이라고 명명한 새로운 본부에서 운영하는 금연 프로그램에 사람들을 끌어모으기 위해서 전단을 나눠 주기 시작했다. 프랑신의 친구인 조제와 마리즈는 학교를 완전히 그만두고 이 집단에 가담해서 테리오의 클리닉에서 일했으며, 심지어 자기네 지도자가 추종자에 대한 통제를 늘리기 시작하면서 모두에게 긴 예복을 걸치고 세속적 소유를 포기하게끔 했음에도 떠나지 않았다.

그중 다수는 가족 같은 분위기를 좋아했던 것 같지만, 아마 지젤은 상황을 재고하기 시작했던 것처럼 보인다. 새로운 여성 추종자들 모두가 자기 남자 친구와 사랑에 빠진 것처럼 보였기 때문이다. 그녀는 실제로 잠자리를 함께하는 사람은 '자기' 하나뿐임을 그에게 상기시켰다. 그러자 테리오는 1978년 1월 8일에 지젤과 결혼하기로 합의했는데, 이 행동이야말로 전통적 도덕에 대한 마지막 양보인 셈이었다. 하지만 그는 혼인 서약을 전혀 진지하게 간주하지 않았다. 이들은 신혼여행도 가지 않았으며, 집단 활동도 이전과 똑같이 재개했다. 지젤은 머지않아 첫 아이를 임신했지만, 테리오는 더 이상 그녀에게 관심이 없는 것처럼 보였다. 아내가 떠나겠다고 위협하자 물리적 폭력이 뒤따랐다.

개미
언덕
아이들

생트마리드보스의 주민들은 로크 테리오를 점점 더 의심하기 시작했다. 그는 청구서도 지불하지 않았다. 지젤에게 처음으로 가한 학대(물론 동네 사람들이야 이에 대해서는 전혀 몰랐지만) 이후로 테리오의 행동에 대한 소문은 점점 더 불편해져만 갔다. 1978년 3월에는 제랄딘 가녜 오클레르 Geraldine Gagné Auclair라는 백혈병 환자를 설득해서 병원을 나오게 했으며, 자기가 포도 주스를 이용해서 치료해 주겠다고 약속했다. 하지만 기적 치료는 전혀 되지 않았으며, 환자는 그의 보살핌을 받은 직후에 사망했다. 테리오는 재빨리 이 비극에 대해서 본인에게 유리한 해석을 추종자들에게 제공했다. 자기가 입맞춤으로 제랄딘을 도로 살려 놓기는 했지만, 곧이어 하느님의 뜻을 인식하고 그녀의 영혼을 사후의 생으로 보내 주었다고 말한 것이다.

경찰은 제랄딘의 죽음과 관련해서 테리오에게 책임을 물어야 할 이유를 찾아낼 수 없었지만, 이후 그와 '건강한 생활 클리닉'을 계속해서 감시했다. 신비한 입맞춤 어쩌고는 자신의 영적 능력에 대한 예증으로서 의도하고 언급한 것이었겠지만, 여기서 분명히 드러난 사실은 오히려 그가 말기 질환을 겪는 취약한 여성을 유혹(성적 대상으로 취급)하면서도 정작 그녀가 가까스로 생명을 유지한다는 사실 따위는 깡그리 무시했다는 점이었다. 이런 냉담함의 사례는 또 있을 예정이었다.

1978년 봄에 은밀한 개종과 어중이떠중이 귀의자 집단에 불편함을 느낀 재림교에서 파문당한 테리오는 교회며 경찰이며 동네의 채권자며 동거인들의 직계 가족 같은 사람들 사이에서 자기가 너무 많은 시선을 끌고 있었음을 깨닫기 시작했다. 추종자들에 대한 통제를 유지하고 남들의 눈을 피해 계속해서 활동하고 싶다면 그들을 더욱 고립시켜야만 했다. 그리하여 1978년 6월 5일에 그는 열두 명 이상의 추종자들을 트럭과 버스와 승용차에 태웠으며, 이 차량 행렬은 생트마리드보스를 영영 떠나 버리고 말았다. 부모들이 실종 신고를 하자, 당국에서는 테리오의 이전 주소를 수색했다. 이들이 발견한 것은 사라진 사람 모두의 신분증을 담아서 내버린 가방 하나뿐이었다.

이제 그들은 모두 황무지로 나왔으며, 워낙 외딴곳이다 보니 신원 확인조차도 불필요했다. 이제 테리오와 열성 신도들 사이에 끼어들 사람은 아무도 없었다. 테리오에게 없는 것은 단 하나뿐이었다. 바로 자기 것이라고 말할 수 있는 종교였다. 방랑을 시작한 지 한 달 만인 1978년 7월 8일에 테리오는 종말의 날이 불과 몇 달 뒤인 이듬해 2월 17일에 찾아올 것이라고 선언했다. 딱히 창의적인 전략까지는 아니었다. 재림교 전통의 여러 예언자가 역시 종말의 날을 예견한 바 있었다. 사실 그 교파 자체가 그처럼 실패한 예언의 직후에 설립된 것이었으며, 그 사건은 훗날 '큰 실망'이라고 일컬어지게 되었다.

테리오는 이 임박한 파국을 온전히 제 것으로 만들기 위해 몇 가지 손질을 가했다. 거대한 우박 폭풍이 지구를 파괴할 것이며, 오로지 자기와 추종자들만이 살아남을 수 있는 건 하느님께서 자기를 당신의 개인적인 예언자로 삼았기 때문이라고 주장했다. 마지막까지도 이들은 모두 황무지에서 평화로운 삶을 영위할 것이라고 했다. 그러다가 세계가 붕괴하면 이들은 사회 재건을 시작할 것이라고 했다.

테리오와 추종자들은 머지않아 야영지를 세우고 종말을 기다릴 만한 이상적인 장소를 찾아보기 시작했다. 이들은 퀘벡의 가스페 반도에서도 외딴곳에 자리한 생조그라는 도시에서 20킬로미터쯤 떨어진 개활지를 발견했다. 그 정도로 문명과 멀리 떨어져 있으면, 추종자들도 컬트 이외의 다른 누구와 거의 접촉이 없을 것이었다. 테리오는 추종자들을 분리하는 데 성공했는데, 이는 통제를 주장하기 위해 필수적인 행보였다. 그는 새로운 거처를 '영원한 산Eternal Mountain'이라고 불렀다. 그곳에 거룩함의 느낌을 부여함으로써 자신의 착취에 신비적인 분위기를 곁들이려고 했다.

충분히 예상했던 바였지만, 이들은 살아남기 위해서조차 상당히 많은 일을 해야만 했다. 테리오는 대부분 대학생 또래 아이들로 이루어진 추종자들에게 사실상 맨손으로 나무를 베고, 우물을 파고, 통나무집을 만들게 했다. 본인은 손가락 하나도 까딱하지 않았고 그를 제외한 나머지 모두는 항상 탈진한 상태였다. 이들은 워낙 생산적이었기에, 테리오는 '개미언덕 아이들'이라는 별명까지 지어 주었다. 이것이야말로 이들의 의지를 꺾기 위해 고안된 또 다른 기법이었다. 군대에서는 훈련병을 쓰러질 정도까지 혹사시키고 나서 일찌감치 깨워서 다시 시작하는 것이야말로 기초 훈련의 핵심인데, 결국 그는 이런 고전적인 재프로그램 기법의 독자적인 황무지 버전을 고안한 셈이었다. 종말의 공포와 직면한 상태에서, 테리오는 배급을 아끼고 필수적 수면을 건너뛰어야 할 필요성을 그들에게 역설했다. 전적으로 탈진한 상태이다 보니 이들은 심지어 가장 기본적인 결정조차도 그에게 의존하게 되었다.

야영지를 건설하는 도중에 테리오는 성서에 근거해서 이들의 이름을 새로 지어 주느라 바빴다. 이제 지젤은 에스더Esther, 솔랑주는 라헬Rachel, 가브리엘은 디르사Thirtsa가 되었다. 그는 예언자이자 법률 제공자인 모세였다. 하지만 이걸로 끝이 아니었다. 짬이 날 때마다 테리오는 이들에게 각자의 비밀을 고백하게 만들어 사생활을 벗겨 내고 약점을 노출시켰다. 자기네가 떠나온 사회는 사악하다고 이들에게 상기시켰다. 심지어 이들의 가족을 포함한 사회 전체가 사악하다고 했다. 그는 새로운 공동체를 '죽은 자의 세계World of the Dead'라고 이름 지었다.

로크 테리오는 컬트 지도자들이 이용하는 모든 기법의 독자적인 버전을 수립하는 중이었다. 집단을 사회와 대립하게 만들기, 공개 고백을 강요해 취약점을 노출하기, 집단을 물리적으로 고립시키기, 집단을 가족으로부터 소외시키기 등이었다. 이제는 오로지 자기 독단에 전적으로 의존하여 운영되는 세계에서, 그는 지젤에게 정절을 지킬 필요가 전혀 없음을 깨달았다.

하지만 테리오는 심리적 왜곡을 이용해서 이것조차 그녀의 발상인 것처럼 만들어 버렸다. 다른 여자들이 점점 외로워한다는 이야기를 지젤이 꺼내자, 마치 아내의 요청에 응하여 친절을 베푼다는 투로 그들과 잠자리를 갖기 시작했다. 머지않아 그는 자신과 여성들 각각의 유대를 신성하게 만들었으며, 예언자로서 자신의 권위를 이용해 그들 모두와 결혼했다. 테리오는 성서에 나온 다윗 왕이 여러 명의 아내를 두었던 것, 이름이 밝혀진 아내만 최소한 여덟 명 이상이었던 사례를 언급했다. 어쩌면 다윗 왕의 자녀 20명에 버금가는 자녀도 두고 싶었는지 모르겠다. 머지않아 '죽은 자의 세계'에 있는 여성 모두를 임신시켰는데, 그에게는 관심도 없고 남편 자크에게 충실한 채로 남아 있는 마리즈만이 예외였다.

숲에서의 생활이 워낙 어렵다 보니 테리오는 재림교인 시절부터 준수했던 건강한 생활 방식을 머지않아 포기해 버렸다. 추종자들에게 명령해서 가장 가까운 도시인 생조그까지 걸어가서 즉석식품과 술을 사 오게 했다. 자기를 화나게 하는 사람은 누구든지 나무 몽둥이로 때리기도 했다. 아울러 테리오는 자신의 종말론 컬트에서 사람을 가장 소외시키는 원칙 가운데 하나를 공식화하기 시작했다. 즉 자신의 친자녀 셋은 선택된 자로 간주될 것이지만, 자신의 소생이 아닌 아이(예를 들어 자크와 마리즈의 딸 제질이라든지, 이들 부부의 갓난아이인 사뮈엘)는 노예나 짐승처럼 대할 것이라는 내용이었다.

그 와중에 걱정에 사로잡힌 추종자의 부모들은 한데 모여서 당국을 설득한 끝에 테리오를 체포해서 (자동차로 일곱 시간 거리인) 퀘벡시로 데려와 심리 평가를 받게 했다. 한 정신 의학자는 그가 정신 분열증을 앓고 있다고 여겼다. 하지만 교활하리만큼 설득력이 뛰어난 테리오는 자기가 무해하다고 의료 전문가를 설득하는 데 성공했다(그의 이러한 각본은 이후에도 여러 번 반복될 예정이었다). 수사 결과 몇 가지 범죄 행동이나 폭력 행위, 일부 잔혹 행위 의심 사례가 발견되기는 했지만, 그는 특유의 지적이고 친절한 태도를 이용해서 법원에서 지명한 담당관을 속여 넘겼다.

사실 그때 테리오는 이미 불복종을 이유로 추종자들을 학대하기 시작한 상태였으며, 음식을 훔치는 등의 위반 행위에 대해 자기네 '아빠'에게 의례적 격하의 편지를 쓰도록 강요했다("저는 이런 잘못 때문에 살찌게 되었습니다." 한 편지에는 이렇게 나와 있다. "저는 뚱뚱하고 살찐 종이 되고 싶지 않습니다. 당신 같은 분 옆에 있으면 너무 추하니까요"). 다른 맥락에서라면 그저 우스워 보일 수도 있지만, 종종 자의적으로 행사됐던 그의 처벌이 개미 언덕 아이들로서는 신속할 뿐만 아니라 그 행위에 비해 터무니없이 클 수도 있었다. 1978년 가을에도 유사한 음식 관련 사건이 터지자 테리오는 마리즈의 갈비뼈 두 대를 부러트렸는데, 굶주린 임신부가 허락도 받지 않고 팬케이크를 두 개나 먹어 치웠기 때문이었다. 마리즈가 컬트를 떠날 생각을 품자, 테리오는 자크를 위협해서 그녀의 발가락 하나를 잘라 내는 처벌을 가했다.

감옥에 간 모세

테리오가 예언한 종말의 날이었던 1979년 2월 17일이 지났는데도 세상이 멀쩡하게 돌아가자, 그는 그날에 대한 하느님의 이해는 인간의 이해와 워낙 다르기 때문에 당연히 혼동이 있을 수밖에 없다고 주장했다. 어떤 이유에서인지 추종자들은 이런 터무니없는 설명을 받아들였는데, 어쩌면 이미 이들의 의지력이 무척이나 효과적으로 파괴된 상태였기 때문에 무슨 말을 들어도 괜찮았던 것일 수도 있다. 1979년 4월에 잠시 도망친 자크 피세만 해도 여전히 기자들 앞에서 테리오에 대한 부정적인 내용은 말하기를 거부했을 정도였다.

샹탈의 부모는 계속해서 딸을 구출하려 시도했고, 드문드문 닿는 연락을 통해 컬트의 위치를 알아내자 또다시 필사적인 시도에 나섰다. 자크 피세의 신문 인터뷰가 간행된 지 며칠 뒤(그의 묘사만 놓고 보면 이들은 마치 연휴를 맞이해 [수련회를] 떠난 교회 모임 같았다)에 경찰은 샹탈과 테리오를 데려다가 정신 감정을 받게 했다.

테리오는 다시 한번 정신 의학자들을 속여서 정상 판정을 받아 낼 수 있었다. 아울러 샹탈도 이들의 의심을 부추기지는 못하고 말았다. 하지만 실제로 테리오는 계속해서 전적인 야만성으로 치닫고 있었다. 가장 빈번한 표적은 마리즈와 자크의 어린 아들 사뮈엘이었다. 테리오의 지시에 따라 자크는 아들을 '처벌'했으니, 단지 운다는 이유로 벌거벗은 유아를 눈밭에서 굴렸던 것이다.

테리오는 추종자들에게 허락한 것보다 더 빈번하게 야영지와 도시를 오갈 수 있었기 때문에, 프랑신과의 첫 결혼에서 얻은 두 아들을 황무지로 불러냈다. 1981년 3월에 12세의 로크실뱅과 10세의 프랑수아가 찾아오자, 테리오는 추종자들을 동원해 환영 행사를 개최했다. 그런데 그 행사에서 정신 질환을 앓던 청년 기 베이르Guy Veer가 이제 겨우 두 살인 사뮈엘의 울음소리를 못 견딘 나머지 아이를 가혹하게 때렸다. 하지만 테리오는 사뮈엘을 병원으로 데려가는 대신에 당장의 문제(아이가 오줌을 눌 수 없었다)를 해결한답시고 면도칼로 아이의 성기를 수술했으며, 이에 앞서 마취제랍시고 에탄올 원액 50그램을 억지로 마시게 했다. 사뮈엘은 그날 밤에 사망했지만, 이미 매질로 외상을 입고 굶주림과 수면 부족으로 지쳐 있던 어머니 마리즈는 그 소식을 듣고서도 별 반응 없이 그냥 하던 일만 계속했을 뿐이었다. 테리오는 혹시 누가 물어본다면 사뮈엘이 말에게 짓밟혀서 죽었다고 대답하도록 추종자들에게 지시했는데, 이 변명만 놓고 봐도 아이가 입은 손상이 어느 정도인지를 짐작할 만하다.

컬트의 나머지 사람들도 마찬가지로 무감각했다. 어느 누구도 비난의 말을 꺼내지 않았다. 그리하여 테리오는 다른 누군가를 비난하기로 작정했다. 1981년 가을에 그는 기 베이르를 심판했다. 추종자들은 그가 정신 질환을 겪는 사람이니 비난할 수 없다고 생각했지만, 테리오는 범죄의 대가로 거세할 필요가 있다고 그들을 설득했다. 그는 베이르를 부엌 식탁에 눕히고, 면도날을 이용해 고환을 제거했다. 피해자는 기꺼이 수술에 참여했으며, 심지어 거세를 하면 두통을 완화하는 데 도움이 될 거라는 핑계를 믿기까지 했다. 하지만 테리오는 이렇게 하고서도 여전히 만족하지 못했다. 아니면 아이의 살해에 대해서 지금까지 이루어진 것보다 더한 징벌이 필요하다고 생각했을 수도 있다. 그래서 그는 기 베이르의 모의 사형을 집행하기 시작했는데, 이 무시무시한 의례에 놀란 당사자는 그대로 도망쳐서 경찰에다가 사뮈엘의 죽음을 자백하고 말았다. 비록 정신 질환으로 인해 아이의 죽음에서 테리오가 담당한 진짜 역할을 완전히 설명할 수는 없었지만, 베이르의 진술은 컬트 지도자를 체포하기에 충분했다. 1981년 12월 19일, 로크 테리오는 사뮈엘의 죽음에 형사상 책임이 있다는 혐의로 기소되어 징역 2년 형을 선고받았다.

하지만 강제 분리조차도 추종자들에 대한 그의 장악력을 깨트릴 수 없었다. 추종자들은 황무지를 떠나서 남쪽으로 25킬로미터 떨어진 뉴칼라일에 있는 주택으로 이사했는데, 어디까지나 교도소와 가까운 곳에 있기 위해서였다. 컬트 내부의 유대는 더 복잡하게 성장했는데, 여성 가운데 다수가 테리오와의 사이에서 아이를 가졌고, 그의 형기 중에도 몇 명이 더 출산했기 때문이다. 투옥 이전의 어느 시점에 테리오는 솔랑주 부알라르와 클로드 우엘레트의 결혼을 주선했다. 그런데도 솔랑주를 측실로 삼아서 1980년부터 1986년까지 자녀를 세 명이나 낳았다. 테리오가 투옥된 사이에 솔랑주가 떠나려고 시도하자, 지젤은 테리오가 돌아오면 당신을 본처로 삼게 하겠다고 그녀를 설득했다. 계속 남아 있기로 한 이 결정 때문에 솔랑주는 결국 목숨을 잃게 됐다.

1984년 2월에 테리오는 형기를 마쳤고, 그로부터 두 달이 지나기도 전에 충성파를 설득해서 도시 생활을 포기하고 자기와 함께 오지로 돌아가게 했다. 이번에는 '영원한 산'에서 서쪽으로 145Ø킬로미터, 토론토에서 북동쪽으로 16Ø킬로미터 떨어진 온타리오주의 영어 사용 지역에 있는 숲속 부지였다. 인접 마을로는 2Ø킬로미터 떨어진 인구 5백 명의 킨마운트와 그보다 더 작은 인구 25Ø명의 번트리버가 있었다. 그곳에서는 황무지뿐만 아니라 언어 역시 이들의 고립에 기여했다. 추종자 모두는 프랑스계 캐나다인이었으며, 오로지 테리오만이 유창한 영어를 구사할 수 있었다. 이들은 어느 때보다도 더 그에게 의존하게 되었다.

이주(아울러 여기에서 비롯된 고립의 증대)와 더불어 이전보다 더 큰 폭력의 시기가 시작되었다. 테리오는 전적인 통제라는 고전적인 컬트 전략 가운데 다수를 구사했는데, 예를 들어 외관상 자의적인 규칙을 만들어 냄으로써 추종자들이 그의 기준에 부응하지 못하리라는 거의 항상적인 두려움 속에 갇혀 있게 했다. 이런 공포의 분위기 사이마다 가끔씩 성적 방종의 시기가 끼어들었는데, 그나마 이때는 추종자들이 그를 편안하게 만들어 주는 것처럼 보인다는 이유 때문에라도 약간의 위안이 제공되었다.

황무지로 돌아간 테리오는 컬트에 필요한 새로운 거처와 기타 구조물을 건설하는 동안 다시 한번 감독을 실시했다. 개미 언덕 아이들은 이 시점에 이르러 숙달된 목수가 된 상태였으며, 이들이 만든 통나무집 거처와 헛간과 창고는 변경 개척 시절의 시골 공동체에서 보였던 투박한 견고함을 지니고 있었다. 하지만 집단의 규모는 계속 커졌는데, 여자들이 테리오의 자녀를 더 많이 낳았기 때문이었다("로크는 자기가 성서에 나오는 아브라함과 비슷하기 때문에 반드시 그래야만 한다고 항상 우리에게 말했습니다." 가브리엘 라발레는 훗날 이렇게 회고했다. "자기 부족을 계속 유지하려면 여러 아내와 자녀를 가져야만 한다는 것이었습니다"). 식량이 충분하지 않을 때마다 테리오는 추종자에게 지시해 킨마운트에 있는 상점에서 훔쳐 오게 했다. 하지만 1985년 1월에 추종자들이 절도 혐의로 체포되면서 이 범죄 행각도 끝나고 말았다.

하지만 고립된 상태에서도 테리오는 외부 세계의 소식을 여전히 따라잡고 있었기에, 급기야 알렉스 조지프Alex Joseph에게 큰 관심을 보이게 되었다. 유타주 빅워터의 시장인 이 붙임성 좋은 자유 지상주의자는 공개적으로 여덟 명의 아내와 함께 일부다처제를 유지하며 살아간다는 이야기를 들은 것이다. 거기에서 영감을 얻은 까닭인지, 테리오는 1980년대에 최소한 세 번이나 알렉스 조지프를 찾아갔다. 손님을 맞이한 조지프는 쾌활한 기념식을 개최하고 황금관을 선물하면서 테리오를 이스라엘 민족의 왕으로 명명했다. 캐나다의 황무지로 돌아온 컬트 지도자는 긴 예복과 왕관을 걸쳤으며, 마치 스스로 왕족인 것처럼 행동하게 되었다.

새로운 교만에 몰두하는 와중에도 테리오는 여전히 아이들을 먹여 살려야 했다. 그는 도로변에 농산물 판매대를 설치하고 추종자를 앉혀 놓아서 신선한 생산품을 팔아 보자는 발상을 떠올렸다. 놀랍게도 농산물 판매대가 상당히 잘 운영되자 사업을 확장했고, 힘들게 일하는 자기 집단의 이름을 따서 '개미 언덕 아이들'이라는 빵집을 만들었다. 그는 제빵 도구를 빌려 왔고, 이후 몇 년에 걸쳐서 컬트는 제대로 돈을 벌어들였다.

하지만 이런 성공을 거두는 와중에도 테리오는 여전히 자기 내면의 악마와 씨름했고, 계속해서 타인에게 고통과 악행을 가했다. 그는 다시 술을 마시기 시작했다. 한꺼번에 두 명 이상의 아내와 잠자리를 같이하면서 누가 먼저 절정에 도달하는지 경쟁을 시키기도 했다. 몇 시간이나 이어지는 검투사 방식의 대결을 시키면서 적중한 주먹의 횟수에 따라 점수를 매겼다. 공들여 난교를 벌였고, 참가자의 입에 오줌을 누었다. 사람들을 채

찍으로 치거나, 도끼의 뭉툭한 뒤쪽으로 때렸다. 한번은 자크 피세에게 손수 성인의 할례를 거행했거나, 최소한 할례를 받는 형벌을 선고했던 모양인데, 추종자들에게 명령해 자크의 음경 끄트머리를 잘라 내기도 했다.

추종자들이 작성한 후회 가득한 편지의 내용으로 미루어 보건대, 모두가 그의 힘을 무서워하게 된 것이 명백하다. 여기서 말하는 그의 힘이 영적이건 물리적이건 양쪽의 조합이건 간에 말이다. 솔랑주(라헬)가 테리오에게 쓴 편지("안녕하세요, 모세, 저의 주인이시여")에서 "당신을 통해 실행된" 분노의 폭발에 대해서 사죄하는 부분이 있는데, 마치 테리오가 자행한 학대란 오로지 "강력한 영혼"에 사로잡혔을 때만 일어나며, 그 불쌍한 남자는 하늘의 복수를 위한 도구에 불과하다는 듯한 투였다. "당신이 하신 일은 당신에게서 나온 것이 아니라 훨씬 더 높은 누군가에게서 나온 것이라고 저는 진정으로 믿습니다." 상황이 워낙 왜곡되다 보니, 테리오가 '엄마'에게 칼을 던지고 총을 쏘아도, 그리고 뭔가 구체적으로 설명되지 않는 해악을 가해도, 솔랑주는 어째서인지 오히려 테리오에게 사과를 했다.

합리적인 사람의 시각에서 보자면, 이처럼 이유 없는 가학 행위의 폭력성은 측량하기가 어렵다. 어째서 추종자 가운데 누구도 컬트를 떠나지 않았던 걸까? 혹시 테리오가 탈진 수준을 훨씬 넘어서는 일을 시켜서, 그들도 더 이상은 떠날 의지를 갖지 못했던 걸까? 그들은 신체적 해악의 직접적인 위협을 두려워했던 걸까? 여전히 자기가 하느님의 예언자라는, 자기를 저버리는 자는 천벌을 받게 되리라는 테리오의 말을 믿었던 걸까? 어쩌면 그들도 폭력의 속도와 규모가 증대한다는 사실을 인식할 수는 있었지만, 무기력한 상태로 인해 그저 당국이 다시 한번 테리오에게 관심을 갖고 자신들에게 개입해 확실히 매듭을 지어 주기만을 바라며 기도할 뿐이었을 수도 있다.

실제로 지역 당국에 사뮈엘의 죽음이 신고되자, 이에 주목한 사회사업가들은 테리오가 자녀들을 학대한다는 증거를 찾아 나선 상태였다. 1985년 1월 26일에 일어난 사건으로 인해 이들의 의심은 점점 더 커졌다.

가브리엘이 어린 아들을 밤새 추운 바깥에 놓아둔 것이었다. 어머니는 아이를 컬트 지도자에게 건네 처벌을 받게 하기보다는 차라리 캐나다의 한겨울에 노출시키는 편이 더 낫다고 여겼던 것이다. 아기는 결국 사망했는데, 치명적 학대임이 명백했음에도 검시관은 영아 돌연사 증후군을 사망원인으로 판정하고 말았다.

이 두 번째 죽음으로 인해 사회사업가들도 한층 적극적으로 나섰다. 이들의 문의를 받은 비영리 단체 '정신 학대 위원회'에서는 테리오가 컬트를 이끌고 있다는 확답을 내놓았다. 이제 테리오는 공식적인 감시에 굴복하는 것처럼 보였으며, 그해 3월에 컬트의 아이들을 방문한 사회사업가들을 향해서는 분노를 터트렸다. 6월부터는 음주가 늘어났으며, 충성파에게 종말의 날이 곧 도래한다고 말하곤 했다. 그는 아마추어 무선으로 황무지 상공을 지나가는 비행기를 향해 가짜 구조 요청을 보내기도 했다.

현장을 방문한 사회사업가들은 아이들의 수동적인 모습을 학대의 증거라고 해석했다. 하지만 제아무리 심증이 명백했다고 하더라도, 아이들을 한꺼번에 데리고 나올 수 있을 만큼 확실한 물증은 확보하지 못하고 말았다. 그러다가 1985년 10월에 마리즈가 마침내 어린 아들 제질과 토마를 데리고 컬트에서 이탈했다. 이후 그녀와의 면담을 통해서 사회사업가들은 지속적이고 무시무시한 성적, 물리적 학대 사실을 알게 되었다. 테리오는 정말이지 악질적인 행동을 저질렀다. 예를 들어 옷에 못질을 해서 아이들을 나무에 대롱대롱 매달아 놓은 다음, 추종자들에게 돌을 던져서 아이들을 처벌하라고 재촉하다가, 누군가가 진짜 돌을 집어 들기 직전에야 비로소 취소했다. 화가 나면 아이들을 집어던지거나 호수에 던져 버리기도 했다. 아이가 울면 멈추게 한답시고 손가락을 짓이겼다. 한번은 아이 두 명을 불 위로 치켜들어서 추종자들이 아이들을 살려 달라고 간청하게끔 했다. 아이를 실제로 불태운 적은 없지만 너무나도 예측불허였기에, 추종자들은 테리오가 극단적인 잔혹 행동을 벌일 수 있음을 잘 알고 있었다. 그는 어른들이 벌이는 난교 현장을 아이들에게 보여 주었으며, 친자녀에게도 동물을 학대하도록 부추겼다. 1985년 12월 6일, 사회사업가들은 마침내 온타리오주 경찰의 도움을 받아 공동체를 급습해서 어린이 열세 명 모두를 구조했다.

이쯤 되면 누구나 당국에서도 테리오를 감옥으로 돌려보내기에 충분한 증거를 얻었으리라 짐작할 법하다. 하지만 테리오는 이 사건을 담당한 아동 심리학자의 감성을 이용할 수 있었으며, 프랑스계 캐나다인 동포인 이 심리학자야말로 다수의 영어 사용자들에게 자신의 학대 경험을 공유할 것이라고 믿었다. 해당 심리학자는 테리오의 혐의를 벗겨 준 것은 물론이고, 아이들을 자연 상태로 돌려보내기 위해서 한 일에 대해 감탄을 표시하기까지 했다. 법정 서류에서는 그를 편견투성이인 사회의 희생자로 그리면서, 아이들을 그 확대 가족과 재결합시킬 것을 법원에 권고하기까지 했다.

다행히도 판사는 관련자 모두를 질책했으며, 1987년 10월 27일에 아이들을 컬트와 영구히 분리시키라고 판결했다. 하지만 1986년 8월에 테리오가 아내들과 아이들을 다치게 했었다고 경찰에 자백했음에도, 검사보 알렉스 스미스Alex Smith는 그를 기소하지 않기로 결정했다. 이로써 테리오는 놀랍게도 그냥 석방되었으며, 이후 2년 동안 추종자들과의 사이에서 아홉 명의 자녀를 더 낳았다. 다만 이 아이들 모두는 태어난 지 며칠 만에 보호 대상이 되어 국가로 넘겨졌다.

아이들이 사라지자 '개미 언덕 아이들' 가운데 성인들의 일상도 난교와 폭력의 악순환으로 이어졌으며, 테리오는 점점 더 위험할 정도로 불안정해졌다. 급기야 추종자에 대한 장악력(그들을 계속해서 속박하기 위해 행사하던 영적이고 물리적인 공포)을 이용해서 차마 말할 수 없을 정도로 가학적인 행동을 지속했다. 용접용 토치로 추종자 몇 명의 피부를 태우거나, 임신한 아내의 배를 세게 걷어차 유산시켰다. 딱히 특별한 이유 없이 일반 펜치를 이용해 추종자의 입에서 이빨을 뽑거나, 추종자를 주먹으로 때리고 칼로 찌르고 총으로 쏘았다. 클로드 우엘레트에게 인분과 죽은 쥐를 먹으라고 강요한 적도 여러 번이었다. 이 무시무시한 악순환의 일부로서 테리오는 눈물을 흘리거나 용서를 구했고, 그런 타락한 행동을 저지르라는 명령을 하지 말라고 하느님께 간구했다. 테리오가 신성하다고 믿거나, 아니면 그가 하느님을 대신하여 말한다고 믿었던 추종자들은 결코 교훈을 얻지 못했는지 매번 그를 용서했다.

1988년에 이르자 이러한 생활 방식(수면 부족, 식량 부족, 지속적인 경계, 학대에 대한 두려움)의 물리적 대가가 추종자들에게서 건강 악화라는 모습으로 드러나기 시작했다. 하지만 그는 자비를 전혀 베풀지 않았다. 클로드 우엘레트의 사소한 위반을 알아내고는 음낭에 고무 밴드를 묶어서 오렌지색으로 변할 때까지 부풀어 오르게 만들었다. 클로드가 고통을 호소하자, 테리오는 음낭을 절개해 고환 하나를 제거하고는 뜨거운 다리미로 상처를 지졌다.

특히나 스트레스의 징후를 많이 드러낸 사람은 솔랑주 부알라르였다. 어쩌면 테리오도 자기처럼 심각한 위통을 겪는 사람에게 약간의 동정을 가졌으리라 생각할지도 모르겠지만, 그는 향상된 의료 절차를 이용해 고문을 강화했을 뿐이어서 자기가 그녀의 간을 직접 수술하겠다고 선언했다. 그의 말에 방 안이 얼어붙으며 침묵이 깔렸는데, 추종자들은 자칫 말을 꺼냈다가 불필요한 주목을 받을까 봐 두려웠던 것이다.

테리오는 솔랑주에게 당밀과 기름, 물을 섞어 만든 관장제를 주었는데, 이후 복부를 가르고 내장을 맨손으로 꺼내는 바람에 복강에 소화액이 흘러넘쳐 결국 그녀를 죽게 만들었다. 누구도 감히 그를 저지하지 못했다. 게다가 수술 중에 테리오는 조잡한 삽관법을 시행하기로 작정해서, 그녀의 식도에 튜브를 꽂으라고 추종자들에게 명령했다. 가브리엘 라발레에게는 바늘과 실을 주며 복부를 꿰매라고 했는데, 결국 솔랑주는 밤새 바닥에서 고통으로 몸부림치다가 다음 날 아침에 당연하게도 사망하고 말았다.

로크 테리오가 통제 불가능한 광기에 사로잡힌 것처럼 보였음은 굳이 말할 나위도 없다. 솔랑주를 묻어 주고 나서 테리오는 그녀를 죽은 자 가운데서 다시 살릴 수 있다고 확신했다. 그는 제자들에게 강요해서 그녀의 시신을 도로 파내게 했고, 두개골을 쪼개서 열게 했으며, 썩어 가는 그

너의 뇌에다가 자기처럼 정액을 발사하게 했다. 이후 그녀의 갈비뼈 몇 개를 잘라 내서 마치 목걸이처럼 걸고 다녔는데, 언젠가는 자기가 아담처럼 성서적 수단을 통해 솔랑주를 낳게 될 거라고 확신한 까닭이었다. 추종자들은 마침내 테리오의 신성 모독에 종지부를 찍기 위해 솔랑주의 시신을 화장해 버렸다. 이는 그녀를 위한 조치일 뿐만 아니라 자신들을 위한 조치이기도 했다.

칼에
의지해
살아가다

1988년에는 솔랑주의 실종에 대해서 외부 세계로부터의 공식적인 반응이 없었다. 사회사업가들이 그녀의 부재를 확인하고 만족스럽지 못한 답변만 받았을 때도 정작 경찰은 공식 수사를 개시하지 못하고 말았다. 그러다가 1989년 여름에 가브리엘을 상대로 한 테리오의 무시무시한 신체 절단이 일어나고 나서야 비로소 온타리오주 경찰이 다시 한번 개입하게 되었다.

가브리엘이 집단에 가담한 이래로 테리오는 그녀를 아예 점찍어 놓은 것처럼 보였다. 한번은 치통을 치료해 준답시고 이빨 여덟 개를 뽑기도 했다. 그러나 1989년 7월 29일에 저지른 고문 행위로 인해 그의 컬트 전체는 완전히 무너져 내리고 말았다. 테리오는 야만적인 방법으로 가브리엘이 하소연한 손가락의 뻣뻣함을 치료하려고 했는데, 사냥칼로 그녀의 오른손을 꿰뚫어 부엌 식탁에 고정시킨 것이었다. 그러고는 한 시간 이상 그 상태로 방치했다. 가브리엘은 피를 철철 흘리는 와중에도 고통으로 인해 기절하지 않도록 필사적으로 노력했다. 솔랑주도 당했듯이 자기가 의식을 잃자마자 테리오가 죽여 버릴지 몰라 두려웠기 때문이다.

마침내 그는 커터 칼을 이용해 어깨와 팔꿈치 사이의 팔을 잘라 냄으로써 그녀를 풀어 주었다.

가브리엘은 신체 절단에도 불구하고 살아남아서 여성 보호 시설로 도망쳤지만, 자크 피세(테리오의 고집으로 음경 끝을 절단당한 바로 그 남자)가 찾아와서 설득하자 결국 돌아가고 말았다. 1989년 8월 11일 밤, 야영지에서 테리오는 추종자들에게 명령해 가브리엘을 꼼짝 못 하게 붙들어 놓고, 아세틸렌 토치로 가열한 구동축을 그녀의 팔 절단부에 갖다 댔다. 사흘 뒤에 그녀는 다시 여성 보호 시설로 도망쳤고, 마침내 병원으로 이송되었다.

경찰이 부상에 대해 물었지만, 가브리엘은 차마 테리오의 범죄 본성을 자백할 수 없었고, 단지 자동차 사고로 꼼짝 못 하게 되어서 한쪽 팔을 잘라 냈다고만 말했다.

그녀의 설명에 모순점이 충분히 많았던 까닭에, 경찰도 테리오를 추적하기로 결정했다. 그해 8월 19일에 경찰이 집단 거주지를 수색하려고 출동했는데, 모두 이미 그곳을 떠난 다음이었다. 가브리엘의 신체 절단으로 추종자 대부분은 인내심의 한계를 느꼈고, 마침내 테리오를 영영 버리고 떠날 용기를 얻었던 것이다. 테리오는 자크, 니콜, 샹탈만 데리고 도피 중이었다. 이들은 2개월 가까이 경찰의 체포를 피해서 원래의 집단 거주지와 가까운 곳에 있는 위장된 임시 오두막에서 살아갔다. 테리오는 1989년 10월 6일에 체포되었다. 그가 구속되고 나서야 지젤은 비로소 솔랑주의 죽음에 대한 온전한 진실을 털어놓을 수 있었고, 그리하여 당국에서는 테리오를 살인죄로 공식 기소했다.

12월 18일에 판사는 로크 테리오에게 2급 살인죄 재판 회부 명령을 내렸다. 이처럼 위중한 혐의에 직면한 상태에서도 그는 여전히 정신 의학자들을 속여 자기를 좋은 사람이라고 생각하게 만들 수 있었다. 1991년 12월의 법원 서류를 보면 의사들은 테리오를 "매우 명석하고, 호기심 많고, 예민한 남성"이자, 의학에 "상당한 지식"도 보유했다면서, 그의 문제는 "평범한 세상에 사는 비범한 사람"인 데서 비롯되었다고 서술했다.

하지만 법원에서는 다르게 생각했으며, 1993년 1월 18일에 테리오는 모범수 가석방 가능 조건으로 최소 징역 10년에서 최대 무기 징역을 선고받았다. 무려 10년간의 고문과 신체 절단에서 살아남은 가브리엘과 지젤을 비롯한 추종자 대부분은 마침내 그의 통제로부터 해방될 수 있었다. 가브리엘은 무척이나 간절했던 치료를 받았고, 테리오가 희생자를 조종하는 데 사용했던 위험한 심리적 기법을 인식하기 시작했다. 나중에 그녀는 『양들의 동맹L'alliance de la brebis』이라는 회고록을 프랑스어로 간행했다.

테리오의 최연장 아들들 역시 자기네가 겪은 악몽에 대해서 회고록을 간행했다. 하지만 희생자 대부분은 모습을 감추고 익명으로 돌아갔으며, 친구와 가족에 의지하여 각자의 삶을 살아가려고 분투했다. 그중 다수는 폭력적인 범죄의 희생자에게 재정적 도움을 제공하는 온타리오의 범죄 피해 보상 위원회로부터 금전적 지원을 받았다.

하지만 테리오의 추종자 가운데 일부는 끝내 그의 통제로부터 해방되지 못했다. 프랑신, 샹탈, 니콜은 그와 가까이 있기 위해서 교도소 근처에 거처를 마련했고, 계속해서 그를 면회하고 그의 아이를 가졌다. 심지어 공동으로 빵집도 개업해서 개미 언덕 아이들 시절에 갈고닦은 솜씨를 발휘했다. 이 사업은 제법 성공을 거두었지만, 나중에 가서는 손님들도 이 매력적이고 작은 빵집을 운영하는 여자들이 미치광이 살인자의 아내들이며, 나중에 그가 석방되면 재결합하기를 여전히 희망하고 있다는 사실을 알게 되었다.

정신 의학자들을 매료시킬 수도 있었고, 추종자들 가운데 일부를 계속해서 좌지우지할 수도 있었던 테리오였지만, 그로서도 차마 휘어잡을 수 없었던 집단이 하나 있었으니 바로 동료 재소자들이었다. 1993년 4월에 테리오는 신변 보호를 위해 킹스턴 교도소로 이감되었다. 다른 냉혹한 살인자도 많았지만, 유독 무시무시한 범죄를 저지른 그야말로 혐오스럽고 비인간적이라고 간주되었기 때문이다.

특유의 매력 공세도 그를 구해 주지는 못했다. 2011년 2월 23일, 감방 동료인 매슈 제라드 맥도널드Matthew Gerrard MacDonald가 날붙이로 테리오의 목을 찌르는 모습이 교도소의 감시 카메라에 잡혔다. 곧이어 가해자는 살인 무기를 들고 간수들에게 다가와서 이렇게 말했다. "그 개자식은 빵 안에 쓰러져 있어요. 칼은 여기 있고요. 내가 그놈을 썰어 버렸죠."

로크 테리오의 삶은 끝났지만, 그의 사례는 무척이나 불편한 상태로 남아 있다. 한편으로는 그가 자행했던 극단적인 폭력 때문이고, 다른 한편으로는 그가 휘두를 수 있었던 힘이 어찌나 최면적이었던지, 때로는 도망친 사람조차도 변심하고 자유 의지로 돌아오게 만들 정도였기 때문이다.

테리오가 사망한 후에도 생존자들에 대해서 여전히 유지했던 그의 영향력이 과연 어떤 종류였는지를 알아내기란 어려울 수밖에 없다. 아울러 테리오를 추종했던 (또는 그러한 야만성의 그늘에서 자라난) 사람들이 과연 그가 고취했던 공포로부터 도망칠 수 있을지도 마찬가지로 알아내기가 어렵다.

6

| 과대망상 | 데이비드 코레시와
다윗가지파 |

자기가 영광의 광휘 속에서 죽을 것이라고 예언했던 데이비드 코레시는 자신의 컬트 다윗가지파를 미국 연방 정부와의 처절한 대결로 몰아갔다. 언론 매체에 매일같이 보도되었던 이 사건에서 그의 추종자들로 이루어진 작은 무리는 텍사스주 웨이코의 자기네 거주 시설을 포위한 FBI와 무려 51일간이나 대치했다. 특히 1993년 4월 19일에 있었던 최종 충돌의 강렬함(다윗가지파 구성원 76명이 사망했는데, 그중 21명은 16세 이하였다) 때문에 '웨이코'는 극우 생존주의자 서클에서 유행어가 되었으며, 파국 대비자 집단은 만약 정부가 저 정도의 위력으로 자국 시민을 공격할 채비가 되어 있다면, 그런 공격을 버티거나 극복하기 위해 자기들은 더 많은 화력이 필요하다고 확신하게 되었다. 코레시는 마운트 카멜 거주 시설에 기관총과 수류탄을 포함한 막대한 무기 재고를 갖고 있었다. 거주 시설의 모든 여성을 자기 아내로 간주했고, 심지어 불과 11세밖에 안 되는 아이들까지도 마찬가지로 간주했다. 하지만 하느님의 사자使者라고 자처한 여러 컬트 지도자와 마찬가지로, 코레시는 신성한 권위에 대한 자신의 주장을 철회하거나, 자기가 단지 인간에 불과하다는 사실을 시인하기보다는 차라리 죽음을 더 선호했을 수도 있다. 결과만 놓고 보자면 그의 최후 예언에서도 최소한 본인에 대한 부분만큼은 실현된 셈이었다. 거주 시설이 주위에서 무너져 내리는 와중에, 코레시는 머리에 입은 총상으로 사망했다. 추종자 가운데 한 명의 소행이었을 가능성이 있다.

| MEGALOMANIA | DAVID KORESH |

종말이 가까웠다고 약속하는 카리스마적 지도자를 격정적인 신자들이 추종하는 상황은 경계할 필요가 있다. 이런 휘발성 높은 제안은 죽음조차도 축복으로 바꿔 놓기 때문이다. 즉 죽음이야말로 환영받아야 할 운명이라고, 심지어 독려되어야 할 운명이라고 주장하는 것인데, 참된 신자에게는 죽음이 끝이 아니며, 오로지 그들을 위해서만 아껴 둔 낙원으로 들어가는 첫걸음이라는 이유에서다. 이것이야말로 텍사스주 웨이코에서 20킬로미터쯤 떨어진 액스텔 소재 다윗가지파Branch Davidian의 거주 시설인 마운트 카멜Mount Carmel 안에 머무른 많은 사람의 마음가짐이었다. 심지어 1993년 4월의 유혈 사태로부터 한참이 지난 지금까지도 여전히 남아 있는 이 신앙의 잔존자들은 자기네 지도자 데이비드 코레시David Koresh가 내놓았던 예언이 신성하다고 간주한다.

　마운트 카멜에서 공동생활을 하던 다윗가지파는 1868년에 설립된 본래의 재림교로부터 세 다리 건너쯤 되는 파생 집단이었다. 본래의 구성원들은 그리스도의 재림(재림교의 정식 명칭인 '제7일 안식일 예수 재림교'가 바로 이 단어에서 비롯되었다)이 임박했다고 믿었다. 하지만 이런 근본적인 믿음조차도 실패한 예언에서 유래한 것이었다. 바로 1844년 10월 22일에 그리스도가 다시 오실 것이라고 예언했던 윌리엄 밀러William Miller의 예언이다. 그 운동과 날짜 모두는 '큰 실망'이라는 이름으로 기념되었다. 하지만 미국 독립 전쟁 이전인 그 시대(사회 개혁과 종교 격변의 시기)에는 밀러주의의 잔존자들이 자기네 신앙을 재편하고 개정하면서 다음과 같이 말했다. 10월의 바로 그날에 '조사 심판'의 기간이 시작되었으니, 진정한 신자의 신앙과 행동이 하느님과 그리스도에 의해서 심판될 것이라고 했다.

하지만 '큰 실망'에 근거해 수립된 이 새로운 신앙은 그 근신 기간이 언제쯤 끝날지를 말하지 않았다. 참된 신자들은 이미 신성한 계시를 중시했으며, 신앙의 교의로서 최근의 역사 내에서 그 사례를 지목할 수도 있었다. 아울러 이들은 결정적인 시간의 임박한 도래를 신봉했으니, 그때가 되면 자기들이 신앙과 아울러 지상에서의 선한 노력을 통해서 하늘 장막으로 인도될 것이라고 했다. 비록 세속 달력에 나온 구체적인 미래의 날짜와 연계되지는 않았지만, 심판의 날이 임박했다는 느낌은 지속되었으며, 이 믿음은 그들의 신앙에 긴급성을 더해 주었다.

이 두 가지 믿음(살과 피를 지닌 신성한 사자使者에 대한 믿음, 그리고 임박한 최후의 심판에 대한 믿음) 때문에 추종자들은 데이비드 코레시 같은 카리스마적 지도자에게 특히 쉽게 넘어가게 되었다. 대체적으로 재림교인과 그 파생 집단은 예언자에게 호의적이었으며, 자기네 신앙 때문에라도 스스로 하느님으로부터 기름 부음을 받았다고 주장하는 누군가가 나타나면 최소한 그의 이야기를 들어 봐야 한다는 의무감을 느꼈다. 사실은 오늘날까지도 법적으로는 다윗가지파의 재산으로 남아 있는 마운트 카멜 거주 시설 입구에는 기념비 한 쌍이 서 있는데, 사망자 82명의 이름을 새긴 평판을 허리 높이까지 쌓아 만든 것이다(그중 5명은 포위 공격이 시작된 1993년 2월 28일의 최초 압수 수색 때 사망했고, 나머지 76명은 4월 19일에 사망했다). 이 기념비 맨 위에 놓인 머릿돌에는 "재림 운동의 일곱 목자들"의 이름이 새겨져 있다. 거기 나온 이름들은 남북 전쟁 당시 재림교를 창시한 엘런 G. 화이트Ellen G. White부터 시작해서, '제7일 안식일 재림 운동 다윗가지파'의 창시자 데이비드 코레시의 본명인 버넌 웨인 하월Vernon Wayne Howell에 이르는 계시의 유산을 보여 준다.

압수 수색 직전에 마운트 카멜에는 코레시의 추종자 백여 명이 살고 있었다. 이들은 다인종·다문화 집단이었다. 컬트의 구성원 가운데 45명은 흑인이었고, 그 외에 영국과 오스트레일리아와 캐나다 국적자가 포함되어 있었다. 이 사건에 관한 오늘날의 문헌에서는 이 집단을 다윗가지파라고 지칭하지만, 1993년에 이들은 '일곱 봉인의 제자들Students of the Seven Seals'로 자처했는데, 데이비드 코레시가 성서의 「계시록」에 나오는 일곱 봉인을 해석하도록 하느님으로부터 기름 부음을 받았다고 믿었기 때문이다. 이 지도자가 약속한 천국에 워낙 집중한 까닭에, 이들은 심지어 그가 미성년자와 성관계를 한다는 사실조차도 기꺼이 간과할 의향이 있었다. 이들은 그런 접촉으로 태어난 아이들을 그가 폭력적으로 학대했을 때도 아무 말을 하지 않았다. 이들이 그 모든 비열한 행동을 무시했던 까닭은 오로지 코레시만이 일곱 봉인을 풀고 세상의 종말을 인도할 수 있다고 믿었기 때문이었다. 이들이 그의 터무니없는 행동을 못 본 척했던 까닭은 마지막 날이 임박했다고 결론지어서였다. 실제로 코레시와 그 추종자 81명에게는 불길과 함께 마지막 날이 닥쳐왔다.

훗날 2개월 가까이 미국 정부와 대치했던 것으로 악명을 떨친 바로 그 남자는 1959년 8월 17일에 텍사스주 휴스턴에서 (당시 19세였던) 바비 웨인 하월과 (당시 15세였던) 보니 수 클라크 사이에서 태어났다. 그런데 아버지는 아들이 태어나기도 전에 다른 여자와 떠나 버렸다. 아내는 남편이 돌아올 거라고 믿었던지, 부재중인 아버지의 이름 가운데 무려 두 개를 아들에게 붙여 주었다.

무심한 어머니였던 보니 수는 겨우 4세였던 버넌 웨인을 외할머니 얼린과 정신 질환을 앓는 이모 베벌리에게 맡기고 캘리포니아로 떠나 버렸다. 그녀는 3년 뒤에야 로이 홀드먼이라는 폭력적인 알코올 중독자와 함께 돌아왔다. 부모의 이 두 가지 극단적 행동(학대와 유기)은 버넌의 향후 정신 건강에 바람직하지 않았다. 심리학에서 말하는 성격 형성기에서도 초창기에 이 정도 규모의 태만이 일어나면, 아이는 친밀한 유대를 형성할 건강한 모범을 잃는다. 친밀성의 모범도 없고, 중요한 일차적 관계에 대한 기억도 없으므로, 아이는 어른이 되어서도 인간 관계를 어렵다고 느끼게 된다. 대신 이들은 타인을 조종하며, 애정을 부추기고 나서는 자기가 감내했던 유기를 재현함으로써, 마치 사랑을 느낄 만큼 어리석은 사람은 누구든지 처벌이라도 하겠다는 투로 행동한다. 아울러 신체적 학대는 평생에 걸친 외상 후 스트레스 장애를 남기게 마련이며, 이미 애정에 굶주린 누군가에게는 특히나 그렇다.

그런 유년기의 외상 이후, 도대체 무엇 때문에 성인 버넌은 컬트를 시작했고, 자기가 육신을 입은 하느님이라고 수십 명을 납득시켰으며, 급기야 그들을 화재 사망으로 인도했던 걸까? 그에게는 걱정스러운 징후가 일찍부터 분명히 드러났었다. 이 소년은 재림교 산하의 학교인 댈러스 주니어 아카데미에서 고군분투했다. 난독증 진단을 받고 일반 학급을 나와 특수 지도를 받았기 때문이다. 다시 한번 버넌은 타인과 의미 있는 관계를 맺을 기회로부터 강제 분리되었던 셈이다. 이와 같은 종류의 고립이 반복해서 일어남으로써, 급기야 자기가 선별되었다는 왜곡된 생각을 품기 시작했을 가능성이 있다. 어쩌면 자기가 고립되면서 멀어진 사람들에게 힘을 행사하기를 원했을 수도 있다.

그가 이런 전적인 통제에 대한 환상을 키울 수 있었던 이유는 쉽게 짐작할 만하다. 운동장에 있는 친구들에게 합류하자 놀림과 괴롭힘만 당했던 것이다. 아울러 버넌은 8세 때 더 나이 많은 아이들에게 강간을 당할 뻔했다고 주장했다. 돌아온 어머니는 거센 반대를 무릅쓰고 아들을 댈러스의 새로운 집으로 데려갔다. 그곳에서 버넌은 어머니가 다니는 재림교회에 나가게 되었다. 괴롭힘에서 벗어나고 싶었던 이 소년은 체중이 불면서 점차 자기 몸을 자랑스러워하게 되었다.

재림교에서는 예언의 은사를 매우 중시했으며, 창시자 엘런 G. 화이트는 예언적 꿈을 해설하는 글을 잔뜩 작성했다. 버넌은 이에 매력을 느꼈는데, 어쩌면 난독증으로 인해 전통적인 학습 성취가 거의 불가능했기 때문이었을 수도 있다. 그는 성서의 상당 부분을 암기하는 데 전념했는데, 그중에서도 특히 상징과 숫자는 물론이고 기타 성서 구절과 고대 예언자에 대한 언급이 가득한 「계시록」에 들어 있는 시적이고 수수께끼 같은 예언에 집중했다. 죄악이 가득한 세상에 거대한 힘이 풀려날 것이라는 암시가 들어 있는 어두운 내용에 이끌렸던 것이다.

학교 수업이 끝나고 나서도 버넌은 성서 공부와 기도에 많은 시간을 쏟았다. 만약 그 열정 가운데 일부라도 학업에 바쳤더라면 하다못해 고등학교라도 졸업할 수 있지 않았을까? 물론 단정하기는 어렵다. 난독증 환자 가운데 상당수는 학업에서 친구들보다 뒤처지게 마련이니까. 하지만 이처럼 이례적인 종교적 열성의 징후에는 우려할 만한 신경학적·심리학적 문제의 증거도 수반되었다. 1993년 3월 4일에 거주 시설을 포위한

FBI와 협상을 진행하면서 코레시는 이렇게 말했다. "사람들은 ⋯ 하느님의 음성을 들었다고 말하지. 음, 나도 그런 문제를 겪었어. 뭐랄까, 하지만 내 문제는 어렸을 때 시작되었거든." 그는 열두 살이었던 1970년 무렵에 겪은 경험을 이렇게 설명했다. "어느 날 밤에 ⋯ 나는 우주의 북쪽 부분을 마주하고서, 뭐랄까, 그쪽을 향해서 기도를 드렸어. 그런데 아주 아름다운 별이 있더군. 마치 우주에서 일어난 폭발처럼 말이야. 그런데 이 별은 ⋯ 이건 단지 내 성장의 일부분이었어. 그래서 내가 엄마한테 그 이야기를 했더니만 이렇게 말씀하시더군. 가서 자거라. 그러면 없어질 거야."

어쩌면 이 어린 시절의 경험은 황홀경 환각이었을 수도 있는데, 이런 증상은 측두엽 뇌전증에 의해서도 일어날 수 있다. 신경학자 올리버 색스 Oliver Sacks는 세계 과학 축제 기념으로 존 호켄베리와 가진 인터뷰에서 이런 환각을 가리켜 "갑작스러운 축복 또는 황홀의 느낌, 아울러 자기가 천국으로 옮겨 갔다는 느낌"이라고 묘사했다. "황홀경 환각에는 어떤 신비적, 또는 종교적, 또는 성적 기미가 거의 항상 있게 마련입니다."[1] 어디까지나 추측에 불과하지만, 색스를 비롯한 여러 심리학자는 종교에서 황홀경 발작의 역할에 대해서 줄곧 서술해 왔다. 그들의 이론에 따르면, 예를 들어 성서의 바울이라든지, 잔 다르크라든지, 재림교의 초기 인사 엘런 G. 화이트 같은 가장 영향력 있는 종교계 인물 가운데 일부의 환상은 측두엽 뇌전증에서 비롯되었을 가능성이 있다. 그렇다고 해서 종교 경험 전반을 불신하려는 것은 아니며, 또한 버넌 웨인을 역사나 성서에 나오는 인물들에 비견하려는 것도 아니다. 다만 측두엽 뇌전증과 신비적 경험 주장을 연결시키는 현행의 추측을 제공하려는 것뿐이다.

버넌은 1970년대 초에 고등학교 9학년을 다니다가 자퇴했다고 주장했지만, 댈러스 교외의 갈랜드 고등학교에서는 그가 10학년까지 마쳤으며, 이후로도 2년 동안은 간헐적으로나마 출석했다고 밝혔다. 이후 버넌은 허드렛일이며 잡역부 일을 했다. 성서를 암기하는 것 외에도 기타를 연습하며 시간을 보낸 덕분에 지역의 여러 밴드에 오디션도 보았다. 중학교 친구 래리 맥도널드Larry MacDonald는 그가 전형적인 십 대의 활동을 했던 것을 기억했다. 즉 음악을 틀어 놓고 빈둥거리고, 맥주를 마시고, 마약을 했다는 것이었다. 그런데 여자에 관해서만큼은 달랐다. "버넌은 비교적 조용한 녀석이었지만, 마음만 먹는다면 마치 무대 위에 올라온 사람처럼 발동이 걸릴 수 있었습니다. 그 녀석은 매력을 발휘할 수 있었죠."

　　기타 실력을 키운 그는 작은 공연에 몇 번인가 참여하여 더 많은 관심을 끌었다. 첫 번째 성 경험은 18세 때 린다라는 십 대 소녀와 가졌는데, 나중에 가서는 그녀를 '징역 보장형 미성년자'라고 언급했다(이것이야말로 그의 성 편력에서 주된 테마였다). 버넌은 그녀를 매우 아름다웠다고 묘사했으며, 나중에 FBI 협상가에게는 그녀가 실제보다 더 나이가 많아 보였다고 말했다. 하지만 열성적인 종교 신앙 때문에 성에 대해서 갈등을 느꼈는지 결국 그녀를 멀리했다. 그렇다고 아주 멀리하지는 못했던 것 같다. 린다가 오히려 쫓아와서는 자기가 임신했다고(비록 버넌은 자기가 불임이라고 말했지만), 그래서 낙태했다고 말했다. 이 소동으로 서로에 대한 애정이 재점화되어서인지, 두 사람은 결국 린다의 아버지 집으로 들어가서 함께 살게 되었다.

　　이 시기에 그의 행동은 개인적 윤리와 종교적 윤리 모두에서 혼란스러워 보인다. 한편으로는 낙태나 혼외 성관계 상대와의 동거에 대해서도 아무런 거리낌을 갖지 않았다. 반면 두 사람은 종교적 이유를 들어 성관계를 할 때 콘돔 사용을 거부했는데, 린다가 또다시 임신함으로써 버넌이 사실은 불임이 아니었음이 입증되었다. 이 시점에서 린다의 아버지 역시 그와 유사하게 우선순위에서 혼란스러워 보였으니, 딸의 남자를 자기 집에서 내쫓아 버린 것이었다.

버넌은 의문을 품었다. 왜 린다의 아버지는 십 대인 자기 딸이 혼전 성관계를 맺도록 허락해 놓고, 막상 임신을 하니 두 번 다시 만나지 못하게 막은 것일까? 이번에는 그녀도 임신 상태를 끝까지 유지했지만, 그녀의 아버지는 버넌이 그 아이의 삶에서 일부가 되도록 허락하지 않았다. 이런 사실 말고 린다에 대해서 알려진 바는 거의 없다시피 하다. 그녀의 아버지는 미래의 데이비드 코레시와 딸의 관계를 지우는 데 성공했던 것으로 보인다. 하지만 버넌이 이 문제에 대해서 찍소리 하지 못했던 이유 가운데 하나는 아마도 린다가 실제로는 미성년자였기 때문이었을 것이다.

과연 이 젊은 애 아빠가 불과 20세의 나이에 가족의 일부가 되기를 진정으로 원했는지를 단언하기는 어렵지만, 모든 종류의 방문 권한마저 거절당한 것에 대한 반응으로 버넌은 더 깊이 종교에 빠져들었으며, 아무 목사나 찾아가서 성서에 대한 자신의 해석에 관해 상의했다. 그의 어머니 보니 수는 이렇게 회고한다. "그는 「계시록」과 「창세기」에서 이야기된 큰 음녀의 도해를 만들었다. 반응이 아주 좋은 것은 아니었다."

머지않아 버넌은 성서에 대한 특유의 관대한 해석을 또 다른 방향으로 끌고 가게 되었으니, 텍사스주 타일러에서 자기가 다니던 재림교회의 목사 딸에게 이성으로서 관심이 생겼기 때문이었다. 그는 15세의 샌디 벌린에게 자기가 매력을 느낀다는 사실을 놓고 하느님께 기도를 드린 다음, 그녀의 아버지 L. 하틀리 벌린에게 자기가 기도를 마치고 보니 성서가 마침 「이사야」 34장 16절에 펼쳐져 있더라고 말했다. "이 가운데 어느 하나도 잃어버리지 않을 것이요, 어느 하나도 제 짝이 없지는 않을 것이다." 버넌은 이 구절을 하느님에게서 받은 개인적 메시지로, 즉 자기가 젊은 여성과 함께해야 한다는 뜻으로 읽었다. 또는 본인의 말마따나 다음과 같이 읽었다. "하느님께서는 제가 당신 딸을 취할 수 있다고 말씀하셨습니다."

목사는 성서에 대한 이런 해석에 공감하지 않았으며, 버넌이 고집을 부리자 회중에서 내쫓아 버렸다. 이것은 그가 특정 여성과 함께해야 한다는 명령을 하느님에게서 들었다고 주장한 최초의 (하지만 마지막은 아닌) 사례였다. 첫 시도에서는 성공하지 못했지만, 그는 귀중한 전략을 우연히 발견했음을 분명히 깨달았다.

이처럼 자기 자신의 미심쩍은 이유를 위해 성서를 조작해서 읽는 맛을 처음으로 알게 되는 동안, 버넌은 또 다른 관심사에 몰두했다. 교회에서 쫓겨난 직후인 1980년경에 21세였던 버넌은 음악 경력을 쌓고자 LA로 이사했다. 심지어 노래도 몇 곡 녹음했다. 그 노래는 1994년에 가서야 발매되었는데, 오랜 여자 친구로 계속 연락을 주고받았던 샌디 벌린이 갖고 있다가 한 음반 회사에 넘겨준 것이다. 성적 거절에 대한 반응으로 음반을 녹음한 음악가도 그가 처음은 아니었고, 필사적인 관심의 필요를 음악 경력으로 돌리려고 시도한 컬트 지도자도 그가 처음은 아니었다. 하지만 찰스 맨슨의 경우와 마찬가지로, 버넌은 자신의 매력을 과대평가한 가느다란 목소리의 가수에 대한 수요가 그리 많지 않다는 사실만 깨닫고 말았다.

재림교에서의 경험 덕분에 버넌은 그 신도들 사이에 살과 피를 지닌 예언자를 향한 역사적 갈망이 있음을 깨닫게 되었다. 아울러 「계시록」 덕분에 만약 종말이 임박했다면(당시에는 새천년이 다가오는 상황이다 보니 수많은 사람이 정말 그렇다고 믿었다), 지상에는 하느님의 메시지를 전하는 예언자가 반드시 있어야 한다는 것 역시 알고 있었다. 버넌의 어머니 보니 수도 그런 사람에 대한 이야기를 들었다고 말했을 정도였다. 그리하여 1981년에 그는 텍사스주 웨이코에서 20킬로미터 떨어진 마운트 카멜 소재 다윗가지파 거주 시설로 찾아갔다.

다윗가지파는 재림교의 발상 가운데 다수를 여전히 준수하는 채로 남아 있었으며, 그 계보는 일련의 예언자들을 거쳐 엘런 G. 화이트까지 직결될 수도 있었다. 1929년에 빅토르 후테프Victor Houteff가 이끄는 집단이 재림교에서 떨어져 나와서 '재림교 다윗파Davidian Seventh-day Adventists'가 되었다. 이들은 성서에 나오는 다윗 왕의 후손이 돌아와서 팔레스타인을 통치할 것이라고 믿었으며, 1935년에 마운트 카멜에 거주 시설을 설립했다.

1960년대에 재림교 다윗파는 다시 한번 분열했으며, 마운트 카멜의 새로운 후계자들은 스스로를 '다윗가지파'라고 일컬었다. 처음에는 벤저민 로든Benjamin Roden이 이끌었던 이 집단에서는 종말이 임박했다고, 아울러 성서에서 종말의 전 단계로 묘사된 사건들은 이미 현실에서 벌어지고 있다고 믿었다. 이들은 영생의 가능성에 대한 크나큰 열광을 품고 살았으며, 지상 모든 것의 종말에 대해서 일말의 두려움도 없이 살았다. 그들은 영혼 구제를 위해 회중을 모으려는 복음주의적 종파였다.

벤저민 로든이 사망하자 미망인 로이스Lois가 무리를 이끌면서, 자기가 환상을 보았다고 주장했다. 여성 성령에 관한 예언이라고 했다. 로이스가 권력을 잡았을 때 버넌이 마운트 카멜에 나타났다. 그는 1981년 첫 방문 때 당시 61세였던 그녀의 설교를 들었다. 로이스의 메시지는 버넌의 발상과도 공명하는 바가 있었기에, 그는 재빨리 그녀의 오른팔이 되어서 함께 여행을 다니며 새로운 추종자를 모집했다. 어떤 사람들은 두 사람이 결혼했다고 생각했으며, 두 사람이 모종의 관계를 맺고 있다는 믿음도 만연해 있었다.

버넌은 성령이 자기네 위에서 빛을 발할 것이라고 로이스에게 말했으며, 자기가 그녀에게 '선택받은 자'를 잉태시키겠다고 말했다. 그러면서 나이 많은 부모에게서 태어난 아이에 관한 성서의 선례를 인용했는데, 예를 들어 세례자 요한은 99세였던 아버지와 88세였던 어머니 사이에서 태어났고, 이삭은 아브라함의 아내 사라가 90세였을 때 태어났다는 것이었다. 이것은 그의 자기도취증에 대한 최초의 공적 일별一瞥이었으니, 자기 자신이야말로 60대 여성을 잉태시키기 위해 하느님으로부터 선택된 자라고 상상하는 것이었다. 그리고 그녀의 출산은 성부 하느님에게 대응하는 어머니로서 여성 성령의 육화라고 상상하는 것이었다.

1983년에 로이스는 버넌을 후계자로 지명했으며, 이때부터 그는 무리에게 설교하면서, 우선 유월절에 자신이 '뱀의 뿌리'라고 부른 이야기로 시작했다. 이것이야말로 중학교 시절부터 연마하기 시작했던 기술(성서의 암기)이었으니, 그는 인용과 해석을 엮어서 즉흥 설교를 하는 데 매우 능숙했다. 성서를 근거와 주제로 삼아 즉흥적으로 이야기하는 이런 능력에 다윗가지파 사람들은 크게 감명받았는데, 그들이 알기로 그의 정규 교육은 고등학교 저학년에서 끝났기에 더욱 그랬다. 이들은 많이 배우지도 못한 사람이 몇 시간이나 계속해서 성서를 인용하고 주제 삼아 말하는 것이야말로 그가 진정으로 하느님의 손길에 닿았다는 징조라고 보았다. 아울러 다윗가지파는 버넌과 로이스의 나이 차에 대해서도 딱히 불편해하지 않았다. 하지만 버넌은 관심을 얻게 되면서부터 로이스에게서 권력을 빼앗기 위한 작업을 시작했다. 추종자들에게 그녀는 '예언의 영靈'을 잃어

버렸다고 말했으며, 급기야 그 집단의 출판부 건물 일부를 불태움으로써, 신성의 여성적 성격을 탐구하는 로이스의 잡지 『'쉬'키나SHEkinah』를 더 이상 간행하지 못하게 했다.

이제는 집단 내에 자기 추종자가 생겼다고 확신하게 된 버넌은 1984년에 로이스와의 관계를 끊었으며, 곧이어 자기가 실제로 어느 정도의 권력을 축적했는지를 드러내는 다음 행보에 들어섰다. 이는 그가 합리적인 행동 기준에서 벗어나게 된 전환점이기도 했으니, 예언자로서 자신의 증대하는 지위로부터 열성 신자들에 대한 통제권을 얻었다고 믿은 결과였다. 24세였던 버넌은 다윗가지파 신도 부부의 딸인 14세의 레이철 존스Rachel Jones와 결혼하라고 하느님께서 말씀하셨다고 발표했다.

14세면 텍사스주에서 부모의 동의하에 결혼이 가능한 법적 연령보다도 어렸지만, 레이철의 부모는 버넌과 그의 메시지를 믿었다. 아울러 버넌은 이 메시지를 어떻게 전달해야 하는지를 잘 알고 있었으니, 하느님의 뜻에 관해서 적당한 수의 단서를 갖다 붙이면서도, 주님의 말씀을 따르려는 자신의 열망을 강조했던 것이다. 레이철의 아버지는 충직하게 웨이코의 법원에 가서 딸이 버넌과 결혼할 수 있도록 정식으로 서명했다. 그녀의 부모는 법률과 자신들의 도덕적 기준보다 훨씬 큰 뭔가를 믿었다. 즉 그들은 버넌 하월을 믿었다.

로이스 로든과 친해지고 다윗가지파 내부에 강력한 기반을 얻음으로써, 버넌은 최소한 한 명을 적으로 만든 셈이었다. 바로 로이스의 아들 조지 George였는데, 그는 마운트 카멜의 회중을 이끌 자격을 자기가 우선적으로 갖고 있다고 당연히 믿고 있었던 것이다. 불안정하고도 폭력적인 남성이었던 그는 아버지의 사후에 어머니가 본거지를 장악했을 때부터 이미 무시를 당하고 있다는 느낌을 받았다. 그런데 이제는 열성 신도들이 점차 버넌을 따르는 것을 지켜보며 좌절감을 느꼈고, 그만큼 이 침입자를 별렀다. 결국 그는 1985년에 어머니가 허약해지자 자신의 통제권을 주장하며 버넌과 그 추종자를 회중에서 쫓아냈다.

버넌은 아직 십 대인 아내와 처가 식구를 비롯하여 이제 자기에게 충성하는 다윗가지파 다수와 함께 그곳에서 동쪽으로 145킬로미터 떨어진 텍사스주 팰러스틴으로 이주했다. 그곳의 상태는 한 마디로 원시적이어서, 회중 대부분은 마치 개척민처럼 판잣집에서 여름의 뜨거운 열기를 이겨 내며, 몇 시간씩이나 지속되곤 했던 버넌의 성서 연구 강좌에 귀를 기울였다.

팰러스틴으로 이주한 직후 버넌은 영적 아내를 두 명 더 얻음으로써 공식적으로 일부다처주의자가 되었다. 1986년에 그는 14세의 캐런 도일 Karen Doyle, 12세의 미셸 존스Michele Jones와 결혼했다. 임상적으로 소아성애는 사춘기 이전의 어린이에게 이끌리는 것이라고 정의된다. 버넌이 아내를 여러 명 얻으면서 내세운 목적은 이 소녀들이 자기 아이를 낳게 만드는 것이었으므로, 사실 그는 소아성애보다는 사춘기의 최초 단계에 있는 미성년자에게 성적으로 이끌리는 현상인 청소년 성애를 실천하는 셈이었다. 하지만 공식적인 정의야 어떻든 성적 학대인 것은 명백했다.

1986년에 로이스 로든이 사망하자, 조지가 마운트 카멜을 담당하게 되었다. 어머니의 인도를 받지 못하게 된 아들은 설교대에서 횡설수설했고, 결과적으로 더 많은 추종자가 버넌에게 떠나가고 말았다. 조지 로든은 마운트 카멜을 '로든빌Rodenville'이라고 개명했으며, 자기네 거주 시설을 소개하는 동영상에서 반자동 소총을 들고서 자신의 경쟁자 목사에 대한 거의 범죄적인 강박을 드러냈다. "이것은 기본적으로 성전聖戰, 즉 호메이니 대 이스라엘이고, 버넌 하월과 저의 관계가 딱 그렇습니다." 그의 말이었다.

그 와중에 버넌은 캘리포니아, 캐나다, 영국, 오스트레일리아, 이스라엘 등지의 재림교 공동체로 추종자 모집 여행을 다니고 있었다. 그는 날씬했고, 잘생겼고, 상냥한 말투였고, 쉽게 접근하는 능력이 있었다. 누구를 만나든지 십중팔구 공통의 근거를 찾아냈고, 종종 자신의 음악적 재능을 이용했으며, 관심을 보이는 사람을 곧바로 유혹하는 방법을 알고 있는 것처럼 보였다. 자기도취적 인격 장애를 지닌 사람 가운데 다수가 그러하듯이, 버넌은 상대방의 관심사와 걱정거리를 곧장 반사함으로써 사람들이 관심과 인정을 받았다고 느끼게 했다. 그는 자신의 시선을 마치 조명처럼 이용해서, 일단 누군가에게 시선을 집중하기만 하면 그 추종자는 특별한 은혜를 입었다고 느꼈다.

버넌의 핵심 집단이 성장하게 된 이유 가운데 하나는 그가 더 많은 여성과 계속해서 결혼했기 때문이었다. 두 번째 연속 결혼의 상대는 17세의 로빈 번즈Robyn Bunds, 16세의 니콜 겐트Nicole Gent, 20세의 데이나 오키모토 Dana Okimoto로 그나마 이전보다는 나이 많은 배우자들인 셈이었다. 그는 이 여성들에게 자기가 하느님의 씨앗을 보유하고 있으며, 그대들은 하느님의 아이를 낳도록 특별히 선택되었다고 말했다.

버넌을 중심으로 한 개인숭배 컬트가 성장하는 사이, 조지 로든이 다스리던 마운트 카멜은 유령 도시로 변모하고 있었다. 다윗가지파 운동의 우두머리로서 자신의 정당한 자리라고 간주하는 것을 회복하기 위해, 조지는 버넌에게 황당한 영적 대결을 제안했다. 그는 마운트 카멜 공동묘지에 20년 동안 묻혀 있던 애나 휴스Anna Hughes를 도로 파낸 다음, 그 시신을 관에 넣고 이스라엘 국기를 덮어서 경내 거주 시설의 예배당에 설치된 제단에 올려놓았다. 이스라엘 국기야말로 다윗가지파의 핵심 상징 가운데 하나였기 때문이다. 조지 로든은 우리 둘 중에서 누가 이 여성을 죽은 자가운데서 다시 살려 낼 수 있는지 알아보자며 버넌에게 도전을 제기했는데, 이것이야말로 그가 얼마나 정신적으로 불안정해졌는지를 보여 주는 행동이었다.

두 사람 모두 성공을 거두지 못했는데, 이 섬뜩한 대결을 보기 위해 현장을 찾은 사람이 과연 몇 명이나 되었는지는 불분명하다. 버넌은 로든이 파낸 시신의 사진 증거를 얻기 위해서 그곳을 찾아갔을 뿐이라고 주장했다. 하지만 이런 그의 주장은 이탈 분파의 구성원 일곱 명을 대동한 채 굳이 어두워진 다음에, 심지어 반자동 돌격 소총 다섯 정, 소총 두 정, 12구경 산탄총 두 정에다가 무려 4백 발 가까운 총탄을 지니고 마운트 카멜을 찾아간 이유를 설명해 주지는 못한다. 로든은 우지 반자동 소총만 갖고 있었음이 분명한데, 이후에 벌어진 총격전에서 엄폐물로 사용한 나무에 총탄이 잔뜩 날아와 박혔지만, 그는 다행히 한 손에 가벼운 상처만 입고 현장을 벗어날 수 있었다.

총격전 이후 버넌은 물론이고 습격에 동참했던 추종자들 역시 살인 기도 혐의로 기소되었다. 하지만 웨이코 법원에서 2주간 진행된 재판 결과 그들은 모두 석방되었고, 이 사건은 미결정 심리로 마무리되었다. 네 번째 부인 로빈 번즈는 재판 도중에 버넌이 우는 모습을 보고는 가슴이 찡했다고 훗날 회고했다. 이를 계기로 그녀는 그와 더 가까워지게 되었으니, 지금껏 남자가 우는 모습은 처음 보았다는 이유에서였다.

그로부터 몇 달 뒤에 조지 로든은 이 사건과 무관한 살인 기도 혐의로 체포되었다. 마운트 카멜을 이끌 사람이 아무도 없게 되자, 거주 시설의 재정도 불안정해지고 말았다. 1988년에 버넌은 그 부지에 대한 체납 세금을 지불할 돈을 모았다. 이 마지막 한 걸음으로 그는 이제 마운트 카멜의 거주 시설 전체를 소유하게 되었으며, 다윗가지파 지도자로서의 등극도 마무리되었다.

반면 조지 로든은 자신의 생득권으로 간주하던 부지와 지위 모두를 잃어버렸으며, 그 결과 심한 정신적 쇠퇴를 겪었다. 한동안은 감옥에 가지 않고 버텼지만, 1989년에는 버넌이 자기를 죽이려고 룸메이트를 고용했다는 망상에 빠져 결국 무고한 남자를 총으로 쏴 죽이고 말았다. 로든은 광인이라는 이유로 무죄 판결을 받았지만, 서쪽으로 480킬로미터 떨어진 텍사스주 오데사 외곽에 있는 빅 스프링 주립 병원에 입원했다. 아이러니하게도 조지는 불구대천의 원수인 버넌보다 오래 살았지만, 마지막까지도 제정신을 되찾지는 못했다. 1997년에 60세였던 그는 병원 내에서 심장 마비로 사망했다.

새
로
운

빛

과대망상광은 비록 미국 정신의학협회의 공식 편람인 『정신 질환의 진단
및 통계 매뉴얼Diagnostic and Statistical Manual of Mental Disorders』(DSⅢ)에서 공인된
것까지는 아니지만, 문헌에서는 마치 자기도취적 인격 장애NPD의 동의어
라도 되는 듯 자주 언급된다. 어떤 면(아울러 버넌 하월의 사례)에서 NPD
와 과대망상광은 단순히 규모의 차이일 뿐이다. 자기도취자는 과장된 자
존감을 느끼는 수준이지만, 과대망상광은 남들을 향해서 자기가 하느님
의 아들이라고 말할 뿐 아니라, 신도 전체를 설득해서 이 주장에 동조하고
계명을 수행하게 만든다. 자기도취자는 과도한 존경을 요구하는 수준이
지만, 과대망상광은 자기 종파에 속한 모든 여성을 임신시켜 하느님의 아
이를 낳게 할 자격이 자기에게 있다고까지 믿는다.

　　이 집단이 마운트 카멜로 복귀한 이후, 버넌은 자기보다 먼저 있었던
여러 예언자의 의상과 호칭 모두를 취했다. 여기서는 그가 예언의 전통을
발명한 것이 아니라, 단지 기존의 전통을 이용했을 뿐임을 주목하는 것이
중요하다. 재림교에는 하느님으로부터 온 계시에 호의적인 기풍이 이전
부터 있었다. 심지어 딱히 지목할 만한 하느님의 예언자가 지상에 없었을
때조차도, 즉 하느님의 말씀을 하느님의 백성에게 직접 말해 줄 누군가가
전혀 보이지 않았을 때조차도, 그들은 여전히 그런 사람이 어느 때건 나타
나서 거룩한 말씀을 전달하리라는 믿음을 고수했던 것이다.

　　그러다 보니 열성 신자들에게는 언제나 흥분의 저류가 있게 마련이
었다. 다윗가지파 같은 종파에서는 특히나 그러했으니, 그 계보는 '예언
의 영'을 따라서 창시자인 엘런 G. 화이트까지 거슬러 올라갈 수도 있었
다. 총회와 부문과 지역 연맹이 통제하는 기존의 중앙 교회에서는 예언의

은사를 '28개 기본 교리' 가운데 하나로 간주하면서도, 좁게는 '예언의 은사'는 어디까지나 엘런 G. 화이트의 가르침에만 있다고 간주하는 경우가 대부분이었다. 하지만 다윗가지파에서는 그 은사가 살아 있는 전통으로서 벤저민 로든으로부터 로이스 로든을 거쳐 마침내 버넌 하월에게로 전수되었다고 믿었다. 하느님에게까지 직결되는 이 예언자들의 전통이야말로 그들의 신앙에서 중심 요소였다. 아울러 이 전통 덕분에 지상에 있는 하느님의 대변인에게 직접 접근할 수 있게 된 신자들은 극단적인 행동으로까지 치달았다. 자기들 사이에 육신이 되어 나타난 주님의 말씀에 순종하는 것에서 영감을 얻는 기분을 느꼈으며, 그러다 보니 무기를 들고 경쟁자의 본거지를 습격하는 일이라든지, 또는 자기네 예언자가 15시간 연속으로 진행하는 성서 연구 강좌를 충실하게 감내하는 일조차도 손쉬울 수밖에 없었다.

마찬가지 맥락에서 이들은 버넌이 자기네 종파의 성격을 근본적으로 바꿔 놓은 메시지를 전달했던 1989년 8월 5일 밤의 사건조차도 충분히 감내하고 침묵할 수 있었던 것처럼 보인다. 버넌은 '새로운 빛'이라는 계시를 받았다고 했는데, 그 내용은 그야말로 폭탄이나 다름없었다. 당시에 그는 다윗파의 서부 연안 구성원 중 한 명이 소유한 캘리포니아주 퍼모나의 모임 장소에 있었다(빅토르 후테프도 캘리포니아에서 나름의 계시를 받았기 때문에 여전히 그곳에 사는 다윗파가 제법 많았다). 그날 밤의 사건을 목격한 예전 구성원의 말에 따르면, 버넌은 네 시간째 진행하고 있던 성서 연구 강의를 갑자기 중단하더니, 마치 뭔가에 귀를 기울이는 듯 천장을 올려다보았다. 곧이어 그는 모든 추종자의 결혼을 무효화해 버렸다.

바로 그 시점부터 버넌은 자기 집단에 속한 여성 모두를 마음대로 고를 수 있게 되었다. 본인의 설명에 따르면, 자기는 이들의 완벽한 짝이었으며, 140명의 아내를 둘 자격을 지녔고, 그 모든 여성과의 사이에서 아이를 얻을 권리(하늘의 의무)를 지녔는데, 낙원에서의 통치를 준비하려면 자기네 숫자가 많아야 하기 때문이었다. 남성들(그 시점부터 여성들의 전 남편이 된 사람들)도 각자의 완벽한 짝을 얻기야 하겠지만, 그건 어디까지나 천국에서나 가능할 예정이었으며, 하와가 아담의 갈비뼈에서 만들어진 것처럼 그 짝들도 그들의 갈비뼈에서 만들어질 예정이었다. 그때가 오기 전까지 남성들은 독신으로 살아가며 지상의 아내들을 버넌에게 양도해야 하며, 아울러 이제부터는 하느님의 군대에 소속되어야 했다. 이것이야말로 다윗가지파의 변모에서도 핵심적인 순간이 아닐 수 없었다. 그나마 버젓한 종파의 외양마저 벗어던지고 열혈 일부다처주의자 겸 미성년자 강간범에 불과한 일개 인간의 숭배에 전념하는 동시에, 성관계에 환장하는 개인숭배 컬트로 아무런 예고 없이 변모한 셈이기 때문이다.

이 새로운 교의를 발표하기에 앞서 버넌은 법적 개명 절차를 거쳐 '데이비드David'라는 이름을 얻게 되었는데, 한편으로는 성서에 나오는 왕 다윗David의 이름을 본뜬 것이었고, 다른 한편으로는 1934년에 재림교 다윗파를 창시한 빅토르 후테프도 그 이름을 썼기 때문이었다. 여기에 버넌은 '코레시Koresh'라는 성을 붙였는데, 페르시아의 왕 키루스Cyrus를 구약 성서에서는 히브리어로 '코레시'라고 표기했고, 예언자 이사야는 그를 가리켜 '기름 부음을 받은 자'라고 지칭했기 때문이었다.

지금 와서 돌아보면, 그런 인간과 관계를 맺고 싶어 하는 사람이 도대체 왜 있었는지 이해하기조차 어려울 지경이다. 그 인간으로 말하자면 이미 미성년자 여성을 먹잇감으로 삼았고, 여성 추종자라면 누구든지 성관계 상대로 삼을 수 있는 허가를 스스로 부여한 상태였다. 훗날의 긴 협상 기간에 제작된 FBI의 녹음 내용에 따르면, 코레시는 본인과 추종자들이 설득력 있는 증거라고 간주한 내용(성서에 적힌 내용)을 토대로, 그런 행동조차도 하느님의 명령이라는 식으로 해석했음이 분명했다.

이쯤 되면 이 계시가 1993년 4월 19일의 사건으로 얼마나 신속하게 귀결될지를 누구나 깨달을 수 있을 것이다. 하지만 다윗가지파는 그런 현실을 직시하지 못했다. 코레시가 스스로 '하느님의 어린 양'이라고, 자기는 「계시록」에 묘사된 일곱 봉인을 푸는 힘을 가졌다고 이들을 설득했기 때문이었다. 그는 「계시록」 4장 4절에 묘사된 것처럼 24명의 장로들이 에워싼 새로운 왕국의 보좌에 앉게 될 사람이었다. 성서에 관해서만큼은 코레시도 최면 효과를 발휘할 수 있었던 것처럼 보인다. 그는 24명의 장로들 모두가 자신의 아이들일 것이라고 다윗가지파를 설득했다. 결국 그들이 자신의 아이들일 것이므로, 이제 그들을 이 세상에 데려오는 것이 자신의 의무라고 했다. 그리고 그 일은 자기 아내들 가운데 한 명과의 사이에서만이 아니라, 하느님이 명령하신 대로 자기 집단 내의 모든 여성과의 사이에서도 성사될 것이라고 했다.

코레시와의 사이에서 이미 아들을 하나 낳은 네 번째 아내 로빈 번즈도 '새로운 빛' 가르침이 선언될 때 바로 그 모임 장소에 있었다. 사실은 그녀의 부모가 그 집의 법적 소유주였다. 집단에서 이탈한 뒤에 증언한 바에 따르면, 초기만 해도 로빈은 코레시의 아내 가운데 한 명이 메시아를 낳게 될 것이라는 주장에 매료되어 있었다. "그건 마치 미인 대회와도 비슷했습니다. 우리는 모두 하느님이 생각하시기에 최고인 바로 그 여자가 되기 위해서 서로 다투었던 거죠. 마치 동화 같았어요." 훗날 번즈는『웨이코 트리뷴 헤럴드』의 기자에게 이렇게 말했다. "그 당시에 저는 여전히 몽롱한 상태였어요. 현실로 들어서지 못했던 거죠."

새로운 칙령은 집단 내에 상당한 긴장을 만들어 냈다. 코레시는 각자의 아내를 포기하기를 꺼리는 남성 추종자들을 질책했다. 급기야 남성과 여성을 분리함으로써 오로지 성서를 연구할 때만, 그것도 모두 자신의 용의주도한 시선하에서만 한자리에 있게끔 했다. 코레시는 자신의 정당함을 밝히기 위해서 한번은 한 여성에게 치마를 걷어 올려서 남자들에게 속옷을 보여 주라고 명령했다. 그러고 나서 남자 중에 흥분을 느끼는 사람이 있는지 물어보았다. 남자들은 모두 손을 들었다. 코레시는 이것이야말로 자신의 정당함을 밝혀 준다고 말했다. 남성이라면 여성과 성관계를 하고 싶어 하는 것이 불가피하므로, 자기가 그들을 서로 떼어 놓아야만 한다는 것이었다.

하지만 로빈 번즈는 코레시를 다른 여자들과 공유하는 것을 전혀 좋아하지 않았으며, 아들을 낳고 스스로 성숙해지는 과정에서 이런 상황 전체가 황당무계하다는 사실을 깨달았다. 코레시가 로빈의 어머니와도 잠자리를 갖기 시작하자, 인내심의 한계를 느낀 로빈은 다윗가지파를 떠나 버렸다. 코레시는 보복으로 아들을 납치해서 웨이코의 거주 시설로 데려가려고 했다. 하지만 수사 기관에서 아이를 돌려주라고 명령했고, 결국 그는 아들을 지역 경찰서에 데려다주고는 캘리포니아를 떠났다.

컬트를 떠난 이후에도 로빈 번즈는 코레시가 계시를 받기 전까지는 아주 나쁜 사람이 아니었다고 생각했다. 그녀는 이렇게 말했다. "그는 완전히 바뀌었습니다. 원래는 정말 근사했었거든요. 겸손한 사람이었죠. 매우 예의 바른 사람이었고요. 하지만 세월이 흐르면서 그는 그런 자질 가운데 상당수를 잃어버렸던 겁니다. 자기가 사람들에게 휘두르는 권력 때문에 그토록 밉살스럽고, 입이 거칠고, 강압적인 사람으로 변했던 거예요."

바빌론의

음녀를

경계하라

하버드의 신경학자 에번 머리Evan Murray는 역사적인 종교인들의 정신 질환 증상을 살펴본 바 있다. 아브라함, 모세, 예수, 바울 같은 저명한 인물들의 잠재적인 정신 질환에 관한 도발적이고도 냉정한 연구였다. 이 연구의 한계에 대한 요약 논의에서 그는 흥미로운 부가 관측을 내놓았다. 사회에서의 의사소통이나 기능 실패를 기준으로 삼을 경우, 정신 질환이나 정신 병리를 지닌 사람과 제정신인 사람이 항상 명확히 구분되지는 않는다는 것이었다. 그는 데이비드 코레시가 (편집증, 과대망상증, 메시아 망상은 물론이고, 정신 질환 스펙트럼상의 행동까지 곁들여진 인물임이 분명한데도) 여전히 추종자를 끌어들인 것은 물론이고, 강력한 사회적 유대를 형성하는 데도 성공할 수 있었다고 주장했다. 더 쉽게 표현하자면, 특유의 광기에도 불구하고 사람들은 코레시를 계속해서 좋아했으며, 함께 어울리기를 즐겼다는 것이다.

코레시는 자기가 환상으로부터 성서에 대한 특유의 통찰을 얻었다고 종종 설명했었는데, 어쩌면 이런 설명이 날조된 것까지는 아닐 수 있다. 즉 그는 게슈윈드 증후군에 수반되는 측두엽 뇌전증을 앓았을 가능성이 있다. 이 질환의 특징으로는 장황한 말하기, 강박적 글쓰기, 과도한 종교심이나 도덕성, 전반적으로 향상된 정신 작용 같은 증상을 들 수 있다. 아울러 이런 증상들은 시간이 갈수록 천천히 증대한다. 이런 묘사는 코레시와 딱 들어맞는다. 그는 성서 연구 강의를 무려 19시간이나 진행할 수 있었으며, 자신의 예언을 며칠 동안 연속으로 써 내려갈 수 있었다. 이 증후군은 종종 성욕 저하를 수반하지만, 일부 경우에는 성욕 과다가 나타나는데, 코레시의 경우가 딱 그러했던 것처럼 보인다.

한번은 그가 1985년의 이스라엘 방문 도중에 얻은 환상에 대해서 한 추종자에게 말한 적이 있었다. "시온산에 서 있는데 그 천사들이, 그 순수한 빛으로 이루어진 존재들이 나타났지. 그들은 메르카바Merkabah, 즉 하늘의 보좌를 둘러싼 전사들이었고, 불타는 말에 올라타고 불타는 검으로 무장했지. 그들은 오로지 더 높은 영역으로 들어가는, 우리의 세계와 나란히 존재하는 저 무수한 세계로 들어가는 봉인을 밝혀낼 수 있는 사람들만을 허락했어." 코레시는 자기가 천사들에게 이끌려서 하느님을 만나 성서의 열쇠를 건네받았다고 설명했다. "그러자 나는 봉인을 풀고 우리 공동체를 위한 길을 여는 것이야말로 나의 운명임을 알게 되었지."

신경학자 겸 저술가인 올리버 색스는 측두엽 뇌전증에 대해서 이렇게 썼다. "그런 간질성 환각은 정신 질환의 명령 환각과도 상당히 유사하며, 설령 뇌전증 환자가 정신 질환 이력이 전혀 없더라도 그러하다. 어지간히 강인하고도 회의적인 사람이 아닌 한, 그런 환각에는 저항하기도 어렵고, 환각의 신뢰나 복종을 거부하기도 어렵다. 그런 환각이 계시적이거나 현현적인 성질을 가지고 있는 경우, 아울러 특별하고도 어쩌면 고귀하기까지 한 운명을 가리키는 것처럼 보이는 경우에는 특히나 그렇다."[2] 데이비드 코레시는 그 정도로 강인하거나 회의적인 사람이 아니었음이 분명하다. 방치와 학대의 유년기를 보냈던 자신의 결핍 때문에 그는 이런 환상들에 저항하기가 불가능했을 것이다.

이런 자칭 환상에다가, 특히 악성인 형태의 자기도취적 인격 장애처럼 보이는 것(추종자들을 착취하는 도구와 아울러 자기 행동의 결과를 무시하는 냉담을 코레시에게 부여했던 바로 그 소질)이 조합될 경우, 이미 도래하던 재난의 모든 요소가 일목요연해진다. 하지만 웨이코 같은 규모의 비극을 만들어 내기 위해서는 다른 증강 요인도 몇 가지 더 필요했다.

코레시는 항상 도래하는 종말에 대한 징조를 찾아보고 있었다. 특히 그는 '신세계 질서'라고 지칭되는 극우 음모 이론에 매료되었는데, 여기서는 초자본주의자들과 세계주의적 엘리트들과 음지의 인물들이 작당하여 국민 국가를 해체하고, 자유를 박탈하고, 자기네 원칙에 근거한 지배를 수립하고 싶어 한다고 주장한다.

이 극우 음모 이론은 근본주의자들과 민병대 운동의 구성원들 사이에서 지지를 얻었으며, 급기야 국가의 통치 전반에 대해 증대하는 불신을 낳게 되었다. 신세계 질서에 관한 문헌은 총기 박람회에서 찾아볼 수 있었으며, 1980년대 말과 1990년대 초에는 (예를 들어 UFO나 아틀란티스 대륙 같은) 온갖 종류의 일탈 현상이라든지, (케네디 암살이나 사탄 숭배 같은) 기묘한 각본에서 신세계 질서의 작용을 찾아낼 수 있다고 생각한 음모 이론가들이 추종자를 얻기 시작했다. 이는 데이비드 코레시에게는 반가울 수밖에 없는 전개였으니, 본인과 다윗가지파의 구성원들이 장차 이스라엘로 가서 그 나라를 대신하여 국제 연합UN에 맞서 싸우게 되리라는 개념을 고안했기 때문이었다.

하지만 1991년에 미국이 페르시아만에서 전쟁을 벌이게 되자, 코레시는 미국 정부야말로 「계시록」에서 말한 바로 그 바빌론이라는 믿음으로 전향했다("거대한 바빌론, 창녀의 어머니이자 지상의 혐오스러운 것"). 재림교인의 입장에서 보자면 이것은 비약까지도 아니었다. 1858년에 저술한 『대쟁투The Great Controversy』에 나오는 엘런 G. 화이트의 가르침에 의거하여, 그들은 「계시록」이 지상의 왕들을 좌우하는 힘을 지닌 거짓 교회를 예언했다고 이미 믿고 있었기 때문이다. 코레시는 단지 그의 예언을 오늘날에 맞게 업데이트했을 따름이었다.

이런 발상을 만지작거리기 시작한 지 얼마 되지 않아서, 그는 최후의 충돌이 벌어지게 될 것이라고 확신하게 되었다. 아울러 이 도래하는 종말에서 코레시는 (성서에서 밝혀 놓은 일곱 봉인을 풀 수 있는 사람으로서) 주도적인 역할을 담당하게 될 것이었다. 그는 하느님이 자기들을 놓아두신 이곳 텍사스에서 거대한 전투가 벌어지게 될 것이라고 다윗가지파에게 말했다. 이에 다윗가지파는 종교적 의무로서의 전쟁에 대비하여 식량, 무기, 탄약, 프로판가스 같은 필수품을 쟁여 놓기 시작했다. 이들은 코레시의 성서 연구 강좌를 통해 활기를 얻었다. 생생한 시적 심상이 등장하는 「계시록」이 코레시 같은 자칭 예언자들에게 그토록 중요한 이유도 그래서였다. 종말이 항상 가까이 있고, 영생이 항상 문제가 되고, 그 모든 상상을 부르는 심상에는 해석의 여지가 풍부했기 때문이다.

이런 새로운 초점 덕분에 다윗가지파가 총기 박람회에 참석하는 것도 정당화되었다. 사실 이들은 무기를 사고파는 부업에 이미 진출한 상태였으며, 개조한 총기를 판매해서 수익을 얻기도 하고 자체 보유하기도 했다. 1990년에는 구내 총기 판매점인 맥 백the Mag Bag을 설립해서, 무기와 관련 부품을 사들일 수 있게 되었다. 코레시는 추종자인 폴 파타Paul Fatta와 마이클 슈레더Michael Schroeder와 함께 텍사스주 전역의 총기 박람회를 돌아다녔고, 이제는 수익성이 좋은 자기네 사업을 이용해서 다윗가지파를 지원하기 위한 돈을 벌었다. 이것이야말로 수입원인 동시에, 바빌론에 대한 공격이 임박했다고 믿는 영적 전사들을 위한 현명한 경로이기도 했다. 코레시는 정부가 시민의 총기를 압수할 채비를 하고 있다는 시각을 받아들였는데, 이는 '신세계 질서' 유형에서 일반적인 시각이기도 했다. 그는 독재 정권으로부터 스스로를 보호하기 위해 무장할 필요가 있다고 추종자들에게 말했다.

바로 이 대목에서부터 저 편집증적 예언들은 스스로 현실화하기 시작했다. 1992년 여름에 UPS 배송원이 마운트 카멜의 거주 시설로 배달되는 물품의 포장이 손상되었음을 발견했다. 그런데 상자 안에는 총기는 물론이고, 임자만 잘 만난다면 실제 무기로 개조될 수 있는 수류탄 외피까지 들어 있었다. 배송원은 회사 정책에 따라서 불법 무기 밀매일 가능성이 있는 이 사안을 당국에 신고했다.

무기고에 관한 이 첩보야말로 데이비드 코레시와 다윗가지파의 종말을 알리는 신호탄이었다. 이들에 대한 압력은 금세 커지기 시작했다. 1993년 1월에는 무기의 불법 사용과 밀매를 단속하는 정부 기관인 주류·담배·화기 단속국ATF에서 위장 요원들을 보내 마운트 카멜 근처에서 살게 했다. 웨이코 포위전의 생존자 가운데 한 명이 훗날 주장한 바에 따르면, 코레시는 처음부터 새로운 이웃들이 연방 요원임을 알고 있었다. 심지어 이들을 성서 연구 수업에 초청하기도 했다. 단지 일 때문에 이곳에

온 사람들이라 하더라도, 어쩌면 하느님에게서 받은 자신의 메시지를 받아들일지도 모른다는 것이 코레시의 태도였다. 실제로 그는 연방 요원들을 개심시킬 수 있다고 생각했는데, 이는 결과적으로 치명적인 과신이었던 것으로 입증되고 말았다.

ATF의 새로운 관심이야말로 그 집단에서 이미 강력했던 의구심을 확증해 주었던 것처럼 보인다. 그들은 외부자로 간주되고 있으며, 정부야말로 그들의 적이라는 의구심이었다. 코레시는 이런 서사를 부추겼다. 최종 전투가 임박했다는, 미국 정부의 모습을 취한 바빌론이 공격을 준비하고 있다는 그의 예언을 그런 사건들이 확증하는 것처럼 보였다.

'새로운 빛'의 계시 이후로 로빈 번즈처럼 이성적인 추종자 일부는 다윗가지파를 떠나서 더 멀쩡한 장소를 찾아갔지만, ATF의 압수 수색이 시도된 1993년 2월 28일에도 마운트 카멜의 거주 시설에는 (어떤 집계에 따르면) 백 명 가까운 다윗가지파 구성원이 남아서 최후의 충돌에 대비하고 있었다. 여기서 말하는 대비란 1990년에 코레시가 의무화한 훈련의 일부로서, 폭력적인 전쟁 영화를 관람하는 수준을 넘어서 있었다.

코레시의 고위 부관들과 개인 경호원 20명(성서에서 다윗 왕을 보호하는 전사들의 이름을 따서 '용사들'이라고 일컬어졌다)은 모두 AK-47과 M16 소총을 능숙하게 사용했다. 그들은 컬트의 구성원들(어린아이도 포함됐다)에게 총으로 사람을 쏘아 죽이는 방법을 훈련시켰다. '용사들' 중에서 최고참은 42세의 더글러스 웨인 마틴Douglas Wayne Martin과 48세의 스티브 슈나이더Steve Schneider였다. 마틴은 코레시가 가장 신뢰하는 조언자였으며, 컬트에서 가장 의외의 구성원 가운데 한 명이기도 했다. 그는 아내 실라와의 사이에서 일곱 자녀를 두었는데, 그중 몇 명은 성인이었으며 한 명은 중증 장애인이었다. 자녀 중 최소한 네 명은 부모와 함께 마운트 카멜에 살았다. 대학 교육을 받은 마틴은 무려 하버드에서 공부한 변호사였으며, 한때 더럼 소재 노스캐롤라이나 센트럴 대학에서 교편을 잡기도

했었다.

마틴은 수돗물조차 없는 마운트 카멜에서 힘들게 살아가면서, 도시에서는 여전히 변호사로 활동하며 자기 수입을 모두 코레시에게 넘겨주었다. 지역의 법관들을 잘 알았고, 웨이코의 시의원과도 (죽이 척척 맞는 점심 상대라는 평가를 들을 만큼) 가까운 사이였다. 그는 FBI와 대치하게 되자 거주 시설 밖으로 돈을 보내서 자기가 더 이상 대리할 수 없게 된 고객들에게 배상금을 지불할 정도로 양심적인 변호사였다. 『워싱턴 포스트』에 따르면, "컬트 구성원을 대리했던 웨이코의 변호사 게리 코커도 FBI가 전화를 차단하기 전에 마틴과 이야기를 나누었다. 그는 마틴이 '거의 침착한' 것처럼 보였다면서, 친절한 사람이자 각별히 헌신적인 아버지였다고 묘사했다."[5]

반면 스티브 슈나이더는 정반대의 인물이었다. 최고위 부관으로 예측 불허의 순간 격렬한 분노에 사로잡힐 수 있는 기질의 소유자였다. 그의 아내는 1989년 '새로운 빛'의 계시 직후 코레시가 차지한 최초의 여성 중 하나로서 주디 슈나이더 코레시로 이름도 바꾸었다. 슈나이더는 결혼의 무효화에 대해 분노한 만큼이나 맹렬하게 코레시에게 충성했다. 자기네 지도자는 "우리가 미처 깨닫지 못하는 힘을" 가졌기 때문에, "우리로서는 그에게 도전하는 것조차도 큰 실수를 하는 셈"이라고 연방 협상가들에게 말하기도 했다. 슈나이더도 대학 교육을 잠깐 받았으며, 코레시를 추종하기 전에는 목사가 되려는 꿈도 있었다. 그는 이 집단의 사업체 중 하나인 음악 제작사 메시아 사이러스 프로덕션Messiah Cyrus Productions을 운영했으며, 〈웨이코의 미친 사람Mad Man in Waco〉 같은 노래를 비롯한 코레시의 음악을 녹음해서 지역 사회에 배포했다.

'용사들' 중에는 음악가가 두 명 있었다. 마이클 슈레더와 데이비드 시보도David Thibodeau는 모두 드러머였다. 스타브 슈나이더는 슈레더와 그의 아내 캐시를 1980년대에 처음 만나 데이비드 코레시에 관해 이야기해주었다. 머지않아 마이클과 캐시 부부는 대륙 횡단을 마다하지 않고 찾아와서 코레시의 설교를 들었고 그 경험을 좋아하게 되었다. 1989년에 이들 부부는 아이들을 낡아 빠진 밴에 태우고 마운트 카멜로 와서 집단에 가담했다. 마이클 어머니의 말에 따르면, 워낙 낡아 빠진 밴을 타고 떠났기 때문에 과연 도착이나 할 수 있을지 모를 정도였다고 한다. 어쩐지 자기 아들을 두 번 다시 못 만나게 될 것임을 알았던 모양이다.

마이클과 캐시는 구도자였고, 코레시의 메시지는 이들에게 호소력을 발휘했는데, 가혹한 규칙이 부과되어도 여전히 그러했다. 당시에 캐시는 임신한 상태였지만, 이들 부부는 '새로운 빛'의 교의에 따라 도착 즉시 분리되었다. 코레시는 오스트레일리아와 캘리포니아에도 찾아가서, 필요할 때마다 추종자의 집을 임시 근거지로 삼았다. 그는 캘리포니아에 있는 근거지로 마이클을 보내서 '하느님의 군대'를 더 많이 모집하는 일을 돕게 했다. 그 덕분에 마이클은 태어난 지 6개월이 지나서야 아들을 처음 볼 수 있었다. 텍사스로 돌아온 이후에는 자기가 일하는 자동차 정비소에서 종종 잠을 잤다. 다른 남편들과 마찬가지로 마이클은 주로 성서 연구 수업 때만, 그것도 코레시의 용의주도한 눈길 아래서만 아내를 만날 수 있었다.

코레시는 다윗가지파의 남성들이 각자의 자녀들과 함께 시간을 보내는 것도 바라지 않았다. 부모와 자녀의 유대는 그의 통제에 직접적인 위협이었기 때문이다. 하지만 캐시는 마이클이 아들을 만날 수 있도록 비밀 방문을 주선했다. 마틴이며 슈나이더와 마찬가지로 다윗가지파 가운데 상당수는 지역 사회에서 일자리를 갖고 있었으며, 자기네 봉급을 코레시에게 넘겨주었다. 하지만 총기 매매업이야말로 이 집단에게는 가장 수익성 높은 사업으로 밝혀졌다.

데이비드 코레시는 외부 세계로부터 들어오는 압력을 느끼기 시작했다. 그는 자신의 시각과 자신의 실천(특히 일부다처주의와 가장 어리게는 11세에 불과한 아이들과의 성관계)이 범죄 행위로 간주된다는 사실을 알고 있었다. ATF의 압수 수색으로부터 딱 1년 전이었던 1992년 2월에 텍사스 보건 복지부에서 부보안관 두 명을 대동하고 양육권 다툼에서 제기된 주장을 조사하기 위해서 마운트 카멜의 거주 시설을 찾아왔다. 코레시가 어린 소녀들을 성적으로 학대한다는 주장이 나왔던 것이다. 하지만 집단 내의 어느 누구도 그에게 불리한 진술을 하지 않았기 때문에 조사에서는 아무것도 밝혀지지 않았고, 이 사건으로 인해 여차하면 자신의 대의를 위해 순교할 수도 있다는 코레시의 믿음만 증폭되었다. 하지만 싸우지도 않고 순순히 굴복하지는 않을 작정이었다. 그는 무장 충돌을 벌일 준비가 되어 있었고, 항상 자동 권총을 가까이에 두고 있었다. 심지어 잠잘 때조차도 그랬다.

바로 그해에 '용사들' 두 명이 번즈의 퍼모나 자택에 있는 기관총 개조 도구를 가지러 캘리포니아에 갔다. 이들 가족은 다윗가지파가 떠난 후에 개조 도구를 발견하고, 혹시나 데이비드 코레시가 찾으러 올 경우를 대비해 차고에 보관해 두었다. 집단을 떠난 이후에도 로빈 모녀는 코레시의 손아귀를 완전히 벗어날 수 없었던 것이다. 어떤 면에서 이들은 여전히 코레시를 보호했던 것처럼 보인다. 만약 그들이 정말로 모든 유대를 끊었다면 그 불법 무기도 그냥 없애 버렸을 테지만, 코레시가 가족에게 여전히 충분한 힘을 발휘하고 있었기 때문에 그의 소유물을 조용히 보관해 두었던 것이다.

1993년에 발부된 ATF의 압수 수색 영장에 따르면, 소포를 배달하러 마운트 카멜로 찾아간 UPS 배송원은 "인원이 배치된 감시 초소가 여러 군데 있는 것을 보고는, 그 감시원들이 무장하고 있다고 생각했다." 당국자 가운데 한 명은 8세 정도의 한 소년과 대화한 내용도 보고했다. "그 아이는 얼른 커서 어른이 되고 싶다고 말했다. 아동 보호국의 조이스 스파크스가 왜 빨리 어른이 되고 싶어 하느냐고 묻자, 아이는 자기가 어른이 되면 거기 있는 다른 어른들처럼 '긴 총'을 가질 수 있기 때문이라고 대답했다."

비록 ATF의 마운트 카멜 압수 수색의 주요 동기는 불법 무기 소지 혐의였지만, 영장에서는 성적 학대를 주장하는 여러 가지 출처도 인용해 놓았다. 그 정보 가운데 일부는 직접적인 증언으로, 이전 해에 있었던 당국자의 방문으로 인해 촉발되고 관찰된 수상한 행동에 근거하고 있었다. 애초에 그 방문은 코레시가 "그곳의 어린 소녀들과 정기적으로 성관계를 맺

는다. 그 소녀들의 나이는 11세부터 성인까지에 이른다"는 로빈 번즈의
증언 때문에 이루어진 것이었다. 그런데도 당시에 코레시는 자신의 범죄
를 부끄러운 줄도 모르고 자랑했던 것처럼 보인다. 양육권 다툼에서 코레
시에게 불리한 증언을 내놓았던 다윗가지파의 예전 구성원 마크 브로Marc
Breault에 따르면, 한번은 진짜로 가장 좋아하는 아내가 누구냐고 물어본 적
이 있었다. 질문자는 첫 번째이자 유일한 법적 배우자인 레이철일 것이라
고 예상했다. 하지만 코레시는 오히려 레이철의 자매라고 대답했다. "솔
직히 믿기가 힘들지 않나, 마크?" 그는 이렇게 말했다. "그 애가 겨우 열
두 살 때부터 나와 함께했다는 게 말이야!"

　　ATF의 위장 요원 가운데 한 명인 로버트 로드리게스Robert Rodriguez는
외관상 코레시의 가르침을 듣기 위해서 그 집단에 머물러 있었지만, 실제
로는 그곳의 무기고에 대해 더 많은 정보를 캐려고 하는 중이었다. 최초의
압수 수색과 최후의 대결 모두에서 살아남은 데이비드 시보도가 훗날 증
언한 바에 따르면, 코레시는 로드리게스가 위장 요원임을 처음부터 알고
있었지만, 그래도 자기네 거주 시설이며 성서 연구 강좌에 기꺼이 맞아들
였다고 한다. 자기네가 외부의 감시를 받고 있다는 사실이야 굳이 신성한
예언이 아니더라도 알 수 있었기 때문이다. 심지어 거주 시설 감시를 위해
헬리콥터까지 동원되었으니, 빈번한 비행이 코레시에게 미리 귀띔을 해
준 셈이었다.

　　로드리게스는 거주 시설에서 몇 주간 머물면서 지도자와 친해졌다.
포위 공격 동안에 FBI와 나눈 대화에서 코레시는 로드리게스를 괜찮은 친
구라고, 자기가 그를 좋아했다고 말했다. 그런 친밀함에도 불구하고 로드
리게스는 다윗가지파가 실제로 불법 무기를 보유했는지를 확증할 수 없
었다. 다만 마운트 카멜의 거주 시설이 상당한 규모의 무기를 보유했고,
반자동 무기를 자동 무기로 개조할 수 있는 역량을 보유했다는 것은 확인
했다. 이 정도면 ATF도 압수 수색을 위한 그럴듯한 사유를 획득한 셈이었
다. 훗날 육군 문서에서 밝혀진 바에 따르면, 당시에 ATF는 영장을 얻기
위해서 의도적으로 한 가지 거짓말을 덧붙였을 가능성이 있다. 거주 시설

내에 마약 제조 시설이 있다고 주장한 것이었는데, 그렇게 하면 압수 수색을 대비해서 육군으로부터 예외적으로 추가 전술 훈련을 받을 수 있었기 때문이다.

1993년 2월 25일, 텍사스 서부 지방 법원에서는 데이비드 코레시에 대한 체포 및 거주 시설에 대한 압수 수색 영장을 발부했다. 수색 요원들은 중화기를 비롯해서 사제 수류탄과 폭탄 제조 원료, 돌격 소총과 그 무기를 완전 자동으로 개조하는 데 필요한 물품 등을 찾아볼 권한을 부여받은 셈이었다.

4월의 포위 공격 이후 다윗가지파 생존자들이 제기한 소송에서는 텍사스주 경찰의 다음과 같은 증언이 나왔다. "다윗가지파의 부지에서 건물이 전소된 후에 그을린 폐허에서 3백여 정의 돌격 소총과 권총이 발견되었다." 이 정도면 상당한 규모의 무기였다. 이처럼 완강한 무장 저항의 가능성은 이후 ATF 압수 수색에서 중요한 역할을 담당했다.

2월 28일, ATF는 마운트 카멜에 대한 '불시 수색 영장' 집행을 준비했다. 이때는 압수 수색을 위해 경내로 진입하기 전에 굳이 공지할 필요가 없기 때문에 결과적으로 급습의 요소가 곁들여지는 셈이었다. 하지만 압수 수색 며칠 전부터 백 명 이상의 요원 및 지원 담당자가 웨이코로 몰려와서 근처 모텔은 사람들로 북적였다. 지역 언론에서는 이 연방 공직자들에 주목하고 자체적으로 보도진을 준비했다. 압수 수색 당일 아침, KWTX-TV의 기자 한 명이 마운트 카멜로 가는 도중에 길을 잃어 지역 집배원에게 도움을 요청했다. 알고 보니 그 사람은 거주 시설에 사는 누군가와 잘 아는 사이였다. 바로 데이비드 코레시의 처남이었던 것이다.

그 당시에 거주 시설에는 위장 요원 로버트 로드리게스가 성서를 공부하면서 머물고 있었는데, 코레시가 긴급 전화를 받는 모습을 보고는 자기 정체가 탄로 났음을 깨달았다. 하지만 두 사람 사이에 마찰은 전혀 없었다. 지도자는 당황하지 않았다. 오히려 흔쾌히 로드리게스를 보내 주었다. 어떤 면에서 코레시는 압수 수색 소식을 듣고 기뻐했다. 자기가 예언했던 충돌이 곧 벌어질 예정이었기 때문이다.

'용사들'과 다윗가지파의 전투 부대에 속한 사람들은 곧바로 행동에 돌입했고, 각자의 전처들이 바느질해서 만든 검은색 전투복을 걸쳤다. 연방 진술서에서 나중에 언급된 바에 따르면, 더글러스 웨인 마틴은 수류탄을 엮어 만든 목걸이도 걸쳤다. 여자와 어린이는 대부분 숨었지만, 최소한 여성 한 명은 전직 경찰관인 관계로 총격전에 참여했다. 그리고 당일 오전에 발생한 다윗가지파의 사망자 여섯 명 가운데 하나가 되었다.

로드리게스는 곧 일어날 일에 대해서 다윗가지파가 이미 알고 있다고 ATF에 전달했다. 연방 요원들의 계획은 불시에 급습이 이루어진다는 가정하에 수립되었기 때문에 처음부터 차질이 생긴 셈이었다. 하지만 ATF 지휘부는 작전을 연기하지 않고 예정대로 압수 수색을 강행하기로 결정했다. 일단 자기네가 밀고 들어가면, 다윗가지파도 미처 대비할 시간이 없을 것이라고 넘겨짚었던 것이다. 나중에 가서 생각해 보면, 이것이야말로 정말 믿을 수 없을 정도로 어리석은 결정이었다. 다윗가지파는 상당한 규모의 거주 시설 덕분에 충분히 방비가 된 상태였다. 구내에는 버스를 비롯한 차량이 수십 대나 있었다. 건물들은 직사각형을 이루며 밀집해 있었고, 왼쪽 뒤로는 커다란 수영장이 있었고, 급수탑과 감시탑처럼 전술적으로 중요한 구조물도 있었다. 집단의 거주 구역, 코레시의 거주 구역, 창고로 사용되는 체육관, 여러 군데 콘크리트 벙커도 있었다. 한마디로 마운트 카멜의 거주 시설을 공략하는 것은 간단한 일이 아니었다.

오전 9시 30분에 ATF는 영장 집행을 시도했다. 요원 백 명이 두 대의 가축 수송 트럭에 올라탔고, 짐칸의 넓은 방수포 아래에 몸을 숨겼다. 상공의 헬리콥터에 탑승한 인원도 총기를 휴대하고 있었다. 하지만 ATF 요원들 사이의 의사소통은 원활하지 못했다. 일부는 컬트 거주 시설에 있는 무기의 숫자에 관해 설명을 들었지만, 나머지는 그런 내용을 전혀 모르고 있었다. 어느 쪽이 먼저 발포했는지에 대한 논쟁은 아직 지속되고 있지만 최종 판정은 불가능할 것이다. 이후 벌어진 대규모 총격전은 두 시간이 넘도록 계속되었다. 생존자 캐시 슈레더는 한 인터뷰에서 이렇게 말했다. "가축 수송 트럭이 앞에 서더니만 사람들이 쏟아져 나왔어요. 모두 검은 옷을 입고 총을 들었더군요." 캐시는 아이들과 함께 침대 밑에 숨기 위해서 거기 들어 있는 물건을 모조리 빼냈다. 총알이 방 안으로 들어와 주전자를 관통하자 바닥으로 물이 흘러내렸다. 아이들은 울음을 터트렸지만, 총격전이 워낙 오래 지속되다 보니 그중 한 명은 침대 밑에서 그만 잠들어 버리기까지 했다.

총격전 와중에 코레시는 911에 전화를 걸어서 이렇게 말했다. "저는 데이비드 코레시입니다. 사방에서 우리한테 총을 쏘고 있습니다." 하지만 정당한 긴급 신고로 시작된 통화는 급기야 FBI 협상가들이 훗날 '성서 헛소리'라고 일컫게 된 내용으로 끝나 버렸으니, 코레시가 일곱 봉인에 관해서 이야기를 꺼냈기 때문이다. 그사이에 그는 자기편의 사상자에 대해서 놀라우리만치 감정이 결여된 목소리로 설명했다. 여기 있는 사람은 (여러 번이나 아버지가 되었음에도) 공감도 후회도 전혀 투사되지 않는 것처럼 보였다. 그러다가 코레시가 갑자기 흥분했다. "나는 이 내용을 무려 4년 동안이나 가르쳐 왔습니다! 우리는 당신들이 찾아올 것을, 모든 것을 알고 있었습니다!" 그의 말뜻은 누군가로부터 압수 수색에 대한 귀띔을 받았다는 것이 아니라, 단지 「계시록」에 나온 징조를 읽어 내는 자신의 능력을 자랑한 것뿐이었으니, 그 해석을 통해 정부가 자기를 겨냥하고 있음을 여러 해 전에 알게 되었다는 뜻이었다. 그는 자기가 이 사건을 예언하고 추종자들에게 설교까지 했을 뿐만 아니라, 심지어 자기가 예언한 충돌을 대비하도록 다윗가지파에게 미리 조치까지 했음을 모두에게 알리고 싶어 했다.

컬트 지도자들의 삶으로 깊이 들어갔을 때 우리가 느끼는 매력의 원천 가운데 하나는 이들이야말로 인간 행동에서 차마 생각하기도 어려운 극단을 상징한다는 점이다. 어쩌면 우리는 그들의 유년기를 들여다보면서 그들을 괴물로 키운 영향력을 보게 될 수도 있고, 심지어 동정을 느끼는 것도 가능하다. 찰스 맨슨은 사랑하는 어머니가 경찰에게 잡혀가는 모습을 목격했다. 아돌포 데 헤수스 콘스탄소는 수치 속에서 살아갔고, 불결함이 가득한 자기 집의 한구석에서나마 나름의 질서를 유지하려 했다. 이제는 데이비드 코레시가 된 버넌 웨인 하월도 버림받고, 매 맞고, 난독증과 환상에 시달리면서, 남들과 어울리는 데 도움이 될 만한 뭔가를 삶에서 찾아보려 시도했다.

하지만 여기서 우리는 뭔가 다른 순간을 접하게 되는데, 이것이야말로 컬트 지도자들의 삶에서 역시나 전형적으로 발견되는 요소이다. 즉 운명이 포위망을 좁혀 오는 와중에도, 유혈극을 회피하는 동시에 자초한 재난을 모면할 수 있는 선택의 순간, 즉 중대한 전환점이 아직 남아 있었던 것이다. 하지만 컬트 지도자들은 무슨 일이 닥칠지 뻔히 보이는 상황에서도 경로를 바꿀 수 없고, 또 바꾸려고 하지 않는다. 이때가 그들이 가장 어둡고 극단적인 모습을 보여 주는 순간이다. 컬트 지도자들은 그 순간에도 폭력을 저지르며, 심지어 자기 자신의 생존 본능까지도 압도해 버리는데, 이것이야말로 그들의 본모습이기 때문이다.

데이비드 코레시 같은 컬트 지도자에게는 물러섬이 전혀 없었던 것처럼 보인다. 바로 그 시점부터 그는 스스로 발동한 운명에 단지 점점 더 헌신하기만 했다. 활기를 얻고, 충동적인 결정을 내리고, 위험을 무시하고, 추종자들을 독려하고, 광적으로 예언서를 집필했던 것이다. 자신에게나 다른 모두에게나 죽음이 다가오고 있음을 알았지만, 그 모든 상해와 폭력도 자기가 결론을 내린 그대로 도래하는 한에는, 즉 전 세계가 지켜보는 앞에서 도래하는 한에는 아무 상관이 없었다.

연소자와 미성년자를 대상으로 성범죄를 저지른 코레시로서는 정부가 언젠가 자기를 뒤쫓으리라는 것이야 굳이 예언의 환상 없이도 충분히 추측할 수 있었다. 하지만 추종자들은 코레시를 이런 부류의 인간으로 생각하기를 이미 오래전에 중단한 상태였다. 오히려 압수 수색과 이후의 포위 공격은 추종자들의 충성심을 증대시켰을 뿐이었다. 이제 그들은 코레시가 지금까지 줄곧 옳았다고 믿게 되었다. 그가 말했던 전쟁이 여기 닥친 상태였으니, 결국 그의 말이 모두 옳았다는 뜻이었다. 게다가 종말이 자기네 거주 시설 바로 앞에서 일어나는 상황이라면, 이들로서도 코레시의 곁을 떠나 영생을 포기하기는 싫었을 것이다. 이것이야말로 인지 부조화의 사례 가운데 하나였다. 즉 다윗가지파는 명백히 자기네한테 불리한 증거가 잔뜩 쌓여 있음에도(첫째, 그들의 지도자는 폭력적인 인간이자 일부다처주의자이자 소아성애자였다. 둘째, 그들은 공권력에 포위된 상태였다. 셋째, 이 상황은 좋게 끝날 수가 없었다), 그걸 뒤집어서 정반대의 증거로 삼았던 것이다. 천국이 가까이 있다고, 코레시야말로 「계시록」에서 예언된 사자라고 믿은 자기들이 옳았다고 느꼈던 것이다.

하지만 미국 정부라고 해서 이들보다 딱히 더 나을 것은 없었다. ATF는 자기네가 맞닥트릴 저항의 강도를 과소평가했던 것이다. 이는 큰 실책이 아닐 수 없었으니, 이들이 가진 수색 영장 내용만 살펴보아도 현장에는 막대한 양의 무기와 폭발물이 있음이 명백했기 때문이다. 그날 ATF는 준비도 어설펐고 자신감도 과도했다. 두 시간 이상 지속된 총격전이 끝날 즈음 정부 측에서는 총탄이 바닥나고 말았다. 이것이야말로 ATF가 이번 임무의 위험성을 과소평가했다는 반증이거나, 자체적인 총기 사용 훈련이 결여되었다는 증거이거나, 양쪽 모두일 수 있다. 심지어 만약을 대비해 구급 요원을 대동할 생각조차 하지 않았다. 저쪽에서 이미 예상하고 있는 상황에서 무작정 밀고 들어가려던 성급한 결정이며, 같은 편 내부의 미비한 의사소통이며, 여러 수사 기관 사이의 불충분한 사전 조율이며, 총탄의 부족이며, 현장 구급 요원의 결여 등의 요소가 모두 합쳐지면서 ATF에게는 악몽이 펼쳐지고 말았다. 결국 몇 시간도 되지 않아 이 작전의 관할권은 FBI에게로 넘어갔다.

FBI는 협상을 통해 휴전을 이끌어 내는 데 성공했고, 이에 ATF는 내부로 진입해서 사상자를 데리고 나올 수 있었다. 지역 경찰은 다윗가지파 측에도 의료 지원을 해 줄 터이니 수용하라고 촉구했지만, 데이비드 코레시는 자기네 중에 심각하게 다친 사람은 전혀 없다고, 아울러 자기네는 아무런 도움도 원하지 않는다고 답했다. 그는 다윗가지파 가운데 이미 여섯 명이 사망했고, 본인 역시 왼쪽 손목과 엉덩이에 상처를 입었다는 사실을 굳이 밝히지 않았다. 당시에 부상을 입었던 추종자 가운데 한 명은 나중에 협상가들과의 통화에서 자기는 치료를 받으러 나가고 싶지 않다고 말했다. 차라리 대의를 지키다가 죽는 편을 택하겠다는 것이었다.

이로써 무려 51일 동안 지속될 대치가 시작된 셈이었다. 협상은 주로 다 윗가지파 측의 코레시와 마틴과 슈레더, 매클레넌 카운티 보안관서의 부 서장 래리 린치Larry Lynch, ATF의 짐 캐버노Jim Cavanaugh 사이에서 이루어졌 다. 그사이에 FBI는 작전과 전략을 수립했다. 코레시는 댈러스의 한 라디 오 방송국을 통해서 자신의 종교적 가르침을 방송할 수 있게 허락을 얻었 다. 아울러 CNN과의 전화 인터뷰도 하게 되었는데, 1993년에만 해도 이 24시간 케이블 뉴스는 여전히 비교적 새로운 매체였지만, 케이블 TV 가 입자가 2백만 가구 이하였던 10년 전과 비교해서 이때는 무려 5백만 가 구 이상에 달했다. 그리하여 주변부 집단에 불과했던 다윗가지파는 거의 하룻밤 사이에 전 세계 각지에서 뉴스 방송의 첫 번째 소식으로 떠오르게 되었다. 데이비드 코레시의 입장에서는 오랜 꿈(어쩌면 측두엽 뇌전증)이 실현된 셈이었다.

압수 수색 다음 날인 3월 1일, 빌 클린턴 대통령이 최신 보고를 받았 다. 그는 FBI 국장 윌리엄 세션스William Sessions의 접근법에 찬동했다. 평화 적 해결책에 도달한다는 희망을 갖고 코레시와의 협상을 연장한다는 것 이었다. 시간이 흐르면서 어린이 열 명이 거주 시설 밖으로 나왔고, 노부 인 두 명을 포함한 성인 몇 명도 함께 나왔다. 캐시 슈레더는 훗날 『탬파베 이 타임스』에 이렇게 말했다. "그 어린이 가운데 어느 누구도 사실은 떠나 고 싶어 하지 않았습니다. 하지만 데이비드는 12세 이하 아이들에게는 책 임이 없다고 말했습니다. 그들이 떠나게 된 것은 데이비드의 결정이었습 니다. 제 경우는 또 달랐습니다. 설령 우리가 죽더라도, 우리는 모두 죽어 서 영원히 함께 있을 것이었습니다. 저는 이렇게 생각했습니다. '내가 우리 아이들을 바빌론으로 보내고 있구나.' 즉 악이 가득한 세상으로 보내고 있구나 싶었던 겁니다."[4]

휴전이 시작되고 몇 시간 뒤에 슈레더는 농지에서 나는 총소리를 들었다. 그녀는 남편 마이클이 거주 시설로 돌아오다가 FBI에게 살해된 것이라는 예감을 느꼈다. 아내의 예감은 정확했다. 그의 시신은 양측 사이의 땅에 쓰러진 채 나흘 동안 방치되고 나서야 비로소 수습되었다.

3월 1일 지역 시간으로 오후 5시 정각부터 FBI가 상황을 완전히 장악했다. 그 와중에 데이비드 코레시는 장갑차 여러 대가 더 가까운 전술적 위치에 배치되고, 거주 시설의 전화선이 협상가들과의 연락용 하나를 제외하고는 모두 이용이 불가능해진 것을 보면서 점차 동요하게 되었다.

그로부터 15년 전에 있었던 존스타운 학살을 염두에 둔 FBI는 코레시와 그의 집단이 자살을 계획하고 있지 않다는 보장을 얻고 싶었는데, 거주 시설 내부에 아직 어린이가 워낙 많은 상황이었기에 특히나 그러했다. 코레시는 다윗가지파가 그런 종류의 일은 전혀 염두에 두고 있지 않다고 확언했다. 이야기가 계속되어 3월 3일 이른 시간으로 접어들자, 컬트 지도자는 자신의 종교적 가르침을 담은 테이프가 텔레비전을 통해 전국으로 방영된다면 기꺼이 항복하겠다고 약속했다. 이번에도 역시나 그의 우선순위에는 다윗가지파의 안전이 포함되지 않았다. 유일한 관심사는 자기 사상의 노출뿐이었다.

오후 1시 30분에 코레시의 테이프가 크리스천 방송국을 통해서 전국에 방영되었다. 하지만 오후 6시가 되자 그는 FBI와의 협상을 취소하면서, 하느님께서 자기에게 그대로 있으라고 전하셨다고 말했다. 이에 FBI의 입장도 곤란해지고 말았다. 이들이야 인질 협상을 다루는 데는 숙련된 상태였지만, 지금의 상황은 생소할 수밖에 없었다. 어느 누구도 다른 이의 머리에 총을 겨누고 있지 않았다. 지금의 인질은 이념의 포로일 뿐이었다. 다윗가지파의 입장에서는 FBI보다 차라리 데이비드 코레시가 더 나았다. 지도자가 여러 해 동안 설교해 온 대로 만약 모든 것이 불길 속에 스러진다면 그들은 영생을 보장받을 예정이었다. 하지만 그들이 거주 시설을 떠난다면 다른 불신자들과 함께 '불의 호수'에 내던져질 예정이었다. 즉 거주 시설에서 나간다면 크나큰 불이익이 있다는 뜻이었다.

데이비드 코레시는 새로운 청중을 얻은 것에 기뻐하는 듯 보였다. 그리하여 FBI도 그가 성서 해석에서 발휘하는 정력이 어느 정도인지를 직접 경험할 수 있게 되었다. 3월 3일은 끝도 없는 종교적 훈계와 함께 지나가 버렸다. 협상가들은 코레시가 어떻게 해서 일곱 봉인을 풀도록 기름 부음을 받게 되었는지를 알게 되었다. 생존자들의 말에 따르면, 코레시는 추종자들에게 이제 다섯 번째 봉인의 와중에 있다고, 이때 그들은 거대한 박해의 순간을 맞이하여 순교할 것이라고 말하기까지 했다. 그들은 기꺼이 죽을 준비가 되어 있었고, 이후에는 다른 순교자들이 오기를 기다리다가, 봉인의 주기가 완료되고 나면 새로운 왕국으로 인도되어 영원히 살아갈 예정이었다.

코레시는 또한 자신의 총상에 관해서도 설명했다. "나는 앉아 보려고 하지만 그럴 수가 없고, 내 엉덩이도 … 총에 맞은 것이야말로 극적인 일이네요. 총알이 몸에 충격을 주었을 뿐만 아니라 … 제 엉덩이뼈의 위쪽도 부수었는지, 아니면 관통했는지, 아니면 다른 뭔가를 한 것 같은데, 총알이 제 배의 옆쪽으로 들어와서 위로 들어가 엉덩이에 맞고서 돌아가서인지 어떻게인지 제 뒤쪽으로 빠져나갔거든요."[5]

하지만 이런 모든 상황에도 불구하고 코레시는 기세를 늦추지 않았다. 3월 4일에는 여덟 시간 가까이 협상가들과 전화로 이야기를 나누었다. FBI 측에서는 긴장이 높아지고 있었다. 최루탄이 선택지로 떠올랐지만, 이전까지는 어린이에게 사용된 적이 전혀 없었으며, 당연히 이때 제안한 정도로 많은 양이 어린이에게 사용된 적도 전혀 없었다.

3월 4일, 9세 소녀 헤더 존스Heather Jones는 어머니가 핀으로 꽂아 준쪽지를 재킷에 달고 거주 시설에서 나왔다. 쪽지에는 아이들이 거주 시설을 떠나고 나면 어른들이 죽을 거라고 적혀 있었다. 이 메시지는 FBI의 입장에서 가장 큰 걱정거리가 거주 시설 내에서도 이야기되고 있음을 확증해 주었다. 코레시와 슈나이더는 집단 자살 계획 의혹을 거듭해서 부정했지만, FBI는 그 말을 믿지 않았다. 이번 대치가 벌어지기 전에 컬트를 떠난 사람들의 제보에 따르면, 코레시는 자기를 위해 그들 모두가 죽어야만 한다는 내용으로 항상 설교했었기 때문이었다. 여기에 심리학자들이 풀려난 아이들에게서 들은 이야기까지 참고해 보니, FBI는 집단 자살이 가능하다고 믿게 되었다.

이 가능성이야말로 마치 재난이 다가오는 것과도 유사했다. 거주 시설의 담장 안에는 여전히 어린이가 수십 명이나 남아 있었다. FBI는 다윗 가지파에 풍부한 무기와 탄약은 물론이고 1년쯤은 충분히 버틸 만한 식량도 있다는 사실을 이미 알고 있었다. 3월 6일부터 8일까지는 대화에 아무런 결실이 없었다. FBI에서는 아이들이 마실 우유를 전달했고, 코레시는 잘 있다고 직접 말하는 아이들의 모습을 찍은 비디오테이프를 전달했다. 영상에서 그는 자기 아이들도 여러 명 지목했는데, 그중에는 최초의 십 대 아내 레이철이 낳은 장남인 여덟 살짜리 사이러스도 있었다.

3월 9일에 FBI는 마운트 카멜의 전기를 끊었고, 거주 시설을 에워싼 장갑차를 더 위협적인 위치로 재배치했다. 이에 코레시와 슈나이더는 격분했는데, 사실은 이런 움직임이 FBI 협상가들과 전술조 사이의 내부 갈등을 드러내는 징조라는 사실을 미처 몰랐기 때문이었다. FBI의 입장에서도 총신을 내밀 구멍만 뚫어 놓은 판자를 거주 시설의 창문에 덧대고 있는 '용사들'의 모습이 선의의 행동으로 인식되지 않기는 마찬가지였다. 코레시는 전력이 복구되기 전까지 대화를 거절했으니, 이런 술래잡기야말로 포위 공격 내내 이어진 협상의 특징이었다.

3월 10일과 11일도 거의 진척 없이 지나가 버렸다. 클린턴 정부의 법무장관 재닛 리노Janet Reno는 3월 12일에 여성 최초로 그 직책에 임명되자마자 상황 해결에 박차를 가했다. 바로 그날 캐시 슈레더가 거주 시설에서 나왔고, 집단 자살 계획은 없다며 다시 한번 FBI에게 장담했다. 여러 해 뒤에 『탬파베이 타임스』의 수전 아쇼프Susan Aschoff에게 밝힌 바에 따르면, 그녀가 당시에 밖으로 나온 이유는 담배를 피우다가 적발되어서였다. 코레시는 캐시처럼 "하느님의 율법을 함부로 무시하는 행동이 전체 집단을 주

저하게 만들 것"이라고 질책했다.6

FBI는 항복을 받아 내기 위해 고문 기법을 이용하기 시작했다. 전력도 의도적으로 한파 속에서 끊은 것이었다. 수면을 방해하기 위해 거주 시설 내부를 향해 밝은 조명을 비추었고, 귀청이 떨어져라 음악을 틀었으며, 심지어 토끼가 죽어 가며 내는 소리까지 틀어 놓았다. 이에 남성 두 명이 거주 시설에서 나왔고, 이후 며칠 사이에 성인 일곱 명이 더 나왔다. 그중 한 명인 리타 리들Rita Riddle은 탱크에 탑승한 연방 병력이 다윗가지파를 향해 손가락 욕을 하고 엉덩이를 까며 조롱하는 모습을 보았다고 말했다. 그런 행동 때문에 다윗가지파는 자기네가 더 정당하다고 느끼게 되었다. 저 지저분한 인간들은 도대체 누구이기에 하느님을 향한 존중조차도 전혀 없는 걸까?

거주 시설 내부에서의 생활이 과연 어떠했는지는 단지 짐작만 할 수 있을 따름이다. 추종자들은 공황 상태였을까? 자신들이 머지않아 만나리라 믿고 있던 하늘의 운명을 찬양했을까? 아이들은 불안해했을까? 반면 FBI 작전조는 스트레스의 기미를 확실히 드러내고 있었다. 협상가들은 여전히 평화로운 해결이 가능하다고 생각했지만, 더 공격적인 전술적 선택지가 점차 힘을 얻고 있었다. 3월 23일에 성인 한 명이 거주 시설을 나와 체포되었는데, 영국 국적의 리빙스턴 페이건Livingstone Fagan이었다. 포위 공격으로부터 20년이 지난 뒤에도 여전히 다윗가지파 신자였던 그는 『텔레그래프』와의 인터뷰에서 다음과 같이 시인했다. "저는 나가고 싶지 않았습니다만, 데이비드가 나가라고 부탁했습니다. 우리 모두가 살해될 때를 대비해서, 바깥세상에도 우리의 관점에서 이야기할 목소리가 일부는 필요하다는 것이었습니다."7

3월 29일부터 31일까지 재닛 리노 법무장관이 보낸 대표단이 FBI 간부들과 만나서 기관의 내부 다툼에 관해 논의했다. 이때 코레시는 처음으로 자기네 변호사와 이야기를 나누도록 허락을 얻었다. 곧이어 그는 다윗가지파의 가장 중요한 명절인 일주일 동안의 유월절이 지나고 나면 추종자 모두를 내보내겠다고 합의했다. 4월 4일, 변호사와의 대화 도중에 그는 이 약속을 거듭해서 말했다. 4월 5일에 유월절이 시작되었지만, 7일에 코레시는 또다시 밖으로 나올 날짜를 밝히기를 거절했다. 다시 최루탄 선택지가 거론되었으니, 그가 깨 버린 약속이 여러 번이라는 점도 그런 상황에 기여하고 있었다.

웨이코의 대치 사건은 컬트의 역사에서도 주목할 만한데, 공개적으로 이용할 수 있는 원자료가 워낙 많기 때문이다. 이런 자료를 보면 코레시는 명석한 성서 해석자라기보다는 차라리 예언적 환상에 대한 주장으로 보완한 몇 가지 이미지를 잘 구사할 수 있는 사람인 것처럼 보이며, 그런 환상이 오히려 성서에 대한 그의 분석보다 더 설득력 있어 보인다. 그런 대화 가운데 한 가지 사례를 소개하자면 다음과 같다(길이와 명료성 때문에 편집을 가했다).[8]

> 코레시: 하느님에 대한 지식과 관련해서 깨달았다고 주장하는 사람에게는 단 한 가지의 마약 검사법이 있습니다. 봉인을 보여 달라는 것이지요. 그 사람이 그렇게 할 수 없다면, 그들은 그렇게 할 수 있는 다른 누군가가 나타날 때까지 기다려야만 합니다.
>
> FBI: 데이비드? 당신은 어떻게 해서 봉인을 해석할 수 있는 곳까지 도달한 겁니까?
>
> 코레시: 음. 1985년에 저는 이스라엘에 있었습니다. 그곳에는 러시아의 우주 비행사들도 있었지요. 제가 이에 관해서 당신에게 말씀드리는 이유는 이 일을 증언할 사람이 우리한테 두 명이나 있기 때문입니다. 러시아 우주 비행사들은 점보제트기 크기의 날개를 달고 지구를 향해 날아오는 일곱 천사 같은 존재를 봤다는 보고를 제출했습니다. 좋습니다. 그래서 제가 이스라엘에 있었던 1985년에 일어난 일이 무엇인가 하면, 제가 그 사람들을 만났다는 겁니다. 진짜로요.
>
> FBI: 당신이 누굴 만났다는 겁니까? 우주 비행사 두 명을요?
>
> 코레시: 아뇨. 아뇨. 아뇨. 보세요. 러시아 우주 비행사들은 우주 정거장에 있었습니다.

FBI: 그렇군요.

코레시: 그들은 본부에 무전을 보냈던 겁니다. 그들은 겁이 났던 거예요.

FBI: 그렇군요. 저도 이해했습니다.

코레시: 왜냐하면 지구를 향해 움직이는 일곱 천사 같은 존재를 보았기 때문이죠.

FBI: 좋습니다. 그래서 당신이 그 일곱 천사 같은 존재를 만났다는 거군요.

코레시: 바로 그겁니다.

FBI: 어디에서요?

코레시: 이스라엘에서요.

FBI: 그렇군요. 그런데 이스라엘 어디에서요?

코레시: 시온산에서요.

FBI: 아, 좋습니다.

코레시: 좋습니다. 제가 뭐 하나 알려 드릴까요. 놀라운 이야기입니다. 천사들은 사실 날개를 갖고 있지 않습니다. 대신 메르카바라는 것을 갖고 있죠.

FBI: 뭐를 갖고 있다고요?

코레시: 메르카바.

FBI: 그게 뭔가요?

코레시: 그건, 그건 우주선입니다.

FBI: 우주선이요?

코레시: 탈것 말입니다. 그건, 그건 빛을 이용해 움직입니다. 빛의 굴절······.

FBI: 아, 좋습니다.

코레시: 무지개며 뭐 그런 것에 대해서는 알고 계시겠지요?

4월 9일, 성聖금요일이자 대치 41일째를 맞이하여 데이비드 코레시는 FBI에 편지 네 통을 보냈다. 한 통에는 "하늘이 심판하러 당신들을 부르신다"라고 적혀 있었다. 당연히 FBI에서는 심리학 전문가를 불러서 이 증거물을 분석하게 했다. 결론은 이러했다. 이들은 코레시가 고도로 편집증적인, 어쩌면 정신병적인 상태에 들어섰다고 간주했다. 아울러 이들은 그가 밖으로 나올 의향이 전혀 없다는 데도 의견이 일치했다. 코레시가 여전히 심각한 총상을 입고 치료받는 중이었음을 기억하는 것이 중요했다. 설령 총알이 몸에서 빠져나갔다 하더라도 여차하면 감염될 위험이 있었으며, 어쩌면 마지막까지도 상당한 고통을 경험했을 가능성도 있다.

부활 주일인 4월 11일이 지나갔지만 항복은 없었다. 유월절은 4월 13일에 끝났지만 진전이 없기는 마찬가지였다. 하지만 4월 14일에 코레시가 「계시록」의 일곱 봉인에 대한 해석을 열심히 쓰고 있다는 소식을 전해 왔다. 그러면서 원고가 마무리되면 나가겠다고 약속했다. 이틀 뒤에 그는 집필이 첫 번째 봉인까지 진척되었다고 알렸으며, 이로써 FBI는 얼마나 더 기다려야 할지 대략적인 추산을 얻게 되었다. 지금과 같은 속도라면 12일을 더 기다려야 한다는 뜻이었다. 대치 50일째에 다윗가지파 여러 명이 탑에 올라갔는데, 자칫 포탑으로 사용될 수 있다는 이유에서 FBI가 접근 금지를 경고한 장소였다. 추종자들은 아이들을 번쩍 들어서 FBI에 보여 주었다. 긴장된 순간이었다. 정부에서는 과연 그들이 아이들에게 자비를 베풀어 달라고 요청하는 것인지, 아니면 아이들을 인간 방패로 이용해서 적대 행위의 공격적인 첫수를 감추려는 것인지 미처 알지 못했다. 자기네가 항상 감시당하고 있음을 알았던 다윗가지파는 다음과 같이 적힌 간판을 내걸었다. "불길이 기다린다. 「이사야」 13장."

다음 날인 4월 19일, 해가 뜨기 한 시간 전에 FBI의 협상가 중 한 명이 확성기를 통해 대치가 막바지에 도달하고 있음을 다윗가지파에 알렸다. 최루탄을 사용해서 모두를 체포할 예정이었던 것이다. 오전 6시 1분에 FBI는 전투 공병 차량 두 대를 동원해 목제 건물에 구멍을 뚫고, 기계 팔에 부착한 살포 장치를 이용해서 최루탄을 내부로 투입했다. FBI는 다윗가지파가 방독면을 보유하고 있음을 알고 있었지만, 여덟 시간이 지나자 그 장비조차도 효력을 잃기 시작했다. 압력을 점차 높여 가는 것이 최신 전략이었다.

FBI는 포위 공격 초기에 수술에 필요한 봉합 도구며, 아이들이 먹을 우유를 담은 냉장고 등에 몰래 설치해서 거주 시설로 들여보낸 도청 장비를 이용해 내부 사정을 파악했다. 여러 장소에서 쏟아져 들어오는 최루탄에 대해서 사람들이 나누는 이야기가 들리더니, 곧이어 다윗가지파는 FBI에 발포할 계획을 세웠다. FBI는 아직 발포하지 않고 있었지만, 전투 공병 차량의 기계 팔을 이용해서 계속 벽을 부수었고, 건물 내부에 더 많은 최루 가스를 채웠다. 오전 9시 30분에 차 한 대가 건물의 낮은 부분에 사람이 탈출할 수 있을 만큼 커다란 구멍을 하나 뚫었다.

오전 11시에 상황은 FBI에 유리하게 흘러가는 듯했지만, 그로부터 45분 뒤에 거주 시설의 뒤쪽 담장 하나가 무너졌다. 정오가 조금 지나자 마운트 카멜의 거주 시설 내부에서 불길이 여럿 솟구치기 시작했다. 막후에서 FBI는 서둘러 소방차 여러 대를 급파하도록 조치했지만 현장이 너무 멀었다. FBI에서는 코레시에게 어서 항복하고 다윗가지파를 안전한 곳으로 데려가라고 요구했다. 구성원 9명이 거주 시설에서 나오자마자 체포되었는데, 그중에는 데이비드 시보도도 있었다. 이들이 마지막으로 나온 사람들이었다. 즉 이후에 벌어진 참극을 모면한 마지막 생존자들이었다.

다윗가지파의 이 작은 무리가 건물에서 먼 곳으로 인도된 직후, 거주 시설 내부에서 총소리가 들려왔다. FBI를 겨냥한 총격은 아니었으므로, 요원들은 건물 내부에 있던 사람들이 자살하고 있거나, 서로를 죽이고 있거나, 둘 다라고 믿었다. 큰불이 꺼지고 나서 다윗가지파 76명이 사망한 채로 발견되었다. 어린이 22명은 아직 남아 있던 극소수의 여성과 함께 콘크리트 벙커에 숨어 있었다. 그런데 건물이 무너지면서 이들도 모두 사망했다. 일부는 타박상으로 즉사했다. 나머지는 연기 흡입으로 더 늦게 사망했다. 유해는 하나같이 일부분에 불과했으며, 그나마 발견한 것도 알아볼 수 없이 그을린 상태였다. 부검 보고서에 나온 신원은 제한적으로만 이용할 수 있었던 치과 기록이나 DNA 샘플에 근거한 추정에 불과했다. 어린이 사망자의 나이는 1세 미만부터 13세까지 다양했다. 사망자 가운데 2명은 태어난 지 불과 몇 시간밖에 되지 않은 상태였는데, 아마도 당시 전개되는 사건의 충격 때문에 출산이 빨라져 공격 도중에 태어났을 가능성이 있다. 웨인 마틴의 아이들도 4명이나 있었다. DNA 검사 결과 신생아 2명을 포함해 모두 14명의 어린이가 데이비드 코레시의 친자식으로 밝혀졌다.

나이 14세부터 19세까지의 십 대 청소년 사망자는 8명이었다. 경내에 남아 있던 성인들은 국적도 다양했다. 미국인 23명에 (대부분 자메이카 출신인) 영국인 20명이 있었고, 그 외에 캐나다, 이스라엘, 오스트레일리아, 뉴질랜드에서 온 대표가 한 명씩 있었다. 총상을 입은 사람은 어린이 6명을 포함해 20명이었고, 세 살짜리 어린이는 칼에 찔린 상태였다. 불길에 뒤덮일 상황이 닥치자 일종의 안락사를 했을 가능성이 있다.

데이비드 코레시는 스티브 슈나이더와 함께 사망한 채로 발견되었는데, 양쪽 모두 총상이 있었다. 두 사람의 사망 순서는 확정되지 않았지만, 슈나이더가 먼저 코레시의 머리를 쏘고 나서 뒤따라 자살했다는 데 대체로 의견이 일치한다.

이후 여러 달, 여러 해 동안 끈질기게 남은 여러 가지 논쟁 가운데 하나는 마운트 카멜의 거주 시설을 집어삼킨 화재를 일으킨 책임이 과연 어떤 사람이나 기관에 있는지를 판정하는 것이었다. 당시 거주 시설에 몰래 심어 놓은 열한 개의 도청 장치에서 나온 녹음테이프가 있었다. FBI는 이 장비들을 이용해 감시했지만, 전반적으로 배경 소음이 너무 많아서 아무것도 알아들을 수가 없었다고 주장했다. 사건으로부터 한참이 지나서 테이프 음질을 향상시켜 보니, 거주 시설 내부의 다윗가지파가 코레시의 지시대로 복도에 기름을 부은 다음, "어디까지나 저쪽이 먼저 탱크를 끌고 들어올 때만, 그들이 들어올 때에 딱 맞춰서" 불을 붙여야 한다며 서로 주의를 주는 듯한 내용이 들어 있었다.

하지만 사실 FBI는 그 장비들로부터 얻은 실시간 정보에 의거하여 움직였다. 전투 공병 차량이 벽을 부수기 시작한 지 1시간 40분이 지난 오전 7시 40분에 FBI 본부에서는 코레시가 내부 사람들에게 "마지막 순간이 될 때까지" 발포하지 말라고 지시하는 것을 알아냈다. FBI의 현장 전술 지휘관은 군용 최루탄 발사체를 사용하라고 휘하의 작전조에 명령했는데, 사실 이 조치는 발사체가 자칫 화재를 유발할 수 있다는 이유로 작전 계획에서 승인을 받지 않은 상태였다. 이 모든 일이 일어나는 와중에 도청 장치에서는 슈나이더의 다음과 같은 말도 확인되었다. "원고가 거의 완성되었어."

작전을 개시한 지 약 3시간 반쯤이 지나자, FBI는 왜 아무도 거주 시설에서 나오지 않는지 의아해했다. 곧이어 도청 장치의 내용으로 미루어 다윗가지파 다수가 탑 아래의 콘크리트 벙커 속에 숨은 것으로 짐작되며, 아무리 최루탄이라도 거기까지는 미치지 못할 것으로 짐작된다는 보고가 나왔다. 그로부터 약 90분 뒤에 전투 공병 차량이 탑의 한 부분을 들이받아서 지붕을 무너트렸다. 나중에는 작동 중인 마지막 감시 장치도 망가지고 말았지만, 그 직전에 FBI는 컬트 추종자들이 횃불에 불을 붙이는 것에 대해서라든지, 과연 지금이 불을 붙일 때인지에 대해서 서로 나누는 대화를 들었다. 정오가 지나자마자 혹시 나오는 사람이 있으면 도우려고 상황을 감시하던 인질 구출조에서 보고가 들어왔다. 한 사람이 어떤 액체를 붓는 모습이 보였으며, 마치 불을 붙이는 듯했다는 내용이었다. 몇 분 뒤에 FBI 비행기가 적외선 카메라를 이용해서 화재를 최초로 보고했다.

양측의 상황은 전적으로 소란스러웠다. 슈나이더와 코레시와의 통화는 더 이상 선택지가 아니었다. 자칭 현자와의 오전 5시 59분 통화 직후 전투 공병 차량 한 대가 실수로 전화선을 끊어 버렸다. 한 기관에서 다른 기관으로의 보고가 혼선을 빚었으며, 현장의 여러 기관은 활동을 조율한다기보다는 오히려 서로를 적대하는 것처럼, 또는 서로를 상관하지 않고 독자적으로 일하는 것처럼 보였다. 비난의 여지야 많고도 많았지만, 나중의 조사 결과 연방 정부는 화재에 대한 책임을 벗을 수 있었다. 그날의 모든 죽음에 대한 책임은 데이비드 코레시에게 있으며, 다윗가지파 역시 거주 시설을 떠나라는 매일같이 반복된 명령에 따르지 않았다는 점에서 그와 똑같이 잘못이 있었던 것으로 판정되었다.

하지만 '신세계 질서' 음모 이론가들이며 반정부 민병대 인사들은 이런 평결을 납득하지 못했다. 이 비극 이후에 '웨이코를 기억하라'가 이들의 전투 구호가 되었으니, 정부의 공격 가능성에 대비해서 무기를 쟁여놓는 경향이 있는 극우 집단들 사이에서는 문자 그대로 무장하라는 호소였던 것이다. 웨이코 화재 사건 2주년에 국내 테러리스트 티머시 맥베이Timothy McVeigh와 테리 니콜스Terry Nichols는 오클라호마시티의 앨프리드 P. 뮤러 연방 청사 앞에서 폭발물을 가득 실은 트럭을 폭파시켰으니, 이는 마운트 카멜의 거주 시설에 대한 정부의 조치를 과잉 진압이라 여기고 오도된 나머지 복수를 도모한 것이었다. 이 테러로 인해 모두 168명이 사망했는데, 대부분 연방 공직자였고 현장의 보육 시설에 있던 어린아이들도 있었다. 웨이코 대치 당시에 출동했던 FBI 요원 다수가 이 새롭고도 무시무시한 범죄 역시 수사하게 되었다.

여러 해 뒤에 캐시 슈레더는 이렇게 말했다. "사실 저는 진짜로 거기 있고 싶어 한 적이 한 번도 없었습니다." 하지만 데이비드 코레시가 진짜 예언자라고 치면 그녀는 그 덕분에 천국에 가게 될 테니 이득이었고, 설령 진짜가 아니더라도 그녀의 죽음은 어디까지나 그의 탓일 테니 그녀의 책임이 아니었다. 슈레더로선 이쯤 되면 충분히 위험을 감수할 만하다는 계산이 섰던 것이다. 대치 초기에 거주 시설에서 나온 또 다른 어머니 역시 한 시간 동안의 인터뷰 내내 코레시를 24회나 언급했다. 반면 나중에 현장에서 화재로 사망한 자기 남편이나 아이는 결코 언급하지 않았다. 코레시의 위력은 사실상 수많은 사람을 중독시켰던 셈이다.

생존자인 리빙스턴 페이건은 화재가 일어났을 때 감옥에 있었다. 비록 자녀는 다행히 먼저 거주 시설에서 빠져나왔지만, 그는 아내와 어머니를 앗아 가는 불길을 감옥에서 TV로 지켜봤다. 페이건은 우발적 살인과 흉기 상해 혐의로 14년간 복역했다. 그의 자녀는 영국에 남아 있던 형제가 맡았다. 페이건이 보기에 향상된 녹음테이프에 나온 목소리는 "조작된" 것이었고, "가짜로 만들어진" 것이었다. 25년 뒤에 『텔레그래프』와의 인터뷰에서 그는 거기 나오는 목소리 가운데 어느 것도 알아듣지 못했다고 말했다. 페이건은 여전히 데이비드 코레시가 예언한 종말이 조만간 닥칠

것이라고 믿고 있었다. "그때는 하느님의 손에 남아 있습니다. 우리는 여러 사건이 펼쳐지는 것을 지켜보라는 말을 들었습니다."[9]

다윗가지파의 생존자 다수는 4월 19일마다 연례 모임을 갖지만, 장소는 마운트 카멜이 아니다. 그들은 너무나도 괴로워서 차마 그곳으로 돌아갈 수 없었다. 그 장소야 여전히 법적으로는 집단의 소유이다. 오늘날 거주 시설이 있던 부지에는 건물의 흔적만 남아 있다. 관광 안내소 안에는 "웨이코: 성취된 예언"이라고 적힌 현수막이 걸려 있고, 그 주위에는 데이비드 코레시와 엘런 G. 화이트를 비롯한 "재림 운동의 일곱 목자들"의 사진이 걸려 있다. 그 땅을 돌아다녀 보아도, 지도 없이는 화재가 일어난 장소가 어디인지를 알아보기가 거의 불가능하다. 거주 시설이 한때 서 있던 텍사스 평원의 땅에서 일부 장소는 더 색깔이 창백하며, 여기저기 다른 땅높이에서 평면도의 대략적인 윤곽을 상상해 보는 것은 가능하다. 하지만 텍사스의 그 지역은 더위가 가차 없고, 4월의 어느 날 무려 76명의 신자가 화재로 사망했던 그 땅 위로는 웃자란 풀이 햇빛에 바래 있다.

| 가학성 | 키스 라니에르와 넥시움 |

키스 라니에르가 각종 컬트 지도자 명단에서도 유난히 두드러지는 까닭은 동류보다 더 타락해서라기보다는 가장 최근에 등장했기 때문이다. 넥시움은 공개적으로 성장한 컬트였으며, 처음에는 클린턴 행정부 말기에 '고위직 성공 프로그램'으로서 시작했지만, 2020년 미국 대선 직전에 라니에르가 공갈 협박 및 성매매 혐의로 최종 선고를 받게 되었다. 처음에는 그나마 일반적인 사업 형태(다단계 마케팅)를 이용해서 여성을 끌어들였다. 그의 추종자 중에는 주류업계 거물의 딸들, 유명한 케이블 TV 드라마의 조연 배우, 프리랜서 성우가 있었는데, 단순히 자기 계발 프로그램에 가담했다가 나중에는 성관계 상대들로 이루어진 하렘의 일부가 되었다. 이 정도 수준의 비뚤어진 행동에서 그쳤다면 남의 눈에 띄지 않고 넘어갔을 수도 있었겠지만, 라니에르는 한 걸음 더 나아가 넥시움 내부에 특수한 집단을 만들었으니, 무려 그의 이름 머리글자 낙인을 찍고서 궁극적인 '주인님'에게 복종하도록 강제된 성 노예들의 이너 서클이었다. 낙인찍기에 대한 이야기가 『뉴욕 타임스』에 제보되면서 이 피라미드 계획 전체는 무너져 버렸으며, 키스 라니에르는 멕시코로 도주했다가 현지 연방 정부군에게 체포되어 징역 160년 형을 선고받고 감옥에 들어갔다.

키스 라니에르Keith Raniere는 세상에 태어난 순간부터 취약한 여자들에게
이끌렸다. 이러한 매료는 그가 1960년에 태어난 뉴욕의 브루클린에서부
터 시작되었다. 지그문트 프로이트부터 시작해서 현대에 이르는 수많은
심리학자는 아들과 어머니의 관계가 평생에 걸친 행동 패턴 가운데 상당
수의 주된 출처라고 지목한 바 있다. 어린 라니에르 역시 알코올 중독자이
며 심장 질환을 앓았던 무용 교사인 어머니를 돌보았던 경험 때문에 남은
평생 동안 집착했던 특이한 경향을 갖게 되었다.¹ 라니에르가 훗날 창시한
자기 계발 프로그램인 넥시움NXIVM의 핵심 원칙 가운데 하나는 참가자가
자신의 정서적 외상에 직면하게 하는 것이었는데, 취약점을 찾아내는 것
이 그의 재능이었다는 것도 부분적인 이유가 되었다. 이 자기 계발 프로그
램이 개인숭배 컬트로 발전하자, 그는 자신의 수익과 왜곡된 쾌락을 위해
서 이런 발견을 악용하는 데 더 능숙해지게 되었다.

　라니에르가 나중에 직접 육성한 여성들에게 설명한 것처럼, 어머니
베라는 자주 혼자 술을 마셨는데 그나마 어린 아들이 옆에 있을 때는 자제
했다. 훗날 『베니티 페어』의 수재너 앤드루스Suzanna Andrews가 라니에르를
가장 잘 아는 여성들과의 인터뷰를 통해 밝혀낸 바에 따르면, 아들은 어머
니를 항상 돌봐야 했다고 한다.² 광고 회사의 중역이었던 아버지 제임스는
이 주장을 반박했지만, 실제로는 아들이 겨우 여덟 살일 때 이혼한 상태였
다. 남편의 말에 따르면, 아내가 보통 이상으로 술을 마셨을 수는 있지만,
문제가 될 정도로 과도하지는 않았다.

　이런 차이에도 불구하고 모든 증언에서 의견이 일치하는 한 가지가
있다면, 바로 부모가 이 외아들에게 좋은 교육을 시켰다는 점이다. 결혼

생활이 점차 삐걱거리기 시작했던 1960년대 말쯤에 베라와 제임스는 아들이 지적으로 뛰어날 수도 있다는 사실을 깨닫고 검사를 받았다.[3] 실제로 그는 재능이 있다는 결과가 나왔다. 라니에르의 오랜 여자 친구 가운데 하나였던 바버라 부셰이Barbara Bouchey가 CBC/라디오 캐나다의 팟캐스트 <폭로: 넥시움 탈출Uncover: Escaping NXIVM>에서 조시 블로크에게 전한 바에 따르면, 그의 아버지는 다음과 같은 말을 했었다. "마치 스위치를 끈 것과도 거의 비슷했다. 갑자기 하룻밤 사이에 그는 마치 예수 그리스도처럼, 즉 다른 모두보다 우월하고 뛰어난 것처럼, 마치 신처럼 변모했다."[4] 에디 브러멀먼Eddie Brummelman과 J. 부시먼J. Bushman은 동료들과 함께 수행한 자기도취적 인격 장애에 대한 연구에서 다음과 같은 사실을 발견했다. "다른 아이들보다 … 우리 자녀가 더 특별하다고 부모가 간주할 경우, 그 자녀는 자기가 우월한 개인이라는 견해를 내면화할 수도 있는데, 이런 견해야말로 자기도취증의 핵심에 놓여 있게 마련이다."[5] 이는 어린 시절의 키스 라니에르에게도 적용되는 것처럼 보이는데, 그는 자기가 나머지 전부보다 더 낫다고 믿기 시작했기 때문이다.

머지않아 그의 새롭고도 완고한 태도는 학교생활에서도 드러났다. 『에포크 타임스』의 기자 보원 샤오Bowen Xiao는 라니에르와 월도프 학교를 함께 다닌 사람을 찾아냈는데, 'L. M.'이라는 머리글자로만 소개된 이 동급생은 인터뷰에서 다음과 같이 말했다. "그는 항상 자기가 얼마나 똑똑한지, 수학에서 얼마나 뛰어난지 자랑했습니다. 마치 꼬마 교수님이라도 되는 것처럼 행세하고 다녔습니다."

"그는 매우 부드러운 목소리를 지녔고 사람들에게 부드럽게 다가갈 줄 알았습니다." L. M.의 말이었다. "현혹적이었지요. 사람을 끌어들일 수 있었습니다."[6] 이런 완고함의 과시는 어쩌면 자신의 지적 우월성에 대한 믿음의 부산물이었을 수도 있다. 또 어쩌면 가정 문제에 대한 반응으로 학교에서 그렇게 행동했을 수도 있다.[7] 부모가 헤어지면서 라니에르는 어머니와 함께 살게 되었으며, 이때부터 어머니의 음주량도 늘어나기 시작했다. 조시 블로크와의 인터뷰에서 바버라 부셰이가 내놓은 증언에 따르면, 라니에르는 "어머니 때문에 야행성 인간이 되는 법을 배웠다. 그는 밤마다 어머니를 계속 감시했는데, 그녀가 때때로 약과 마약과 알코올을 섞어 먹었기 때문이었다."[8]

어쩌면 이런 불건전한 역학 때문에 라니에르가 학교에서 적대적인 행동을 가속하게 되었을 수도 있다. 열 살쯤에 그는 단지 자랑하는 것만으로는 더 이상 만족하지 못했다. 이제는 급우들을 조롱했고, 심지어 괴롭히기까지 했다. L. M.은 '병 사건'이라고 지칭한 한 가지 불편한 기억을 꺼냈다. 하루는 그녀가 버스에서 라니에르 옆자리에 앉게 되었는데, 우연히 자기 언니에 관한 비밀을 흘리게 되었다. 처음에만 해도 L. M.은 걱정하지 않았다. 어쨌거나 모두 친구 사이였으니, 라니에르가 그 정보를 악용할 거라고는 생각하지 못했던 것이다. 하지만 같은 날 늦게 라니에르가 L. M.에게 접근해서 이렇게 말했다. "있잖아. 지금 상황은 내가 독약이 들어 있는 작은 병을 네 머리 위에 치켜들고 있는 거랑 비슷해."[9] 당황한 L. M.이 무슨 뜻이냐고 묻자, 그는 이렇게 설명했다. "음, 나도 모르겠어. 다만 내가 가서 이야기를 하면, 너희 부모님이나 언니가 아주 기뻐할 것 같지는 않아서 말이야."

L. M.은 그가 도대체 무엇을 원하는지 알 수 없었다. 뭔가를 요구하는 것 같지는 않았다. 협박 같지도 않았다. 다만 자기가 그녀를 협박할 힘을 가졌다는 사실을 즐기는 것처럼 보였다. 라니에르는 거기서 멈추지 않았다. 가끔 뜬금없이 전화를 걸어서 다음과 같은 두 마디를 남겼다. "작은 병." 자기가 아는 지식을 그녀에게 불리하게 사용할 것이라는 은밀한 신호처럼, 딱 그 두 마디만 반복하는 것이었다. 그가 계속해서 괴롭히자, L. M.은 더 이상 견디지 못하고 어머니에게 사실대로 말했다. 어머니가 개입하고 나서야 저 잔인한 전화도 끝났다.

라니에르의 또 다른 면은 그가 밤늦게까지 어머니를 돌볼 때 나타났다. 그는 십 대에 들어서면서 자기 인성의 더 부드러운 국면을 드러내기 시작했다. 부셰이가 조시 블로크에게 말했듯이, 베라는 자기 아들이 같은 반 여자아이들과 상호 작용하는 새로운 방식을 가장 잘 지켜볼 수 있는 위치에 있었다. 그녀는 아들의 대화를 엿듣고 걱정이 들었는데, 어찌나 걱정이 컸던지 어느 날 밤에는 당황한 나머지 전남편에게 전화를 걸었다. 부셰이는 제임스로부터 다음과 같은 이야기를 들었다고 회고했다. "여자아이 수십 명이 집에 전화를 걸었는데, 아내가 통화를 엿들어 보니 아들이 모든 여자, 모든 소녀에게 똑같은 말을 하더라는 겁니다. '너는 특별한 사람이야. 너는 내 삶에서 중요한 사람이고, 나는 너를 사랑해.' 그러면서 아내가 이렇게 말하더군요. '그런데 그 녀석은 서로 다른 여자아이들에게 그 말을 똑같이 하는 거예요.'" 그들 모두가 그에게 특별할 수는 없었을 터이니, 어머니는 아들이 거짓말쟁이라는, 그것도 능숙한 거짓말쟁이라는 결론을 내리게 되었던 것이다.

로버트 헤어의 사이코패스성 점검표에는 병적인 거짓말, 조종 성향, 과장된 자존감 등이 포함되는데, 이 모두가 이 젊은 고등학생에게서 보였다. 자신의 IQ 검사 결과를 알게 되고 나서 라니에르가 보인 완고한 행동은 팽창된 자존감을 암시했다. '작은 병' 사건은 권력 경쟁에 대한 기호를 암시했다. 십 대 여자아이 수십 명에게 한 거짓말은 기만성의 역량을 입증했다. 지금 와서 돌아보면 유독 눈에 띄는 이런 불편한 징조들은 (비록 그 시점에서 13세에 불과했던 키스를 사이코패스라고 낙인찍기는 너무 일렀겠지만) 그가 성인이 되면서 점차 더 두드러졌다.

1984년에 24세의 라니에르는 여전히 십 대 소녀들을 유혹하고 있었다. 『올버니 타임스 유니언』의 제임스 M. 오다토James M. Odato와 제니퍼 기시Jennifer Gish의 보도에 따르면, 이때쯤 그는 뉴욕주 트로이의 지역 극단에서 15세 소녀 지나 멜리타Gina Melita를 만났다. 라니에르는 그녀에게 추근댔으며, 극단에 속한 친구들 몇 명과 함께 여행하는 동안 그녀의 얼굴과 다리를 만졌다. 지나는 이렇게 추근거리는 성인 남성을 겪어 본 적이 이제 껏 없었다. 오다토와 기시의 보도에 따르면, 사실 "그녀는 더 나이 많고 똑똑한 남자와 함께 있는 게 멋지다고 생각했던" 것이다.[10] 두 사람은 만나기 시작했고, 근처 오락실에 가서 게임을 했다(사실 라니에르가 훗날 넥시움의 지도자로서 사용한 '선도자Vanguard'라는 호칭은 1980년대의 오락실

게임 〈뱅가드Vanguard〉에서 따온 것이었다). 하지만 라니에르는 지나와 정식으로 사귀지는 않고 있었으며, 따라서 그저 나이에 어울리는 행동에만 몰두할 수 있을 뿐이었다. 사실 그는 훨씬 더 성인다운 뭔가를 원했다. 두 사람이 만나기 시작한 지 얼마 되지 않아서, 그는 어두운 방에서 문을 잠근 채로 지나와 성관계를 가졌다.[11]

이 경험은 고통스러웠다. 지나는 그게 얼마나 아픈지 깨닫고 충격을 받았다.[12] 그녀가 불편함을 느꼈는데도 라니에르는 다시 하자고 고집했다. 그는 계속해서 성관계를 하려고 그녀를 쫓아다녔는데, 뉴욕주에서는 성관계 동의 연령이 17세라서 사실상 법정 강간을 하는 셈인데도 막무가내였다. 이 관계가 뭔가 잘못되었다고 느낀 지나는 결별을 통보했다.[13] 그런데도 라니에르는 어쨌거나 성관계는 계속하자고 제안했다. 기시와 오다토에게 말했듯이, 그 순간 그녀는 그가 상대방을 전혀 배려하지 않는다는 사실을 깨달았다.[14]

그 당시에 라니에르는 암웨이에서 일하기 시작했다.[15] 조시 블로크의 팟캐스트에서 인터뷰한 전 직장 동료 에릭 J. 루드Eric J. Roode에 따르면, 라니에르는 이때부터 암웨이의 다단계 마케팅 구조를 모방한 독자적인 회사 설립에 관해서 이야기하기 시작했다. 아울러 이 시기에 라니에르는 컬트 추종의 첫 씨앗을 뿌리게 되었다. 뉴욕주 클리프턴파크에 있는 자기 별장에서 모임을 시작한 것이었다. 그는 오랜 시간에 걸친 철학 강좌를 이끌었으며, 그곳을 일종의 히피 소굴로 변모시켰다. 젊은 여성 수십 명이 라니에르의 강좌를 들으러 그곳을 찾았다.

암웨이의 구조를 개선한다는 모호한 꿈에 더해서, 라니에르는 각 개인에게 잠재된 미사용 자원을 발굴해 긍정적 변화를 도모하는 인간 잠재력 운동에 관해서도 이야기했다. 냉소주의자는 이런 운동을 현저하게 자기 기만적인 운동이라고, 실제로는 자기 자신의 개선에만 전적으로 집중하면서도, 겉으로는 마치 전 세계의 상태를 향상시키는 척 상상하게끔 할 뿐이라고 보았다. 하지만 라니에르는 그런 주저함을 전혀 느끼지 않았는데, 어쩌면 그에게 귀를 기울이는 여자들에게 가장 호소력을 발휘하는 주제가 바로 그것이었기 때문일 수도 있다. 특유의 부드러운 목소리와 몰두하는 시선을 이용하여 라니에르는 몇 명의 사람이 모였든 '그들' 속에서 거대한 잠재력을 찾을 수 있었다. 그 시기에 친분이 있었던 한 사람의 말에 따르면, 이런 강좌에서 라니에르는 사람들에게 "그들의 재능과 적성이 무엇이든지 간에 발휘하라고" 종종 독려했다.[16]

머지않아 이 히피 소굴에 모인 사람들은 라니에르를 일종의 구루로 간주하기 시작했다. 이제 그는 이런 여러 요소의 혼합물을 공식화할 방법을 논의하기 시작했으니, 독자적인 다단계 마케팅 조직을 설립한다는 자신의 목표에다가, 사람들이 각자의 잠재력을 발휘하게 돕는다는 자신의 욕망을 결합하려는 것이었다. 결국 합의가 이루어졌다. 라니에르가 다시 한번 IQ 검사를 받아야 한다는 데 모두 동의했다. 주위 사람들은 그렇게 함으로써 그의 신빙성을 강화할 수 있으리라고, 그리하여 그가 줄곧 꿈꿔온 사업을 시작할 수 있으리라고 믿었을 가능성이 있다.[17] 『올버니 타임스 유니언』의 아이린 가드너 키니Irene Gardner Keeney의 보도에 따르면, 1987년에 27세의 라니에르는 메가 소사이어티에서 주관하는 IQ 검사를 받아서 48개 문항 가운데 46개를 맞혔다.[18] 이로써 그의 IQ는 남들이 부러워할 만한 수치인 178로 나왔다.[19] 비교를 위해 덧붙이자면, 알베르트 아인슈타인의 IQ는 160이었던 것으로 추정된다. 이처럼 새로운 천재성으로 무장한 라니에르는 급기야 상대성 이론의 개발자보다도 '더 똑똑한' 사람이라고 자신을 선전하기 시작했다.

하지만 이것조차도 충분하지 않았다. 머지않아 그는 240대라는 까마득히 높은 IQ를 가졌다고 주장하기 시작했다.[20] 어떻게 그럴 수 있었는지를 지금에 와서는 정확히 알 수 없지만, 여하간 라니에르의 이 IQ 수치는 오스트레일리아판 『기네스북』에도 수록되어 그는 지구상에서 가장 IQ가 높은 사람으로 소개되었다.[21] 올버니 지역 신문사에서는 자기네 지역을 활보하던 이 뜻밖의 천재에 관해 보도하면서 그를 "1천만 명에 한 명뿐인" 지능 보유자라고 불렀다.[22] 기자들에게는 라니에르의 지능을 입증해 주었다는 검사가 실제로는 시간제한도 없고, 집에 가져가서 풀어도 그만인 종류였다는 사실은 아무 문제가 되지 않는 듯했다. 또한 그들은 이 자칭 천재의 대학 성적 증명서를 굳이 확인할 필요성도 느끼지 못한 듯했다. 그것만 확인해 보았더라도, 라니에르가 랜슬리어 공과 대학을 평점 2.26으로 졸업했다는 사실을 알 수 있었을 것이다.[23]

하지만 1988년에는 이런 사실들 중 어느 것도 표면에 떠오르지 않았다. 28세의 라니에르는 메가 소사이어티의 검사 결과와 『기네스북』 등재 사실을 지칠 줄 모르고 홍보하며 자신을 '세상에서 가장 똑똑한 사람'으로 각인시켰다. 바로 이 별명 덕분에 그는 자신의 첫 번째 포식성 기업을 설립할 수 있었다. 라니에르는 이 회사를 컨슈머스 바이라인 주식회사Consumers' Buyline, Inc., 약자로 CBI라고 명명했다. 암웨이와 마찬가지로 다단계 마케팅 회사인 CBI는 회원들에게 가정용품을 대폭 할인된 가격으로 제공하겠다고 약속했다. 이전의 다른 다단계 마케팅 회사들과 마찬가지로, 각 회원이 새로운 가입자를 모집할 때마다 제공되는 경제적 인센티브도 약속했다. CBI는 몇 년 동안 잘 운영되었는데, 가정용품을 대량 주문함으로써 회원들에게 할인된 비용을 제공했다는 점에서 마치 대형 매장이 없는 코스트코와도 유사했다.

다단계 마케팅의 개념과 자신의 예외적인 지위를 모두 판매하는 라니에르의 능력은 새로운 회원 확장에 동력을 제공했다. 하지만 애초부터 라니에르는 더 악질적인 목적을 위해서 자신의 성공을 이용했다. 사실 CBI는 다단계 금융 사기와 더 유사하게 운영되었으니, 밑에서부터 걷은 회비를 기업 본사로 가져오도록 고안되었기 때문이다. 아울러 이 회사는 라니에르가 착취할 만한 여성들을 끌어들였다. 컨슈머스 바이라인을 시작으로 그는 여러 회사를 운영했는데, 각각을 통해 취약한 여성들에게 더욱 접근했던 것으로 보이며, 급기야 유독하고도 가학적인 관계로 나아가게 되었다.

1991년:

토니
내털리

1991년에 33세의 기혼자였던 토니 내털리Toni Natalie는 뉴욕주 로체스터에서 열린 컨슈머스 바이라인의 홍보 세미나에서 키스 라니에르를 만났다. 그녀의 남편 러스티가 태닝 머신 사업을 하다가 사정이 어려워지자 회원 세미나에 참석하고 싶어 했던 것이다. "그 사람은 렌슬리어 공과 대학에서 복수 전공을 무려 세 가지나 하고 졸업했대." 러스티가 말했다. "그 사람은 피아노도 잘 치고, 자전거도 잘 타고, 동부 연안의 유도 대회에서 우승도 했다는군. 그런데 이제는 세계를 구하고 싶어 한다는 거야." 하지만 토니가 받은 첫인상은 실망스러웠다. 이 남자는 사실 키도 작고 약간 허풍쟁이 같았으며, IQ가 240이라고 주장하는 것도 미심쩍었다. 하지만 그가 말하기 시작하자 토니의 경계심은 녹아내리고 말았다.

　　토니가 『프로그램: 키스 라니에르의 정신세계와 넥시움의 흥망The Program: Inside the Mind of Keith Raniere and the Rise and Fall of NXIVM』이라는 회고록에서 설명했듯이, 라니에르의 발표가 끝나자 그녀는 그에게 다가가서 이렇게 물었다. "당신은 IQ가 240이라면서요. 그렇다면 왜 암을 치료하거나 세상을 더 좋게 변화시키지 않는 거죠?"24 그러자 라니에르는 이렇게 대답했다. "저는 '지금' 세상을 변화시키고 있습니다. '지금' 세상을 더 좋게 만들고 있고요. 당신도 함께하지 않겠어요?"25 토니는 회원으로 가입했고 불과 몇 달 만에 CBI의 최고 판매 사원 중 하나가 되었다. 1991년 여름에는 남편과 함께 CBI 회원 모집에서 큰 성공을 거두어 상여금이 무려 1만 6천 달러나 되는 지역별 최고상을 받았다. 라니에르는 토니가 아예 올버니로 이주해서 CBI에서 전업으로 일해 주기를 원했고, 전화로 거듭 그런 제안을 내놓았다. 하지만 그녀는 아들과 남편과 가정에 충실해야 한다며 제안을 거절했다. 그러자 라니에르는 마치 자신에게 더 높은 소명이 있는 것처럼 이렇게 말했다. "내가 세상을 바꾸도록 당신이 도와줄 거라 생각했었는데 말이죠."

토니는 자기가 결혼도 했고 고등학교도 제대로 마치지 못했다는 사실을 상기시켰다. 라니에르는 이 세상에는 여러 가지 유형의 지성이 있으며 토니는 그중에서 정서적 유형의 지성을 지녔다고 답했다. 이 말을 들은 이후에 토니와 러스티 부부는 3시간 반이나 운전을 해 클리프턴파크에 있는 라니에르의 사업체를 직접 살펴보기로 결심했다. CBI의 건물은 딱히 인상적이지 않았지만 사무실의 모습은 딴판이었다. 1991년만 해도 개인용 컴퓨터는 아직 표준적인 사무기기가 아니었는데, CBI에서는 직원 수십 명이 여러 대의 컴퓨터를 두들기고 있었던 것이다.

또한 토니는 남성보다 여성이 더 많이 고용된 것을 보면서 놀랍고도 반가웠다. 심지어 한 여성은 치열 교정기를 착용한 딸까지 직장에 데려온 상태였다. 토니는 그 여자아이가 대수학 교과서를 뒤적이는 모습을 지켜보았다. 라니에르가 굳이 시간을 내서 여자아이에게 수학을 가르쳐 주기까지 했다. 토니는 CE⊕가 자기 시간을 내서 어린 학생에게 수학 과외를 해 주는 모습에 감명을 받았다. 여러 해 뒤에 그녀는 단지 '과외'만으로는 당시의 31세 남성과 12세 소녀 사이의 관계를 설명할 수 없다는 사실을 깨달았다. 법원 서류에 따르면 1991년에 라니에르는 그 여자아이를 줄곧 강간했으며 대수학과 라틴어 과외를 해 주면서 아이를 조련했다. 사적으로 그가 아이에게 진짜로 가르쳐 준 것은 "골반과 골반을 맞대고 어른들이 하듯 끌어안는" 방법이었다. 결국 라니에르는 여자아이의 순결을 빼앗았다.[26] 『올버니 타임스 유니언』의 후속 보도에 따르면, 라니에르는 여자아이를 "자신의 별장뿐 아니라 빈 사무실, 엘리베이터, 컨슈머스 바이라인이 입주한 쇼핑센터의 청소 도구 보관실에서" 성폭행했다.[27]

토니가 CBI 본부를 방문한 후에도 라니에르는 계속 전화를 걸어서 이주를 권유했다. 러스티는 그런 전화가 자주 걸려 온다는 점에 놀라면서도 딱히 위협을 느끼지는 않았다. 어쨌거나 라니에르가 미남 대회 우승자까지는 아니었기 때문이다. 하지만 이 남자는 특유의 귀 기울이는 능력을 확실히 갖추고 있었다. 토니로서는 어느 누구로부터도 그렇게 긴밀한 주목을 받아 본 적이 없었던 것 같았다. 그래서 그녀는 입을 열었고, 사실은 지난 2년 동안 남편과 성관계가 없었다는 사실을 낯선 사람에게 털어놓고 말았다. 고등학교 중퇴자로 살아가는 것에서 비롯된 불안도 시인했다. 심지어 상대를 어찌나 신뢰했던지, 자기가 네 살 때 성적 학대를 받은 적이 있다는 사실마저도 공유했다.[28]

훗날 라니에르는 어떤 사람의 정서적 방아쇠를 진정시키는 자신의 방법을 '통합'이라고 지칭할 예정이었다. 하지만 토니 내털리를 상대했을 때는 아직 그 묘안을 만들어 나가는 중이었다. 처음에는 그녀도 그를 거부했다. 하지만 몇 달 뒤에 남편의 태닝 머신 사업이 끝내 도산하자, 라니에르에게 경제적 도움을 요청하게 되었다. 라니에르는 자기 마음대로 대출 서류에 서명할 수는 없으니, 일단 자기네 회사의 사업 책임자인 조지 와이스George Weiss를 직접 만나 상의해 보라고 말했다. 그리하여 토니는 클리프턴파크의 CBI 본부를 다시 한번 찾아가게 되었다.

이번에는 토니도 라니에르와 가까워진 수많은 사람이 결국 발견하게 되는 사실을 발견하게 되었다. 라니에르가 겉모습보다 훨씬 못한 사람이라는 사실이었다. 라니에르의 집을 찾아가 보았더니 너무나도 지저분했다. 쓰레기통에는 쓰레기가 가득했고, 싱크대에는 음식물 찌꺼기가 말라붙은 그릇이 가득했으며, 바닥에는 마치 십 대 소년의 방처럼 옷가지가 잔뜩 흩어져 있었다. 자칭 '세상에서 가장 똑똑한 사람'은 깨끗한 생활 공간을 유지하는 방법조차도 모르는 것이 분명했다. 토니가 파악한 두 번째 사실은 그의 동거인들이었다. 라니에르는 여전히 대학 시절의 옛 여자 친구 카렌 언터레이너Karen Unterreiner와 함께 살고 있었는데, 여기에 다른 두 사람이 합류한 상태였다. 바로 (영향력 있는 워싱턴 DC 사교계 인사의 딸이었던) 팸 카프리츠Pam Cafritz와 크리스틴 키피Kristin Keefee였다. 이 조합은 뭔가 기묘해 보였다. 성공한 사업가가 마치 대학 룸메이트라도 둔 것처럼 세 여성과 함께 살고 있었으니 말이다.

라니에르는 약속대로 토니를 조지 와이스와 만나게 해 주었다. 하지만 대출에 합의하는 대신, CBI의 새로운 피부 관리 사업을 운영하는 일자리를 그녀에게 제안했다. 봉급은 남편의 빚을 갚을 만큼 넉넉할 예정이었지만, 커다란 조건이 하나 붙어 있었다. 토니가 클리프턴파크로 이주해야 한다는 것이었다. 이전에도 라니에르가 몇 번이나 이주하라고 요청한 적이 있었지만 이번에는 토니도 돈에 마음이 끌렸다. 게다가 남편과 아들을 설득해서 따라오게 할 수도 있다는 생각이 들었으니, 이것이 세 사람 모두에게 최선이었기 때문이다. 하지만 그렇게 하면 그녀는 고향의 형제와 친구들, 거래처 사람들로부터 단절될 것이었다. 토니는 제안을 고려해 보겠다고 약속했다. 만남이 끝나자 라니에르는 토니를 호텔까지 데려다주었다.

라니에르는 토니를 따라 호텔의 작은 객실까지 들어왔다. 이쯤 되자 그가 그녀를 클리프턴파크까지 초청한 진짜 이유가 무엇인지 명백해졌다. 그렇게 고립된 상태에서 라니에르는 훗날 자신의 주된 전략이 될 것을 실행했다. 취약한 여성을 공감하는 척해서 무너뜨리고, 12~13시간이나 계속 말을 시키고, 어린 시절에 겪은 성적 학대를 이야기해 달라고 요청하는 것이었다. 그리하여 토니는 그가 시키는 대로 했다. 네 살 때 한 친척이 그녀를 성폭행했는데, 그런 일이 몇 년이나 지속되었다. 하지만 토니가 고통스러운 기억을 이야기하고 나면, 라니에르는 또 다른 질문을 던졌다. 그녀는 제발 좀 쉬자고, 잠을 좀 자자고 부탁했다. 그러자 라니에르는 당신의 고통을 완화해 주고 싶어서 그러는 것뿐이라고 타일렀다. 그러면서 그 이야기를 맨 처음부터 다시 해 달라고 말했다. 결국 그녀는 무너졌고, 지쳐서 울음을 터트렸다.

토니가 울자 라니에르는 자기가 도와줄 수 있다고, 그러려면 그녀가 클리프턴파크로 이주해서 일자리를 받아들이기만 하면 된다고 말했다. 패배감을 느낀 그녀는 마침내 굴복했는데, 그 시점에 와서는 자기가 원해서라기보다는 오히려 당장의 상황을 모면하기 위해서 그렇게 한 셈이었다. 라니에르의 딱히 미묘하지는 않지만 지속적인 심리 공격에 토니가 걸려들었다는 점은 놀라울 것도 없었다. 팸 라우Pam Lowe, 캐시 험프리스Cathy Humphreys, 사이먼 J. 윌리엄스Simon J. Williams는 일련의 연구를 통해 "한 사람이 다른 사람에 대한 권력과 통제의 구조를 수립하는 것과 수면 박탈 사이의 관계"를 알아냈고, "여성의 정신적이고 신체적인 탄력성"을 잠식하기 위해서 "가해자가 사용하는 직접적인 학대 전략이 바로 수면 박탈"임을 발견했다.29 비록 신체적으로 학대하지는 않았지만, 라니에르의 정서적 조종과 혹독함은 그런 학대만큼이나 유해했다. 토니는 거기에 넘어가 버렸고, 그의 공감 통제 전략을 받아들였다.

이후 5개월에 걸쳐 토니는 CBI에서 전업으로 일했으며, 라니에르가 인생을 바꾼다는 자기 회사의 미덕을 알리는 세미나를 하러 여행할 때마다 항상 동행했다. 한번은 여행 중에 라니에르가 토니에게 사랑한다고 말했다. 토니는 '세상에서 가장 똑똑한 사람'이 고등학교 중퇴자인 자기를 좋아할 수도 있다는 사실에 우쭐했다. 그녀는 러스티와 이혼하고 아들과 함께 떠났으며, 이것이야말로 오래전에 단행해야 했던 꼭 필요한 변화라고 자신을 다독였다.

1992년 봄에 토니는 라니에르의 룸메이트였던 크리스틴 키피의 도움으로 집을 구했는데, 라니에르가 자기 집 뒷마당을 걸어서 금세 도착할 수 있을 만큼 가까운 곳이었다. 라니에르는 이런 상황을 곧바로 이용했다. 토니가 새집에서 보내는 첫날 밤에 그녀를 찾아가 성관계를 가진 것이다. 오랜 시간 아내에게 손도 대지 않았던 러스티와는 달리 라니에르는 만족할 줄을 몰랐다. 토니는 이를 자신의 잠재된 매력을 보여 주는 증거로 해석했고 회복되는 느낌을 받았다.

라니에르는 그녀에게 사랑한다고, 그녀 덕분에 자기가 완성되었다고, 그녀가 특별한 사람이라고 거듭해서 말해 주었다. 하지만 다음 날 아침, CBI의 주차장에서 아직 여운에 젖어 있던 토니가 몸을 기울여 그의 뺨에 입을 맞추자, 라니에르는 곧바로 그녀를 밀쳐 냈다. 그러면서 둘 사이의 관계를 반드시 숨겨야 하며, 그렇지 않으면 사람들이 그녀가 잠자리를 함께하는 대가로 일자리를 얻었다고 추측할 거라고 말했다. 토니가 고등학교 중퇴자라는 사실을 감안해 보면, 그런 추측이 훨씬 더 그럴듯해 보일 수도 있다고 덧붙였다.

라니에르의 말에 그녀는 실제로 뺨을 얻어맞은 것 같은 느낌을 받았다. 사적인 자리에서는 토니에게 정식 졸업장이 없다는 것쯤이야 문제가 되지 않는다고 말했던 그였다. 하지만 그녀가 그의 애정 속에서 안정감을 느끼자마자, 라니에르는 마치 부정적인 직무 수행 평가를 할 때의 관리자처럼 냉담하고도 퉁명스러운 태도로 손쉽게 전환했던 것이다. 그때부터 라니에르는 두 사람의 애정 관계를 비밀로 남겨 두어야 한다고 고집했다.

회사 자체의 상황도 딱히 더 좋지는 않았다. 1992년 5월 21일에 『올버니 타임스 유니언』은 컨슈머스 바이라인을 피라미드 조직으로 지목하면서, CBI에 대한 뉴욕과 메인주 당국자들의 조사와 아울러 아칸소주 검찰 총장이 진행 중인 법적 조치를 상술하는 폭로 기사를 보도했다.[30]

라니에르는 이 보도가 마치 인신공격이라도 되는 것처럼 격하게 반응했는데, 이것이야말로 심리 분석가 하인츠 코헛Heinz Kohut이 '자기애적 분노'라고 묘사한 바 있는, 그의 약점을 드러내는 반응이었다. 라니에르는 해당 언론인을 거짓말쟁이로, 아칸소주 검찰 총장을 원한을 품은 복수자로 일컬었다. 그는 CBI 직원들 앞으로 보내는 5분짜리 메시지를 녹음해서 자신의 높은 윤리적 기준을 과시했다. 처음에는 직원들도 라니에르를 믿었다. 하지만 그는 이 정도의 지지 표현에 만족하지 못했고, 점점 더 편집증적인 모습을 보이며, 정부가 자기를 감시하고 있다고, 우편물을 열어 보고 전화를 도청한다고 비난했다.[31]

사무실 밖에서 라니에르는 더 제멋대로 굴었다. 한밤중에 아무 때나 토니의 집에 들이닥쳐 그녀를 흔들어 깨우고는 자신이 '신체적 위안'이라고 부른 것을 요구하곤 했다. 토니는 라니에르의 감정 폭발에, 그의 기묘한 성적 욕구에, 자신들의 관계를 공식적으로 인정하지 않는 그의 지속적인 거부에 점차 질려 버렸다. 토니는 떠나겠다고 위협했지만, 라니에르는 그녀를 설득해서 자기를 다시 받아들이게끔 했다. 처음에는 그녀와의 관계를 공개하기로 합의함으로써, 다음에는 그녀가 아들과 함께 사는 집으로 이사해 동거함으로써 그렇게 했던 것이다. 몇 달 전이었다면 토니도 좋아했겠지만, 이제는 자기가 큰 실수를 저지르고 있다는 느낌을 떨칠 수가 없었다.

표면상으로는 그녀가 올바른 결정을 한 것처럼 보였다. 1990년대 중반에 여러 건의 소송을 견디지 못하고 CBI가 결국 파산에 이르자, 키스 라니에르와 토니 내털리는 영양 보조제를 30퍼센트 할인가에 판매하는 내셔널 헬스 네트워크National Health Network라는 새로운 사업을 시작해서 성공을 거두었다. 이들은 뉴욕주 워터퍼드에 근사한 집을 구매했고, 그녀의 아들 마이클을 공동으로 양육했다.

하지만 3년 뒤에 토니는 라니에르에게 심각한 문제가 있음을 마침내 자인할 수밖에 없었다. 우선 그는 집안일을 절대 하지 않으려 들었다. 그냥 집 안에 앉아 있으면서 토니가 충실하게 자기를 시중들어 주기만을 바랐다. 또한 그는 사실상 야행성이어서 밤에는 줄곧 깨어 있다가 낮에야 잠이 들었다. 게다가 그녀의 전남편과는 달리 매일 성관계를 요구했다. 토니가 아무 관심을 보이지 않을 때조차도 억지로 뜻을 이루었다. 급기야 그녀는 그를 피하려고 벽장에 들어가 있기까지 했다.

토니는 덫에 걸린 느낌을 받았다. 라니에르의 폭력적이고 조종하는 행동에 대해 고민을 상담할 사람이 주위에 아무도 없었기 때문이다. 그러다가 그녀는 악성 변비를 치료하러 이들의 영양 보조제 사업체를 찾아온 낸시 솔즈먼Nancy Salzman을 만났다. 토니가 변비 치료에 도움이 될 만한 영양 보조제 몇 가지를 조제해 주자, 이 손님은 호의에 감사를 표하면서 자신의 전문 분야를 이용한 보답을 제안했다. 토니가 『더 컷』의 케이티 히니Katie Heaney에게 말했듯이, 솔즈먼은 당시 전 세계에서 둘째가는 신경 언어 프로그래밍 분야의 전문가를 자처했고, 이렇게 전적으로 허구에 불과한 자격 덕분에 치료사로 활동할 수 있는 척했다.[32] 솔즈먼은 이런 책략을 이용해서 어느 정도 성공을 거두었던 것처럼 보인다. 예를 들어 그녀는 콘 에디슨과 아메리칸 익스프레스 같은 대기업의 중역들을 낚아서 정기적인 자문료를 받아 냈다. 이들과 마찬가지로 솔즈먼에게 낚인 토니는 그녀를 만나 보기로 했다. 첫 세션에서 토니는 라니에르의 지속적인 성폭력까지는 말하지 않았지만, 그의 제멋대로인 행동이며 비정상적인 수면 시간에 관한 이야기를 꺼내 놓았다. 그러자 솔즈먼은 미소를 지으며 이렇게 대답했다. "아, 그건 간단하네요. 제가 당신을 도와드릴 수 있어요. 그 사람은 소시오패스예요."[33]

그러더니 솔즈먼은 일반적인 치료 세션을 추천했다. 하지만 기묘하게도 다음번에는 어조를 바꾸었다. 더 이상은 라니에르의 사이코패스적 행동에 대해서 말하지 않았던 것이다. 그 대신에 솔즈먼은 토니의 친밀성 문제가 어린 시절에 겪은 성적 학대의 결과라고 말해 주었다. 이는 매우 기묘한 일이었는데, 토니는 아직 자신의 유년기 외상에 관해서 한 마디도 꺼내지 않은 상태였기 때문이었다. 그래도 누군가가 자신의 곤경을 이해해 주었다는 사실에 너무나도 감사했던 나머지, 그녀는 낸시 솔즈먼이 그 정보를 어디에서 얻었는지, 또는 무엇 때문에 라니에르에 대한 견해를 완전히 뒤집었는지 등에 대해서 질문할 생각을 미처 하지 못했다. 만약 토니가 좀 더 깊이 파고들기만 했어도, 이런 변화가 라니에르 본인에게서 유래했다는 사실을 깨달았을지도 모른다.

토니가 두 번째 세션에서 솔즈먼과 마주 앉았을 무렵에는 이미 라니에르가 쳐 놓은 그물에 걸려든 상태였다. 첫 번째 치료 세션이 끝난 후에 솔즈먼은 환자와의 기밀 유지 약속을 위반하고 라니에르에게 그 내용을 전달했다. 그러자 라니에르는 그 신경 언어 프로그램 전문가와 '본인의' 상담을 예약했다. 이후 세 번의 세션을 더 갖고 나서 토니가 상황을 파악했을 즈음에는 이미 너무 늦은 다음이었다. 그녀는 치료사를 자처하는 솔즈먼에게 가스라이팅을 당하고 있었던 것이다.

그 와중에 라니에르와 솔즈먼은 새로운 회사에 대한 계획을 세우기 시작했는데, 이번에 판매할 제품은 매우 가치가 높으면서도 사실상 정의하기조차 불가능한 무언가가 될 예정이었다. 토니가 회고록에 썼듯이 "라니에르는 소비자의 돈을 절약해 주는 사업이 자신의 비범한 천재성에 비해 너무 평범하다고, 아울러 그 사업에 법적 지뢰밭이 너무 많다고 판단했다. 인생 코치, 고위직 성공, 자기 향상 … 그런 것이야말로 앞으로 나아갈 길이었다."³⁴ 이전에 운영했던 컨슈머스 바이라인과 유사하게, 라니에르는 (이른바 '고위직 성공 프로그램Executive Success Program', 약자로 ESP라고 하는) 새로운 사업체 역시 다단계 마케팅 구조를 취하기로 했다. 하지만 이번에는 가입자에게 가정용품을 판매하는 대신에 자기 향상 '기술'을 판매하는 것이었다. 이러한 자칭 과학적 강습은 솔즈먼이 기업 고객들에게 제공했던 신경 언어 프로그래밍과도 유사할 예정이었다.

두 사람이 고위직 성공 프로그램의 기초를 놓는 사이, 라니에르와 토니의 관계는 와해되기 시작했다. 1999년 4월 어느 날 오후에 두 사람은 크게 말다툼을 벌였다. 그날은 라니에르가 빨래를 도운 보기 드문 날이었는데, 토니가 새로 산 스웨터를 건조기에 넣지 말라고 신신당부했음에도 라니에르가 실수를 저질렀던 것이다. 하지만 라니에르는 잘못을 인정하지 않았고 오히려 토니가 잘못했다며 소리를 질렀다. 그것도 모자라 집에서 뛰쳐나가더니 그녀에게 실수를 인정하고 '관계 회복'을 애원하길 요구했다. 심지어는 결별 편지를 보내면서 존 밀턴의 『실낙원』의 한 대목을 복사해서 첨부했는데, 그 책에서 하느님에게 반역하는 루시퍼의 행동이 그녀의 행동과 똑같다고 지적했다. 이 다툼은 관계 내내 지속된 쟁점을 부각시켰다. 라니에르는 남을 경멸했고, 이기적이고 잔인했다. 토니는 마침내 그와 결별했으며, 라니에르는 여러 건의 허위 소송을 제기함으로써 보복을 가했다. 소송은 성공을 거두지 못했지만, 라니에르는 이후로도 여러 해 동안 토니를 괴롭혔다. 추종자를 동원해 그녀의 집에 침입하고, 우편물을 훔치고, 지역 공기업에 민원을 넣어 전화와 전기를 끊어 버리기까지 했다.

이러한 보복을 하면서 키스 라니에르는 다른 방향으로 움직이기 시작했다. 그는 다른 사업 계책을 염두에 두었고 새로운 여성 동업자인 낸시 솔즈먼도 곁에 두었다. 그녀의 도움을 얻어서 라니에르는 ESP를 출범시켰는데, 여러 해가 지나면서 이 사업은 거의 감지조차 불가능할 정도로 야금야금 변모하여, 그에게는 무척 익숙했던 다단계 마케팅 모델(토니가 『더 컷』에 말했듯이 "라니에르는 내심 좌절한 암웨이 판매 사원이었기 때문"이었다)을 벗어나 가학 피학적 컬트 넥시움이 되었다.

솔즈먼과 라니에르는 거의 첫 만남부터 자기 향상 기술을 고안하기 시작했다. 예를 들어 '합리적 질문' 같은 불분명한 용어를 공책에 잔뜩 적었는데, 이들에게는 논리적 일관성이나 고도의 통찰 같은 뭔가를 의미했지만, 실제로는 단지 수강료 7500달러 또는 그 이상에 달하는 고위직 성공 프로그램 세미나를 통해서만 얻을 수 있는 기술을 의미할 뿐이었다. 또 한 가지 거창한 용어로는 '의미 탐색Explorations of Meaning', 약자로 EM이 있었는데, 참가자에게 각자의 부정적인 경험을 탐사하도록, 아울러 그 정신적 부담의 무게를 덜어내고 재통합하도록 지도하는 집중 만남 세션을 의미했다. 또 다른 핵심 개념으로는 '분열'을 확인하는 것도 있었는데, 삶에서 얻은 이러한 정신 기능 장애는 개인을 억제하게 마련이지만, 더 값비싼 집중 세션을 거치면 치료하고 해결할 수 있다는 식이었다. 라니에르는 훗날 자신의 고위직 성공 프로그램을 통해서 사람들이 아카데미상 수상 여배우, 올림픽 메달리스트, 성공적인 기업가가 되는 데 도움을 얻을 수 있다고 주장할 예정이었지만, 정작 ESP 졸업생의 실제 사례를 거론한 적은 전혀 없었다.

처음부터 ESP는 여윳돈이 풍부하면서도 똑똑하고 유능한 사람들을 끌어들였다. 이들은 인생의 갈림길을 마주한 상태에서 라니에르와 솔즈먼이 가진 것처럼 보이는 종류의 지식을 찾고 있던 참이었다. ESP는 '더 많은' 것을 모호한 용어로 약속했다. 더 많은 성공, 더 많은 행복, 아울러 (ESP의 참가자를 일컫는 용어를 사용하자면) 헌신적인 에스피언Espian이 올바른 길로 가고 있다는 더 많은 확신을 약속했던 것이다. 에스피언은 자기 향상에 대한 진지한 열의를 지니고 있었다. 아울러 자기 향상 프로그램의 수강료가 터무니없이 비쌌기 때문에 수강자는 거기서 자기만큼 똑똑하고 성공한 사람들을 만나게 될 가능성이 있었다. 자신이 엘리트 모임에 가입했다는 사실을 확증해 주는 부류의 사람들을 말이다. 라니에르는 이런 칭찬 주고받기 모임에서 효율적으로 돈을 우려냈다.

처음부터 라니에르와 솔즈먼은 모호한 약속과 터무니없는 수강료에 근거하여 커다란 돈주머니를 구축하고 싶어 했다. 하지만 거의 무의식적으로 이들은 엄격한 위계질서와 관련된 두 번째 역학도 도입했는데, 이러한 요소는 세월이 흐르면서 지배 관계를 표현하기 위한 뒤틀린 메커니즘으로 변모했다. 그 시작은 충분히 무해했던 계급 시스템으로서(라니에르는 사이언톨로지의 8단계 오퍼레이팅 테탄Operating Thetan에서 영감을 얻었다), 에스피언에게 목도리를 두르게 함으로써 ESP에서는 물론이고 나중의 넥시움에서도 가입자 모두가 서로를 똑똑히 알아볼 수 있게 했다. 목도리 시스템은 한 사람이 위계질서에서 어디에 있는지를 결정했다. 초심자는 흰색을 착용했고, 이어서 노란색, 오렌지색, 초록색, 파란색, 자주색의 순서로 높아졌다. 금색은 낸시 솔즈먼만 착용했고, 키스 라니에르는 '영묘Ethereal' 단계를 달성했다는 이유로 아무 색깔도 지니지 않는다고 간주되었다(물론 그의 목도리는 다른 사람들이 보기에 하얀색처럼 보였지만). 이렇게 색깔로 나뉜 계급 시스템에서 진급하려면 신규 회원을 영입하거나 돈을 내야 했는데, 후자의 경우에는 금액이 터무니없이 비쌌다. 초록색은 1백만 달러쯤, 파란색은 5백만 달러쯤이었다. 나중에 가서는 라니에르에게 성 접대를 하는 것도 계산에 포함되었다. 자주색을 보유한 사람은 단세 명뿐이었는데, 하나같이 라니에르의 여자 친구들이었다(물론 토니 내털리의 경우처럼 예전 여자 친구도 있었다). 이러한 가시적 위계질서에 근거해서, 학생들은 낸시 솔즈먼을 '대표자', 키스 라니에르를 '선도자'라고 칭하게 되어 있었다.

한 색깔에서 다음 색깔로 진급하려면 학생은 우선 자기가 가진 목도리에 네 줄을 새겨야만 했다. 이것 역시 사이언톨로지에서 가져온 변종이었는데, 거기서는 '건너야 하는 다리'라고 일컫는 등급식 경로를 제공했다. ESP와 넥시움의 버전에서는 '영묘'로 나아가는 '줄의 길'을 제공했다. 목도리 계급은 또한 집단 내에서 향상에 대한 상대적인 척도를 제공했다. 학생들은 항상 자기가 다른 사람들과 비교해서 어디 있는지를 알았는데, 이것이야말로 중요한 구분이 아닐 수 없었다. 낮은 계급의 학생이 더 높은 계급의 학생과 상호 작용하는 방식을 규제하는 규칙이 많았기 때문이다. 우선 특별한 악수가 있었다. 일반적인 악수는 수평에서, 즉 손을 같은 높이에 두고 하는 반면, 에스피언은 자기 손을 더 높은 계급의 학생의 손보다 아래에 두어야 했다. 아울러 에스피언은 더 높은 계급의 학생에게 경의를 표하기 위해서 자리에서 일어나야 했고, 서로에게는 물론이고 선도자에게도 허리를 굽혀 인사해야 했다.[35]

라니에르가 마련한 필수 의례와 계급 표지는 매우 중요한 역할을 담당했다. 네덜란드 흐로닝언 대학의 사회 심리학자 남키어 카우덴바우르호Namkje Koudenbourg와 그 동료들에 따르면, "개인들이 함께 수행하는 독특한 행동들의 배경에서 '우리'라는 감각이 나타날 수 있기" 때문이다.[36] 의복과 상호 작용에 관한 일치된 시스템을 에스피언에게 제공함으로써, 라니에르는 새로운 집단 정체성을 만들어 냈다.

또한 에스피언은 세상이 두 가지 집단으로 나뉜다고 배웠다. 바로 기생자와 생산자였다. 모든 인간은 태어날 때부터 기생하며, 즉 생존을 위해 타인에게 의존하게 마련이지만, 그중에서도 일부는 발육이 저해된 상태로 계속 남아 있으면서 영구히 타인의 성공을 먹이 삼아 생존을 유지한다. 반면에 자급적인 생산자는 독립적이며, 노력하여 성공을 거둔 사람들이다. 영묘 단계의 목도리를 보유한 '선도자'로서 키스 라니에르는 자기 자신이야말로 궁극적인 생산자라고 내세웠다.

학생 각자가 기생적인 상태에서 벗어나고 싶다면 ESP의 교과 과정에 스스로를 전심으로 바쳐야만 했다. '의미 탐색' 세션에서는 코치 한 명이 학생 한 명을 상대하여 그의 생각이나 행동에 대한 분석을 거쳐서 부정적인 정서 반응의 근본 원인을 찾아냈다. 보통은 유년기의 기억이나 인격 형성기의 경험이게 마련인 그 기원이 확인되면, 코치는 특화된 질문을 던짐으로써 학생이 문제가 되는 순간의 영향력을 감소시키도록 도와준다. 이런 방식만 놓고 보면 '의미 탐색'은 사이언톨로지의 감사監査 세션과도 매우 유사했다.

ESP는 충분한 '의미 탐색'이 이루어지고 나면 학생들의 성공을 막아서는 부정적 정서의 궁극적 원인을 파괴할 수 있다고 약속했다. 다시 말해서 '의미 탐색'이 그들에게 효율적인 생산자와 유사한 '마음가짐'을 주게 되리라는 뜻이었다. 이 마음가짐을 달성한 사람이 더 많아질수록 세상도 더 나아질 것이라고 했다. 생산자의 숫자를 늘리기 위해서 라니에르는 학생들에게 회원 모집을 강력히 독려했다. 실제로도 하얀색 목도리 소지자가 '줄의 길'에서 진급하는 주된 메커니즘은 '의미 탐색'을 통한 자기 향상이 아니라, 상당한 수입 증가를 낳는 회원 모집이었다.

대표자 본인이야말로 어느 누구보다도 더 효율적인 모집책이었을 것이다. "글쓰기의 발명 이후로 라니에르 씨의 기술만큼 인류에게 중요한 발명은 또 없었을 것입니다." 낸시 솔즈먼은 ESP의 한 소책자에서 이렇게 말했다. 1999년에 그녀는 두 딸인 19세의 미셸[37]과 22세의 로런[38]을 독려하여 강좌를 듣게 했다. EJ 딕슨EJ Dickson의 『롤링 스톤』보도 내용처럼, 법정 증언에 따르면 로런은 ESP에 가입하고 몇 년 뒤에 키스 라니에르와 성관계를 갖기 시작했다.[39] 그녀의 어머니가 이 사실을 곧바로 알아차렸는지는 불분명한데, 어쩌면 어머니 역시 머지않아 라니에르와 성관계를 갖게 되었기 때문이었을 것이다. 자기 가족을 ESP에 끌어들이고 나자, 대표자는 이제 친구들을 가입시키는 쪽으로 나아가서, 2000년에 지인이었던 바버라 부셰이를 설득해서 이 집단에 합류시켰다. 훗날 부셰이는 첫 번째 워크숍에 참석했을 때의 자기 상황을 이렇게 서술했다. "당시에 나는 마흔이었고, 9천만 달러를 운용했으며, 최소 백만 달러 이상을 가진 고객을 상대했고, 매년 90만 달러를 벌었으며, 모아 놓은 돈만 150만 달러에 달했다."[40] 이처럼 남들이 부러워할 만큼 성공했음에도 부셰이는 ESP의 다른 초기 가입자들 상당수와 마찬가지로 힘든 시간을 겪고 있었으니, 두 번째 결혼이 무너지고 있었기 때문이었다. 그녀는 머지않아 라니에르를 좋아하게 되었고, 그에게 돈을 빌려주게 되었으며, 그가 허위로 제시한 서류에 서명했고, 급기야 평생 모은 돈을 잃어버렸으며, 얼떨결에 공동 서명자로 이름을 올린 생필품 관련주 투자 실패로 인한 추가 증거금을 대신 부담하게 되었다. 이후로는 그 정도의 금액을 다시 만져 보지는 못하다가, 몇 년 뒤에 가서야 수백만 달러를 다시 운용하기 시작했는데, 그 돈은 넥시움의 스타 신규 회원들이 보유한 유산이었다. 그 신규 회원이란 바로 새러Sara와 클레어 브론프먼Clare Bronfman이라는 자매로, 주류酒類 대기업 시그램의 상속녀인 동시에, 라니에르와 성관계를 갖는 사이였다.

2002년:

다니엘라

2002년 초, 멕시코 국적자이며 에스피언 강좌의 신규 가입자였던 엑토르와 아드리아나는 16세의 딸 다니엘라Daniela를 ESP 강좌(그중에서도 16일간의 집중 과정)에 보냈다(이들 가족의 성姓은 밝히지 않겠다). 부모는 자신들이 공감했던 그 가르침으로부터 딸도 뭔가를 얻을 수 있으리라 기대했던 것이다. 다니엘라는 스위스의 유명 기숙 학교에 다녔고, 훗날 하버드에 진학해서 의학을 공부하려는 꿈을 갖고 있었다. 하지만 CNN 기자 이매뉴엘라 그린버그Emanuella Grinberg와 소니아 모기Sonia Moghe의 보도에 따르면, 그 집중 과정 동안에 다니엘라는 세상의 종말까지 10년 내지 15년밖에 남지 않았음을 증명하는 수학 방정식을 배우게 되었다. 세션을 마칠 즈음에는 자신의 야심이 무의미하다고 믿게 되었으니, 세상을 바꾸는 유일한 방법은 ESP를 거치는 것뿐이었기 때문이다.[41]

어머니로부터 신규 회원을 모집하라는 압력을 받던 로런 솔즈먼이 다가가 정규 교육을 포기하고 대신 '선도자'에게 개인 교습을 받으라고 조언하자 다니엘라도 순순히 응했다.[42] 하지만 막상 올버니에 도착해 보니, 라니에르는 과외를 많이 해 주지도 않았다. 훗날의 법정 증언에 따르면 사실 그는 다니엘라를 대놓고 무시했기에, 그녀는 가만히만 있을 수가 없어서 사무실 청소를 도맡았다.[43] 1년이 지나서야 라니에르는 다니엘라를 주목했지만, 그렇다고 해서 개인 교습을 해 줄 의향은 전혀 없었다. 대신 이 42세 남자는 십 대 소녀에게 입을 맞추고 성관계를 가지려는 생각을 떠올렸다가, 곧이어 그녀가 너무 어리다고 시인했다.

하지만 다니엘라가 18세가 되자 며칠 만에 라니에르는 25세의 나이 차에 대한 생각을 바꾸고, 텅 빈 사무실의 지저분한 매트리스 위에서 구강성교를 했다.[44] 토니 내털리가 쓴 『프로그램The Program』에 따르면, 다니엘라는 이후 2년 동안 "데이터 입력, 고위급 에스피언의 집 청소, 선도자의 명령에 따른 구강성교 수행"을 담당했다.[45] 이런 빈번한 성 접촉에도 불구하고, 그녀는 훗날 법정 증언에서 이 시기에 자신이 "일종의 무성無性" 상태였다고 묘사했다. 그러다가 20대 중반에 다니엘라는 ESP의 IT 부서에서 일하는 비슷한 나이의 벤 마이어스를 좋아하게 되었다. 에스피언 여러 명이 모여서 〈스타트렉〉을 보던 어느 날 밤, 그와 단둘이 있게 된 다니엘라는 그의 곁에 가까이 앉아 있다 보면 좋아한다는 느낌이 강렬하게 치솟는다는 사실을 깨달았다. 두 번째로 모였을 때 두 사람은 입맞춤까지 했다. 다니엘라가 사랑에 빠지는 이 새롭고 놀라운 느낌에 관해서 이야기하자, 라니에르는 이른바 '세상에서 가장 똑똑한 사람'의 소행이라고는 누구도 믿지 않을 법한 행동을 했다. 격분한 나머지 화장실에 틀어박혀서 자기는 성관계 상대와 신비로운 결합을 이룬 상태이기 때문에 상대가 뭔가 잘못을 하면 자기한테 신체적 고통이 야기된다고 주장한 것이다.

다니엘라의 고백 이후, 라니에르는 그녀의 부모를 설득해서 처벌 집행을 돕게 했다(이들 부부는 라니에르를 ESP의 위계질서에서 말하는 영묘자의 존재로 받아들였기 때문이다). 급기야 부모는 24세의 딸을 자택의 방에 가둬 놓고서 전화, 아이패드, 현금, 이민 서류, 외부 세계에 대한 접근을 제한했고 나중에는 아예 차단했다. 다니엘라의 입장에서는 가족이 곧 간수 노릇을 한 셈이었다. 펜과 종이만큼은 허락되었는데, 그나마도 자기 잘못을 편지에 적어 라니에르에게 보낼 때만이었다. 다니엘라는 라니에르를 향한 성적 감정을 반드시 '회복하고 강화해야' 한다는 지시를 받았다. 심지어 그녀가 벤 마이어스와 함께했던 행동에 대해서도 노골적으로 묻는 라니에르의 이메일을 받았는데, 『바이스』에서 사라 버먼Sarah Berman이 보도한 내용에 따르면 그 이메일에는 다음과 같은 질문이 들어 있었다. "그가 너의 음부를 만지면서 손을 옷 속으로 넣었나, 아니면 옷 밖에서 더듬었나?" 또 다른 이메일에서는 이렇게 말했다. "나는 너의 '온' 삶이 될 필요가 있어. 이것만이 유일한 방법이야."[46]

나중에 법정에서 증언했듯이, 다니엘라는 고립 상태에서 워낙 외롭고도 불안한 나머지 강박적으로 양팔을 긁기 시작했다. 라니에르는 마른 여성에 대한 페티시가 있었기 때문에, 그녀에게 자유를 돌려주는 대가로 제시한 조건 가운데 하나가 체중을 45킬로그램 이하로 줄이라는 것이었다. (식사를 조금 더 하거나 커피에 설탕을 넣는 등) 체중 감량 식단을 벗어나기만 하면 '오만하다'는 비난을 받았다. 이것은 표준적인 비난이었다. 라니에르의 뜻에 반하는 의지의 표명은 무엇이든지 간에 바로 이런 결함의 증거였다. 고립 상태에 처해 할 일이 전혀 없었던 다니엘라는 자기가 집 근처 월마트까지 걸어가는 한 걸음 한 걸음이며, 도중에 눈에 띄는 것들이며, 상점 안에서 나오는 음악 등등을 상상하며 시간을 보냈다. 방문이 잠긴 적은 없었지만, 외국인 신분에 현금도 전혀 없었고 이민 서류도 여권도 없었다. 그녀가 법정에서 증언한 바에 따르면, 유일하게 찾아오는 사람이었던 솔즈먼도 잔인하기 짝이 없어서 라니에르의 은총을 회복하기 위해 해야 하는 일을 매번 오락가락하며 알려 줄 뿐이었다. 그래서 다니엘라는 하루는 라니에르에게 사랑한다고 편지를 썼다가, 다음 날에는 자기를 풀어 달라고 간청하는 편지를 썼다. 그녀는 이렇게 쓴 편지를 모두 솔즈먼에게 주면서 라니에르에게 전달해 달라고 부탁했다. 하지만 라니에르는 그녀의 편지를 한 번도 열어 본 적이 없었다.

라니에르의 지시로 다니엘라는 2년 동안이나 자택에 감금되었고 스스로 목숨을 끊으려고 청소 세제를 모아 두기까지 했다. 만약 '윤리적 위반'을 해결하지 않고 떠나 버리면, 부모가 의절할 것임을 알았기 때문이었다.[47] 마침내 그녀는 더 이상 버티지 못하고 감금된 곳에서 나와 유일한 영묘자를 대면하러 찾아갔다. 그런데 다니엘라를 본 라니에르는 자리를 피했고, '넥시언Nxians' 군중 사이를 이리저리 피해 다니면서 숨으려고 했다. 그와 대면하기도 전에, 낮은 단계의 목도리를 걸친 사람들이 그녀를 붙들었다. 아버지와 또 다른 고위급 넥시언이 다니엘라를 멕시코로 데려간 다음에야 풀어 주었다.[48]

그녀의 자유는 달콤쌉쌀했다. 라니에르는 여전히 다니엘라의 자매

두 명(언니 마리아나와 동생 카밀라)을 성관계 상대로 이용하고 있었다. 그는 피임 도구를 사용하지 않아서(자기가 상대에게 부여하는 영적 유익을 피임 도구가 저해한다고 주장했다), 두 자매 모두 임신과 낙태를 거쳤다. 검찰의 주장에 따르면, 라니에르는 다니엘라의 가장 어린 동생을 '처녀 카밀라Virgin Camila', 약자로 VC라고 지칭했는데, 성관계를 시작했던 2005년에 그녀가 겨우 15세에 불과했기 때문이었다.[49] 심지어 카밀라는 낸시 솔즈먼의 하녀 노릇까지 했다. 그렇다고 딱히 특별한 대접을 받은 것은 아니었다. 라니에르는 카밀라에게도 체중을 45킬로그램 이하로 줄이라고 닦달했으며, 데이팅 앱 틴더를 이용해서 자기가 성관계를 맺을 만한 "다른 처녀를 찾아보라"고 압박했다.[50]

두 사람 사이에 오간 왓츠앱 메시지를 보면, 카밀라가 라니에르의 첫 번째 노예였을 가능성도 있다. 2015년에 라니에르는 이제 25세가 된 카밀라에게 노예를 하나 찾아내라고 압박하면서 다음과 같이 문자를 보냈다. "내 생각에는 나를 위한 노예를 너도 하나 소유하는 것이 너에게도 좋을 것 같아. 네가 돌봐 줄 수도 있고, 나를 기쁘게 만들 도구로도 쓸 수 있는 노예 말이야."[51] 또 다른 메시지에서 라니에르는 혹시 낙인을 찍는 데 동의하느냐고 카밀라에게 물었다. 그녀는 공포에 질린 답변을 내놓았다. "무슨 말씀이세요? 가축처럼 불에 달군 낙인을 찍는다고요?" 이에 그는 경박한 답변을 보냈다. "나를 위해서 불타고 싶지 않은 거야?"[52] 카밀라는 그러고 싶지 않았고, 결국 라니에르의 이름 머리글자를 자기 피부에 낙인으로 찍는 고통을 굳이 감내하지 않아도 되었다.[53]

키스 라니에르의 주기적인 정신병적 격발과 청소년을 성적 먹이로 삼는 행태에도 불구하고, ESP는 설립 이후 처음 10년 동안에는 버젓한 외양을 갖고 있었기에, 주류 대기업 시그램의 백만장자 상속녀인 새러 브론프먼을 손쉽게 끌어들일 수 있었다. 2002년에 아일랜드 출신의 경마 기수 로넌 클라크와의 결혼이 4개월 만에 파경에 이르자, 25세의 새러는 이 실패를 계기로 파티광이었던 평상시와 달리 진지하게 앞날을 모색하기 시작했다.[54] 가족의 친구인 수전 화이트가 ESP를 추천하자 새러는 시험 삼아 자기 향상 강좌를 들어 보기로 했다. 여느 20대와 마찬가지로 그녀 역시 여러 가지 경력의 가능성 앞에서 갈팡질팡했다. 뉴욕 대학을 중퇴하고, 터크스 케이커스 제도에서 스카이다이빙 사업을 벌이고, 유럽 승마인들과 어울리고, 벨기에서 파티를 즐기다가 ESP에 대해서 처음 이야기를 들었던 것이다. 새러는 멕시코시티에서 집중 과정을 수강했는데 그 지역의 부자들 중에서도 키스 라니에르의 추종자들이 있었다(일설에 따르면 당시 멕시코 전직 대통령 카를로스 살리나스 데 고르타리의 아들 에밀리아노라든지, 현직 대통령 빈센테 폭스 케사다의 딸 아나 크리스티나가 있었다고 한다). 새러는 곧바로 ESP 강좌에 반응했으며, 워낙 좋게 생각한 나머지 동생 클레어에게도 한번 참석해 보라고 독려했다.[55]

이들 자매는 성향이 정반대였다. 새러는 금발의 발랄한 사교계 인사였던 반면, 클레어는 흑발의 집요한 올림픽 유망주였다. 언니는 전 세계를 여행하며 다양한 관심사를 추구하다가 금세 내버리고 말았던 반면, 동생은 그랑프리 우승도 차지했던 여성 기수였다. 『베니티 페어』에 게재된 브론프먼 자매에 관한 기사에서 수재너 앤드루스는 클레어를 다음과 같이 묘사했다. "방약무인한 분위기를 풍기며 … 자기는 사람을 좋아하지 않기 때문에 남은 평생을 말들과 함께하며 시간을 보내기로 작정했다고 사람들에게 말하곤 했다."[56]

키스 라니에르는 자매 모두를 표적으로 삼았는데, 양쪽 모두 동등하고도 터무니없이 부자였기 때문이다. 이들의 아버지 에드거 브론프먼은 추정 재산으로 26억 달러를 보유하고 있었으며, 두 딸 모두 신탁 기금 보유액이 수억 달러에 달했다.[57] 이들이 ESP에 가입하자 라니에르는 좀 더 다루기 어려운 상대인 클레어와 일대일 만남을 연이어 가졌다.[58] 두 사람이 사적인 만남에서 나눈 이야기에 관한 기록이나 법정 증언은 전혀 없지만, 막바지에 이르러서는 클레어도 언니만큼이나 ESP에 열광하게 되었다. ESP의 전직 구성원 몇 명에 따르면, 사실 그녀는 라니에르와 사랑에 빠졌다.[59]

자매 모두를 끌어들인 당시 43세의 키스 라니에르는 브론프먼 가문 전체를 끌어들일 채비에 나섰다. 2003년에 그는 새러와 클레어를 압박하여 아버지와의 만남을 주선하도록 했다. 이것은 어려운 요구가 아닐 수 없었다. 에드거가 (그보다 앞선 결혼이 무효가 되지 않았다면 세 번째 부인이었을) 두 번째 부인이었던 자매의 어머니와 이혼한 이래로, 두 딸은 유년기 대부분을 브론프먼 가문의 막대한 재산과는 물론이고, 에드거의 첫 결혼에서 태어난 이복 형제자매들과도 동떨어져서 살아왔기 때문이었다. 자매는 더 나이 많은 형제자매들처럼 뉴욕의 사교계에서 성장하지도 못했고 유명 사립학교에 다니지도 못했다. 그래도 상당한 액수였던 신탁 기금을 이용할 수는 있었지만, 유년기 내내 자신들의 삶에서 사실상 부재했던 아버지에 대한 앙금이 여전히 남아 있었다.

그래서 자매는 아버지에게 연락하라는 라니에르의 요구에 머뭇거릴 수밖에 없었다. 그러다 마지못해 연락해 보았는데, 의외로 에드거는 딸들과의 관계를 개선하는 데 열의를 보였다. 그는 1만 달러를 내고 ESP에서 특별히 고안한 VIP 단독 세션에 등록해서 낸시 솔즈먼으로부터 직접 가르침을 받았다. 처음에는 브론프먼도 강좌를 좋아했다. 솔즈먼을 비행기

에 태워서 버지니아에 있는 자신의 저택에 불러다가 일대일 ESP 치료 세션을 받기도 했다.[60]

이제 라니에르는 억만장자 하나를 고객으로 둔 데다가, 무려 3700명에 달하는 회원들이 값비싼 집중 과정을 수강했고, 그중 다수는 놀라우리만치 정기적으로 등록했다. 불행히도 이 정도 수준의 성공에는 단점도 있었다. 국세청에서 언제고 전화가 올 수도 있는 것이었다. 토니 내털리에 따르면, ESP의 수익은 막대했기 때문에 라니에르는 이런 갑작스러운 수익에 부과되는 세금을 회피할 방법을 계획하기 시작했다. 그는 ESP의 사업체를 여러 개의 별도 법인으로 나누어서 서비스 대행사 안에 집어넣었다. 이렇게 하면 그가 직접 사업체를 소유하지 않으면서도, 거기서 나온 소득을 이용해서 살아갈 수 있었기 때문이다. 라니에르는 이 새로운 사업체를 넥시움이라고 명명했다.[61]

대략 이 시기에 라니에르는 마치 행운처럼 보이는 소식을 하나 전해 들었다. 『포브스』에서 그에 관한 특집 기사를 쓰고 싶어 했던 것이다. 라니에르는 이 기사에 적극 협조했으며, 자기가 전국적으로 노출되면 지금보다 훨씬 더 큰 성공이 굴러들어 올 것으로 생각했다. 하지만 그의 예상은 완전히 빗나가고 말았다. 『포브스』의 마이크 프리드먼Michael Freedman은 면밀한 조사를 수행했고, 토니 내털리 같은 넥시움 탈퇴자 다수가 그 프로그램의 내부 문제를 서슴없이 폭로한다는 사실을 알아냈다. 이에 기자는 다음과 같이 썼다.

> 그의 가르침은 수수께끼 같아서, 윤리와 가치에 대한 이기적이고 이해 불가능한 전문 용어로 가득하며, 마치 아인 랜드의 소설에 등장하는 집요한 주인공들의 윤리와도 유사한 맹목적 야심의 윤리에 의해 규정된다. 그가 자주 하는 말은 이렇다. 여러분의 사익을 최우선으로 삼고, 다른 사람들이 원하는 바를 동기로 삼지 말며, (도움이 필요한 사람들을 가리키는 특유의 표현인) '기생자'를 회피하라는 것이다. 오로지 이렇게 행동함으로써만 여러분은 자신에게 진실할 수 있으며, 진정으로 '윤리

적'이 될 수 있다는 것이다. 당연히 그 이면을 살펴보면, 이러한 세계관은 자선, 팀워크, 동정 같은 미덕을 불신하는 셈이다. 물론 우리가 그냥 이해 못 해서 이러는 것일 수도 있고 말이다.[62]

이 기사는 워낙 큰 재난이었기 때문에, 급기야 클레어 브론프먼과의 관계를 위협하고, 넥시움 제국 전체를 위험에 몰아넣기까지 했다. 이 시점에 라니에르는 여러 여성과 맺은 강렬한 성적, 정서적 관계들을 이리저리 잘 헤쳐 나가고 있었다. 하지만 『포브스』 기사를 보고 흥분한 나머지, 클레어의 감정을 적절하게 관리하는 데 실패하고 말았다. 토니 내털리의 지적에 따르면, 이 동생은 자기보다 더 예쁜 언니의 그늘에 항상 가려져 있었다. 하지만 넥시움만큼은 다를 것으로 생각했었다. 이곳에서 클레어는 자기가 전면에 놓일 만한 자격을 갖추었다고 느꼈다. 어쨌거나 승마 챔피언이 되겠다는 꿈마저도 포기하고 이 집단에 전적으로 집중하고 있었으니까 말이다.[63] 하지만 클레어가 보기에 라니에르와 솔즈먼은 『포브스』 기자 앞에서 오히려 자기 언니를 훨씬 더 많이 들먹이는 것 같았다.[64] 실제로 그 기사는 새러의 말을 다음과 같이 인용하면서 마무리되었다. "저희 가문에 대해서 어느 정도까지 아시는지는 모르겠습니다만, 이전까지는 평생 아무것도 노력해서 얻을 필요가 없었던 가문 출신인 저로서는 이 노란색 목도리를 받은 것이야말로 정말, 정말 감동적인 경험이었습니다." 그녀는 프리드먼에게 이렇게 말했다. "이것이야말로 제가 난생처음 혼자 힘으로 노력해서 얻은 결과물이니까요."[65]

자신이 간과되고 과소평가되는 기분을 느낀 클레어는 보복하기로 작정하고 아버지에게 전화를 걸어서 라니에르가 2백만 달러를 자기한테서 빌려 갔다고 일러바쳤다(하지만 훗날 『포브스』가 사실 확인차 접촉했을 때는 자금 대여를 부정했다). 이로써 라니에르가 본인의 주장과는 달리 윤리적 구루가 아니라, 단지 딸들에게서 돈을 우려내려는 사기꾼에 불과하다는 사실을 에드거 브론프먼도 깨닫게 되었다. 『포브스』 기사에는 그의 다음과 같은 논평이 나와 있었다. "제 생각에 그건 컬트입니다."[66]

자기 행동에 의문을 제기한 기사의 일부 내용에 대응하는 대신, 라니에르는 오히려 에드거의 발언에 집중했다. 그는 클레어를 표적으로 삼았고, 그녀가 아버지에게 그 정보를 폭로했다는 사실에 격분했다. 이 기사가 게재된 이후, 자매는 더 이상 아버지와 대화하지 않았는데, 아마도 라니에르의 촉구 때문이었을 가능성이 크다. 하지만 이것만 가지고는 충분하지 않았다. 다니엘라에게 자행했던 것처럼, 라니에르는 클레어가 넥시움의 사명 선언문을 위배함으로써 '윤리적 위반'을 범했다고 비난했다. 그의 은총을 다시 얻고 싶어 안달하던 클레어는 결국에는 언니와 마찬가지로 자기 자산의 운영권을 넥시움의 동료 회원인 바버라 부셰이에게 넘겨 주었다.

부셰이는 자산 관리사로서 이미 성공한 상태여서 자매의 계좌를 관리할 만한 실력을 보유하고 있었다. 하지만 자기도 라니에르와 잠자리를 같이한다는 사실까지는 이들에게 차마 밝히지 못했다. 이러한 이해 충돌 때문이었는지, 라니에르가 자매를 설득해서 그들의 돈을 놀라운 속도로써 버리기 시작했을 때도 부셰이는 굳이 경고 신호를 보내지 않았다. 예를 들어 낸시 솔즈먼의 아파트 수리에 백만 달러, 뉴욕주 올버니의 넥시움 본사에 170만 달러, 인근의 넥시움 말 농장에 230만 달러가 지출되는 식이었다. 나아가 넥시움 고위층이 사용할 자가용 비행기를 구입했으며, 넥시움이 좌우하는 재단에 무려 2천만 달러라는 천문학적 금액을 기부했다.

다른 무엇보다도 클레어는 라니에르가 적이라고 간주한 상대들과 벌인 수많은 법적 분쟁에 들어가는 비용을 부담해 주었다. 넥시움에서 탈퇴하는 사람이 있을 때마다 소송을 제기했고, 자기네 프로그램의 비판자들을 윽박지르기 위해 고액 소송을 제기하겠다고 위협했다. 라니에르의 적들에 대한 '반대 조사'를 위해서도 자금을 지원했으니, 지역 정치인부터 토니 내털리에 이르는 모든 사람에 대한 방대한, 때로는 유죄를 입증할 만한 정보를 모으는 것이었다.[67] 하지만 라니에르는 만족하지 못했다. 2005년 초에 그는 브론프먼 자매에게 자기가 정교한 수학 공식을 고안했으며, 이걸 이용하면 생필품 시장에서 수백만 달러를 벌어들일 수 있다고 말했다. 라니에르로 말하자면 '세상에서 가장 똑똑한 사람'을 자처했으므로, 자매는 자기네 돈으로 거래를 하도록 허락해 주었다.

이후에 벌어진 일은 경제적 대참사라 할 만했다. 잘못 판단한 생필품 관련주를 위험하게 거래해 6500만 달러를 날린 것이다.[68] 클레어와 새러 브론프먼이 이 손실에 관해 물어보자, 라니에르는 자매의 아버지가 딸들의 자금을 훔쳐 가기 위해서 생필품 거래소와 공모했다고 주장했다. 키스 라니에르가 아니라 에드거 브론프먼이야말로 그 막대한 손실의 근본 원인이라는 것이었는데, 두 여자 모두 그 말을 믿었다.

로버트 헤어의 점검표에 따르면, 사이코패스는 지속적인 자극, 어설픈 행동 통제, 충동성을 가지고 있다.[69] 이 세 가지 요소는 사이코패스성과 도박 중독의 상호 연관이 종종 나타나는 이유를 설명하는 데 도움을 준다.[70] 아울러 헤어의 점검표에는 사이코패스가 공유하는 또 한 가지 소질이 있다. 기생적 생활 방식을 영위한다고 알려져 있다는 점이다.[71] 이들은 자기가 원하는 것을 얻기 위해서라면 거짓말을 하거나, 아무 말이나 하는 것에 사실상 아무런 가책을 느끼지 않는다. 추종자들의 신탁 기금을 이용해 살아가는 라니에르의 행동, 그리고 세상은 생산자와 기생자로 이루어졌다고 경고하는 ESP 프로그램, 이 두 가지를 비교해 보라. 자기야말로 생산자의 완벽한 사례 연구라고 넥시언에게 가르쳤지만, 그의 행동은 명백히 기생적이었다. 이너 서클에 속한 여성 다수와 합의는 물론이고 비합의 상태로도 성관계를 가졌다. 집요하게 헌신의 증명을 요구했다. 심지어 (처음에는 부셰이의 돈, 나중에는 브론프먼 자매의 돈) 수백만 달러를 날려 먹었다. 이런 포식자적 행동에도 불구하고, 넥시움의 여성 구성원들은 라니에르에게 워낙 속박되었던 나머지, 그의 실체가 강탈자라는 사실을 직시할 수 없었다. 실제로 그가 넥시움에서 맡은 역할로 인해 중복으로 무기 징역을 선고받은 다음에도 클레어 브론프먼은 여전히 신뢰를 보냈고, 자신의 선고 당시에 판사에게 다음과 같은 글로 입장을 밝혔다. "우리 가족을 포함한 많은 사람은 제가 키스와 넥시움을 거부해야 한다고 믿으며,

제가 그렇게 하지 않았다는 것을 이해하고 받아들이기 어려워합니다. 하지만 제 입장에서 넥시움과 키스는 제 삶을 더 나아지도록 크게 바꿔 놓았습니다."[72]

넥시움의 상품을 확장하기 시작했을 무렵에 라니에르는 자니스JNESS라는 프로그램을 만들었다. 이 프로그램은 "여성이 된다는 것의 의미에 관한 지속적인 탐구를 원활하게" 해 주는 운동을 통해 여성의 능력 획득을 약속했다. 이 모호한 목표를 달성하려면 수강료 5천 달러를 내고 11일간의 집중 과정을 거쳐야 했다. 이 선전 문구에 걸려든 희생자는 상당히 많았던 것으로 보이는데, 그중에는 알래스카 출신의 크리스틴 스나이더Kristin Snyder도 있었다. 특이하게도 그녀는 집중 과정 동안에 여러 차례 이상한 행동을 보였다. 예를 들어 그녀는 진행 중인 대화와는 무관하게 기묘한 주장을 내놓으며 강좌를 방해했다. 또한 그녀는 집중 과정 동안에는 잠을 자지 않았는데, 키스 라니에르도 잠을 자지 않는다고 믿게 된 나머지 그를 따라 한 것이었다. 또 어느 날은 부모에게 전화를 걸어서 당시 일어난 우주 왕복선 컬럼비아호 폭발 사고가 자기 책임이라고 주장하기도 했다.[73]

이런 기묘한 행동이 며칠쯤 계속되자, ESP의 한 감독이 마침내 결단을 내렸다. 이들은 자칭 특허받은 '의미 탐색' 기술을 통해서 스나이더의 부정적 정서 반응을 통합하거나 격발을 치유하려는 시도를 굳이 하지 않았다. 단지 그녀에게 나가라고 명령했다. 알래스카주 경찰에 따르면, 스나이더는 앵커리지에서 남쪽으로 160킬로미터 떨어진 레저렉션만灣에서 카약을 타다가 실종됐는데, 그 운동을 전문적으로 하는 사람이었음에도 결국 익사한 것으로 추정된다. 경찰은 카약의 출발 지점인 수어드 인근 밀러스 랜딩 근처에 주차된 그녀의 승용차 좌석에서 유서를 발견했다. 거기에는 이런 내용이 적혀 있었다. "저는 '고위직 성공 프로그램'이라는 과정을 수강했는데 … 저의 두뇌에 있는 감정 중추가 살해되어 꺼졌습니다.

저는 여전히 외부의 피부로는 느끼고 있지만, 내부의 장기는 썩어 가고 있습니다. 저를, 또는 이 유서를 발견하시는 분께서는 … 저희 부모님께 연락해 주세요. 저로선 삶에 미안할 따름입니다. 저는 제가 이미 죽었다는 것을 몰랐거든요."[74] 그녀가 탄 카약이 뒤집힌 채 바닷가로 떠밀려 왔지만 시신은 끝내 발견되지 않았다. 레저렉션만에는 수심이 최대 3백 미터에 달하는 곳들도 있으니 충분히 이해할 만한 결과였다.

이 유서는 사망자가 임상적 정신 질환을 겪고 있었던 것까지는 아니더라도, 최소한 극단적인 정서적 위기에 있었음을 보여 주는 증거였다. 극단적인 수면 박탈이 요인이었을 수도 있다. 플래비 워터스Flavie Waters와 비비언 추Vivian Chiu와 그 동료들의 연구에 따르면, 수면 박탈이 지속되면 "정신병적 증상"이 일어날 수 있으며, "단순한 시각/신체 감각의 오지각부터 환상과 망상, 급기야 급성 정신 질환이 야기될 수 있다."[75] 수면 박탈이 기존의 상태를 악화시켰을 가능성도 있다. 하지만 멕시코에서 똑같은 ESP 과정을 수강한 28세의 여성도 신경 쇠약을 일으켰는데, 이 사례에서는 수면 박탈의 증거가 전혀 없었다. 이는 양쪽의 증상을 야기한 불안정화 요인들이 ESP의 교과 과정 자체에 들어 있었음을 암시한다. 어쨌거나 ESP의 '의미 탐색'에서는 수강생 각자의 가장 부정적인 정서와 기억에 과다 집중함으로써 그 영향력을 제거하려고 했기 때문이다(하지만 어떤 연구에서도 그런 치료의 성공이나 실패를 지목한 적은 없었다). 넥시언 중 비록 소수이지만 그렇다고 해서 아주 무시할 수 없는 숫자의 사람들에게는 이 과정이 정반대 효과를 발휘했을 가능성도 있다. 과다 집중으로 부정적 감정이 고통스럽게 표면으로 떠오르면 자칫 정서적 고통을 정신병적 증상으로 변모시킬 수도 있기 때문이다.

하지만 ESP의 방법론에 뭔가 위험한 것이 내재되었다 한들, 정작 키스 라니에르는 그걸 제거하는 데 관심이 없었다. 토니 내털리에 따르면, 그는 크리스틴 스나이더가 마약 밀수 조직에 관여했기 때문에 자살로 위장한 것이라고 주장했는데, 이것은 전혀 근거가 없는 음모론에 불과했다.[76] 사실 이것이야말로 악성 자기도취자의 전형적인 행동이었다. 즉 위협을 받으면 더 빈번하고 더 거대하게 거짓말을 했고, 심지어 위협하고 공격하기까지 했다. 이 모두는 스스로에 대한 과장된 환상을 재확인하려는 시도였다. 이런 행동 패턴은 예측할 수 있기 때문에, 컬트 피해 회복 관련 문헌에서는 아예 '자기도취적 학대 신드롬'이라는 고유의 명칭까지 있는 실정이다.

멕시코와 알래스카에서 벌어진 비극적인 사건에도 불구하고, 넥시움의 본부 주변에서는 자니스 프로그램에 대한 열광이 가시지 않은 상태였다. 오히려 넥시움의 '여성 운동'이라고 주장한 그 세션은 돈벌이와 인기가 줄 곧 늘어나기만 했다. 크리스틴 스나이더가 실종되고 3년 뒤, 넥시움의 최 고위 구성원들이 자니스 세션을 위해서 캐나다 밴쿠버의 딱히 눈에 띄지 않는 어느 호텔 회의실에 모였다. 새러와 클레어 브론프먼 자매는 자가용 비행기를 타고 날아왔고, 낸시와 로런 솔즈먼 모녀도 참석이 예정되어 있 었다. 이것은 우연이 아니었다. 키스 라니에르는 가담자 중에서도 가장 빈 틈없는 사람들을 골라서 그 자리에 참석시켰다. 이들이 그곳에 찾아간 이 유는 한 사람 때문이었다. 얼마 전에 같은 과정을 수강한 여배우 크리스틴 크룩Kristin Kreuk이 그 사람을 설득해서 데려왔던 (달리 표현하자면 '영입했 던') 것이다. 그녀가 데려온 사람은 슈퍼맨 클라크 켄트의 고등학교 시절 모험을 그린 유명한 CW 채널 드라마 시리즈인 〈스몰빌〉에 함께 출연했 던 여배우 앨리슨 맥Allison Mack으로, 당시 틴 초이스 어워드의 최우수 사이 드킥 부문에 선정되기도 했다.

　라니에르는 자신의 최정예 구성원을 보내서 맥에게 '애정 공세'를 벌 임으로써 확실하게 한패로 끌어들이려는 목표를 지니고 있었다. 넥시움 의 상층부는 주로 성공한 여성들로 이루어져 있었다. 낸시 솔즈먼이 전체 프로그램의 형성을 도왔으며, 브론프먼 자매는 작전 비용 대부분을 지원 했다. 각자의 영입 기술과는 무관하게, 이들은 최고위층에 있다는 사실만 으로도 다른 영향력 있는 여성이 첫 번째 집중 과정을 수강하게끔 만들었 다. 페미니즘의 관점에서 보자면 넥시움의 가르침은 사실 거의 원시적이라 할 만했다. "여성이 일부일처적으로 양육된다는 것에 관해서, 남성의 일반적 성향이 좀 더 일부다처적이며 자기 씨앗을 퍼트리려 든다는 것에 관해서 이야기했습니다." 당시에 일원이었던 수전 돈스Susan Dones는 솔즈먼의 가르침에 대해 훗날 『할리우드 리포터』에 이렇게 말했다.77 하지만 그 가르침과는 무관하게 라니에르는 유명 인사를 대변인으로 둔다면 할리우드 유형의 사람을 더 많이 유혹할 수 있으리라고 기대했다. 톰 크루즈가 사이언톨로지를 위해 하는 일을 앨리슨 맥이 자신에게 해 줌으로써, 뉴욕에 근거한 이 사업이 서부 연안에서도 수지맞는 수입원을 만들 수 있기를 바랐던 것이다.

집중 과정 내내 로런이 맥 바로 옆에 앉았고, 함께 식사도 하고 수다도 떨다 보니 세션이 끝날 무렵에는 서로 절친한 사이처럼 행동하게 되었다. 브론프먼 자매는 함께 뉴욕으로 가서 넥시움 본부를 방문하고 키스 라니에르를 직접 만나자고 권했으며, 맥도 이에 응해서 몇 주 동안 함께 머물면서 그 프로그램에 깊이 빠져들었다. 그녀는 뉴욕에 도착한 직후에 '선도자 주간Vanguard Week' 또는 'V 주간'에 참여할 기회를 얻었는데, 원래는 넥시움을 홍보하기 위한 사업 회의였지만 2006년에 이르러서는 라니에르의 생일을 축하하는 10일간의 행사로 변질되었다. V 주간 동안에 미국, 유럽, 캐나다, 멕시코 전역에서 온 넥시언들이 클리프턴파크의 본부로 집결했다.

영화 제작자 마크 비센테Mark Vicente는 이 행사를 "성인을 위한 여름 캠프"에 비견했다. "여기에는 온갖 것이 다 있어서 각자 원하는 것을 선택할 수 있었다. 드럼 연주, 춤, 노래, [심지어] 시詩까지도."78 이 모두는 라니에르를 기리기 위한, 즉 그를 철학 운동의 창시자로 기념하기 위한 것이었다. 그에 대한 찬양은 V 주간에만 국한되지 않았다. 찬양은 넥시언의 일상 거의 모든 국면에서 일부가 되었는데, 특히 여성 구성원들 사이에서 그러했다.

라니에르는 거주 시설에서 거의 매일 배구를 했는데, 그럴 때마다 수많은 여성이 경기장 주위에 늘어서서 기다렸다. 경기 도중에 휴식 시간이 되면 마치 록 스타라도 되는 듯 그에게 달려가서 각자의 깊고도 다급한 질문들을 건넸다.[79] 이런 지도자 찬양은 라니에르가 독신주의를 주장하면서도 여성 구성원들과 성적 관계를 동시다발적으로 지속할 수 있었던 이유를 설명하는 데 도움을 준다. FBI의 보고서에 따르면, 2000년대 초에 라니에르에게는 열다섯 명에서 스무 명의 성관계 상대가 꾸준히 있었다.[80] 어쩌면 앨리슨 맥은 이런 사실을 전혀 몰랐을지 모른다. 하지만 '선도자'에 대한 과도한 신격화만큼은 아마 모르고 넘어가기 힘들었을 것이다.

사회 심리학자 로버트 자욘스Robert Zajonc에 따르면, 대부분의 사람은 노출 효과라는 현상에 취약하다. 그는 어떤 대상이나 발상에 더 많이 노출될수록 그걸 믿을 가능성도 더 높아진다는 것을 발견했다.[81] 넥시움을 소개받은 초창기에 앨리슨 맥은 V 주간에 참여하면서 키스 라니에르가 깨달음을 얻은 자로서 찬양받는 모습은 물론이고, 배구 경기를 마치고 나면 마치 비틀즈 멤버처럼 팬들에게 에워싸이는 모습을 지켜보았다. 이런 노출의 결과로 그녀 역시 라니에르를 똑같은 방식으로 바라보기 시작했을 가능성이 있다.

하지만 맥이 라니에르 같은 구세주 유형에 취약할 수 있었던 데는 다른 이유도 있었다. 그녀는 원래 아역 배우로 7세 때부터 영화와 TV에서 일했으며, 18세에 〈스몰빌〉에서 배역을 얻는 바람에 대학에 갈 기회 자체가 없었다. 동료 아역 배우 크리스틴 레이킨이 『할리우드 리포터』에 말했듯이 거의 평생을 연예계에서 보내고 24세가 되자, "그녀는 뭔가 더 큰 것에 대한, 즉 삶의 목표와 의미[를 보여 줄] 일종의 징조에 대한 크나큰 갈망을 느꼈다."[82]

넥시움에 이끌린 유명 배우는 앨리슨 맥 혼자만이 아니었다. 인기 드라마 〈하와이 파이브오〉의 그레이스 박Grace Park이며 〈배틀스타 갤럭티카〉의 니키 클라인Nicki Clyne도 일원이었다고 전해진다. 연기 분야의 고유한 직업적 특성 때문에 종사자들이 넥시움에 취약했을 가능성도 있다. 공연 예술에 종사하는 사람은 누구나 거절당하는 상황에 직면하는데, 때로는 오디션 같은 직접적인 거절일 수도 있고, 때로는 자기가 얻고자 노력한 배역을 다른 연기자에게 빼앗기는 식의 간접적인 거절일 수도 있다. 배역을 얻기 위한 경쟁부터 혹독한 평가에 이르기까지, 이들은 이쪽저쪽에서 항상 부정적인 반응에 직면한다. 이런 상황에 대처하려면 용기와 끈기가 필요하다. 즉 생존을 위해서 모든 배우는 반드시 인지 부조화를 해결하는 방법을 배워야 하는 것이다. 이러한 생존 메커니즘('나는 이 일을 잘한다'라는 굳은 믿음과 '다른 사람들은 아무도 내가 이 일을 잘한다고 생각하지 않아'라는 객관적 현실 사이의 불일치를 화해시키는 능력)은 사실상 이 분야 종사자의 필수 자격 요건인 셈이다. 자존감을 해치는 이런 지속적인 공격이야말로 어쩌면 앨리슨 맥 같은 할리우드 유형의 사람들이 넥시움에 끌린 이유일지도 모른다. 이들은 더 안정적인 형태의 인정과 지원에 대한 갈망을 품고 있었던 것이다. 아울러 이런 현실은 나중에 가서, 법적 위험의 증거가 쌓여 가는 와중에도 맥이 계속해서 라니에르와 그의 프로그램을 신뢰했던 이유를 설명해 줄지도 모른다.

하지만 배우로서의 독특한 심리를 제외하고 보면, 자니스에 가입한 여성 모두는 자기 향상을 물색하고 있었다. 이것은 라니에르가 악용할 수 있었던 역설이었으니, 애초에 세션에 참석했다는 사실이야말로 이들의 현재 능력과 자존감 결여를 드러내는 셈이었기 때문이다. 이러한 불안정성 때문에 이들은 세뇌의 손쉬운 표적이 되었다. 앨리슨 맥도 넥시움에서 가르치는 대로 부정적 정서에 초점을 맞추는 일을 금세 내면화했다. 2007년에는 블로그에 이렇게 적었다. "나는 나 자신을 멍청하다고 말하는 경향이 있다. 내가 제대로 교육받지 못했다는 사실을 상기하는 데 매우 편안해진 것이다."[83] 한마디로 자니스의 철학이 자신을 낮춰 보는 그녀의 습관적 태도를 강화했던 셈이다.

앨리슨 맥은 넥시움에 가입하자마자 이 조직의 효율적인 옹호자가 되었으며, 최고의 모집책 가운데 한 명이 되었다. 그녀는 라니에르의 명석함과 넥시움의 뛰어난 윤리관에 관해 친구와 가족에게 자랑했다.[84] 아울러 동료 배우들까지 끌어들이려고 노력했다. 『할리우드 리포터』의 스콧

존슨Scott Johnson과 리베카 선Rebecca Sun의 보도에 따르면, 그래미상을 수상한 가수 켈리 클락슨과 드라마 <제7의 천국>의 배우 베벌리 미첼도 가입시키려 했다. 심지어 영화 <해리 포터>에 출연한 엠마 왓슨을 끌어들이려고도 했는데, 맥이 넥시움의 "독특한 인간 개발과 여성 운동"을 경험하러 와 보라고 트위터로 권유했던 것이다.[85]

    몇 년 뒤에 앨리슨 맥은 넥시움에 열성적으로 관여한 결과로 건강에 무리가 오고 말았다. 2010년에 밴쿠버의 한 요가 학원에서 그녀와 우연히 마주친 수전 돈스에 따르면, 맥이 라니에르와 성적 관계를 맺기 시작했음이 뚜렷이 드러났었다고 한다. "라니에르의 여자들이 하나같이 병약해지기 시작하면서 흔히 나타나는 잿빛의 창백함"을 이 여배우에게서도 확인했기 때문이다.[86] 라니에르는 지나칠 정도로 마른 여자에 대한 페티시를 가지고 있었으며, 이들을 조종해서 극단적인 체중 감량을 시켰다. 그 결과 그의 여자들은 하나같이 섬뜩한 외모를 지니게 되었다. 체중이 줄면서 머리가 몸에 비해 너무 커졌고, 급기야 숟가락을 세운 것처럼 보이기도 했다.[87]

2008년:

넥시움
9인조

2008년에 바버라 부세이는 넥시움의 일원이 된 지 9년째였고, 그 기간 내내 키스 라니에르와 성적으로 적극적인 사이였으며, 무엇보다도 조직의 재정 부문에 깊이 관여하고 있었다. 그런 내부자의 시각 덕분에 그녀는 넥시움의 운영 방식에 심각한 우려를 품고 있었다. 그런 사람은 부세이 혼자가 아니었다. 그녀의 동료이자 최고위 구성원인 수전 돈스를 비롯한 다른 여성 여덟 명도 비슷한 걱정을 공유하고 있었다. 이들 여성 9인조는 머릿수를 믿고 '선도자'에게 대들기도 했다. 넥시움과 라니에르에 대한 고발만을 전적으로 다루는 프랭크 팔라토Frank Parlato의 웹사이트 기사에 따르면, 여성 9인조의 핵심 주장은 다음과 같았다. 라니에르가 여성 수강생을 성적으로 착취하고 있으며, 구성원에게서 막대한 금액을 빌리고, 돈세탁을 하고, 주와 연방 세금 납부를 거부한다는 것이었다.[88]

올버니에서 있었던 대면 회의에서 라니에르는 섬뜩하리만치 온화한 태도로 움츠리기, 무시하기, 위협하기를 오갔다. 이날의 대화는 영상으로 촬영되었으며, 수전 돈스는 훗날 그중 일부를 유튜브에 올렸다. 이 영상에서 그녀와 부세이는 소파 한쪽 끝에 앉았고 라니에르는 반대편 끝에 앉았는데, 여전히 가까운 거리이다 보니 때때로 그가 자기 말을 강조하거나 상대방의 말을 막기 위해서 손을 뻗어서 여자들을 건드리기도 했다. 그날의 만남에서 영상으로 기록된 부분만 보면, 라니에르는 모호하고도 복잡한 문장을 구사하며, 그 의미는 나지막한 목소리와 마찬가지로 거의 해독이 불가능하다. 구체적인 불만 사항에 대응하여 그는 두 여성이 상황의 진상을 이해할 만한 데이터를 갖고 있지 않다고 반박했다.[89] 또한 그들이 "지휘 경험이라든지, 또는 사람들의 삶을 보전하는 경험"도 없다고 반박했지만, 그 말이 정확히 무슨 의미인지는 여전히 불분명했다. 이 대목에서 얼굴이 흐리게 처리된 한 여성이 라니에르를 향해 당신 역시 사업을 지휘한 경험이 진짜로 있다고 말하기는 어렵다고, 왜냐하면 당신의 회사였던 컨슈머스 바이라인은 "불과 몇 년 만에 산산조각 났기" 때문이라고 지적했다. CBI의 실패에 대한 정확한 지적을 듣자마자 라니에르의 차분한 태도가 순간적으로 흔들렸다. "그건 절대⋯⋯." 라니에르는 언성을 높였지만, 감정이 더 격해지기 전에 곧바로 억제해 버렸다. 다음 대화에서 그의 말은 아예 의미조차 통하지 않았다. "음, 사실은 이런 거야." 그의 말이었다. "나는 총에 맞았던 거야. 내 믿음 때문에. 나는 결정을 내려야만 했어. 내가 경호원을 두어야 할까? 내가 경호원에게 무장을 시켜야 할까, 시키지 말아야 할까? 나는 사람을 죽이게 했어. 내 믿음 때문에, 그들의 믿음 때문에, 내가 말한 것들 때문에. 나는 조직을 이끌고 있는데, 이 조직은 매우 좋은 뭔가를 한다고 말할 수 있겠지. 당신들도 알다시피 이건 유서 깊은 기독교의 격원이야. '빛이 더 밝을수록, 벌레도 더 많아진다.' 그래서 내 생각에는 우리가 가진 것이야말로 매우 밝은 빛이라는 거야." 마치 실력도 없으면서 허세로 자신의 박식함을 입증하려는 사람처럼, 그는 '격언'이란 단어조차도 '격원'으로 잘못 발음했다.

자신들이 느끼는 걱정을 솔직하고도 사적으로 제기했음에도 여성 9인조는 바라던 답변을 (아마도 전혀) 얻지 못했다. 라니에르는 이들의 불만 사항에 대응하기를 거부했고 그 어떤 잘못도 시인하지 않았다. 이런 반응에 완전히 질려 버린 9인조는 넥시움을 탈퇴해 버렸다. 이때까지 라니에르가 감내해야 했던 고위층 구성원의 의도적인 이탈 중에서도 가장 대규모였다. 게다가 이 사건은 하필 넥시움의 최대 위업 가운데 하나가 달성된 직후에 벌어진 것이었다. 그 위업이란 새러 브론프먼이 불교 승려 텐진 돈덴Tenzin Dhonden과의 연줄을 통해 달라이 라마를 설득해서 올버니로 데려온 다음, 브론프먼 자매와 함께 무대에 올라서 '어려운 시대의 공감적 윤리'라는 제목으로 강연하게 만든 것이었다.

이 강연의 서두에서 달라이 라마는 이들 자매를 콕 집어서 감사를 전했으며, 맨 앞줄에 앉아 있는 "존경하는 교사분들과 제가 보기에는 지도자인 분들"에게도 손을 흔들었다. 여기서 그가 말한 사람들은 키스 라니에르와 낸시 솔즈먼이었다. 그러나 9인조가 탈퇴한 이후, 라니에르가 달라이 라마를 이용해서 얻으려고 했던 성스러운 분위기는 사라져 버리고 말았으며(달라이 라마는 그날 저녁에 라니에르의 목에 하얀색 목도리를 걸쳐 주기까지 했다), 모두들 이제는 구성원들의 탈퇴와 불법 행위를 둘러싼 소문에 관해서만 이야기를 주고받았다. 라니에르는 클레어 브론프먼의 돈을 이용해서 소송을 제기했지만, 수전 돈스는 각 사건마다 직접 변론을 담당함으로써 자기를 위협하는 상대측 고액 변호사들을 상대로 승소했다.

2017년:

세라
에드먼슨

'넥시움 9인조'의 탈퇴 이후, 넥시움 본부의 잘못된 운영에 대한 의구심이 확산되기 시작했다. 키스 라니에르에게 대면 질문을 던지는 것이 이른바 '윤리적 위반'으로 간주될 수 있음에도 그렇게 된 것이다. 수전 돈스와 바버라 부셰이가 공개적으로 제기한 고발(재정적 부정행위와 점점 더 무모해지는 세금 회피에 관한 내용이었다)로 인해서 넥시움의 지부가 있는 밴쿠버, 멕시코, 뉴욕시의 관리자들도 우려를 표출하기 시작했다. 이 사건으로 인한 파장을 고려해 볼 때, 지각 있는 사람이라면 지금이 새로운 금융 사기 계획을 시작하거나, 심지어 '선도자'를 궁극적인 '큰 주인님'으로 삼는 성 노예들의 위계질서에 근거한 조직을 시작하기에는 유리한 시기라고 생각하지 않았을 것이다. 하지만 라니에르는 자기가 수천 명을 좌우하는 이런 조직을 예전부터 구상해 왔으며, 언젠가는 선출직 정치인까지 끌어들이고 싶어 했다. 특유의 설익은 방식으로 라니에르는 이 집단을 '도미누스 옵세키우스 소로리움Dominus Obsequious Sororium'이라고 명명했는데, 원래는 라틴어로 '노예 여성들을 다스리는 주인'이라는 뜻을 의도했다지만 실제로는 아예 말이 되지 않았다. 엉뚱한 어원, 착각한 어휘, 잘못된 철자가 뒤섞이면서 '자매들드을의 적극적인 주인'에 가까운 뜻이 된 것이다. 하지만 사람들은 이미 자니스JNESS 같은 무의미한 약자며, 넥시움NXIVM 같은 가짜 브랜드명에 익숙해진 상태이다 보니, 어느 누구도 라니에르의 유치한 실수를 굳이 지적하지 않았다. 이 새로운 집단은 전적으로 초청을 통해서만 가입할 수 있다는 입소문을 통해 오히려 성장했으며, 1980년대의 마이크로소프트 운영 체제와 이름이 똑같은 D⊕S라는 약자로만 지칭되었다.

하지만 이런 이름조차도 그 집단에서 가장 잘못 고안한 부분은 아니었다. 로런 솔즈먼과 앨리슨 맥 같은 최고위 모집책은 입문을 희망하는 사람들에게 집단의 성적인 성격에 대해서는 철저히 언급을 피했으며, (이미 계급 시스템에서 진급하기를 열망하던) 넥시움의 구성원 중에서 '최고 기밀 여성 집단'을 선발한다고만 홍보했다. 솔즈먼이 2016년에 새러 에드먼슨Sarah Edmondson을 영입하려 하면서 했던 말도 딱 그것이었다. "당신은 스스로의 성장에 얼마나 헌신하고 있나요?" 에드먼슨은 자신이 쓴 『상처: 내 삶을 속박했던 컬트 넥시움으로부터의 탈출 실화Scarred: The True Story of How I Escaped NXIVM, the Cult That Bound My Life』에서 이때 솔즈먼에게 다음과 같이 대답했다고, 지금 와서 돌아보면 위험천만할 정도로 순진했었다고 기록했다. "무슨 대가를 치르더라도 괜찮죠, 당연히."

할리우드의 중견 배우 겸 성우였던 에드먼슨은 수십 년간 영화와 TV에 출연하면서 미국과 캐나다의 수많은 연예인과 깊은 관계를 맺고 있었다. 그녀는 넥시움의 최고 모집책 가운데 한 명으로 간주되는데, 대개는 본인이 직접 강좌를 조직하고 종종 지도하기까지 했던 밴쿠버 지부를 통해서였다. 로런 솔즈먼은 줄곧 가까운 친구로 지내면서 에드먼슨의 아들의 대모가 되어 주기도 했고, 에드먼슨이 브라운 대학 풋볼 쿼터백 출신의 넥시언 동료 앤서니 에임스와 결혼할 때는 집전자가 되어 주기도 했다. 에드먼슨은 솔즈먼을 무조건 신뢰했다.

하지만 에드먼슨은 비밀 소조직 가입을 위한 사전 조건, 즉 솔즈먼이 '담보물'이라고 지칭한 것의 정체를 알게 되자 당황할 수밖에 없었다. 자기 부모와 남편이 천인공노할 행동을 했다고 거짓으로 비난하는 내용의 영상을 찍어야 한다는 것이었다. 하지만 에드먼슨은 이 집단에서 가장 친한 친구인 솔즈먼이 자기를 잘못된 길로 이끌 것이라고는 믿지 않았기에, 순종을 맹세하기로, 자신의 가입을 남편에게도 비밀로 하기로("이것이야말로 당신이 스스로 성장하기 위해서 내리는 사적인 선택이니까요." 솔즈먼은 이렇게 설명했다), 심지어 더 기묘하게도 자기 친구를 '주인님'이라고 부르기로 합의했다. 솔즈먼은 이 경칭이 그저 형식에 불과하다면서 다

음과 같은 농담으로 얼버무렸다. "그렇다고 당신이 철창이나 뭐 그런 데 간히게 된다는 뜻은 아니에요."⁹⁰

이런 농담을 듣자 에드먼슨도 긴장이 풀렸다. 게다가 다른 D⊕S 가입자들과 마찬가지로 에드먼슨은 자니스에서 내세운 원칙들을 이미 내면화한 상태였다. 여기서 말하는 원칙들이란 여성은 원체 나약하고, 잘 망가지고, 끈기가 부족하다는 등의 내용이었다. 에드먼슨은 가장 강하고도 가장 이상적인 버전의 자기 자신이 되도록 도와줄 자매회의 일부가 된다는 생각이 마음에 들었다. 하지만 '담보물'을 넘겨주자마자 솔즈먼의 태도가 변했다. 언제 어디서든 주인님이 문자를 보내면 60초 안에 답변할 의무가 있다고 에드먼슨에게 통보한 것이다. 아울러 그녀에게도 자기만의 노예를 영입하라고 권유하면서, 그렇게 하면 그녀도 역시 '주인님'이 될 수 있다고 설명했다.

경고의 징후는 처음부터 있었다. 솔즈먼이 보인 갑작스러운 어조의 변화며, 그녀의 요구에서 드러나는 생색의 기미만 놓고 보아도, 주인님이라는 호칭이 단지 형식에 불과하다는 앞서의 장담은 거짓임이 드러났기 때문이다. 에드먼슨에게 마음대로 명령할 수 있게 되자, 솔즈먼은 인정 넘치는 우정의 손길을 내버린 것처럼 보였다. 하지만 이런 불안한 전개에도 불구하고 에드먼슨은 솔즈먼이 쥐고 있는 담보물 때문에 위축될 수밖에 없었다.⁹¹ D⊕S에 가입하고 몇 달 뒤에 솔즈먼이 자신들의 새로운 관계를 공식화할 입문식을 치를 예정이니 비행기를 타고 올버니로 오라고 요청했을 때 에드먼슨이 순순히 응했던 이유도 그래서였다. 『상처: 내 삶을 속박했던 컬트 넥시움으로부터의 탈출 실화』에 따르면, 2017년 3월 9일에 에드먼슨은 다른 여성 네 명과 함께 눈가리개를 하고 솔즈먼에게 이끌려 어떤 집으로 들어갔다. 그녀가 말해 주지는 않았지만, 에드먼슨은 눈가리개 너머로 엿보자마자 그곳이 어디인지를 알아챘다. 바로 앨리슨 맥의 집이었다. 비록 그 여배우의 모습은 어디에도 없었지만 말이다.

곧이어 솔즈먼은 여자들을 다른 방으로 데려간 다음, 각자의 눈가리개를 풀고 속옷도 벗으라고 말했다. 에드먼슨은 여러 해 동안 넥시움에서 열린 각종 행사에서 안면을 익힌 다른 여성들을 알아볼 수 있었다. 또한 방 안에 커다란 마사지 테이블이 있음을 깨달았다. 솔즈먼은 입문식의 일환으로 4대 원소를 나타내는 상징의 문신을 동전 크기만 하게 새길 것이라고 말했다. 에드먼슨은 이제껏 한 번도 문신을 새긴 적이 없었고, 이제 와서 굳이 하나를 새기고 싶은 마음도 없었다. 그런데 그녀가 사양하겠다고 말하자, 솔즈먼은 전형적인 넥시언의 태도를 드러내면서 이런 저항이야말로 극복해야 할 장애물이라고 규정해 버렸다. "그게 무슨 뜻이라고 생각하나요?" 솔즈먼이 물었다. "만약 그게 당신의 몸으로 상징화된 당신의 성격과 당신의 힘을 나타내는 것이라면 어떻게 할 건가요?" 그래서 에드먼슨은 꾹 참고 이의를 제기하지 않았다. 곧이어 오랜 경력을 지닌 넥시언이자 의사인 대니얼 로버스Danielle Roberts가 방으로 들어오자, 그녀는 조금이나마 안심했다. 최소한 의료 전문가가 문신을 새길 예정이었기 때문이다.

하지만 솔즈먼이 청바지를 벗으면서 자기 골반 부위에 새겨진 표식을 드러내자, 그나마 있던 안도의 감정마저 싹 사라지고 말았다. 에드먼슨은 그 표식을 보고 질겁했다. 문신이 아니라 낙인이었으며, 부풀어 오르고 아직 아물지 않은 상처가 "마치 공중에 매달린 고깃덩어리처럼 … 그녀의 몸에서도 가장 예민한 부위에" 나 있었기 때문이다.[92] 에드먼슨은 그런 낙인을 결코 찍고 싶지 않았지만 차마 그곳을 떠날 수가 없었다. 솔즈먼이 여전히 담보물, 즉 자기 부모와 남편의 천인공노할 행동에 대한 허위 증언을 갖고 있었기 때문이다. 솔즈먼의 저 불안하고도 변화된 태도를 고려할 때, 이제는 상대가 실제로 담보물을 사용할 수도 있겠다는 생각이 들었다.

그리하여 에드먼슨은 착용하라고 지시받은 위생용 안면 보호 마스크를 썼다. 그러고는 역시나 지시받은 대로 첫 번째 노예의 다리를 붙드는 일을 도왔는데, 그사이에 대니얼 로버츠가 전기 소작기를 그 여성의 피부에 그었다. 이 과정은 45분이나 걸렸으며, 방 안에 있는 모든 사람이 고통의 비명을 들을 수밖에 없었다. 자기 차례가 되자 에드먼슨도 테이블에 올라가 누웠다. 솔즈먼의 재촉에 그녀는 다음과 같이 말했다. "주인님, 저에게 낙인을 찍어 주시겠습니까? 그렇게 해 주시면 영광이겠습니다."[93] 곧 이어 에드먼슨은 로버츠가 타오를 정도로 뜨거운 소작기를 피부에 긋는 동안 가만히 누워 있으려고 최선을 다했다.

몇 주 뒤에 상처가 아물기 시작하자 에드먼슨도 그 낙인을 더 잘 알아볼 수 있었다. 그런데 4대 원소의 상징이라고는 전혀 찾아볼 수 없었다. 대신 알파벳 네 개만 새겨져 있었다. A와 m이 한 덩어리였고, K와 R이 다른 한 덩어리였다. 결국 앨리슨 맥과 키스 라니에르의 이름 머리글자가 그녀의 피부에 영원히 새겨진 셈이었다.

이 시점부터 에드먼슨은 무기력감에서 벗어나 점차 격분하게 되었다. DOS가 오로지 여성으로만 구성되었다는 주장에도 불구하고, 이제 그녀는 키스 라니에르가 이 조직에 관여하고 있음을 확신하게 되었다. 담보물은 물론이고 이 불필요하고 고통스러운 낙인을 지시한 이도 결국 그였던 것이다. 낙인에 라니에르의 서명이 새겨져 있었기 때문이다. 이런 의구심을 털어놓기 위해서 그녀는 10년도 더 전에 자신을 넥시움으로 영입했던 영화 제작자 마크 비센테에게 연락했다. 그들 부부 역시 이미 탈퇴를 결심한 상태였다. 에드먼슨은 동맹자를 찾으려는 마음으로 그와 통화했다.

비센테도 유사한 의구심을 품고 있었다. 그는 올버니에서 젊은 여성들에게 벌어지고 있는 일이 자기한테는 영 불편했다고 에드먼슨에게 말했다. "뭔가 또 다른 '줄의 길'이 있는 것 같아." 그의 말이었다. "그리고 앨리슨 맥이 그 맨 꼭대기에 있는 것 같아."

집단 내의 여성들은 라니에르와 잠자리를 함께하라는 협박을 당하고 있었다.[94] 자기가 실제로 그렇게 했다는 사실을 입증하기 위해 기념 촬영까지 해야 했고, 미리 다음과 같은 지시를 받기도 했다. "당신은 그걸 즐기도록 허락을 받았습니다." 비센테의 폭로는 넥시움의 조직 구조 배후에 놓인 뒤틀린 논리를 보여 주었다. 넥시움의 각 부문은 진공 상태로 운영되어서, 한 사람이 뭘 하는지를 다른 사람이 전혀 알지 못했다. 비록 비센테와 에드먼슨 모두 고위급 넥시언이었지만, DOS라는 퍼즐에 대해서는 그저 파편적으로만 알고 있었다.

에드먼슨은 자기가 그 일의 일부가 되도록 영입되었음을 깨달았다. 본인의 체중이 50킬로그램 이상이었기 때문에 라니에르에게 봉사하도록 선택되지는 않았으리라 짐작했다. 대신 에드먼슨은 이 프로그램의 최고 판매 사원 중 하나였으며, 향후의 영입 대상인 가장 이상적인 후보들도 낸시 솔즈먼이 이미 골라놓은 상태였다. 밴쿠버 지부의 페이스북 페이지를 토대로 지목된 여성들은 하나같이 무척이나 매력적인 외모였다. 에드먼슨은 혐오감을 느낀 나머지, 담보물 따위는 상관없이 곧바로 FBI에 신고하기로 결심했다.

에드먼슨은 한 시간에 걸쳐서 자신과 다른 사람들이 당한 일을 연방 당국자들에게 설명했고, 넥시움에서 12년 동안 겪은 일이며 가장 최근의 사건인 D⊕S의 약탈적 악몽에 대해서 상술했다. 『뉴욕 타임스』의 배리 마이어Barry Meier의 보도에 따르면, "에드먼슨은 라니에르의 추종자로서 낙인찍기를 수행한 현직 정골整骨 의사 대니얼 로버츠를 뉴욕주 보건부에 고발했다"고 한다.[95]

곧이어 에드먼슨은 자기 경험담을 언론 매체에 알렸다. 우선 프랭크 팔라토와 접촉했는데, 이 블로거로 말하자면 처음에는 넥시움의 적들을 흠집 내기 위한 목적으로 키스 라니에르에게 고용된 사람이었다. 하지만 팔라토는 이 지도자에 관해서 알아낸 내용에 점차 경악하게 되었는데, 그 시작은 브론프먼 자매의 돈을 가져다 어설프게 생필품 관련주에 투자했다가 수천만 달러를 날린 사건이었다. 팔라토가 브론프먼 자매에게 재정 손실에 관해서 물어보았다는 이야기를 들은 라니에르는 그를 해고하고 법정 소송까지 끌고 갔던 모양인데, 팔라토는 이에 격분한 나머지 지칠 줄 모르고 넥시움을 흠집 내기 시작했다. 2017년에 라니에르가 브론프먼 자매를 등쳐 먹는 일을 넘어 신체 훼손으로까지 나아갔다는 에드먼슨의 제보가 들어오자, 팔라토는 철천지원수에게 복수하기 위해 관련 기사를 보도할 기회를 잽싸게 붙잡았다.

팔라토의 보도는 여성의 몸에 낙인을 찍는 집단이 넥시움 내부에 존재한다는 사실을 최초로 폭로했다. 그러나 일부 사람만 탈퇴했을 뿐, 넥시움 가입자 상당수는 여전히 남아 있었으며, 오히려 에드먼슨을 "울화를 터트리는 나약한 여성"이라고 비난하며 외면했다.[96] 사법 기관의 반응도 이와 유사하게 실망스러웠다. 이때까지는 그녀의 주장으로부터 아무런 결과가 나오지 않았다. 이에 에드먼슨은 노력을 배가했다.

넥시언들은 팔라토를 원한에 사로잡힌 옛 직원이라고 일축했지만, 이후에 폭로된 『뉴욕 타임스』의 보도를 부정하기는 어려웠다. 2017년 10월 17일, 『뉴욕 타임스』 기자 배리 마이어가 「여성에게 낙인을 찍는 비밀 집단의 내부Inside a Secretive Group Where Women Are Branded」라는 제목의 1면 기사를 보도했다. 이후 주류 언론 매체에서 보도가 폭발적으로 늘어났다. ABC 방송국의 〈20/20〉에서도 이 내용을 다루면서 마크 비센테, 토니 내털리, 새러 에드먼슨과 인터뷰했다.[97] 『바이스』에서는 프랭크 팔라토의 약력을 소개했다.[98] 〈다이너스티〉의 여배우 캐서린 옥센버그도 메긴 켈리의 아침 쇼에 출연해서, 자기 딸 인디아도 낙인 찍힌 DⓉS 노예가 된 것 같아 두렵다며 전 세계에 호소했다.[99] 이런 전국적 관심으로 인해 결국 FBI도 넥시움에 관한 수사를 개시했으며, 에드먼슨을 다시 불러 꼬박 이틀 반나절 동안 자세한 질문을 던졌다.[100]

2019년:

피라미드가 무너지다

D⊕S에 가입한 여성 여러 명이 연방 사법 기관과 면담했다는 소식을 전해 듣자마자 키스 라니에르는 멕시코의 푸에르토바야르타에 있는 담장 두른 주택 단지로 도주했는데, 그곳의 주택 한 곳에 머무는 비용은 일주일에 최대 1만 달러였다. D⊕S 가입자이며 이른바 최고위 노예들인 앨리슨 맥과 로런 솔즈먼을 비롯한 여성 다섯 명도 그곳으로 따라갔으며, 모든 여성이 동시에 성관계를 맺는 내용으로 알려진 '재헌신 예식'을 계획했다. 나중의 법정 증언에서 솔즈먼은 그 당시에 이런 생각을 했었다고 회고했다. "이 것 말고도 내가 성장할 방법이 분명히 있었을 텐데. 집단 구강성교를 하는 것 말고는 내가 성장할 방법이 전혀 없었던 걸까?"[101]

솔즈먼과 다른 사람들에게는 다행히도 이 '예식'이 실현되지 않았다. 2018년 3월 25일, 멕시코 연방 정부군이 당시 58세였던 키스 라니에르 의 태평양 연안 도피처를 급습했을 때, 솔즈먼은 아래층에서 스무디를 만 들고 있었다. 정부군이 건물로 몰려오자 솔즈먼은 라니에르를 보호하기 위해, 또는 그가 숨는 걸 도와주기 위해 위층 침실로 달려갔다. 군인들이 문을 두들기다가 마침내 부수고 들어왔을 때, 솔즈먼은 바닥에 웅크리고 있었다.[102] "그 시간 내내 저는 그들이 이 문에다가 그냥 총을 쏴 버릴 거라 고 생각했고, 그걸 정말로 당연하게 생각했습니다. '이제 나는 총에 맞겠 구나.'" 나중에 그녀는 법정에서 이렇게 회고했다. 그 와중에 라니에르는 벽장에 숨었다. 군인들이 들어오자 솔즈먼은 본능적으로 '선도자'의 이름 을 부르는 바람에 그의 위치를 노출시키고 말았다. "저는 지금껏 우리가 줄곧 훈련받았다고 믿었던 것을 선택했습니다. 저는 사랑을 선택했습니 다." 그녀는 법정에서 이렇게 말했다. "저는 키스를 선택할 것이지만, 키스 역시 키스 자신을 선택할 거라는 생각은 전혀 떠오르지 않았습니다."

멕시코 정부는 체포 직후에 라니에르를 추방하여 뉴욕으로 돌려보냈다. 그곳에서 그는 "공갈 협박, 강제 노동 모의, 통신 사기 모의, 성 착취" 피의자가 되었다.[105] 연방 당국에서는 (그가 훗날 법정에서 주장하려 한 것처럼 앨리슨 맥이 아니라) 라니에르가 D⊕S를 만들었다고 믿었다. 연방 당국에서는 여러 명의 여성을 강압해서 성관계를 갖게 만들고, 이후 자신의 이름 머리글자가 새겨진 낙인을 찍었다는 혐의로 그를 기소했다. 그런데 라니에르가 집단의 배후 주모자라는 혐의로 소송이 진행되기는 했지만, 이후의 다른 소송에서는 여러 공모자의 협조 없이는 그 혼자서 D⊕S를 만들지 못했으리라는 사실이 입증되고 말았다. 그 결과 클레어 브론프먼, 로런 솔즈먼, 낸시 솔즈먼, 앨리슨 맥, 넥시움의 회계 담당자 캐시 러셀 Kathy Russell에게도 유사한 혐의가 적용되었다.

2019년 4월 2일, 로런 솔즈먼은 공갈 협박 혐의에 대해 시인했고, 다니엘라를 2년간 감금하는 데 일조했다는 점도 시인했다. 법정에서 그녀는 참회하면서 이렇게 말했다. "저의 어설픈 의사 결정에 대해서, 아울러 이 사건의 희생자뿐만 아니라 우리 공동체의 구성원 수백 명과 그 친구와 가족 모두를 비롯한 많은 사람에게 해악을 초래한 결정에 대해서 매우 죄송하게 생각합니다."[104]

4월 8일, CW 채널의 전직 여배우 앨리슨 맥이 공갈 협박 모의 한 건과 공갈 협박 한 건에 대해 시인했다. 법정에서도 여성들을 라니에르의 명령에 복종하도록 만들기 위해 집단 내에서 '담보물'로 일컬어지던 "부끄러운 정보와 사진"을 내놓도록 강요했음을 시인했다.[105] 그녀는 징역 3년형에 벌금 2만 달러를 선고받았다.

일명 '대표자' 낸시 솔즈먼, 억만장자 상속녀 클레어 브론프먼, 회계 담당자 캐시 러셀 역시 넥시움과 관련된 범죄에 대해서 시인했다. 법정에서 브론프먼은 참회를 표시했지만, 판사는 이조차도 라니에르에 대한 지속적인 믿음에 기반했다고 보았다. 그 결과 판사는 그녀에게 검찰 구형보다 더 높은 징역 6년 9개월을 선고했다.

2022년 2월에 낸시 솔즈먼은 웨스트버지니아주 앨더슨 소재 연방 교도소에서 공갈 협박 모의 죄로 3년 6개월의 복역을 시작했다. 로런 솔즈먼과 캐시 러셀은 모두 징역을 면하는 대신 각각 보호 관찰 5년과 2년에 사회봉사를 선고받았다.

2019년 5월 7일, 체포된 지 1년이 조금 지나서야 키스 라니에르가 마침내 브루클린 연방 지방 법원에 출두했다. 토니 내털리는 법정 저편에서 공판을 지켜보았다. 앞서 잠시 기회를 얻어 이야기를 나누었을 때, 라니에르는 두 사람이 다음에 만날 때는 내털리가 이미 죽었거나, 아니면 감옥에 들어가 있을 거라고 예언했다. 하지만 그의 예언과 달리 실상은 정반대였다. 자유롭게 돌아다니는 쪽은 오히려 내털리였고, 창살에 갇혀서 힘든 시간을 겪는 쪽은 라니에르였다.

검사보 타니아 하자는 모두 진술에서 이렇게 말했다. "피고는 스승으로 자처했지만 실제로는 포식자였습니다. 젊은 여성들을 노렸고, 일부를 골라 특별한 관심을 제공했지만, 어디까지나 핑계에 불과했습니다. 그들을 지도하고 가르치겠다고 제안했지만, 그건 어디까지나 성관계를 위해 조련하려는 구실에 불과했던 것입니다."[106]

키스 라니에르의 변호사 마크 아그니필로Marc Agnifilo는 모두 진술에서 피고를 던커크 철수 직후 영국을 지키기로 맹세했던 윈스턴 처칠에 비견했고, 그의 모든 행동은 선의에서 비롯된 것이었다고 주장했다. 변호사는 DΘS를 회원들이 "각자의 삶을 더 낫게 만들" 수 있도록 결성된 "자매회"라고 규정했다. 아울러 무려 1만 7천 명 이상이 넥시움 과정을 수강했고, 그중 상당수는 이로부터 뭔가 놀라운 것을 얻었다고 지적했다.[107]

하지만 아그니필로의 주장은 재판에서 설득력을 얻지 못했다. 무려 사흘에 걸친 힘겨운 증언 과정에서 로런 솔즈먼은 '선도자' 키스 라니에르와 자신의 관계에 대해 배심원들에게 설명했다. 라니에르가 자신에게 아기를 낳자고 약속했지만 결국 아무것도 남겨 주지 않았다고도 말했다. 아울러 그를 향한 자기 감정의 깊이를 설명하면서 이렇게 말했다. "그는 저의 주인님입니다. 저의 가장 중요한 사람입니다. 저는 그를 우러러봅니다.

저는 그와 같이 되고 싶습니다."[108]

솔즈먼은 라니에르를 향한 사랑 때문에 자기가 식단을 조절했고, 일주일에 세 번 자기 음부의 근접 사진을 찍어서 보냈으며, 그가 D⊕S를 위한 일부다처주의 규정집을 고안하게끔 도와주었다고 배심원들에게 말했다.[109] 아울러 자기가 그의 명령에 따라서 했던 일 중에서 최악의 사례는 여러 해 전에 다니엘라의 감금을 도왔던 것이었다고 잘못을 시인했다. 다니엘라가 멕시코로 돌아갈 수 있게끔 이민 서류를 돌려 달라고 간청했지만 솔즈먼은 그 요청을 거부했는데, 그렇게 함으로써 자기가 라니에르의 눈에 책임감 있는 부모처럼 보일 것이라고, 그리하여 오래전에 약속했던 아기를 갖게 해 줄 것이라고 믿어서였다.[110]

곧이어 변호사가 다니엘라를 증인석으로 불러냈다. 그녀는 라니에르가 실제로 자신을 2년간 감금했다고 증언했다. 비록 방문에는 자물쇠가 걸려 있지 않지만 그곳은 이름만 방이었지 실제로는 감옥이었는데, 그녀의 부모가 철저한 넥시언이었기 때문이라고 했다. 라니에르는 다니엘라의 부모에게 당신들의 딸이 '윤리적 위반'을 저질렀으며, 그 감금은 과도한 오만을 치료하려는 의도였다고 설명했지만, 사실은 다니엘라가 다른 남자에게 관심을 드러냈기 때문에 자유를 박탈한 것에 불과했다.

니콜이라는 가명으로만 언급된 한 여배우는 앨리슨 맥을 통해 D⊕S에 영입되었으며, 테이블에 묶인 상태에서 누군지 알 수 없는 사람에게 구강성교를 당했던 섬뜩한 경험에 대해서 증언했다.[111] 승마 유망주였던 실비는 라니에르를 유혹하도록 강압받았던 일을 증언하며 눈물을 터트렸다.[112] 하지만 검찰 측 증인들에게서 나온 라니에르의 행동에 관한 온갖 무시무시한 증언에도 불구하고, 피고 측 변호사 아그니필로는 이 구루의 모든 관계는 전적으로 상호 합의에 의거했다고 주장했다.[113]

증언이 시작된 지 6주 만인 2019년 6월 19일, 배심원들은 만장일치 평결을 내렸다. 공갈 협박, 강제 노동, 성 착취를 비롯한 혐의 일곱 건 모두에 대한 유죄 판결이었다.[114] 평결이 발표되는 동안 토니 내털리는 마치 조롱이라도 하듯 '죄수' 복장을 연상시키는 줄무늬 셔츠를 입고 있었다.

그로부터 1년이 더 지난 2020년 10월 27일에 키스 라니에르는 징역 120년에 벌금 175만 달러를 선고받았다. 피해자들 앞에서 읽은 성명에서는 자신의 무고함을 주장하며, 증인 가운데 상당수가 거짓말을 했다고 말했지만, 자기가 일으킨 고통과 분노에 대해서는 "매우 미안하다"고 덧붙였다. "지금의 처지는 제가 자초한 것입니다." 그는 기묘하게 과장된 참회 표명에서 이렇게 말했다. "이 모두는 제가 저지른 것입니다."

2021년 1월 21일, 라니에르는 브루클린 메트로폴리탄 구치소를 떠나 애리조나주 투손에 있는 경비가 삼엄한 연방 교도소로 이감되었다. 이 시설에서는 성범죄자 관리 프로그램을 제공하기 때문에, 그는 래리 나사르Larry Nassar 같은 수감자들과 함께 남은 평생을 보내게 될 가능성이 크다. 나사르로 말하자면 한때 미국 국가대표 체조 선수단의 주치의였던 연쇄 강간범 겸 아동 학대범으로, 각종 혐의에 대해 징역 60년, 125년, 175년을 중복으로 선고받아 현재 복역 중이다. 재소자 가운데 70퍼센트 내지 80퍼센트가 성범죄자인 투손의 교도소에서는 라니에르도 '선도자'라는 호칭을 사용할 수 없게 되고 말았다. 대신 그는 자기에게 무척이나 잘 어울리는 새로운 호칭으로 통하게 되었다. 바로 '연방 재소자 57005-177번'이다.[115]

8

크레도니아 음웨린데와
하느님의 십계명 회복 운동

크레도니아 음웨린데는 생애 대부분에 걸쳐 남들의 주목을 피해 왔는데, 아마도 의도적이었을 가능성이 크다. 우간다 남서부의 외딴 시골에서 태어난 그녀는 심지어 역사상 가장 가혹하고 가장 성공한 종말론 컬트 가운데 하나인 '하느님의 십계명 회복 운동'을 건설하는 과정에서도 철저히 사람들의 이목을 피해 왔다. 음웨린데는 이목보다 돈을 선호했으며, 이를 추구하는 과정에서 잔혹하기 그지없었다. 추종자들은 각자의 세속 재산 모두를 십계명 회복 운동에 넘겨주고, 거룩한 예속 상태에서 살아갔다. 하수인들은 그녀의 앞길을 막아서는 사람은 누구든지 겁박했다. 하지만 음웨린데가 예언한 종말이 (1992년, 1995년, 1999년에) 무려 세 번이나 연속해서 나타나지 않자, 십계명 운동의 구성원들도 돌아서기 시작했다. 마지막이 가까웠음을 감지한 그녀는 자기네 거주 시설 여러 곳에서 체계적인 말살을 명령했고, 무려 5백 명이 넘는 충성스러운 추종자들을 목조 건물에 모아 놓고 출입문을 잠근 다음, 구조물과 사람 모두를 불태워 없앴다. 음웨린데는 십계명 운동의 자금을 챙겨 달아났으며, 이후 전혀 모습을 드러내지 않았다.

ESCAPE　　　CREDONIA MWERINDE

거룩한 환상과 집단 살인

크레도니아 음웨린데Credonia Mwerinde는 악명 높은 컬트 지도자 모두를 통틀어 가장 많은 사망자를 낳았다고 간주될 만한 인물이다. 2000년 3월 17일, 하느님의 십계명 회복 운동Movement for the Restoration of the Ten Commandments of God의 핵심 거주 시설인 이샤유리로리아마리아Ishayuriro-rya-Maria, 즉 성모구조장聖母救助場에서 그녀는 추종자 가운데 5백 명 이상을 방주라고 일컬어지던 목제 건물로 데려갔는데, 그곳에는 이미 20리터짜리 휘발유통 68개가 줄줄이 비치되어 있었다. 곧이어 컬트의 고위 여사제로서 입문자들에게는 '설계자'로 통하던 음웨린데가 건물 밖으로 나오더니 나무 빗장을 밀어서 방주의 문을 잠갔다. 그리고 탈출할 길이 전혀 없다는 사실을 알고 있음에도 그녀는 불타기 쉬운 이 건물에 불을 질렀다. 이렇게 번진 불길이 워낙 사나웠기 때문에 그 지역 병리학자들은 처음에는 건물 안에 갇힌 열성 신자들의 머리가 폭발했다고 믿었을 정도였다. 하지만 실제로는 시신이 불타면서 두개골이 부서지기 쉬운 상태로 변했고, 머리 위에 있던 구조물이 와해되면서 떨어진 서까래에 유해가 산산조각 났을 가능성이 더 크다.

하지만 나중에 밝혀진 바에 따르면, 이 섬뜩한 사건은 음웨린데가 저지른 것으로 추정되는 집단 말살의 유일한 사례가 아니었다. 화재가 벌어진 직후, 수사관들은 카눙구 지구 곳곳에 흩어진 십계명 운동의 거주 시설 세 군데서 집단 무덤을 발굴했다. 발굴된 시신에서는 교살, 자상, 음독의 흔적이 드러났다. 시신들은 이미 부패가 시작된 상태여서, 당국에서 보기에는 성모구조장에서 벌어진 화재보다 최소 일주일 전에 살인이 서둘러 자행된 듯했다. 이 엽기적인 사건을 통해 음웨린데는 무려 1075명 이상

373

의 추종자를 살해하라고 지시한 것으로 알려졌다.

1952년에 우간다의 브윈디 천연림 인근의 목가적인 지역에서 폴 카샤쿠와 파라지아 카샤쿠의 딸로 태어난 음웨린데는 어떻게 해서 자국 역사에 그토록 뚜렷한 핏자국을 남겨 놓게 되었던 걸까? 그녀는 물질적으로 빈곤하게 자라지도 않았다. 가족은 그 나라에서도 상당히 풍요한 지역에 토지, 파인애플 과수원, 사탕수수밭, 환금 작물을 보유하고 있었다. 하지만 음웨린데는 독자적인 야심을 가졌던 것으로 보인다. 그녀는 바나나 맥주 담그는 법을 배웠으며, 지역 술집 주인의 가정에 침투해서 결국 그 가게의 운영권을 넘겨받았다. 음웨린데는 이러한 과정을 여러 번 반복했다. 즉 어느 집안으로 침투해서 가장家長을 매료시킨 다음, 그 사람의 부와 자원을 가져다가 자기 목적에 써먹는 것이었다. 한 곳을 장악하고 나면 다른 곳으로 옮겨 갔다.

술집을 운영하다가 폐점한 직후인 1989년에 음웨린데는 가톨릭이 강세인 지방의 종교 운동에 주목하게 되었다. 권력으로 나아가는 길 중에서 여성이 택할 수 있는 극소수 가운데 하나를 이용하려는 것이었다. 그녀는 성모 마리아가 자신에게 나타났다고 주장했는데, 이런 현상을 '성모 발현'이라고 한다. 그녀가 보기에 교회는 안전할 뿐만 아니라 열성 신자들이 기꺼이 내놓는 안정적인 수입, 뒤탈 없는 권력 구조, 어떤 범죄에도 적용할 수 있는 도덕적 위장을 제공해 주는 듯했다. 우리로서는 애초에 음웨린데가 어디까지 미리 계획을 짜놓은 것인지 알 수 없지만, 그녀는 다시 한번 어느 강력한 인물이 자신의 기술에 주목하도록 만들었다. 그 인물은 바로 부유한 지주이자 가톨릭 학교의 설립자인 조지프 킵웨테레Joseph Kibwetere로, 르와샤마이레에 있는 자기 소유의 넓은 땅에 냐카징가 중등학교를 설립한 바 있었다. 그는 결국 십계명 회복 운동의 명목상 대표가 되었으며, 음웨린데는 남의 이목을 피해 막후 실세로서 이 운동을 운영했다. 이런 선호 때문에 그녀는 '설계자'라는 별명을 얻게 되었다.

이후 10년이 넘도록 음웨린데는 이른바 성모 마리아와의 직접 접촉을 이용해서 '하느님의 십계명 회복 운동'을 고도로 수익성 높은 종교 사업으로 구축할 예정이었다. 그리고 그 자금은 세속적 소유를 전부 포기하고 '설계자'의 명령을 따르기로 약속한 추종자들의 아낌없는 기부로부터 나왔다. 추종자들은 거주 시설을 건설하고, 토지를 경작하고, 인근에서 숙련 및 비숙련 노동력으로 고용되었으며, 그 과정 내내 사실상 아무 대가도 받지 않은 채 음웨린데의 '거룩한 계명'을 위해서 일했다. 추종자들은 각자의 가족과 친구 사이에서 더 많은 사람을 영입했다. 가장 신임받는 몇몇 추종자는 행동 대원이 되어 탈퇴한 자들에게 복수를 가했으며, 때로는 음웨린데의 이름으로 살인을 저지르기도 했다. '설계자'가 자신의 이너 서클에게 장담한 것처럼, 십계명 회복 운동의 구성원은 살인 허가증을 가졌다고 성모 마리아가 그녀에게 말했기 때문이었다.

음웨린데가 얼마나 많은 부를 축적했는지, 훗날 어떻게 이 부를 챙겨서 달아나 자기 재산으로 전환했는지, 어떻게 마지막 탈출에 성공했는지 등의 중대한 질문은 끝내 수수께끼로 남고 말았다. 우간다에서도 좁은 지역에서 일어난 십계명 회복 운동이 전 세계에 알려진 것은 집단 살인 이후였는데, 그때는 이미 그녀가 잠적한 다음이었다. 숱하게 많은 잔혹한 종말론 컬트의 설계자 중에서도 죽지 않고, 처벌을 회피하고, 종적을 감춘 유일한 사례다.

이토록 무자비했던 음웨린데의 소행조차도 당파적 폭력, 종교 전쟁, 식민지 착취, 경제적 약탈로 점철된 우간다의 방대한 역사 속에서는 딱히 두드러질 것이 없다는 사실이야말로 어떤 면에서는 가장 섬뜩하다. 아랍 무역상과 유럽 식민 세력과의 최초 접촉에서부터, 부분적으로는 신앙에 근거하고 부분적으로는 경제적 이익에 근거하여 벌어진 일련의 충돌로 인해 그 나라의 시골 지역은 줄곧 고초를 겪었다. 탐험가와 선교사가 떼 지어 몰려오기 시작한 19세기 이전의 그 지역 역사에 대해서는 확실하게 알려진 것이 거의 없지만, 전통에 따르면 훗날의 우간다 영토 내에서 식민화될 운명이었던 여러 왕국이 저마다의 굳건한 정치 제도를 보유하고 있었다.

정치권력은 항상 영적 권위로부터 지원을 얻었다. 왕국 내부의 수많은 혈족은 카톤다, 카주바, 루항가 같은 여러 가지 이름으로 일컬어진 창조신을 숭배했으며, 이보다는 못한 여러 가지 지역 신과 영혼도 함께 숭배했다. 혈족의 지도자인 '에만드와emandwa'는 이 방대한 신화에서 나름대로 추려 낸 신들을 선호하는 지역 종교를 만들었다. 19세기 중반부터 이 혈족들과 그 문화들은 유럽과 중동에서 온 선교사들로부터 도전을 받았다. 무슬림이 처음 도착했고, 1877년에는 영국 국교회 선교사가 영국 동아프리카 회사를 뒤따라왔다. 사실은 이 회사도 아랍 무역상을 뒤따라 나일강 상류로 거슬러 올라와서 그 수원인 빅토리아 호숫가의 도시 진자에 도착했던 것이었다. 그로부터 2년 뒤인 1879년에 영국 국교회 선교사를 뒤따라서 프랑스 가톨릭 선교사의 두 번째 물결이 당도했다. 여러 부족과 식민 강대국 사이의 무역 협정이 체결되면서 외양뿐인 종교 전쟁이 발발했는데, 처음에는 무슬림과 기독교인 사이에서 벌어졌고, 나중에는 프로테스탄트와 가톨릭 사이에서 벌어졌다. 이런 갈등은 유혈극으로 변모할 위협이 있었고 실제로도 그러했는데, 어느 한쪽이 진보된 서양 무기를 공급받을 때 특히나 더했다.

이처럼 중첩된 갈등의 혼돈으로 인해 1894년에 영국 보호령이 수립되었는데, 그 목적은 나라를 평화롭게 만드는 것이라기보다는 오히려 폭력으로 인한 경제 손실을 최소화하는 것이었다. 보호령은 식민 통치가 종식된 1962년까지 지속됐으며, 이후 신생 해방 국가에서는 영국 총독 대신 아폴로 밀턴 오보테Apollo Milton Obote가 권좌에 올랐다. 이 신임 총리는 (훗날 대통령이 되었는데) 권력을 차지하는 과정에서 영국군 내에서 가장 높이 승진한 아프리카 국적자이자 무자비한 이디 아민 다다Idi Amin Dada로부터 지원을 받았다. 아민은 영국이 케냐의 마우마우 반란을 진압하는 데도, 소말리아에서 반란 위협을 제거하는 데도 도움을 주었다.

오보테는 피에 굶주린 군 총사령관과 불편한 동맹을 맺은 셈이었다. 그는 아민이 간단한 임무조차도 잔혹한 겁박 행위로 변모시킨다는 사실을 알고 있었다. 예를 들어 나이로비에서 소도둑을 단속하라고 지시했는데, 아민의 군인들은 범인을 고문해서 죽이거나 심지어 산 채로 불태워 죽였다. 그럼에도 오보테는 아민을 군 총사령관으로 삼았으며, 그와 손잡고 수익성 높은 밀수 사업을 수립했다.

훗날 이디 아민이 35만 달러어치의 금과 상아를 받는 대가로 콩고 반란군에게 무기를 제공한 착복 사실이 발각되었다. 일찍이 오보테와 권력을 공유하도록 영국이 옹립한 전통 왕국 부간다의 무테사 2세가 이러한 절도 행위를 강력하게 비판하자, 아민과 오보테는 그를 외국으로 추방하고 자신들의 권력을 강화했다. 잔혹하기로 악명이 높았던 오보테의 치세도 1971년에 아민이 단독으로 권력을 장악하면서 종식되고 말았다.

여섯 명의 아내와 최대 서른 명의 애인을 각지에 두고 있었던 이디 아민은 처음에는 카리스마적인 해방자로 찬미되었다. 망명 중인 무테사 2세의 귀국을 허락하고 오보테 진영의 정치범들을 사면하면서, 자신의 너그러움을 과시했던 것이다. 하지만 겉으로는 자비로운 행동으로 신문 머리

기사를 장식하면서, 뒤에서는 암살조를 투입해서 오보테에게 충성한다고 간주되는 아촐리와 랑고 부족 출신의 병사들을 살해했다. 머지않아 그는 경제적 여파에 대해서는 아무런 고려 없이 전투를 시작했다. 부유한 아시아인과 이스라엘인을 해외로 추방했는데, 정작 이들이야말로 자국 경제에 동력을 제공하는 여러 기업과 농장은 물론이고 건설 계획 상당수를 운영하는 중이었는데도 그러했다.

아민은 권력을 차지한 이후에도 암살조의 활동을 멈추지 않았다. 오히려 활동을 더 늘려서 종족 청소를 자행하고, 정치적 경쟁자를 제거하고, 사업적 경쟁자라든지 아민 자신의 범죄를 조사하는 언론인 등을 살해했다. 사망자의 숫자는 30만 명에서 50만 명으로 추정된다. 심지어 아민이 인육을 먹었다는 주장도 있다. 특히 우간다의 평판이 급락하게 된 계기는 에어 프랑스의 여객기를 납치한 팔레스타인 테러리스트에게 엔테베 공항 착륙을 허락한 사건이었다. 머지않아 이스라엘군이 대담하고도 성공적인 기습 작전을 벌여 인질 대부분을 구출했다. 하지만 이처럼 국제적인 규모의 패배에도 불구하고, 아민은 스스로에게 점점 더 거창한 칭호를 부여했다. VC(빅토리아 십자훈장 수여자), DS⊕(대영 제국 수훈장 수여자), MC(대영 제국 무공십자훈장 수여자), CBE(대영 제국 훈장 수여자), 육지 동물과 바다 어류의 주인, 우간다의 대영 제국 정복자, 종신 대통령, 육군 원수, 메카 순례자, 박사까지가 공식 직함이었다. 어떤 사람들은 그가 매독을 치료하지 않아 미쳤다고 말하기도 했다. 결국 휘하 병력 상당수가 탄자니아로 도망쳤고, 이후 탄자니아군과 공조해서 반격을 가했으며, 결국 아민은 1979년 4월에서 권좌에서 축출되었다.

그의 축출에 뒤이어 우간다에서는 10년에 걸친 처절한 내전이 벌어졌다. 1980년부터 1986년까지 우간다 정부는 국민 저항군에 속한 분파들과 싸웠다. 이때 정부군은 미국의 지원을 받은 오보테 치하에 있었으며, 저항군은 리비아와 사우디아라비아의 지원을 받았다. 결국 반란군이 승리했고 이때 대통령이 된 요웨리 무세베니Yoweri Museveni는 오늘날까지도 그 직위를 유지하고 있다. 그의 치세 역시 인권 탄압과 폭력적인 게릴라전으로 얼룩졌는데, 특히 조지프 코니Joseph Kony가 '주님의 저항군'을 이끌던 북쪽 지역에서 그러했다.

　잔혹하고 무시무시한 군벌이었던 조지프 코니는 비교적 최근에야 여러 국제기관이 나선 덕분에 집단 학살, 성폭력, 신체 훼손, 조직 절도 등의 혐의로 체포되었다. 조지프 코니는 자신의 지도자 자격이 영적 충동, 자칭 신성한 기원으로부터 유래한다고 말했는데, 이는 크레도니아 음웨린데와 유사한 주장이었다. 코니는 자기가 하느님의 대변자가 되도록 부름을 받았고, 영적 능력의 축복을 얻었으며, 신성한 힘들의 방문을 받았다고 주장했다. 심지어 자신이 십계명을 대리하여 싸우고 있다고 주장했는데, 이는 '하느님의 십계명 회복 운동'에서도 똑같이 내놓은 주장이었다. 코니는 특유의 잔혹성을 발휘해 전 세계에 악명을 떨쳤으며, 마을을 습격해서 남자아이는 소년병으로 삼고 여자아이는 성 노예로 삼았다.

　크레도니아 음웨린데의 생애 초기가 실제로 어떠했는지를 밝혀내기는 불가능하지만, 그녀가 드러냈던 소질 가운데 다수(특히 신성함이라는 외양으로 위장한 폭력이라든지, 착취를 통해서 얻은 부에 대한 욕망)는 그녀가 성년에 도달했을 무렵의 우간다에서는 오히려 정상적인 특성으로 간주되었다. 음웨린데의 행동 자체만 놓고 보자면 예외적인 무자비함이 두드러지지만, 유혈극으로 얼룩진 우간다의 역사라는 큰 틀에서 보자면 그녀의 잔혹성에도 수많은 선례가 있었던 셈이다.

격
한

기
질

크레도니아 음웨린데는 1952년에 카눙구에서 태어났는데, 바로 그 시골 소도시의 이름이 훗날 그 지역의 이름으로도 사용되었다. 부모인 폴과 파라지아 카샤쿠에 대해서 알려진 바라고는 추정상 지주였다는 것뿐인데, 훗날 음웨린데가 가족 소유의 토지에 대한 권리를 형제자매에게서 빼앗아 갔기 때문이다. 그녀의 유년기에 대해서는 거의 알려진 것이 없다. 다만 더 나중에 가서 신앙 문제에 정통한 것처럼 활동했다는 점으로 미루어 가톨릭교회에서 오래 교육받았으리라고 추정할 수만 있을 뿐이다. 확실히 알려진 바에 따르면, 음웨린데는 좋은 품행에 대한 가족의 견해를 따르지도 않았고, 경건한 가톨릭 여성 신자의 틀에 맞추지도 않았다. 그녀는 쉽게 화를 냈으며, 성장한 뒤에는 난잡하게 행동했다.

엄격한 종교 공동체에서 성장한 젊은이에게는 이 가운데 어느 것도 이례적이지는 않다. 반항이야말로 부모와 교사가 항상 질서를 강요하는 울타리 속에서의 양육에 대한 자연스러운 반응이니 말이다. 이런 환경에서 태어난 어린이가 충분히 성장해서 단독으로 삶을 탐험할 수 있게 되면, 금지된 행동 모두를 시험해 볼 가능성이 크다. 하지만 음웨린데가 방황을 시작하자 부모는 교회로 돌아오라고 촉구했다. 선교사들은 이 종교가 사람의 영혼을 구제하기 위해 고안되었다고 약속했었다.

20대 초에 음웨린데는 그 지역의 보건 공무원과 사랑에 빠졌고, 이는 지금까지 알려진 바에 따르면 최초의 스캔들이었다. 어쩌면 그녀는 그때까지 자기가 알고 있었던 엄격한 가정생활에서 벗어날 방법을 찾았다고 생각했을지도 모른다. 하지만 그 남자는 구애를 거부했으며, 이에 음웨린데는 자기가 퇴짜를 맞았다고 생각하게 되었다. 그녀의 반응은 폭력적이었다. 남자의 집으로 쳐들어가서 불을 질렀던 것이다.

이것은 불에 대한 음웨린데의 평생에 걸친 집착의 첫 번째 사례였다. 방화를 범하는 경향이야말로 이른바 맥도널드 3요소, 즉 훗날의 포식적 행동을 예견한다고 알려진 행동인 동시에 소시오패스성의 전조인 세 가지 요소 중 하나이다(나머지 두 가지 요소는 동물에 대한 잔혹 행위와 야뇨증이다. 전자는 살인에 대한 예행연습으로 간주되며, 후자는 그 자체로 폭력적인 것까지는 아니지만, 다른 두 가지 요소와 결합할 경우에는 소시오패스에 대한 예견을 강화한다). 많은 사람은 이런 행동들이 살인 경향의 초기 징조라고 믿는다.

이 사건으로 인해 가족은 물론이고 지역 당국도 마찬가지로 충격을 받았던 모양인지, 급기야 음웨린데는 정신 병원에 들어가게 되었다. 하지만 의미 있는 방식으로 정확한 진단을 받은 것까지는 아니었다. 몇 달 만에 그녀는 '정신적 동요'라는 평가만 받고 정신 병원을 나오게 되었다. 이 경험은 음웨린데가 자기 삶에서 어떤 방향을 수립하는 데 도움을 주지 못했음이 분명했다. 이후 그녀는 두 번 다시 자신의 내적 악마를 다스리기 위해 심리학의 도움을 구하지 않았기 때문이다. '정신적 동요'라는 진단도 유용한 것과는 거리가 멀었다. '경계성 인격 장애'라는 용어 역시 여전히 모호하며, 진단하기가 더 어려운 질환에 사용하는 일종의 포괄적 용어에 불과하지만, 전반적인 윤곽은 음웨린데에 딱 맞아떨어지는 것처럼 보인다. 즉 불안정한 정서가 충동적이거나 위험한 행동 패턴으로 이어진다는 것이다. 격렬한 분노의 시기가 나타났다가 불안이나 우울로 곤두박질할 수도 있었다. 급기야 행동과 정서가 서로를 부추기는 파괴적인 악순환이 시작되기도 한다.

소시오패스성의 징조도 역시나 있었다. 자기중심적 성향과 더불어 음웨린데는 극단적이고 폭력적인 결정을 내리는 경향이 있었던 것처럼 보인다. 소시오패스 가운데 다수는 자기도취증을 드러내며 주목을 갈망하는 한편, 다른 누군가의 안위보다는 자신의 안위를 우선시하며 살아간다. 음웨린데가 지역 공무원에게 당한 것처럼 남에게 무시당할 경우, 소시오패스는 이를 천인공노할 사건으로 받아들여서 똑같은 방식으로 반응한다. 실제로는 어떠했든지 간에, 이것이야말로 비극적인 사건이었다. 음웨린데로서는 그 당시에 적절하게 진단받을 길이 없었으며, 심지어 미국에서 살았다 해도 마찬가지였을 것이다. 순수한 가톨릭 양육이 실패로 돌아가고 정신 병원까지 경험하고 나자, 주위의 많은 사람은 그녀를 낮춰 보기 시작했다.

음웨린데는 타고난 카리스마와 능력을 이용해서 남들을 유혹하여 더 어
둡고 더 위험천만한 추구에 합류시킴으로써 자기 운명을 장악하기로 결
심했다. 1980년대 초로 말하자면 우간다가 여전히 잔혹한 이디 아민의
통제하에 있었으며 나라의 경제와 기반 시설은 급락 상태로 들어서고 있
었다. 안전한 도피처가 필요했던 음웨린데는 카눙구의 또 다른 지역민 에
릭 마지마Eric Mazima와 협력해 임시 피난처를 얻었다. 즉 내연 관계를 맺은
그를 설득해서 두 번째 아내를 쫓아내는 한편, 자기가 운영할 카눙구의
술집에 투자하게 했다. 이 대목에서 음웨린데의 초기 삶에 대한 여러 가
지 설명에서 공통적으로 나타나는 한 가지 사실이 밝혀진다. 그녀가 동아
프리카의 주식 가운데 하나인 바나나 맥주를 빚는 솜씨가 뛰어났다는 것
이다.

　하지만 술집을 운영하느라 바쁜 와중에도 그녀는 특유의 폭력적인
기질을 육성할 만한 시간이 있었음이 분명하다. 음웨린데의 가족 가운데
한 명이 편지를 받았는데, 검증까지는 불가능하지만 어쩌면 그녀가 살인
을 저질렀을 수 있다고 경고하는 내용이었다. 세부 내용은 자세히 알 수
없으나 섬뜩한 이야기다. 어느 날 밤, 음웨린데가 자기 술집에 들어온 지
친 여행자 한 명을 위층으로 유혹했다. 다음 날 아침, 단골손님들이 그 지
역에서 유명한 바나나 맥주를 일찌감치 마시러 술집에 들렀는데, 음웨린
데가 콘크리트 바닥에 떨어진 피처럼 보이는 액체를 닦아 내고 있었다. 그
녀는 손님들의 방문에도 태연하게만 보였으며, 무엇을 드시겠느냐고 물
어보기까지 했다.

　이것은 음웨린데의 소시오패스적 기질을 보여 주는 또 다른 사례였

다. 위험한 상황에서 발각될 때마다 그녀의 대응은 미소를 짓거나 농담을 건네는 등 거의 쾌활하다 싶을 정도의 방어 메커니즘이었다. 살인 추정 사건이 벌어졌던 즈음인 1981년 3월경에 음웨린데는 자신의 매력을 이용해서 하느님의 왕국에 잠입하기로 작정했다. 그 날짜는 그녀가 더 나중에 쓴 글에서 나왔기 때문에 신뢰하기가 어렵지만, 바로 그때 최초의 성모 발현을 경험한 것으로 알려졌다. 성모 마리아가 음웨린데에게 너의 죄를 회개하고 네가 버린 양 떼에게 돌아가라고 말했다는 것이다. 이런 광경이 실제로 일어났다고 음웨린데가 믿었거나 말거나, 이후 10년 동안은 이디 아민의 불안정했던 독재 정권이 와해되면서 우간다가 내전으로 진입하게 되었기에, 그녀는 자기가 성인聖人의 지위를 얻을 자격이 있다고 판단했다.

　주위의 혼돈 속으로 나라가 가라앉는 모습을 목격하고, 여러 군벌이 발흥하는 과정을 지켜보는 사이, 어쩌면 음웨린데도 합법성과 권력과 폭넓은 영향력으로 나아갈 길을 찾을 수 있다고 생각했을지도 모른다. 신성한 존재와의 만남이라 알려진 사건 직후, 음웨린데는 자신의 난잡한 이미지를 애써 강조하기 시작했으며, 자기가 술집 주인인 동시에 성매매 여성이었다는 소문을 퍼트리기 시작했다. 어쩌면 이 주장에는 일부나마 진실이 들어 있었을 수도 있지만, 남편 마지마는 사실이 아니라고 반박했다. 하지만 어쨌거나 상관은 없었으니, 이 남자도 그리 오랫동안 남편 노릇을 한 것은 아니었기 때문이다. 사실이건 아니건 간에, 성매매 여성이라는 이력이야말로 그녀의 새로운 직업 경로의 초기 증거가 될 수 있었다. 음웨린데는 현대의 막달라 마리아처럼 보이고 싶어 했기 때문에, 자신이 최대한 깊은 죄에 관여한 것처럼 말했던 것이다. 그녀의 구원은 임박한 상태였다. 이것이야말로 이때까지 나타난 음웨린데의 행보 중에서도 가장 교활한 것이었으며, 운동을 통제하는 과정에서 스스로 만들어 낸 거대 서사의 최초 증거이기도 했다.

　1989년에 음웨린데는 술집도 접었고 결혼도 종지부를 찍었다. 당시 북부에서는 요웨리 무세베니가 조지프 코니를 몰아내고 권력을 굳히고 있었다. 하지만 그녀는 이미 새로운 계획을 갖고 있었다. 1989년 6월

14일, 음웨린데에게 두 번째 성모 발현이 일어났다. 카눙구 외곽의 한 동굴에서 일어난 이 신성한 만남 중에 성모 마리아가 그녀에게 전한 이야기는 훗날 십계명 운동의 텍스트인 「천국에서 때맞춰 온 메시지A Timely Message from Heaven」의 서론이 되었다. 음웨린데는 사명을 명확히 전달받았다. 인류의 죄인들에게 회개할 날이 다가올 것이며, 그들에게는 그 길을 보여줄 지도자가 필요하리라는 것이었다. 아울러 마리아는 동역자를 찾아보라는 과제를 음웨린데에게 주었다.

조지프 킵웨테레는 우간다의 가톨릭 신자로 음웨린데보다 20년 연상이었다. 그 나라의 기준으로 보자면 경건한 가문 출신의 부유한 지주였다. 종교 지도자들은 그 두 가지 이유 때문에 킵웨테레 가문을 특별히 대우했다. 조지프는 타고난 지도자로 자처했다. 가난한 계급보다는 태생부터 위에 있었기에, 자기가 신앙심 깊은 사람들을 진리로 인도한다는 근사한 미래를 상상했으며, 자기가 받아 마땅하다고 교회로부터 들은 번영을 확신해 마지않았다.

1950년에 조지프는 테리사라는 여성과 결혼했고, 자기 지역의 여러 가톨릭 학교의 부감독관으로 재직했다. 입지가 높아지면서 유산도 늘어났다. 그의 가문은 넓은 땅을 계속해서 매입했다. 머지않아 그는 지역 정부의 농업 및 건설 계획을 관장하는 감독관으로까지 승진했다. 하지만 당연히 가능할 줄 알았던 출세 가도에서의 다음 단계(정계의 직책)로 나아가려고 시도했을 때는 막상 지명을 받지 못했다. 조지프는 이 패배를 흔쾌히 받아들이지 못했다. 자신의 특권이 의문의 대상이 되는 데 익숙하지 않았기 때문이다. 그는 서둘러 퇴진해서 르와샤마이레에 있는 가족 소유의 땅으로 돌아갔다. 넓은 대지의 부동산, 수백 마리의 소, 성업 중인 방앗간을 보유한 지주였던 조지프는 자신의 실패를 벌충하고 지역 정부에서 실권을 가진 자리를 차지할 수 있었다. 음웨린데와 상당히 유사하게도 킵웨테레는 만약 정계에서 권력을 차지하지 못할 경우, 자기 삶에서 권력의 원천이었던 곳으로 퇴진하면 그만이라고 판단했다. 바로 종교였다.

킵웨테레는 냐카징가 중등학교라는 새로운 가톨릭 학교의 건축 자금을 내놓았다. 그는 이 학교에서 교장 겸 종교 담당 교사로 재직했다. 본인

386

의 양육 과정과 유사하게 교칙은 엄격했다. 킵웨테레는 자신의 모든 정력을 이 학교 운영에 쏟아부었다. 비록 대규모 인원까지는 아니었지만, 덕분에 그는 지역 사회에서 가장 존경받는 사람이 되었다. 아울러 젊은이들의 정신에 다가가는 직통 경로를 얻게 되었다. 킵웨테레는 사람들에게 영향력을 행사하는 것을 사명처럼 여겼고, 그런 일에서라면 어린이보다 더 손쉬운 표적이 없었다. 정통파 종교 학교에서는 단순히 지식을 가르칠 뿐만 아니라 진정으로 인격을 형성할 특별한 기회를 제공해 주었다.

킵웨테레는 학교를 지을 자금과 영향력 모두를 교회에서 얻어 냈다. 그 대가로 학교에서는 열성적인 새 신도를 교회에 제공했으며, 그들은 결국 교회의 구성원이나 후원자가 되거나 심지어 수사나 수녀, 사제가 되었다. 그렇게 학교를 운영하면서 킵웨테레의 심리에는 커다란 변화가 생겼다. 그는 권력을 추구하는 개종자에 더 가까워졌으며, 종교는 (특히 신화 창조 과정에서) 그가 원하는 것을 제공할 수 있었다. 음웨린데는 이 전략의 선순환을 알아차렸다. 킵웨테레가 가톨릭 학교를 짓자 그를 향한 존경심이 늘어났으며, 교회에서는 학생들을 그에게 보내 주었고, 학교에서는 학생들에게 신앙을 잘 가르쳐서 돌려보냈다. 음웨린데는 또 다른 이유로도 킵웨테레에 대해서 들어 보았을 가능성이 있다. 1984년 4월 25일에 킵웨테레 역시 성모 발현을 겪었다고 주장했기 때문이다.

가톨릭 학교를 운영하는 사람으로서 킵웨테레는 성모 마리아로부터 축복을 받는다는 것이 유용할 수 있음을 잘 알고 있었다. 음웨린데는 이 사건이 지역 사람들에게 끼친 효과를 감지했을 가능성도 있는데, 사람들이 거룩한 환상에 대한 킵웨테레의 주장에 그렇게 많은 증거를 요구하지는 않았던 것처럼 보였기 때문이다. 사람들은 그 환상을 환영하는 것처럼, 마치 그것이야말로 자기네 모두에게 부여된 무언가라도 되는 것처럼 여기는 듯했다. 만약 성모 마리아가 킵웨테레를 축복했다면, 그분께서는 공동체 전체를 대신해서 그에게 그렇게 하신 셈이었다. 이것은 킵웨테레가 항상 언급했던 내용 그대로였다. 과거의 이스라엘 민족과 마찬가지로 그들 역시 선택받은 민족이라는 것이었다.

하지만 여러 해가 지나면서 킵웨테레는 자기가 과연 충분한 위신을 얻었는지 의문을 품게 되었다. 그가 신앙의 위기에 사로잡힌 바로 그 순간, 음웨린데가 킵웨테레 가문의 사촌이자 누이인 두 여성과 함께 찾아왔다. 그녀는 자신이 성모 마리아로부터 킵웨테레를 찾아가라는 이야기를 들었다고 말했고, 두 여자도 그녀의 주장에 맞장구를 쳤다. 이것이야말로 킵웨테레가 딱 필요로 하던 자극이었다. 이제는 성모 마리아가 그를 선택했다는 사실에 아무런 의심이 생기지 않았다.

킵웨테레 앞에서 음웨린데는 신성한 사명에 도움을 달라고 요청했다. 하지만 한 가지 사실이 금세 분명해졌다. 그녀가 모든 권력을 보유한다는 것이었다. 킵웨테레는 지역 사회에서 존경받고 부유한 지도자였다. 하지만 독자적인 성모 발현으로 구속되었다는 이 낯선 여자 앞에서는 무릎을 꿇고 말았다. 그는 똑똑한 사람이었지만, 자신을 세상에 알리는 데 필요한 자질까지는 갖고 있지 않았다. 성격은 따분한 관료였지만 진짜 관료가 되지 못했을 뿐이었다. 반면 음웨린데는 종교적인 카리스마를 발산했다. 그녀는 오래전부터 그 어떤 자격지심도 벗어던진 상태였다.

그날 이후 킵웨테레는 음웨린데의 가족을 제외하면 최초의 개종자가 되었다. 1989년이야말로 '하느님의 십계명 회복 운동'이 진정으로 탄생한 해였던 셈이다. 음웨린데는 자신이 체험했다는 성모 발현에 대한 믿음을 부추기면서 독자적인 해석까지도 알려 주었다. 성모 마리아가 킵웨테레를 선택해서 우간다의 새로운 가톨릭 지도자가 되게 했으니, 그들이야말로 특별히 선택된 민족이라는 것이었다. 그의 욕망을 주물러서 그녀의 필요에 끼워 맞추는 식이었다. 킵웨테레는 이제 음웨린데의 제자가 되었으며, 더 큰 운명을 달성하기 위해서라면 막후에서 기꺼이 복종할 의향이 충만해졌다.

우간다 사회에서 여성은 남성보다 지휘가 훨씬 낮았다. 음웨린데가 킵웨테레의 충성을 얻은 것이야말로 처음이자 가장 뜻밖의 기적이었다. 최고의 권위자로 자처하는 누군가를 설득하여 자신에게 복종하게끔 만든 것이다. 심지어 음웨린데는 이런 생각을 킵웨테레가 스스로 내놓았다고 믿게 했다. 킵웨테레의 아들 주베날 루감브와Juvenal Rugambwa는 이 상황을 이렇게 설명했다. "우리가 정신을 차려 보니, 그녀는 우리 집에 들어와 있었고, 두 사람은 여기서 컬트를 시작하기로 작정한 상태였습니다. 머지않아 그녀는 우리 모두를 때렸습니다. 우리 아버지는 그녀를 경외했고, 그녀가 시킨 일은 뭐든지 했습니다."

그렇다면 음웨린데는 어떻게 자신의 새로운 종교를 건설하기로 계획했을까? 그녀는 그리스도께서 당신의 운동을 건설하셨던 바로 그 방식을 따라서 자신들의 운동을 건설해야 한다고 킵웨테레에게 말했다. 즉 각자의 재산을 포기하고, 사명을 위해 부를 희생시킬 생각이었다. 킵웨테레는 자기 소유의 과다 재산을 처분하기 시작했는데 이는 필수적인 거래였다. 자기 나름의 왜곡된 내적 논리를 통해서 킵웨테레는 진정한 힘은 물리적 재산이 필요하지 않으며, 진정한 힘이란 곧 영적인 힘이라고 생각하게 되었다. 그는 방앗간의 장비를 매각하고 자녀를 자기가 세운 학교에서 중퇴시켰다. 이후로는 음웨린데의 감시하에 이루어지는 엄격한 홈스쿨링이 새로운 사업이 될 예정이었다.

이렇게 해서 기초가 놓였다. 음웨린데는 십계명 운동의 규칙을 제정하고 방향을 설정하는 '설계자'가, 킵웨테레는 감독 호칭을 부여받고 간판이 될 예정이었다. 하지만 이들이 합법적인 가톨릭 단체로 자처하려면 진정으로 권위 있는 인물들이 필요했다. 바로 성직자가 필요했던 것이다. 십계명 회복 운동의 성문서에 수록된 설명에 따르면, 킵웨테레는 스콜라스티카 카마가라Scholastica Kamagara라는 이름의 열성 신자를 찾아가라는 성모 마리아의 인도를 따라서 북쪽으로 갔다. 하지만 실제로 이 여자는 킵웨테레의 아내 테리사와 이미 알고 있던 사이였으며, 음바라라 지구의 주교 관구에서 유명한 인물이었다. 마침 스콜라스티카의 가족 중에는 십계명 운동에 완벽한 후보로 보이는 남자가 하나 있었다. 역시나 자기 야심으로 인해 좌절한 상태였던 그는 훗날 십계명 운동의 건설을 완수했을 뿐만 아니라, 그 운동의 구성원들이 집단적으로 상상한 심판의 날을 향해 질주하게끔 할 예정이었다.

방주의 선장

우간다에서는 지위와 안정성, 연속성이 중요했는데, 하나같이 이 나라에서는 찾아보기 어려운 것이라는 점도 부분적인 이유가 되었다. 내전의 격변 내내 가톨릭교회는 피난처와 권위를 제공했으며, 소속 사제들도 그런 사실을 알고 있었다. 버나드 아투하이레Bernard Atuhaire 교수가 십계명 운동에 관한 저서 『우간다 컬트의 비극The Uganda Cult Tragedy』에서 지적했듯이, "선교 업무의 산물이었던 종교적 가르침은 사제직을 항상 신비화된 형태로 묘사했기 때문에, 이른바 교황의 무류성無謬性이 사제와 수도자로 이루어진 일파에게도 공유된다고 일반적으로 믿게 되었다."[1] 사제는 여러 해에 걸쳐서 이 위계질서를 강요했으며, 스스로를 사회의 중재인으로 확립시켰다. 자신들이 처벌과 축복을 동등하게 나눠 줄 수 있다는 것이었다. 존경이야말로 이들의 통화通貨나 다름없었다.

조용한 말투의 도미니크 카타리바보Dominic Kataribaabo 신부가 그토록 두드러졌던 이유도 그래서였다. 그는 강압적으로 영적 권위를 휘두르는 사람이 아니었다. 점잖고도 말투가 또박또박한 도미니크 신부는 온화한 사제의 원형에 훨씬 더 잘 어울리는 인물이었다. 그는 음바라라 지구의 중심부에서 정서쪽에 자리한 부셰니 지구의 키타비 신학교에서 1970년대 말부터 1980년대 초까지 교장으로 재직했다. 여러 학생에게 아버지를 대리하는 존재였던 도미니크 신부는 엄격한 규율 대신 공감을 통해서 추종자를 얻었다.

대표적인 사례로는 조지프 카사푸라리Joseph Kasapuraari라는 제자와의 관계를 들 수 있었다. 도미니크 신부는 이 말 없는 청년에게서 자기 모습을 떠올리게 하는 무언가를 보았다. 신학교에서는 매년 학생회 지도부 선거를 치렀다. 카사푸라리는 지도부에 선출되고 싶었지만, 자신이 표를 얻을 만한 사람이 아님을 잘 알고 있었다. 하지만 선출자를 발표하면서 도미니크 신부는 놀란 목소리로 카사푸라리가 극적인 반전을 일으키며 학생회 지도부로 선출되었다고 학생들에게 말했다. 과연 이 부정 선거는 의도적인 친절이었을까, 아니면 충성스러운 헌신을 얻기 위한 수단이었을까? 사제들의 삶에는 종교가 깊이 뒤얽혀 있어서 너그러움에서 비롯된 행동과 야심에서 비롯된 행동을 구분하기가 어려웠다. 이것은 종교 기관의 사회적 영향력이 지나치게 커질 때 생기는 위험이기도 했다. 하지만 카사푸라리의 입장에서는 너그러움과 야심은 아무런 차이가 없었기 때문에 도미니크 신부에게 영원히 감사의 마음을 갖게 되었다.

이렇게 추종자들을 거느린 상태에서 도미니크 신부는 루가지 교구에서 자기가 진정으로 거룩한 인물이자 하느님의 겸손한 추종자인 것처럼 행동했다. 그는 내심 기뻐했는데, 거룩한 인물이라는 온화한 외양 뒤에는 사실 조지프 킵웨테레나 크레도니아 음웨린데와 똑같은 마음이 있었기 때문이었다. 즉 지상에서의 삶에서 무언가를 더 얻고자 하는 열망이 있었던 것이다. 아투하이레의 책에 수록된 증언에 따르면, 도미니크 신부는 키타비 신학교의 직원들을 동원해서 학교 부지 뒤에 있는 늪을 오래 파헤치게 했다. 반짝이는 성분이 들어 있는 돌멩이를 자기가 하나 발견했다는 이유에서였다. 매주 신학생들을 대상으로 진행하는 자기 계발 강좌에서는 "여러분은 싸구려가 아닙니다", "항상 높은 목표를 겨냥하십시오", "평화를 원한다면 전쟁을 준비하십시오" 같은 세속적이고 야심만만한 발언을 내놓았다. 도미니크 신부가 보기에 '가치'는 단지 하느님을 향한 믿음에 국한되지 않았다. 자기 자신에 대한 믿음에도 똑같이 근거하고 있었다. 그는 이상화되고 자유 지상주의적인 자기 계발을 위해 분투하라고 학생들에게 가르쳤다.

하지만 앞서 킵웨테레와 음웨린데의 경우에서 살펴보았듯이, 미처 실현되지 못한 야심은 위험한 연료가 될 수 있다. 도미니크 신부는 승진에 대한 허기가 있었다. 음바라라 주교 관구 전체에서도 루가지 교구는 우월감을 가진 것으로 유명했는데, 그곳 주민들은 그 지역의 진정한 종교 지도자는 바로 자기네라고 자처했다. 역사적으로도 루가지 교구에서 두각을 나타낸 사람들은 우간다의 주교 관구 내에서도 회계 담당자라든지, 교회 신문 편집장이라든지, 모두가 탐내는 직책인 총대리 같은 영향력 있는 지위를 얻어 왔다.

도미니크 신부는 자기야말로 카세세 주교 관구에서 주교직을 맡을 후보자라고 생각했다. 하지만 다른 성직자가 그 영예를 차지함으로써 그의 바람은 산산이 깨지고 말았다. 그는 계속해서 작은 신학교에 머물게 되었다. 교회 안의 많은 사람이 도미니크 신부가 지역의 지원을 얻기 위해서 정치 활동을 과도하게 한다고 생각했으며, 그의 온화한 태도 뒤에는 찬탈자의 마음이 숨어 있다고 생각하는 사람까지도 있었다.

그때 나락에 떨어진 도미니크 신부를 구하기 위해서 한 친구가 나타났다. 바로 옛 제자인 조지프 카사푸라리였는데, 그의 어머니는 다름 아닌 스콜라스티카 카마가라, 즉 킵웨테레가 성모 마리아 또는 자기 아내 테리사의 명령을 받아 찾아갔던 바로 그 여성이었다. 스콜라스티카는 물론이고 그녀의 남편 존 카마가라도 무척이나 열성적인 가톨릭 신자였다. 두 사람은 수녀와 사제가 되기를 바랐지만 알 수 없는 이유로 꿈을 이루지 못했다. 그래서 부부는 아들 조지프를 자신들의 종교적 전사로 만들려고 했다. 자신들의 실패를 벌충할 기회를 아들에게서 발견한 것이었다. 부부는 아들을 매일 미사에 참석시켰고, 키타비 신학교에서 자신의 야심을 추구하라며 재촉했다.

도미니크 신부가 좌절했다는 소식을 아들이 전해 오자, 스콜라스티카는 이 정보를 테리사 킵웨테레에게 전달했다. 이렇게 해서 테리사는 가톨릭교회의 성직 수임자 가운데 한 명의 믿음이 흔들리고 있다는 사실을 알게 되었다. 음웨린데가 보기에 도미니크 신부와 조지프와 그의 부모는 모두 바람직한 후보자였다. 고등 교육을 받았고, 가톨릭계에서 유명했고, 가장 중요하게는 서로 긴밀한 집단이었기 때문이다. 이것은 머지않아 음웨린데의 주된 영입 전략이 되었다. 가족 전체를, 심지어는 한 번의 대량 회심으로 마을 전체를 영입하는 것을 목표로 삼았던 것이다. 이는 훗날 '하느님의 십계명 회복 운동'의 유효한 기반 시설을 만들어 내는 가장 효율적인 방법이었다.

십계명 운동이 성장하면서 도미니크 신부의 야심도 음웨린데와 킵웨테레의 야심과 일치하게 되었다. 가톨릭교회가 자신에게 더 높은 권력을 부여하지 않는다면, 스스로 그 권력을 붙잡기로 한 것이었다. 이에 더해서 도미니크 신부는 가톨릭교회가 틀렸다는 사실을 입증하고 싶어 했다. 사실 십계명 운동은 자신들을 가톨릭과 별개인 무언가로 자처하지 않았다. 스스로를 반란자 집단으로 선전하지 않았다는 뜻이다. 대신 가톨릭교회가 엇나가는 것을 우려하면서 자기들이야말로 교회를 구제할 수 있는 선택된 소수라고 선전했을 뿐이다.

조지프와 그의 부모가 사도로서 십계명 운동에 합류하자 이들의 사업도 탄력을 받았다. 음웨린데는 도미니크 신부를 총대리로 임명하여 그가 원하는 보상을 제공해 주었다. 가톨릭교회는 그가 스스로 받아 마땅하다고 여긴 이런 영예를 부여하지 않았지만, 음웨린데는 도미니크가 자기 소유라고 느꼈던 모든 것을 달성할 기회를 제공한 셈이었다.

하지만 더 많은 대화를 진지하게 시작하기 전에 텍스트가 필요했다. 십계명 운동에서도 성서를 경전으로 여겼지만, 이들의 서사는 성모 마리아가 높은 곳에서 새로운 지령을 가지고 지상으로 돌아왔다는 발상에 근거하고 있었다. 종교적 텍스트는 어디에서나 발전의 기반이 되었다. 텍스트에는 규칙이 들어 있었고 그것이야말로 율법이며 문화였다. 텍스트는 거창한 사명을 최대한 명료한 방식으로 전달할 필요가 있었다. 그런 이유로 음웨린데는 「천국에서 때맞춰 온 메시지」의 한 가지 버전을 마무리할 필요가 있었다.

이 텍스트에서 발췌한 인용문을 보면 마치 복수심에 불타는 하느님의 목소리가 들리는 듯하다. "모든 사람에게 크나큰 고난이 있을 것이니, 세상의 창조 이래로 어떤 사람도 경험해 보지 못한 고난일 것이다. 사람들은 멍한 상태가 될 것이며, 하느님에게서 벗어난 정신을 발전시키게 될 것이고, 이 정신은 창조주를 불쾌하게 만들 것이다. 창조주는 이에 반응하여 세상을 응징할 것이며, 거기에는 여러 나라에서의 유혈 사태를 포함하여……."[2]

요컨대 종말이 임박했다는 말이었다. 하느님이 인간에게 분노했으므로 창조주의 분노를 멈추기 위해서는 성모 마리아와 그리스도 본인이 마지막까지 노력해야 한다는 뜻이었다. 음웨린데와 그 추종자들은 지상의 신자들을 위한 최종 방어선에 있었으며, 십계명 운동은 구원을 받을 수 있는 마지막 기회였다. 아울러 집단 내부에서 다급한 느낌을 늘리기 위해서 이들은 만사에 시급을 다투는 것처럼 행동했다. 성모와 성자가 종말이 오기 전까지 최대한 많은 사람을 구원하는 과제를 십계명 운동에 부여한 까닭이었다.

실제로도 마지막 날이 임박한 것처럼 보이기도 했다. 1980년대 내내 우간다가 내전으로 사분오열되면서 시민들은 자신들의 좌절된 희망을 유지해 줄 무언가를 간절히 바랐다. 시간이 다해 가고 있었다. 전쟁에 더해서 설상가상으로 새천년이 떠오르고 있었다. 비합리적인 공포와 편집증에 대항하여 가톨릭교회가 줄 수 없었던 것을 '하느님의 십계명 회복 운동'은 줄 수 있었다. 바로 천국으로 가는 방주였다. 하지만 불운하게도 올라타기를 바랐던 사람들을 그 방주는 섬뜩한 종착지로 데려가고 있을 뿐이었다.

1979년에 이디 아민이 축출되고 나서 선거가 실시되었다. 하지만 망명지에서 막 돌아온 밀턴 오보테에게 패배한 요웨리 무세베니는 선거 절차에 부정이 있다며 불복했다. 그는 국민저항군을 결성해서 오보테 정부의 국민해방군과 반란 집단인 국민구조전선에 맞섰다. 그로 인해 우간다 내전, 일명 우간다 게릴라전이 일어나 1981년부터 1986년까지 나라 전역에서 게릴라 간의 충돌이 벌어졌다.

1986년에 국민저항군이 승리하고 무세베니가 대통령에 취임했을 때도 나라의 분열은 계속되었다. 양쪽 모두 잔혹 행위를 저질렀으며 일부는 이디 아민의 잔혹성에 버금갈 정도였다. 우간다는 1962년 독립 이래로 줄곧 모색해 온 나라의 안정을 여전히 찾지 못한 상태였다. 이런 지속적인 불안정에 직면한 상태였기에 우간다 국민에게는 희망, 안정, 영적 확실성에 대한 깊은 갈망이 있었다. 이로 인해 이 나라야말로 종말론 신학을 위한 완벽한 사육장이 될 수 있었다.

지역 사회에서는 지위가 곧 안정과 번영으로 가는 열쇠였다. 하지만 지위에 대한 접근은 교육의 수문장들이 통제하고 있었으며, '하느님의 십계명 회복 운동'이 탄생한 지역을 포함한 모든 지역은 가톨릭교회의 권한 아래에 있었다. 비록 한창 대두하던 우간다의 상류 계층이 교육의 가치에 대해서 입에 발린 소리를 내놓았지만, 신흥 부유층은 가난한 사람들에게 권력을 제공하고 싶지 않았기 때문에 지적인 측면은 물론이고 상층부로의 이동 가능성을 철저히 차단시켰다. 이런 이유에서 음웨린데와 킵웨테레는 자신들이 계급 상승을 할 수 있는 유일한 방법은 종교적 영향력을 획득하는 것뿐이며, 아울러 다른 사람들에게도 그런 영향력을 약속하는 것

395

뿐이라고 생각했다.

킵웨테레가 십계명 운동의 주교로, 도미니크 신부가 총대리로 임명되자 음웨린데는 자기 운동의 권력 구조뿐만 아니라 이후의 회심자들을 위한 틀까지도 모두 갖추게 되었다. 우간다의 지역 사회는 여러 마을과 가문들과 같은 긴밀한 집단들로 이루어진 직조물과 같았다. 일단 약한 지점을 확인하기만 하면 십계명 운동은 신속히 확산할 수 있었다. 아루하이레의 말에 따르면, "메시지 전파에는 연쇄 접근법이 사용되었다. 우선은 가까운 가족과 친구, 다음에는 친척과 그 친구였다."

이것은 배포 시스템인 동시에 마케팅 전략이기도 했다. 처음에는 가족 구성원 한 명이 십계명 운동에 관해서 듣고 설득당해 가담한다. 그들의 종교적 열의로 인해 가장 가까운 사람들도 뒤를 따르게 된다. 그러고 나면 여러 가족이 십계명 운동의 거주 시설에서 살기 위해 단체로 이주하는 모습을 이웃들도 보게 된다. 머지않아 특정 마을에 사는 모든 사람이 십계명 운동에 관해서 알게 되고, 관심을 보이는 이웃에게 모집책들이 달려드는 식이었다.

음웨린데는 십계명 운동이 외부인의 눈에 최대한 용인될 수 있도록 단속했다. 이는 그녀가 '하느님의 십계명 회복 운동'의 주 텍스트인 「천국에서 때맞춰 온 메시지」에 쓴 내용 그대로이다. "우리 주 예수 그리스도께서 … 말씀하시니라. '나는 십자가에서 죽었고, 숨을 가진 모두에게 나의 피를 뿌렸노라. 프로테스탄트이건 가톨릭이건, 무슬림이건, (그 어떤 종교도 포용한 적이 없거나, 무엇이 되었든 믿음을 포용한 적이 있는) 이교도이건 간에, 이 메시지를 듣게 하라.'"

「천국에서 때맞춰 온 메시지」에 나오는 구절은 여러 방식으로 배포되었다. 처음에는 도시 곳곳에서 구전되었고, 다음에는 지역 신문에 게재되었다. 여기에는 선례가 있었으니, 로마 가톨릭교회에서는 공지, 기도문, 종교적 메시지를 종종 신문에 게재했다. 지역 당국과 시민 모두 뉴스나 공지 옆에 종교적 텍스트가 나란히 실리는 것을 보는 데 익숙했다. 또한 「천국에서 때맞춰 온 메시지」는 지역 방송의 전파까지 타서 우간다 남서부 전역에 퍼졌는데, 이 과정에서 도미니크 신부와 킵웨테레의 방송국 연줄에 도움을 받았다.

회원 수에 대한 신뢰할 만한 기록은 드물지만, 1993년에 이르러 십계명 운동은 상당한 규모의 추종자를 얻었음이 분명하다. 심지어 우간다 정부로부터 비정부 기구로서 활동할 수 있는 법적 지위까지 부여받았다. 이들은 자기네 믿음을 받아들이지 못하는 여러 소도시에 공식 지부를 설립할 수 있었다. 외관상의 합법성 덕분에 새로운 추종자를 모집할 수 있게 된 것이다.

이 모두는 의도적이었다. 교회에서 부과하는 무거운 압력 속에서 성장한 음웨린데는 지역 사회의 기대가 열성 신자들에게 끼치는 영향력을 이해하고 있었다. 자기네 믿음을 거부하는 사람들이 십계명 운동 밖에서도 훌륭한 신앙을 가질 수 있다고 주장할 경우, 이 세상은 죄로 가득하며 성모 마리아의 새로운 계명은 십계명 운동 안에서만 실천할 수 있다고 대답했다. 그러면서 십계명 운동에 가담하지 않는다면 당신의 죄는 더욱 무거워지고 당신의 기도는 충분하지 않을 것이라고 말했다. 가담하지 않는다면 종말을 피할 수 없게 된다는 것이었다.

일단 무리 안에 들어온 사람은 모든 탈출구가 막혀 있다는 사실을 금세 발견했다. 누군가가 십계명 운동의 거주 시설에서 벗어나 집으로 돌아가려고 할 경우, 음웨린데는 그 가족 중에서 여전히 충성스러운 사람들에게 임시 휴가를 주었다. 그러면 그들은 각자의 고향으로 돌아가서 그 이탈자가 예전 집으로 들어가는 것을 물리적으로 막았다. 우간다에서는 가족의 중요성을 아무리 강조해도 지나치지 않기 때문에 십계명 운동을 거부한 사람은 졸지에 집이 없어지는 위험을 감수할 수밖에 없었다. 결국 이들 중 일부는 십계명 운동으로 돌아왔으며, 단지 거주할 장소를 갖기 위해서라도 그럴 수밖에 없었다.

십계명 운동의 구성원이 크게 늘어난 또 다른 요소도 있었다. 바로 1980년대 말부터 1990년대 초까지 창궐한 에이즈였다. 「천국에서 때맞춰 온 메시지」에서 발췌하여 유포한 내용에 추가된 문장에는 이에 대한 직접적인 언급이 들어 있다. "그 계명을 위해 그분께서 가한 응징을 사람들은 에이즈라고 부릅니다. 그것은 주님에게서 온 징벌입니다. '나는 너희에게 아무런 약도 주지 않을 것이니, 그 약은 오로지 나의 십계명을 회복하고 회개하는 것뿐이다. 그렇게 하는 사람은 용서받을 것이다. 나는 그들 모두가 회개할 때, 그들이 내게 부르짖으며 나의 계명을 회복할 때 비로소 그 징벌을 치워 버릴 것이다.'" 에이즈는 다가오는 종말의 징조이며, 그 문제는 오로지 십계명 운동만 해결할 수 있다는 것이었다. 아울러 이는 모집자들이 더 많은 회심자를 우간다 남서부 전역에 자리한 십계명 운동의 여러 거주 시설로, 다시 말해 침묵으로 감춰져 있고 차마 말할 수조차 없는 잔혹한 세상으로 데려올 수 있는 기회이기도 했다.

거주 시설에서의

생
활

십계명 운동은 위성 교역소와 마을 주택 단지를 여러 군데 통제하고 있었지만, 그 구성원 대부분은 십계명 운동의 운영 중심지로 기능하는 네 군데 대규모 거주 시설에서 살아갔다. 첫째 이붐비로리아마리아, 즉 성모조형장聖母造形場은 은퉁가모 지구의 카감바 인근 외곽의 르와샤마이레에 있는 킵웨테레 소유의 땅에 있었다. 둘째 이타키로리아마리아, 즉 성모고해장聖母告解場은 미투마 지구의 중심 도시인 미투마 인근에 있었다. 셋째 이가비로리아마리아, 즉 성모시혜장聖母施惠場은 루가지 교구에 있었다. 이 시설은 도미니크 신부 소유의 땅에 건설되었는데, 예전에 그가 재직하던 수도원 외곽에 있는 상당한 규모의 농지용 부동산을 십계명 운동을 위해서 구입한 것이었다. 이곳이 모든 거주 시설 중에서도 가장 중심 역할을 했는데, 아프리카 대륙을 가로지르는 트랜스아프리칸 고속도로가 인근에 있었기 때문이다.

마지막으로 이샤유리로리아마리아, 즉 성모구조장聖母救助場은 음웨린데의 출생지 근처인 카눙구의 외딴 언덕에 자리하고 있었다. 부모가 세상을 떠난 뒤에 이 땅을 소유하게 되면서, 음웨린데는 두 사람을 '신자들의 조부모'라고 칭하면서 그 무덤 바로 위쪽에 성모구조장의 제단을 세웠다. 그녀의 부모는 십계명 운동과 실질적인 관련이 전혀 없었음에도 그 운동의 상징이 되었으며, 그렇게 십계명 운동의 아브라함과 사라가 되었다.

이 거대한 복합 건물들을 건설하는 자금은 구성원의 기부로 마련되었고, 건물을 유지하는 자금 역시 구성원의 노동으로 마련되었다. 십계명 운동에 가입하려는 사람은 모든 물질적 소유를 포기하라는 요구를 받았고, 그 재산을 이 운동의 지도자들에게 바쳐야 했다. 부유한 사람에게는 자기가 가진 것을 모두 팔고 십계명 운동에 인생을 바치라고 요구했다. 가난한 사람에게는 더 높은 대가를 요구했다. 십계명 운동에 바칠 만한 땅이나 가치 있는 물건이 거의 없으므로 각자의 죄 목록을 작성한 뒤에 그 악행에 대한 벌금을 물게 했다.

킵웨테레를 통해서 전달된 음웨린데의 명백한 가르침에 따르면, 십계명 운동은 추종자들이 빈곤에 가까운 삶을 영위하기를 기대했다. "우리는 여러분에게 예수와 마리아의 그림을 제공했습니다." 그녀는 이렇게 설명했다. "우리는 가축, 현금, 자동차 같은 것을 여러분에게 제공하지 않습니다. 왜냐하면 우리의 육신은 가난하지만, 영혼은 부유하고, 또한 영생으로 이끄는 모든 것이 부유하기 때문입니다."

하지만 막후에서 지도자들은 전혀 다른 규칙에 따라 살아갔다. 예를 들어 조지프 카사푸라리는 자기 소유의 재산을 십계명 운동 외부에 있는 다른 고위층 친구들에게 맡겼다. 이렇게 서로 다른 규칙에도 회심자들은 개의치 않았는데, 이들이 배운 바에 따르면 지도자들은 이미 구원을 받았기 때문이었다.

새로운 훈련생은 여전히 각자의 자리를 돈으로 구입해야 했다. 이들에게 주어진 최초의 과제는 「천국에서 때맞춰 온 메시지」의 테이프를 모두 청취하는 것이었는데, 이 내용은 성모 마리아가 음웨린데와 킵웨테레에게 직접 구술한 것이라고 했다. 가입 단계에서는 그 일부만을 접할 수 있었지만 이제는 전체를 접할 수 있었으니, 이것이야말로 십계명 운동에 가입하기로 한 이들의 결정이 이미 보상을 받고 있다는 증거였다. 거기서는 다음과 같은 메시지가 나왔다. 이 세상은 십계명을 거부하고 사탄에게 넘어가 버렸다. 하느님께서는 인류를 쓸어 없앨 준비가 되었지만, 성모 마리아와 예수 그리스도가 인류에게 마지막 기회를 얻어 주셨다.

음웨린데는 요란한 종말이 임박했다고 약속했다. 그녀에 따르면 여러 나라가 저마다 다른 방식으로 대가를 치를 예정이었다. 「천국에서 때맞춰 온 메시지」의 발췌문을 보면 다음과 같다.

러시아는 다양한 종류의 메뚜기로부터 충해를 입을 것이다. 모잠비크는 자국의 정치 기구에 의해 파괴될 것이다. 일본에서는 우리 아버지께서 원하시는 만큼 오래 비가 내릴 것이다. 프랑스여, 너는 게으름으로 인해 너에게 떨어지는 응징을 감내하지 못할 것이며, 결국 탄식 속에서 파괴될 것이다.

만약 세계 전역에서 십계명이 회복되지 않는다면 이런 예언들이 모두 실현된다는 것이었다. 음웨린데는 「계시록」을 분명히 알고 있었다. 신약 성서 마지막에 수록된 그 책과도 유사하게, 「천국에서 때맞춰 온 메시지」는 성서의 내용을 굳이 반복하지 않았다. 대신 그 속편에 해당했으며, 절정의 순간을 위해서 화려한 특수 효과를 내세우는 식이었다.

십계명 운동은 세상을 구원하겠다고 약속하지 않았다. 다만 새로운 세상을 시작하기 위해서 참된 신자를 충분히 많이 모으기를 원했다. 현재와 임박한 종말 사이의 시간은 '체'라고 일컬어졌다(이것은 의미심장한 용어 선택이었는데, 체라는 물건은 때때로 금을 채취하는 데 사용되었기 때문이다). 이들의 믿음에 따르면, 체는 2000년 이전의 언젠가 결국 끝날 예정이며, 그때가 되면 지상에는 하느님의 응징이 비처럼 쏟아지고 이후 사흘 동안 어둠이 뒤따를 것이었다.

바로 이 대목 때문에 십계명 운동의 거주 시설이 중요해진 것이다. 이 시설이야말로 식량과 기타 필수품을 가득 채운 요새화된 방주로서 종말의 마지막 날 동안에 신자들을 살려 줄 것이기 때문이었다. 새로운 훈련생은 지도자들로부터 이제 파괴된 세상에서 안전한 피난처로 들어오게 됐다는 이야기를 들었다.

음웨린데 버전의 종말론을 달달 외우고 나면, 훈련생은 이어서 킵웨테레가 성모 마리아로부터 받은 메시지로 넘어갔다. 그의 환상은 거주 시설 내부의 일상생활과 의례 모두를 지배했다. 보통 하루 중 7분의 4에 해당하는 시간은 기도에 바쳤다. 7분의 2는 일하는 데 바쳤다. 나머지 7분의 1만 휴식이 허용되었다. 물론 몸이 성한 사람은 매일 할당된 시간을 넘기면서까지 과도하게 일하는 것이 일반적이었다. 여기서 말하는 일이란 거주 시설의 여러 건물을 건설하는 것부터 시작해서, 농작물을 재배하는 것, 우물을 파는 것, 가축을 돌보는 것, 시설을 유지하는 것 등등 뭐든지 될 수 있었다. 이런 방식으로 지도자들은 각각의 거주 시설을 자급자족할 수 있게 만들었다.

도미니크 신부가 소유한 땅에 설립된 성모시혜장에는 학교도 있었다. 아이들은 매일 학교에 다녔으며 그들의 삶은 십계명 운동으로 소진되었다. 아이들은 가족과 격리된 상태에서 너희들의 새로운 가족은 십계명 운동이며, 그 사명이야말로 너희들의 존재 전부라고 배웠다. 이는 아이들에게 너무 벅찬 부담이었을 것이다. 유년기 동안에 주입된 패턴은 나중에 가서도 근절하기가 어렵기 마련이다. 음웨린데와 지도자들은 이 점을 이용했다. 만약 다음 세대가 물질적 재산에 대한 애착도 없고, 거주 시설 외부의 현실에 대해서도 전혀 모른다면, 구성원들을 좀 더 손쉽게 장악할 수 있기 때문이었다.

전체적으로 공동체 내부에서는 가족 관계가 모두 단절된 상태였다. 추종자들은 각자의 본명을 내버렸다. 미혼 남녀는 모두 형제와 자매로 통했고, 기혼 남녀는 모두 이모와 삼촌으로 통했다. 더 나이 많은 구성원들은 나름의 호칭을 갖고 있었다. 법적 결혼과 출산은 인정되지 않았다. 개인의 정체성은 더 이상 중요하지 않았다. 오로지 십계명 운동만이 최우선이었다.

기도 시간과 간혹 있는 전체 회의를 제외하면 말도 삼가게 했는데, 전체 회의에서는 구성원들이 지도자들로 이루어진 위원회에 다른 사람들과의 불화를 털어놓을 수 있었다. 유일한 의사소통 수단은 수화와 글쓰기뿐이었다. 거주 시설에 손님이 찾아올 경우에는 오로지 지도자들이나 미리 선발된 사람들만 말해도 좋다는 허락을 받았다. 그러다 보니 매우 순종적이고 헌신적인 사람들이라는 인상을 외부에 주게 되었다.

이 컬트는 1993년부터 1995년 사이에 가장 강력하고 응집력이 있었다. 이러한 생활 방식을 버틸 수 있는 훈련생은 '학습 과정' 시간을 고대했는데, 이 과정을 거치고 나야만 십계명 운동 내에서 완전한 자격을 얻을 수 있기 때문이었다. 훈련생은 오전 8시부터 오후 4시까지 '엔툼와entum-wa', 즉 지도자들의 사도로 알려진 사람들의 강의를 들었다. 십계명 운동의 운영 초기에는 사제들이 폭력적이었다고, 즉 문자 그대로 훈련생을 때려서 몸에서 악마를 쫓아냈다고 알려져 있었다. 하지만 이제는 강의가 끝나기 전에 '엔툼와'가 모든 구성원을 위해 기도해 주곤 했다.

킵웨테레가 와 있을 때 해당 거주 시설에서 강의가 열리면 주교인 그도 직접 참석하곤 했다. 이처럼 눈에 띄는 존재감 덕분에 킵웨테레는 음웨린데 대신에 십계명 운동의 간판 인물이 되었다. 물론 이것도 모두 그들이 세운 계획의 일부였다. 음웨린데가 추종자들의 정신을 통제하고는 있었지만, 이들의 프로그램을 대중에게 판매하기 위해서는 두려움과 존경심을 불러일으킬 수 있는 남성의 존재감이 필요했기 때문이다. 이런 학습 과정은 5주 연속으로 진행되었다. 이후 사도들은 자기네가 보기에 십계명 운동에 전업으로 봉사할 준비가 되어 있는 사람들을 선택하면서 훈련을 마무리했다. 이렇게 선택된 사람들은 '아바텐데콰abatendekwa', 즉 제자라고 일컬어졌다.

하지만 이런 제자들조차도 지도부까지 승진하는 사다리는 여전히 가파르며 어쩌면 접근 자체가 불가능하다는 사실을 알고 있었다. 최고위 지도부는 '아베벰베지abebembezi'라고 불렸다. 킵웨테레 주교와 도미니크 총대리를 제외하면, 지도부는 하나같이 '신자들의 조부모'의 후손에 해당하는 가족 구성원뿐이었다. '설계자' 음웨린데, 그녀의 조카딸로 '성 마리아 고레티와 천사들의 확성기'인 어설라, 음웨린데의 자매이자 '성모 마리아의 옷'인 앤젤리나, 그녀의 형제이자 '성 요셉의 건축물'인 헨리 등이 그러했다.[3]

이런 호칭들은 이들이 일반 제자들과는 다른 최고위층임을 나타냈다. 조지프 카사푸라리의 가족은 '선견자'라고 불렸다. 그의 어머니이자 음웨린데의 영향력 있는 조언자인 스콜라스티카는 '하늘의 확성기'를 자처하면서, 자기가 성인聖人과 천사의 목소리를 마음껏 전달하는 능력이 있다고 주장했다. 다음으로는 '밤파타Bampata'라고만 알려진 그늘 속의 인물이 있었다. 음웨린데가 직접 선발한 그는 지도부 위원회에서 정보 부서를 이끌었다. 그는 하수인들과 함께 모든 제자와 훈련생을 감시했다. 요원들을 여러 마을로 보내서 영입 작업을 벌이는 한편, 십계명 운동에 대항하는 사람들에 대한 감시 작업을 수행했다.

킵웨테레와 도미니크를 제외하면, 지도자 대부분은 음웨린데의 친척이거나, 최초의 사도들이거나, 아니면 이른바 죄악 가득한 세상에서도 고위층에 속했던 사람들이었다. 이 마지막 부류야말로 십계명 운동의 구성원 중에서도 대중 확장에 가장 유용한 존재였기 때문에, 정기적으로 지도부들과 대화하는 모임을 가졌다. 이들이 논의한 정책은 십계명 운동의 나머지 사람들에게는 비밀로 유지되었다. 하지만 그 정보의 핵심 내용은 고위층 이탈자 폴 이카지레Paul Ikazire 신부를 통해서 알려졌는데, 그는 1993년에 종말이 임박하지 않았음을 깨닫고 십계명 운동에서 탈퇴한 인물이었다. '아베벰베지'의 일원이었던 폴 이카지레가 탈퇴하기 직전에 음웨린데는 하느님으로부터 새로운 이야기를 전달받았다고 다른 지도자들에게 알렸다. 십계명 운동에 필요한 경우에는 사람을 죽여도 된다는 허락을 받았다는 내용이었다.

1993년에만 해도 살인은 머나먼 가능성처럼, 상상이 불가능한 극단처럼 보였다. 제아무리 성모 마리아가 차마 설명이 불가능하게 명령을 내렸다고 하더라도 마찬가지였다. 십계명 운동은 도미니크 총대리의 재능 덕분에 절정의 지위에 막 도달한 상태였다. 교황 요한 바오로 2세가 우간다를 방문했을 때 도미니크가 십계명 운동의 대표로 그를 알현했던 것이다.

도미니크는 십계명 운동의 사명 선언문을 교황에게 증정했으며, 그로부터 축복까지 받았다고 주장했다. 하지만 실제로는 교황이 축복의 뜻으로 청원자에게 손짓을 해 주었을 가능성이 크다. 하지만 여기서는 사실 따위는 아무 상관이 없었다. 십계명 운동의 입장에서는 그러한 인정이야말로 전부였기 때문이다. 그들은 자기네 사명이 지상에서 하느님의 최고 권위로부터 축복을 받았다고 여겼다.

이런 점에서 도미니크는 음웨린데에게 무척이나 가치가 높은 존재였다. 그는 십계명 운동의 주요 기금 조성자였으며, 지역 관료와 권위자들을 설득하여 돈을 기부하게 하고 보호를 제공하게 하는 솜씨가 뛰어났다. 십계명 운동의 거주 시설이 건립된 지역의 행정관들은 종종 그 집단이 제공하는 식품, 찬사, 용역을 보상으로 얻었다.

아울러 음웨린데가 십계명 운동을 건설한 속도 역시 주목할 만하다. 겨우 5년 만에 지도자들은 십계명 운동의 구성원이 3천 명에 이르렀다고 주장했다. 하지만 머지않아 균열도 드러나기 시작했다.

최초의 균열은 십계명 운동의 창조 신화에서 비롯되었다. 그들의 신학은 종말론에 의존하고 있었으며, 처음에는 종말이 1992년에 있을 것이라고 주장했다. 하지만 그 날짜는 1995년으로 수정되었고, 세 번째 버전에서는 1999년 12월 31일로 변경되었다. 종말이 다가오지 않자 더 많은 교육을 받은 사람들 사이에서 회의주의가 일었다. 사도들은 이것은 어디까지나 '하늘에 근거한' 결정이라고밖에는 말할 수 없었다.

또 다른 균열은 거주 시설들을 합병하는 과정에서 비롯되었다. 킵웨테레의 가족이 반기를 들고 자기 소유의 땅을 되찾아 가면서 성모조형장이 사라지고 말았다. 1998년에는 그의 아내 테리사조차도 남편의 야심을 더는 견디지 못하게 되었다. 설상가상으로 폴 이카지레 신부가 탈퇴하자, 지도자들은 혹시나 이에 대한 반응으로 대량 이탈 사태가 일어난다고 하더라도, 성모시혜장이 위치한 도미니크 소유의 땅은 가치가 높으므로 그냥 잃어버려서는 안 된다고 판단했다. 그리하여 이들은 경작 가능한 부동산을 높은 값을 받고 팔아 버렸다.

이 같은 조치로 제자들 상당수는 음웨린데의 고향인 카눙구의 성모구조장으로 이주했다. 소수의 분파들은 다른 공개 거주 시설과 교역 마을에 머물면서 안정적인 외양을 유지했다. 하지만 이 마지막 몇 년 동안을 버티다가 탈퇴한 사람들은 제자들과 사도들 사이의 전체 회의가 점점 더 적대적으로 변했다고 이야기했다. 제자들이 지도부에 대항하며, 부동산을 외지인에게 팔아넘긴 것부터 종말이 계속해서 연기되는 것까지 질문을 제기하면, 사도들은 가볍고도 일축하는 태도로 이들을 침묵시켰다는 것이다.

머지않아 질문을 던졌던 바로 그 제자들이 사라지기 시작했다. 사도들은 그 제자들의 신앙심이 깊어 성모 마리아가 그들을 일찍 데려가셨다고 말했다. 1998년에는 성모시혜장에 있던 학교가 문을 닫았는데, 내부에서 학대가 이루어졌다는 사실이 정부 조사를 통해 드러났기 때문이었다. 학교에 다니던 아이들은 추가 조사가 진행되기 전에 성모구조장으로 이송되었다.

어쩌면 도미니크 총대리가 당국자에게 뇌물을 제공해 학교 폐쇄로부터 비롯되는 여파를 차단하고, 모든 후속 수사를 제한하는 도움을 받았을 가능성도 있다. 하지만 이조차도 최악의 차질까지는 아니었다. 그즈음에 조지프 킵웨테레가 병원에 입원해서 양극성 장애 진단을 받았다. 그런데 그는 병세를 진정시킬 수 있는 치료를 거부하고 의료 시설에서 나왔으며, 이후 십계명 운동의 거주 시설 외부에서 단 한 번도 목격되지 않았다.

2000년 1월 1일의 해가 떠오르자, 인류를 향한 하느님의 예정된 심판이 상당히 온건했었다는, 심지어 감지조차 불가능했었다는 점이 명백해졌다.

십계명 운동의 구성원으로 마지막 나날의 극소수 생존자 중 한 명인 앤드루 투무시메Andrew Tumusiime에 따르면, 급기야 음웨린데에 대한 위협까지 제기되었다고 한다. 제자들은 점점 더 동요하고 있었다. 2000년을 앞두고 십계명 운동은 기묘한 행동에 착수했다. 음웨린데의 정보 책임자인 밤파타가 휘하의 행동대와 함께 우간다 남서부 전역을 돌면서 여러 지부에 흩어져 있던 제자들은 물론, 이미 대의를 저버린 옛 제자들까지도 불러 모은 것이다.

밤바타는 이탈자를 꾀어 불러 모으려고 했는데, 아직 십계명 운동에 남아 있는 가족이 병들었다고 거짓말을 하는 식이었다. 때로는 납치라는 더 직접적인 방법을 시도하기도 했다. 심지어는 자기 아이들이 다니는 학교로 찾아가서 수업 중인 아이들을 무작정 데리고 나가려고 했는데, 어쩌면 자기 역시도 음웨린데의 명령에 따라 가족을 불러 모으고 있음을 이탈자에게 보여 주기 위한 것이었을 수도 있다. 교사들이 저지하자 밤바타는 현금 다발을 건넸지만, 결국에는 아이들을 두고 나올 수밖에 없었다. 이후 그의 아이들은 두 번 다시 아버지를 보지 못했다.

성모구조장에서는 외부로 초청장을 발송해서, 십계명 운동이 자리한 지역의 당국자며 제자들의 가족 모두를 2000년 3월 18일에 개최되는 행사에 초청했다. 이것은 음웨린데가 사용한 마지막 책략이었다. 목전에 닥친 사건의 준비를 위장하려는 시도였는데, 그 사건이란 마침내 당도하게 될 휘황찬란한 종말이었다.

2000년 3월 17일 오전, 성모구조장에서는 제자들에게 '체'의 끝이 마침내 도달했다고 알렸다. 머지않아 죄악 가득한 세상에 하느님께서 준비하신 응징이 도달한다는 것이었다. 생존자가 전무한 관계로 음웨린데가 정확히 어떤 약속을 했는지는 알 수 없지만, 제자들은 스스로 만든 방주 속으로 행진해 들어갔으며, 이들이 찬송가를 부르는 사이에 뒤쪽에서는 출구를 봉인했다.

남아 있는 지도자들은 안전을 위해서 건물 안에 들어가 있는 것이라고 신도들에게 설명했다. 사흘간 어둠이 지속될 터이니 아무도 밖에 나가서는 안 된다는 것이었다. 하지만 방주 안에서는 어둠의 나날이 그리 오래 지속되지 않았다. 그 구조물에 인화성 액체를 뿌리고 불을 붙이니 마치 마지막 날이 실제로 도래한 것처럼 불타올랐기 때문이다.

이 사건으로 무려 5백 명 이상이 살해되었다. 십계명 운동이 이 지경까지 상황을 악화시킬 것이라고는 어느 누구도 예상하지 못했다. 주류 언론 매체(특히 서방)에서는 '하느님의 십계명 회복 운동'의 존재 자체를 모르고 있었다. 하지만 십계명 회복 운동의 다른 거주 시설과 거점들에 수사관들이 급파되자, 이보다 더 섬뜩한 모습이 눈에 들어왔다. 우선 도미니크 총대리의 거주 시설인 성모시혜장에서 155구 이상의 시신이 추가로 발견되었다. 다른 거주 시설에서도 이와 유사한 발견이 계속되었다. 무려 4백 명 이상의 희생자가 있었던 것이다.

나중에 나온 보도에 따르면 조지프 카사푸라리는 사방으로 돌아다니며 배터리액을 다량으로 구매했는데, 이것이야말로 다른 거주 시설에 있던 제자들을 제거하는 데 사용된 독극물이 거의 확실했다. 마지막 몇 주 동안에 적어도 1055명이 살해됨으로써 십계명 운동은 현대 역사에서 가장 많은 사망자를 낳은 컬트가 되고 말았다.

하지만 수사에는 별다른 진척이 없었다. 카능구에서 화재가 시작되는 것을 목격한 몇몇 사람은 트럭 한 대가 현장을 떠나는 것을 보았다고 신고했다. 음웨린데가 짐칸에 타고 있는 모습이 얼핏 보였다는 것이었다. 나중에는 북부 지역에서 우간다 경찰이 킵웨테레를 추적 중이라는 소문도 있었다. 결국 두 사람의 흔적을 밝혀 내지는 못했지만, 최소한 이 컬트의 주요 설계자인 음웨린데가 도주했다는 점만큼은 거의 확실하다.

성모구조장을 더 면밀히 조사한 결과, 지도자들의 본부 아래에 파묻힌 시신 여섯 구가 추가로 발견되었다. 어쩌면 그들은 '아베벰베지' 가운데 일부였을 수도 있다. 그중 시체 한 구는 성직자의 목깃을 착용한 것으로 미루어 도미니크 총대리이거나, 조지프 카사푸라리이거나, 아니면 십계명 운동에 가입한 다른 성직자 가운데 한 명이었을 수도 있다.

다른 수사에서는 확실한 단서를 전혀 찾아내지 못했다. 음웨린데, 킵웨테레, 기타 지도자들에 대한 수색은 완전히 실패하고 말았다. 1998년에 십계명 운동의 학교가 문을 닫았을 때, 캄팔라의 우간다 정부는 이 단체의 진정한 본성에 대해서 어느 정도 눈치를 채기 시작했다. 만약 캄팔라의 공직자들이 십계명 운동에 대한 조사를 좀 더 일찍 시작했더라면, (도미니크 총대리에게 뇌물을 받으며 길들여진) 지역 행정관들과 정부 인사들이 이 컬트의 지도자들이 형사 고발을 회피할 수 있도록 도와줄 수는 없었을 것이다. 어쩌면 지역 당국자들도 아베벰베지, 특히 킵웨테레와 도미니크와 음웨린데 3인방에게 실제적인 압력을 가했을지도 모른다.

외부에서 오는 압력에다가, 이미 컬트 내부에서 자라고 있었던 긴장까지 더해졌다면, 음웨린데는 자기가 곤경에 처했음을 깨달았을 것이다. 그리하여 지도자들 다수에게 이 사실을 손쉽게 납득시킬 수 있었을 것이다. 십계명 운동은 신속히 성장하기 위해서, 아베벰베지에게 영향력을 주기 위해서, 그리고 어두운 통제의 충동을 충족시키기 위해서 고안된 것이었다. 하지만 추종자를 늘리고 부를 축적하고 세력을 확장하려는 충동 너머의 그 무엇에 대해서는 생각하지 않았다. 성모 발현의 신화를 더 유지하기가 어려워지자, 모든 것이 산산이 흩어지기 시작했다.

경제 기업으로서 십계명 운동은 회심자를 끌어들이는 데 의존했으니, 그들이 소유한 모든 것을 내놓아서 조직의 확장을 뒷받침하는 식이었다. 하지만 종교 조직으로서 십계명 운동은 가장 극단적인 신앙의 도약, 가난과 침묵의 맹세, 가족과의 분리, 죄악 가득한 세상에 대한 믿음, 하느님과 성모 마리아의 축복(아울러 두 분의 실제 대리인이 육신이 되어 자기들 사이에서 걸어 다닌다는 믿음)에 의존했다.

경제적 모델과 영적 모델 가운데 무엇이 더 먼저 붕괴했는지에 대한 세부 내용은 부족하다. 하지만 자기보다 먼저 활동한 (예를 들어 찰스 맨슨과 짐 존스 같은) 여러 컬트 지도자와 마찬가지로, 음웨린데는 컬트의 성장에 연료를 제공하는 근본적인 기만을 구축했을 때만 비로소 자신의 카리스마가 효과를 발휘한다는 것을 깨달았다. 그러한 거짓의 그물망이 풀어헤쳐지면, 그들 모두는 무능력한 존재인 것이 입증되고 말았다. 컬트 지도자가 된다는 것은 위험한 게임이었지만, 역사적 기록으로 미루어 판단하건대, 어떤 사람이 일단 그쪽의 소질을 발견하고 나면, 이번 생과 다음 생에 걸쳐 궁극적인 권력을 제공하는 조종을 중단하기는 어려우며, 결국에는 상황이 너무 늦어 버리고 만다.

자신의 실수를 인정하기보다는 차라리 5백 명 이상의 사람들을 불태워 죽이는 편이 더 낫다고 결정을 내리는 것이 자기도취증의 교과서적 정의까지는 아닐 수 있지만, 이 가증스러운 행동이야말로 인격 장애의 두 가지 핵심 특징인 특권 의식과 공감 결여 모두를 무척이나 명료하게 예증한다. 하지만 음웨린데가 동류와 구분되는 점은 이것이 아니다.

그녀의 이야기가 남들과 달라지는 대목은 바로 도주, 즉 트럭에 올라타고 불타는 거주 시설을 벗어난 이후 행방이 묘연해졌다는 보고 이후부터다. 과거 자신의 바나나 맥주를 아침 일찍부터 마시러 찾아온 단골손님을 보고는 바닥에 묻은 피를 닦아 내다 말고 농담을 주고받았던 것처럼, 음웨린데가 집단 살인을 그냥 웃어넘기고 말았다고 추측하고 싶은 유혹도 없지 않다. 하지만 그런 상상은 우간다라든지, 또는 그녀가 도주했을 가능성이 가장 높은 국경 너머의 콩고 민주 공화국의 현실과는 어울리지 않는다. 설령 음웨린데가 현금화가 불가능한 컬트의 자산(대부분 토지와 부동산)을 어찌어찌 숲속 깊은 곳까지 가져갈 수 있는 뭔가로 바꾸는 데 성공했다 치더라도, 컬트의 악행이 만천하에 드러난 이후에는 일개 여성에 불과한 그녀가 잠재적인 공격으로부터 얼마나 오랫동안 스스로를 방어할 수 있었을까? 게다가 다른 어딘가에 아직 남아 있는 충성스러운 부하들을 보호하는 것은 엄두도 못 내지 않을까?

크레도니아 음웨린데는 그저 역사를 피해서만 도주했을 따름이다. 그녀가 들어가 사라진 숲속에는 반란군과 포악한 군벌이 경제적 이익의 가능성을, 또는 폭력이나 욕망에 몰두할 기회를 찾아 헤매기 마련이다. 설령 음웨린데가 혼자의 힘으로, 또는 소수의 지지자들과 함께 그런 위험을 회피할 수 있다고 하더라도, 이후의 소식을 전혀 알 수 없다는 사실은 결국 그녀가 밀림에서 궁극적인 운명을 맞이했다는 이론에 신빙성을 더해 준다. 음웨린데가 자행한 저 상상조차 불가능했던 참사에서는 어느 누구도 도주할 수 없었다. 심지어 본인도 마찬가지였다.

9

<table>
<tr><td>현실 부정</td><td>마셜 애플화이트와
천국문</td></tr>
</table>

1997년 3월, 캘리포니아주 랜초샌타페이에서 마셜 애플화이트는 무려 사흘에 걸쳐서 38명의 추종자로 이루어진 무리를 죽음으로 이끌었다. 그 마지막 날, 천국문의 주모자인 이 눈이 커다란 남자는 자신의 추종자들과 함께 수면제, 사과 소스, 보드카의 혼합제를 복용했는데, 그렇게 함으로써 본인도 "자신의 탈것에서 하차할" 수 있기 위해서였다. 또는 그들 외에 다른 사람들의 시각에 따르면, 스스로의 목숨을 끊기 위해서였다. 이것은 미국 역사상 가장 대규모의 집단 자살이었다. 25세부터 72세까지 다양한 연령을 망라한 수많은 추종자는 애플화이트가 한 이야기를 믿었다. 즉 자기네는 헤일-밥 혜성을 따라 움직이는 우주선까지 광선을 타고 올라갈 것이며, 이로써 "인간을 넘어선 왕국 수준"에, 즉 외계인과 천사 사이의 어딘가에 해당하는 고등한 존재들의 마치 천국 같은 문명에 동참하게 되리라는 것이었다. 자살 이후, 추종자들 각각이 찍은 마지막 비디오 녹화인 이른바 '하차 성명'이 발견되었다. 이 영상에서 신자 무리는 전적으로 동의하고, 차분하고, 수수하고, 심지어 다가오는 큰 사건에 대해서 흥분하는 모습이 드러났다. 이것이야말로 역사상 거의 유례가 없는 의도적인 현실 부정이었다. 마셜 애플화이트가 그토록 많은 사람을 대상으로 이와 같은 기만을 획책할 수 있었다는 사실은 비극인 동시에 정신 조종의 심화 과정인 셈이었다.

DENIAL OF REALITY

MARSHALL
APPLEWHITE

1970년대 초의 언젠가, 마셜 허프 애플화이트Marshall Herff Applewhite와 보니 루 네틀스Bonnie Lu Nettles는 유사 종교를 하나 만들어 냈다. 이들이 '천국문 Heaven's Gate'이라고 명명한 이 신생 종교는 대중 과학 소설, 애플화이트의 유년기 체험 속 장로교, 네틀스의 뉴에이지 영성의 심령술 관련 잡동사니 등의 요소들을 뒤섞은 것이었다. 기본 전제는 단순했다. 자기네가 '인간을 넘어선 진화의 수준The Evolutionary Level Above Human', 약자로 텔라TELAH에 대한 독점적인 지식을 가졌다고 주장했다. 이것이야말로 계몽되지 못한 사람들로서는 단지 한밤중에 UFO가 나타났을 때만 때때로 일별할 수 있는 우월한 지성이라고 했다. 두 사람은 이 수준까지 가는 방법을 알고 있다고, 심지어 자기네 가르침을 받아들일 준비가 되었음을 스스로 입증할 의향이 있는 선별된 극소수를 그곳으로 데려갈 수 있다고 주장했다.

이 신생 종교의 교리는 기묘하고도 검증이 불가능했다. 아울러 모호한 구석이 많아서 두 사람은 언제나 그 교리를 수정할 수 있었으며, 핵심 교리조차도 중도에 재발명했을 정도였다. 집단의 숫자가 늘어나면서 절정기에는 최대 2백 명의 추종자를 끌어들였지만, 창시자 두 명(마치 유치원을 연상시키는 별명인 '보와 핍' 또는 '도와 시'로 일컬어졌다)은 신참자에게 호감을 사는 특유의 환대하는 태도와 조용히 설득하는 방법을 결코 바꾸지 않았다. 그들은 스스로를 인류를 구원하기 위해 하느님께서 지상에 내려보낸 하늘의 천사라고 주장했다. 또한 자기네 규칙이 때로는 엄격하다는 점을 자각하고 있으며, 자신들은 이해심이 많으므로 유랑하며 살아가는 자기네의 생활 방식을 받아들이던 사람도 언제든지 자유롭게 떠날 수 있다고 주장했다.

하지만 친절과 용인이라는 이런 외양과는 달리 이들은 추종자를 단단히 장악했으며, 일상생활의 가장 사소한 국면에 대해서까지도 통제를 가했다. 누가 채소를 손질할지, 누가 방을 공유할지, 누가 누구를 일터까지 차로 데려다줄지에 대한 매일의 일정표가 있었다. 심지어 팬케이크를 구울 때의 크기까지도 지정되어 있었다. 이들의 식단 역시 극단으로 치달았다. 온통 파스타와 채소, 또는 3주 내내 물과 레몬주스, 고추와 메이플 시럽뿐이었다. 이들은 모두 똑같은 옷을 입었으며, 정기적으로 (심지어 속옷까지 모조리) 맞바꿈으로써, 어느 누구도 의복이나 외양이나 각자의 개성에 신경 쓰지 못하게 만들었다. 이들은 무엇이든 함께 했으니, 예를 들어 〈스타트렉〉과 〈엑스파일〉을 시청할 때도 그러했고, 마지막 식사를 위해 어느 식당 체인점에 갔을 때도 그러했다. 이들은 독자적인 어휘를 사용했다. 한방을 쓰는 사람들은 '성단星團', 강제된 침묵의 기간은 '무덤 시간', 이 집단의 일부가 아닌 사람들은 '루시퍼주의자' 또는 줄여서 '루시'라고 불렀다.

이른바 '세뇌'라는 개념은 1950년대에 처음으로 제안되었는데, 미국인 전쟁 포로 가운데 상당수가 중국과 북한의 포획자들에게 협조하게 된 것을 이해하기 위한 시도였다. 1970년대에는 외관상 어엿한 대학생 또래인 미국 청년 수십 명이 찰스 맨슨이나 공생해방군 같은 극단적인 부류에 이끌리게 된 이유를 설명하기 위해서 다시 적용되었다.『우리 중의 컬트: 숨은 위협에 대항하는 지속적인 싸움Cults in Our Midst: The Continuing Fight Against Their Hidden Menace』의 저자인 마거릿 세일러 싱어Margaret Thaler Singer처럼 컬트 연구자 일부는 특정 개인에게 적용된 이런 원리의 작용에 대해 법정에서 증언하기도 했다. 다만 법정 변론으로서는 배심원을 설득하는 데 실패했으며, '세뇌'라는 용어가 정신 의학자들의 편람으로 사용되는『정신 질환의 진단 및 통계 매뉴얼 제5판』(DSM-5)에 수록되기는 했지만 정작 그 배후의 발상은 의료계에서 냉대받는 실정이다. 법과 정신 의학 모두 자유 의지를 토대로 삼기 때문이다.

하지만 미국인 전쟁 포로를 치료한 정신 의학자들의 첫 번째 세대에 해당하는 로버트 제이 리프턴은 포획자들이 그러한 정신 조종을 달성하는 과정에 대해서 폭넓은 단계별 설명을 내놓았다. 이를 가리키는 용어인 '사고 개조'는 그 과정의 점진적인 성격을 강조한다. 그리고 리프턴이 설명한 사고 개조의 원리들(주변 통제, 신비적 조종, 고백, 순수한 자기 신성화, 의미심장한 언어, 신성한 지식의 분위기, 존재의 면제 등) 거의 모두가 천국문 컬트에서도 작용했음을 알 수 있다.

이 집단은 지나가는 도시마다 다음과 같은 내용의 인쇄 전단을 사방에 붙여 놓았다.

> U F⊕는
> ○ 왜 이곳에 오는가
> ○ 누구를 위해 오는가
> ○ 언제 떠날 것인가

그러고 나면 외롭고도 취약한 사람들이 우연히 그걸 보고 시험 삼아 애플화이트의 공개강좌에 참석하는 일이 반복되었다. 미처 깨닫기도 전에 그들은 완전히 삶이 뒤집히고, 가족과의 모든 유대가 끊어지고, 자기가 가진 모든 것을 집단에 내놓았다. 이들은 천국문의 거주 시설로 이주하고, 컬트의 복잡한 규칙에 따라서 살아가기 시작했다. 1997년에 자살한 사람 가운데 다수는 무려 20년, 또는 그 이상을 이 집단과 함께했다. 자기네가 신봉하는 내용을 정확히 신봉했던 종파에 대한 소속감과 유대감은 지상에서의 마지막 숨까지 연장되었던 셈이다.

천국문에 합류한 사람들은 특별한 종류의 이력을 갖고 있었다. 어떤 면에서는 이들이야말로 미국의 단면도에 해당하는 것처럼 보였다. 출신지도 여러 주를 망라했고, 나이와 직업도 다양했다. 하지만 오랜 세월에 걸쳐 천국문의 기묘한 믿음과 엄격한 일상 의례에 전념했던 사람들 대부분은 이전에 심각한 상실이나 유기를 경험한 바 있었다. 원래는 굴 양식업자였지만 사업과 결혼과 형제를 잃고 마약에 손댄 남자도 있었다. 입양아 출신으로 가장 친한 친구가 물에 빠져 죽는 것을 목격한 여자도 있었다. 실직한 버스 운전기사 출신으로 어머니의 죽음을 극복하지 못한 남자도 있었다. 자유분방한 성격이지만 불임을 한탄하는 여성도 있었다. 이런 엇나간 영혼들은 각자의 일상생활이 제공할 수 없는 뭔가를 갈망했다. 상당수는 매우 지능이 높았다. "대부분의 사람은 그들이 하듯이 일을 더 복잡하게 만들려고 노력하지 않습니다." 한 희생자의 옛 여자 친구는 이렇게 말했다. "그 사람들은 워낙 똑똑하기 때문에, 이 세상도 반드시 더 복잡해야만 한다고 생각합니다."[1]

　이런 소질들은 천국문의 사망자에 대한 부고와 기념비에서 거듭 발견되었다. 그들은 너무 똑똑해서 오히려 해를 입었다. 그들은 상심한 상태였다. 그들은 가족을 잃었다. 그들은 대학이나 직업, 인간관계에 잘 맞지 않았다. 그들은 모든 것을 두고 떠났다. 그들은 친절했다. 그들은 괴짜였다. 그들은 멀게 느껴졌다. 하나같이 기묘한 성격들을 한데 모아 놓은 셈이다. 그런데 이런 성격들에는 한 가지 공통점이 있다. 놀랍지도 않지만, 이 모든 성격이 천국문 컬트의 주모자인 마셜 허프 애플화이트를 설명해 준다는 것이다.

마셜 허프 애플화이트 2세는 1931년 5월 17일에 텍사스주 스퍼에서 태어났다. 대공황에서도 가장 가혹했던 시기에, 가장 강하게 타격을 받은 시골 지역 가운데 하나였다. 아버지 애플화이트 1세는 순회 설교자였으며, 텍사스의 소도시 여러 곳을 돌아다니며 교회를 설립했다. 문제는 그가 교회를 세우는 데는 유능했지만, 기껏 세운 교회에서 일자리를 유지하는 데는 무능했다는 점이었다. 목사와 아내, 위로 딸 두 명과 아래로 아들 두 명으로 이루어진 일가족은 항상 떠돌아다녔다(마셜의 남동생은 심각한 지적 장애를 지닌 까닭에 나중에는 주에서 운영하는 시설에 들어가게 되었다). 물론 이것도 딱히 두드러진 일까지는 아니었다. 그 지역을 휩쓴 더스트 볼로 인해 불운을 겪은 사람 상당수가 일자리를 찾아 떠돌아다녔기 때문이다. 하지만 이런 유랑 생활이 마셜의 유년기를 형성하면서, 한 장소에 정착하는 삶에 대한 평생에 걸친 불신을 심어 주었다.

집단 자살 이후, 애플화이트 가족의 대변인 노릇을 하게 된 누나 루이즈는 동생 마셜을 가리켜 똑똑하고, 사교적이고, 잘생기고, 노래하기를 좋아한 어린이였다고 묘사했다. 타고난 외향성 덕분에 가족을 따라 어디로 가든 친구를 잘 사귀었지만, 아버지가 식구들을 데리고 떠나는 일이 워낙 잦다 보니 마셜도 지속적인 우정에서 비롯되는 강한 유대감은 형성하지 못했다. 유년기 초기의 이런 관계는 공감 능력과도 결부된다고 볼 수 있다. 또한 십 대 시절의 교우 관계는 청소년의 사회생활에서 무척 중요하며, 나아가 성인 시절 내내 성장할 수 있는 능력과도 결부된다고 여겨진다. 갑자기 또는 처참하게 사망한 컬트 지도자 상당수가 그러하듯이, 이들의 심리적 장애에 대한 진단은 무엇이든지 간에 전적으로 추정에 불과하다. 하지만 마셜 애플화이트는 실제로 이사가 잦았던 유년기의 고전적인 후유증을 드러냈던 것처럼 보이며, 심지어 자신이 가족을 인도하는 가장이 되었을 때는 (실제 가족과는 물론이고 컬트 가족과도 마찬가지로) 유랑 생활을 그대로 모방하기까지 했다. 아버지가 그랬듯이 자기도 항상 천국문 집단을 데리고 한 장소에서 다른 장소로 옮겨 다니며 이들이 장기적인 정착을 하지 못하게 했고, 이러한 불안정성이야말로 다음 단계로 올라가게끔 자신의 추종자들을 준비시켜 줄 영적 도전이라고 둘러댔다.

유년기에 겪은 이런 일들로 인해 마셜에게는 지속적인 관계를 위한 배출구가 단 하나뿐이었다. 그는 언제나 아버지의 최고 교인이자 성가대의 스타였으니, 처음에는 소프라노 음역이었다가 성장하면서 멋진 바리톤 음역을 갖게 되었다. 마셜 1세와 함께 파크웨이 장로교회를 공동 설립했던 코퍼스 크리스티 전자 회사의 대표 플로이드 채프먼은 이 목사를 매우 풍채 좋은 인물인 동시에 교회 신도를 금세 늘려 놓는 훌륭한 조직가로 기억했다. 루이즈는 남동생 마셜 2세가 아버지를 쏙 빼닮았다고 말했다. "예전부터 항상 타고난 지도자였고, 매우 카리스마가 넘쳤습니다. 사람들을 뭐든지 믿게 만들 수 있었어요."[2]

목사가 되려는 꿈을 품었던 마셜은 1948년에 코퍼스 크리스티 고등학교를 졸업하고, 댈러스에서 북쪽으로 1백 킬로미터 떨어진 텍사스주 셔먼에 있는 오스틴 대학에 들어갔다. 그는 철학을 전공했으며, 여러 동아리에 가입해서 적극적으로 활동했다. 신입생 시절의 룸메이트 존 알렉산더에 따르면 (당시의 애칭대로) '허프'는 매력적인 성격을 지닌 마당발로서 아카펠라 합창단, 학생회, 촉망되는 장로교 목사 후보자를 위한 학내 조직 등에 가입했다.

애플화이트는 1952년에 대학을 졸업하고 아내 앤 피어스Ann Pearce를 만났으며, 신학 공부를 위해 버지니아주 리치먼드에 있는 유니언 장로교 신학교에 입학했다. 하지만 그는 머지않아 회중을 인도한다는 전망조차도 음악에 대한 평생에 걸친 사랑만큼은 못하다고 느끼고는, 결국 첫 학기가 끝나기도 전에 신학교를 자퇴했다. 이후 그는 앤과 함께 노스캐롤라이나주 개스토니아로 가서 퍼스트 장로교회의 음악 감독이 되었다. 두 사람은 결혼해서 두 아이를 낳았지만, 1954년에 마셜이 육군에 징집되면서 또다시 이주하게 되었다.

두 사람은 오스트리아 잘츠부르크에서 2년간 살다가, 마셜이 통신대에서 교관으로 근무하게 되면서 뉴멕시코주 화이트샌즈로 이주하게 되었다. 그는 1956년에 만기 전역했으며, 이후 콜로라도 대학에 입학해서 음악 석사 학위를 받고, 뮤지컬 공연에 관심을 가져 〈남태평양〉과 〈오클라호마!〉에서 주연을 맡았다. 대학 시절에 가까운 사이였던 전직 교수 찰스 바이어스는 애플화이트가 "낙천적인 사람"이고 "학생들에게 인기가 높았다"고 묘사했다.

콜로라도 대학 이후에 애플화이트는 떠돌이 음악가 생활을 시작했으며, 조금이라도 음악과 관련이 있는 일은 뭐든지 했다. 시험 삼아 뉴욕에서도 공연해 보았고, 여차하면 오페라로 진출하려 했지만, 1960년에 이르러 자신의 재능과 멋진 외모가 극장에 더 잘 어울린다고 판단하게 되었다. 하지만 이런저런 공연에 오디션을 보아도 연극배우로 일거리를 잡는 데는 실패하자, 1961년에 다시 가족과 함께 짐을 꾸려 앨라배마 대학으로 가서 일자리를 얻었다.

애플화이트는 4년간 그곳에서 음악 전공 조교수 겸 합창단 지휘자로 재직하다가 1964년에 해임되었는데, 그 사유가 가족에게는 충격이 아닐 수 없었다. 어느 남학생과 애정 행각을 벌였던 것이다. 그의 정체성에서 이러한 측면(자신의 동성애적 충동과의 거듭되는 분투)은 집단 자살 관련 보도에서 큰 주목을 받았는데, 사람들은 그처럼 무의미한 생명 상실에 대한 어떤 단서나 숨은 동기를 찾아내고 싶었기 때문이다. 이러한 성적 정체성이 애플화이트의 전통적인 종교적 양육과는 물론이고, 교회 내 경력에 대한 희망과도 갈등을 빚었으리라고 간주되는 이유는 쉽게 짐작할 수 있다. 하지만 동성애 해방 운동의 초창기에 성적 정체성 때문에 분투하던 사람은 그 혼자만이 아니었고, 이처럼 비교적 흔했던 내적 분투가 개인적으로는 괴로울 수 있었겠지만, 그렇다고 해서 무려 38명을 죽음으로 이끈

419

행동에 큰 영향을 끼쳤다고 생각하기는 힘들다.

성적 취향은 애플화이트에게는 매우 민감한 문제였지만, 비극의 핵심 요소를 거기서만 찾으면 천국문 컬트 자체보다는 오히려 1990년대 말의 문화 전쟁에 관한 이야기로 흐를 수 있다. 보수 성향인 700클럽의 팻 로버트슨 목사부터 진보 성향인 친 동성애 메트로폴리탄 커뮤니티 교회의 설립자 트로이 페리에 이르기까지 다양한 종교계 인사들이 집단 자살을 이해하려는 과정에서 바로 그 문제를 지목한 바 있다. 로버트슨은 자신의 TV 쇼에 초대한 손님의 말마따나 "엉뚱한 성적 취향"이 십중팔구 컬트의 비뚤어진 영성의 일부분이라는 발상을 부추겼던 반면, 페리는 "하느님께서 주신 성적 취향에 대한 한 남자의 부정과 억압, 아울러 더 커다란 층위에서 남녀 동성애자에 대한 사회의 거부와 적대감"의 작용을 이야기했다.[3]

성적 취향과 관련된 애플화이트의 갈등은 의심할 나위 없이 심각했으며, 심지어 극단적이기까지 했다. 이런 사실은 훗날 그의 컬트가 모든 종류의 성관계에 부과한 엄격한 금지에서도 찾아볼 수 있다. 애플화이트는 추종자들이 인간을 넘어서는 다음 수준으로의 상승을 준비하기 위해서 이른바 세속적 욕망을 극복하기를 원했다. 그는 "성관계 금지, 인간관계 금지, 교제 금지"에 관해서 엄격한 명령을 내렸는데, 사실 그것은 사회적 통제의 의도가 더 많았다.[4] 즉 애플화이트는 사람들이 자신에게 의존하는 것 이외에 삶에서 다른 의미를 찾아내기를 원하지 않았던 것이다.

나중에 가서는 애플화이트 본인이 절대적인 수준까지 금욕에 헌신했다. 집단 자살을 행하기 전에 남성 추종자 다섯 명과 함께 의료적 거세를 했던 것이다. 이는 그들이 이제껏 비난했던 세속적 욕망을 그들의 '용기 容器'에서 비우는 첫 단계였다. 어떤 사람들은 거세로 인해서 그들이 다음 수준에 도달했을 때 갖게 될 것이라고 믿었던 양성구유적 이상에 더 가까워졌으리라고 추정한다. 이른바 '최종 하차' 직전에 비디오로 녹화된 인터뷰에서도 한 추종자가 엽기적인 고백을 하는데, 자신의 거세와 아울러 그 이후에 느낀 전반적인 도취감이야말로 자살을 위한 준비 과정에서 핵심 단계였다고 말한 것이다. "그 일이 저를 얼마나 자유롭다고 느끼게 해 주었는지 차마 말할 수조차 없습니다." 그는 이렇게 말했다. "제가 나아가려고 준비하는, 아울러 나아가기를 고대하는 다음 단계야말로 의료적 수술과 도대체 뭐가 다른지 알 수 없습니다."[5]

천국문의 '신성한 지도자'로서 애플화이트는 대안적 현실을 만들어 내는 (아울러 그것을 기꺼이 받아들이는 사람들의 삶을 통제하는) 것에 워낙 집착했기 때문에, 과연 그가 합창 지휘자에서 컬트 지도자로 변모하는 과정에서 성적 취향이 끼친 영향을 고려하는 데 굳이 많은 시간을 들였을지는 의심스럽다. 하지만 '실제로' 분명한 사실은 1965년에 있었던 남학생과의 불륜이 애플화이트의 가족을 산산조각 냈다는 것이다. 앨라배마 대학에서 해임당한 직후에 애플화이트는 휴스턴으로 이주했으며, 아내 앤과의 잠정 별거는 1968년에 이르러 영구적으로 변했다. 그녀가 이혼을 신청하여 자녀 양육권까지 가져가 버린 것이었다.

짧은 기간이나마 애플화이트는 나름 잘나갔던 것처럼 보인다. 그는 휴스턴에서 작은 사립 가톨릭 대학인 세인트 토머스 대학의 음악 강사 자리를 얻었다. 어느 감독 교회에서 합창 지휘자가 되었으며, 휴스턴 그랜드 오페라에서 열다섯 개의 배역을 맡아 노래하기도 했다.

이 시절에 알게 된 몇몇 지인은 애플화이트를 옷 잘 입고 카리스마 있는 인물로, 즉 사람들에게 관심받기를 좋아하며 극도로 너그럽고 한없이 사교적인 사람으로 기억했다. 하지만 휴스턴 사교계에서 존재감을 드러냈음에도, 사적으로 애플화이트는 무너지고 있었다. 한편으로는 자녀를 만나지 못해서 그리워했으며, 다른 한편으로는 명백한 이중생활의 균형을 맞추는 데 곤란을 겪고 있었다. 공개적인 행사에서는 이 여자 저 여자와 동석하면서도, 휴스턴 몬트로즈 지역에서는 공개적으로 동성 애인과 함께 살았던 것이다. 이런 상황에 더해서 휴스턴의 어느 부유한 가문의 딸과도 진지한 관계를 이어 갔는데, 이 관계를 반대한 여자 쪽 식구들이 그의 목숨을 위협하기도 했다.

무려 반세기가 지난 지금에 와서는 과연 다음 중 무엇이 먼저였는지

판가름하기가 어렵다. 애플화이트의 열광적이고도 명백히 상충되는 성적 추구였을까, 아니면 그의 신경 쇠약이었을까. 세인트 토머스 대학의 총장이었던 토머스 브레이든 신부는 애플화이트가 이인증의 징후를 드러냈던 것을 기억했다. "그 당시에 그는 뭔가 기묘하게 행동했습니다. 누가 말을 걸면 조금 전에 말했던 것과는 아무 관계도 없는 이야기를 언급했죠." 당시 휴스턴의 한 극단에서 그의 동료였던 (배우 패트릭 스웨이지의 어머니) 패치 스웨이지가 『뉴욕 타임스』 인터뷰에서 회고한 바에 따르면, 애플화이트는 갑자기 기묘하게 행동하면서 "UF⊕에 관해서 이야기하고 기묘한 종교에 대해서 설교하는" 바람에 다른 배우며 제작진 사이에서 뒷공론의 대상이 되었다고도 한다.

애플화이트의 병력에 대해서는 거의 알려진 바가 없으며, 이미 밝혀진 내용 대부분은 2차적이고 단편적이며 모순적이다. 하지만 바로 이런 불완전함 때문에 학자들은 오히려 그에게 매력을 느꼈으며, 각자 중요시하는 이론들에 그가 손쉽게 맞아떨어진다는 사실을 발견했다. 이것이 컬트 지도자들이 훌륭한 사례 연구가 되는 이유 중 하나다. 그들의 섬뜩한 이력은 널리 알려져 있을 뿐만 아니라 병리적 질환과도 쉽게 연결될 수 있기 때문이다. 예를 들어 캐나다 앨버타주 에드먼턴에 있는 매큐언 대학의 사회학자 수전 레인Susan Raine은 애플화이트의 격렬한 종교적 양육과 공개적인 동성애 생활이 서로 충돌했고, 이것이야말로 고통스러운 내적 갈등의 원천이었다고 지적한다. 여러 해 동안 애플화이트의 삶을 지배했던 이러한 내적 분투로 인해 그가 자기 몸을 전쟁터로 경험하게 되었으며, 급기야 편집증적 정신 분열증의 발병으로 이어졌다는 것이다. 이러한 진단은 애플화이트가 신성한 목소리를 들었다는 주장과도 맞아떨어지는데, 환청이야말로 그런 특징 중 하나이기 때문이다.

비록 이러한 진단을 확증하기는 불가능하지만 이론 자체는 그럴듯하다. 정신 분열증은 세계 인구의 1퍼센트 이상에게 발병하는 결코 드물지 않은 질환이기 때문이다. 아울러 이러한 진단은 천상의 방문이며 이세계적 존재와의 접촉 같은 애플화이트의 주장을 설명할 수도 있다. 또한 그의 다른 행동도 설명할 수 있다. 천국문의 추종자들은 고도로 조직화된 매일의 일정(엄격한 식단, 신중하게 조절된 행동 등)을 따랐는데, 이는 정신 분열적 증상을 통제하기 위한 치료 방법과 일치하기 때문이다. 어쩌면 애플화이트는 한편으로는 자신과 현실 사이의 단절이 발생하는 것을 모면하기 위해서, 다른 한편으로는 그런 증상의 강도를 최소화하기 위해서 나름대로 공들인 자가 치료 프로그램을 만들고 있었을지도 모른다. 그가 자신의 컬트에 속한 모든 사람에게 이러한 방법을 처방했다는 사실 역시 딱히 놀랍지는 않다. 서로 다른 조건을 갖고 있다고 하더라도, 컬트 지도자 대부분은 어느 정도 자기애적 인격 장애로 고통을 겪기 때문이다.

분명히 확인된 사실은 애플화이트가 머지않아 세인트 토머스 대학에서도 해임되었다는 점이다. 본인은 정서적 문제가 이유였다고 주장했지만 다른 이유도 있었던 것으로 보인다. 세인트 토머스 대학은 남학생과의 애정 행각을 이유로 그를 해임한 두 번째 학교였기 때문이다. 서로 상충되는 설명을 종합해 보면, 곤란을 겪던 애플화이트는 이후 자신의 동성애적 충동을 '치료하기' 위해서 스스로 정신 병원에 입원했는데, 오늘날의 관점에서는 무척이나 논란이 될 만한 행동이었다. 정확한 입원 기간은 알려지지 않았지만, 그가 어느 간호사와 꾸준한 관계를 형성할 만큼 오랜 시간이기는 했다. 그리고 이 간호사는 훗날 그를 비롯한 39명의 사람을 죽음으로 이끄는 바로 그 집단을 창립하는 데 도움을 주었다.

운명적인 만남

1970년대 초는 마셜 애플화이트에게 힘든 시기였다. 비록 자신의 성적 일탈로 결혼이 깨지기는 했지만, 여전히 자녀들을 무척이나 그리워하고 있었다. 이에 더해서 그가 항상 우상화했던 아버지까지 사망했다. 애플화이트는 점차 우울해졌고 재정 상태도 악화되고 말았다. 그는 돈을 빌릴 수밖에 없는 처지가 되었으며, 한때 인기를 끌었던 부유층 사이에서도 특유의 변덕스러운 행동 때문에 소외되기 시작했다.

가족의 상실과 심리적 비탄으로 얼룩진 바로 그 순간에 애플화이트는 훗날 그의 삶을 바꿔 놓을 여성인 보니 루 네틀스를 만났다. 그는 이 시기의 이력을 세탁한 바 있다. 정신 질환으로 인한 장기간의 치료 이력이 이른바 우월한 존재인 자신의 지위와 양립할 수 없다고 보았기 때문이었다. 애플화이트가 내놓은 이력에 따르면, 두 사람은 그가 어린이 극단에서 수업을 가르치고 있을 때 만났다. 마침 네틀스의 아들이 거기 다니고 있었기 때문이다. 또 다른 설명에 따르면, 그가 친구 병문안을 갔다가 그녀를 만났다고 한다. 그리고 또 다른 설명에 따르면, 애플화이트가 정신 질환 치료를 받을 때 네틀스가 그의 치료를 담당한 주 간호사였다고 한다. 만약 애플화이트가 진짜로 동성애를 '치료하기' 위해서 스스로 입원한 것이라면, 이렇게 서로 다른 설명이 있는 이유도 충분히 이해된다. 아울러 두 사람이 처음 만난 곳을 정확히 알고 있음에도 네틀스가 굳이 그 정황을 흐리려고 했던 이유도 역시나 이해된다.

애플화이트의 누나 루이즈 위넌트Louise Winant는 또 다른 설명을 내놓았다. 자기 동생이 아버지의 사망 이후에 심각한 정서적 슬픔을 겪었으며, 급기야 심장 수술을 받으려고 병원에 입원했는데 그때 임사 체험을 했다는 것이다. 임사 체험은 그 강도에 따라 초월적인 경험이 될 수 있으며, 당사자를 심오하게 변화시킬 수도 있다. 임사 체험을 했다고 주장하는 사람들은 신체로부터의 분리, 몸이 부양하는 느낌을 묘사하는데, 마치 영혼이나 의식이 물리적인 틀 위쪽으로 상승하는 것과도 같다는 것이다. 다른 감각들로는 따뜻함, 평온함, 안정감, 절대적 용해의 느낌, 강하고 찬란한 빛의 존재 같은 것들이 있다.

애플화이트가 그런 유사 신비 경험을 겪었다고 주장한 사람은 오직 누나인 루이즈 한 명뿐이었고, 이것이야말로 편집증적 정신 분열증의 증상과 일치하므로, 어쩌면 루이즈만이 진실을 들었을 가능성도 있다. 하지만 이 모든 설명은 한 가지 점에서 일치한다. 즉 1970년대 초에 마셜 애플화이트가 간호사 겸 아마추어 점성학자인 보니 루 네틀스를 만났다는 사실이다. 두 사람 모두 40대였지만, 그녀가 그보다 네 살 더 많았다. 애플화이트와 마찬가지로 네틀스 역시 매우 종교적인 가정에서 태어났고, 11세에 그리스도 안에서 거듭난 자가 되었으며, 22세에는 분별 있는 사업가 조지프 시걸 네틀스Joseph Segal Nettles와 결혼하여 네 명의 자녀를 두었다.

하지만 애플화이트를 만났을 즈음에는 네틀스의 결혼도 무너지는 중이었는데, 뉴에이지 영성과 환생에 대한 그녀의 새롭고도 불안한 집착 때문이었다. 네틀스는 매주 수요일 밤마다 자기 집 거실에서 강령회를 진행하기 시작했으며, 이웃 사람들이 사망한 친지들의 영혼과 접촉하도록 도와주었다. 심지어 그녀는 '프랜시스 형제님'이라고 불리는 19세기의 수도사가 자신과 직접 소통하며 적절한 삶의 방법을 지시한다고 믿게 되었다.

바로 이런 이유로 네틀스의 대쪽 같은 남편은 이혼 절차를 밟기 시작했다. 네틀스는 점차 소외감을 느꼈다. 네틀스의 딸 테리는 그 당시의 우울한 분위기를 이렇게 회고했다. "엄마와 저는 다른 모든 사람과 어울리지 못하는 것처럼 보였습니다." 그녀는 집단 자살이 벌어지고 한 달 뒤에 『뉴욕 타임스』의 배리 베어라크Barry Bearak에게 이렇게 말했다. "우리는 밖에 나가서 하늘을 바라보았고, 분명히 맹세하는데 비행접시를 보았습니다. 우리는 이렇게 생각했습니다. '저게 우리를 태워서 멀리 데려가 버리

425

면 재미있지 않을까?'"

애플화이트를 처음 만났을 때 (십중팔구 그가 병원에서 그녀의 보살핌을 받고 있을 때) 네틀스는 정서적으로 취약한 상태였고, 과거 20년 동안의 친밀한 유대를 상실하고 있다는 느낌을 받았다. 아울러 그녀가 애플화이트와의 우연한 만남에 실제 이상의 의미를 부여하게 된 또 다른 이유가 있었다. 1972년에 상담했던 한 점쟁이로부터 훗날 하얀 머리카락에 하얀 피부를 지닌 키 크고 신비스러운 남자를 만나게 된다는 이야기를 들었던 것이다. 비통한 상황과 증대하는 고립감 속에서 네틀스는 이처럼 모호한 예언을 마치 약속처럼, 심지어 신성한 예언이라도 되는 듯 간직하고 있었던 것이다.

애플화이트는 실제로 키가 컸고 은빛 머리카락을 가지고 있었다. 아울러 네틀스와 마찬가지로 애플화이트는 자기 이력을 미화하는 버릇이 있었기에, 두 사람이 첫 만남에서 '비의秘義에 대한 공통의 인식' 속에서 눈을 맞췄다는 그의 묘사는 딱히 놀라운 일도 아니었다. 첫 만남 직후에 네틀스는 애플화이트에게 출생 천궁도(출생 순간의 성도星圖를 말하며, 점성학자들에게는 마치 지문처럼 여겨진다)를 만들어 주었고 운세도 봐 주었다. 그녀는 두 사람의 성도가 비록 중요한 일치점은 없지만 놀라울 정도로 닮았으며, 두 사람의 만남을 외계인이 자신에게 예언한 바 있다고 그에게 말했다. 이들은 곧바로 가까워졌으며 머지않아 자기들이 전생을 통해서 오랫동안 이미 서로 알고 있던 사이였다는 결론을 내렸다(이것이야말로 신성하면서도 유능하게 보여야 한다는 공통의 필요에 근거한 상호 의존이었다).

이 시기를 애플화이트가 정신 분열 증세에서 간신히 회복한 직후라고 판단하는 수전 레인은 네틀스에게 "그의 망상적 믿음을 강화한 책임이 있다"고 주장했다. 애플화이트의 누나 루이즈 워넌트도 ABC 뉴스와의 인터뷰에서 네틀스와의 만남이야말로 "그를 정상적인 사람에서 훗날과 같은 사람으로 완전히 바꿔 놓은" 유일한 사건이었다고 말했다.

애플화이트와 네틀스의 즉각적인 연계는 천국문의 형성에서 근본적인 순간이었으므로, 그들이 훗날 스스로를 천상의 존재로 개작하는 과정에서 주장한 내용 중에서 과연 무엇이 진실인지를 구분하기란 거의 불가능하다. 두 사람의 관계에서는 좀 더 똑똑하고, 책을 많이 읽고, 자신감이 넘치는 네틀스가 주도권을 가졌던 것처럼 보인다. 우선 그녀는 고도로 의미심장한 분위기를 만들어 냄으로써, 우연한 마주침을 일찍이 별과 외계인으로부터 예견되었던 우주적 규모의 운명적인 만남으로 변모시켰다. 나중에 가서는 두 사람이 결국 만날 운명이었을 뿐만 아니라, 독자적인 종교를 형성할 운명이라는 것을 상대방에게 납득시켰다.

네틀스의 절충적인 뉴에이지 신앙의 혼합물은 애플화이트에게도 공감을 얻었는데, 그로 말하자면 인생의 위기를 연이어 겪으면서 비전통적인 영성에서 답변을 찾기 시작한 참이었기 때문이다. 예를 들어 그는 점성학, 사막의 신비주의자들, 로버트 A. 하인라인과 아서 C. 클라크의 과학소설 등에서 그 답변을 찾았던 것이다. 심지어 애플화이트는 자신이 텍사스주 갤버스턴의 한 바닷가에서 어떤 '존재'를 마주쳤고, 그가 인류가 어디에서 왔고 어디로 가는지 알려 주었다고 주변 사람들에게 말하기 시작했다. 애플화이트의 친구인 미술가 헤이스 파커는 이렇게 회고했다. "듣다 보면 웃음이 나왔지만, 허프는 진지했습니다. 게다가 그는 미친 것처럼 보이지도 않았습니다."

연구자들은 마셜 애플화이트가 편집증의 한 가지 유형을 앓고 있었다는 데 점차 의견이 모이고 있다. 일각에서는 스스로를 신성한 자의 사자使者로 간주한 애플화이트를 향한 네틀스의 독려가 일종의 치유 효과를 발휘했을 수도 있다는 주장까지 나왔다. 예를 들어 로버트 제이 리프턴은 네틀스의 영향력이 애플화이트의 정신적 악화를 방지하는 데 도움을 주었을 수도 있다고 믿는다. 두 사람은 서로의 과대망상에 연료를 제공했던 것처럼 보이며, 이것이 이들의 가장 괴짜다운 충동을 증폭하고 정당화한 역학이었다.[6]

애플화이트와 네틀스는 머지않아 동거를 하게 되었으며, 영성 관련도서를 전문적으로 판매하는 크리스천 아츠 센터Christian Arts Center라는 이름의 뉴에이지 서점을 한동안 운영했다. 나중에 이들은 상호명을 노 플레이스Know Place로 바꾸었고, 자신들의 사명을 확장하여 신비주의와 신지학에 관한 수업을 지도했다. 1972년 말에는 네틀스의 이혼이 몇 개월 사이에 마무리되었다. 네틀스와 전 남편은 서로 성적인 끌림이 전혀 없었다고 꾸준히 주장했는데, 가뜩이나 본인의 욕망으로 괴로워했던 것처럼 보인 애플화이트의 입장에서는 오히려 안심했을 것이다. 진정으로 이들을 엮어 준 요소는 두 사람이 공유했던 사명 또는 망상이었으며, 이것이야말로 훗날 천국문으로 불리는 컬트의 시작이었다. 이혼으로 네틀스는 자녀 양육권을 잃었다. 그리고 두 사람은 최초의 사업을 벗어나 (또는 말아먹어) 휴스턴을 떠나기로 작정했으며, 자기들이 그곳에서 겪었던 상심과 굴욕을 뒤로 한 채 애플화이트가 무척이나 잘 알고 있는 삶을 위해서 떠났다. 바로 떠돌이의 삶이었다.

이세계적

영감

1973년 1월 1일, 애플화이트와 네틀스는 라스베이거스로 향했다. 중도에 두 사람은 야영장과 싸구려 호텔에 묵었다. 이들의 과대망상에서 한 가지 편리한 점이 있다면, 자기네는 신성한 존재이므로 굳이 돈을 낼 의무가 없다고 믿었다는 것이다. 그리하여 이들은 식당에 들러서도, 식사를 주문하고, 공짜 빵을 주머니에 집어넣고, 돈을 내지 않고 도망쳐 나왔다. 네바다와 태평양 북서 연안에서 두 사람은 정화조 청소부터 매혈에 이르기까지 갖가지 일을 했으며, 자유 시간이 생기면 자기네 선언문을 공들여 작성했다. 이들은 미국과 캐나다 각지를 돌아다녔고, 오리건주의 로그밸리에서 자신들의 '압도적인 사명'에 대해서 하느님으로부터 가르침을 받았다. 두 사람은 그 당시 여행을 하던 사람들 사이에서 일반적인 관습대로 편지를 썼으며, 한 친구에게 이렇게 고백하기도 했다. "사회적, 의학적, 정신 의학적, 종교적 기준에서 보자면 우리와 너는 제정신을 상실한 지가 오래되었지."[7]

결국 이 시기에 두 사람은 자신들의 믿음에 대한 개요를 만들어 냈다. 그 종교의 첫 번째 교의는 또한 두 사람의 관계의 기반이기도 했다. 즉 애플화이트와 네틀스는 하느님이 신성한 예언을 완수하기 위해서 파견한 예언자라는 것이었다. 두 번째 교의는 애플화이트와 네틀스가 다른 모든 사람보다 높은 수준의 정신을 부여받았다는 것이었다. 세 번째 교의는 애플화이트와 네틀스가 자신들의 믿음 때문에 살해당할 것이고, 다시 무덤에서 부활하여 모두가 지켜보는 가운데 우주선으로 옮겨 갈 것이며, 이 사건은 훗날 '예증'이라고 알려지리라는 것이었다. 예언자로서의 권위를 확립하기 위해서 이들은 「계시록」 11장 3절부터 5절을 인용했다.

429

> 그리하여 나는 두 증인에게 권위를 부여할 것이며, 그들은 1260일 동
> 안 삼베옷을 걸치고 예언하리라.
> 이들은 두 그루의 올리브나무이고, 두 개의 등잔대로서 지상의 군주 앞
> 에 서리라. 이들을 해코지하는 자가 있다면, 그들의 입에서 불이 뿜어져
> 나와서 적들을 집어삼키리라.

이들의 해석에 따르면, 물론 애플화이트와 네틀스가 성서에 예언된 바로 그 두 증인이었다.

1년 반쯤에 걸친 떠돌이 생활을 마치고 나서 이들은 첫 번째 회심자를 얻었다. 휴스턴 시절의 지인이었던 샤론 모건Sharon Morgan으로, 그녀는 1970년대의 많은 사람이 그러했듯이 결혼 생활이 잘못되면서 마치 덫에 걸렸다는 느낌에 사로잡혀 있었다. 그녀는 가족을 떠나 애플화이트와 네틀스의 떠돌이 생활에 합류했으며, 당시에는 그다지 성공적이지 못했던 추가적인 추종자 영입 작업에서 일익을 담당했다. 모건은 낯선 사람에게 다가가서 "현재의 몸 그대로 이 행성을 떠나는 방법에 대해 이야기해 줄 두 사람이 있는데 잠시 시간이 괜찮은지" 물어보고는 했다. 하지만 세 사람이 휴스턴 인근을 돌아다니는 사이, 훗날 『뉴욕 타임스』의 배리 베어라크가 보도한 대로 모건의 남편이 아내를 입원시키겠다고 위협했다. 아울러 두 딸까지 데려와서 그녀에게 돌아오라고 설득했다. 두 살짜리 딸은 곧장 달려가서 모건을 끌어안았지만, 여섯 살짜리 딸은 그 자리에 서서 눈물을 흘리며 엄마에게 이렇게 물었다. "계속 있을 거예요?" 이런 정서적인 압력에 직면하자 모건도 애플화이트와 네틀스를 저버리고 말았다.

모건의 남편은 애플화이트와 네틀스가 신용 카드 사기를 쳤다고 고발하면서, 아내가 영적 유람을 다니는 동안에 겪은 모든 혐의를 열거했다. 비록 이 사건에 대한 수사가 개시되지는 않았지만 경찰은 일단 두 사람을 연행했으며, 이후 통상적인 이력 확인 과정에서 애플화이트에게 체포 영장이 발부되었음을 알아냈다. 두 사람이 현재 몰고 다니는 승용차가 미주리에서 도난당했다고 신고되었는데, 알고 보니 그가 9개월 전에 그 차량

을 대여하고 반납하지 않았던 것이다.

애플화이트는 미주리로 송환되었고, 담당 검사에게 "지상의 배후에 있는 어떤 힘이 나로 하여금 이 차를 갖게 만들었다"고 말했다. 판사가 자비를 보이지 않은 관계로 그는 징역 6개월 형을 선고받았다. 이 대목에서 애플화이트는 현실을 직시하고 스스로를 천상의 존재라고 주장하기를 그만두려는 것처럼 보였다. 그는 새로운 교직을 알아보려고 이력서를 새로 작성했다. 하지만 투옥 상태에서는 일자리에 지원하기가 어려웠으므로, 형기의 대부분을 자신의 접근법을 돌아보는 데 바쳤다. 그는 네틀스와 모건과 함께했던 시간에 대해서 생각했고, (신성한 사명이 있다고 주장해 놓고서 호텔 숙박비를 내지 않고 도망쳤던 사례처럼) 자기 친구가 제기했던 도전적인 도덕적 의문에 관해서 숙고했다. 아울러 새로운 종교의 주요 영적 원리들을 다시 만들기 시작했으며, 신지학과 비의학秘義學을 덜어 내는 대신에 과학 소설과 우주에 근거한 비신체적 버전의 신화론을 추가했다.

이러한 합리성의 얄팍한 장식물(그의 '과학 소설'에서 '과학'에 해당하는 부분)은 이후 20년에 걸쳐서 수백 명의 추종자를 끌어모으는 역할을 할 예정이었다. 추종자 상당수는 한동안 이 종교를 시험 삼아 따르다가 일과가 너무 힘들다고 느끼고 떠났지만, 일부 추종자는 그 매력에 빠져 과격한 단계를 받아들이기도 했다. 즉 가족을 버리고 모든 세속적 쾌락을 단념하면서 애플화이트와 네틀스의 사명에 합류했던 것이다. 애플화이트는 감옥에서 작성한 '신앙 성명'에서 자신들의 새로운 우주적 전망을 개괄하면서, 애벌레의 비유를 사용하여 자신의 주요 가르침 하나를 전달했다. 그에 따르면, 훌륭한 삶을 살면 천국에 간다는 발상 자체는 마치 애벌레 한 마리가 "좋은 애벌레로 죽으면, 신비스럽게도 장미꽃 안에서 깨어나 왕나비와 함께 그곳에서 영원히 살아가게 된다는" 이야기를 믿는 것만큼이나 터무니없었다. 대신에 그는 사람들이 반드시 번데기 단계를 거치고, 각자의 인간다움을 극복하고, '다음 수준'에서의 삶을 준비해야 한다고 말했다.

애플화이트는 이러한 변모를 완수하려면 교사가 필요하다고 주장했다. 예수도 그중 하나로서 하느님이 고대에 파견한 인물이었다. 그리고 2천 년 뒤인 1974년에 두 사람, 즉 애플화이트와 네틀스가 추가로 파견된 것이었다. 예언자로 자처한 많은 사람(아울러 사기꾼)과 마찬가지로 애플화이트는 "몇 달 안에" 자신들의 진실에 대한 눈에 띄는 "예증"이 나타날 것이라고 예언했다. 이어서 두 사람이 살해될 것이고, 이후 예수와 마찬가지로 "빛의 구름" 속에서 부활할 것이라고 했다. 그의 말에 따르면, 그 구름은 바로 "인간이 UF⊕라고 부르는" 것이었다.

오늘날 많은 사회학자는 전후에 발생한 UF⊕ 열풍이 각종 소문의 내용(외계인의 방문에 대한 억압된 증거) 그대로라기보다는, 오히려 냉전의 편집증이 반영된 결과라고 간주한다. 스위스의 정신 의학자 칼 융Carl Jung은 이러한 현상에서 나타나는 새로운 고착이야말로 고대 원형의 개작이라고 보았다. 『비행접시: 하늘에서 보이는 것들에 관한 현대의 신화Flying Saucers: A Modern Myth of Things Seen in the Sky』에서 그는 16세기의 소책자뿐 아니라 기원전 1500년에 이집트 상공에 나타난 "불타는 원반"을 보고한 고대의 문헌을 인용하면서, UF⊕는 새로운 현상이 아닐뿐더러 단지 잘 정립된 신화적 이미지의 신선한 체현에 불과하다고 지적했다. "여기서 우리는 전설이 형성되는 방식을, 인류에게 어렵고도 어두운 시기에 외계의 '하늘' 권능이 개입하는 기적적인 이야기가 형성되는 방식을 살펴볼 수 있는 좋은 기회를 얻는다. 그것도 무려 인간의 상상력이 우주여행의 가능성을 진지하게 고려하고 있는 바로 그 시기에······."[8]

1955년에 영국의 조지 킹George King은 에테리어스 협회를 설립하여 금성에서 보냈다고 주장한 텔레파시 메시지에다가 신지학과 요가의 원리를 조합한 바 있었다. 그보다 앞선 1930년대에는 아서 벨Arthur Bell이 '인류 연합'이라는 컬트를 시작하여, 자기네 회원이 늘어나면 은둔 중이던 비의적 후원자들이 가담해서 '숨은 지배자들'을 정복하고, 전 세계적으로 주 4일 근무를 실시하게 된다는 주장을 펼쳐 여러 해 동안 번성한 바가 있었다. 하나같이 할리우드 방식의 헛소리였지만, 이 강력한 후원자들이 죽은 사람조차도 머나먼 행성에서 부활시킬 수 있는 고등 기술에 접근했다고 장담한 덕분에 더 많은 추종자를 끌어들이게 되었다.

애플화이트는 이러한 기본적인 발상 일부에다가 기독교의 요소를 접목시키는 재능이 있었다. 이 집단에 끌린 사람 대다수는 전통적인 기독교 가정에서 자라났으며, 각자의 성장 배경이었던 신앙에다가 애플화이트와 네틀스가 덧붙인 과학적 업데이트에 큰 매력을 느꼈다. 1975년부터 1988년까지 천국문의 구성원이었던 음악가 마이클 코니어스Michael Conyers는 다음과 같이 증언했다. "애플화이트와 네틀스의 메시지는 저의 기독교 혈통에 호소하면서도, 뭔가 현대적이고 업데이트된 방식이었습니다."9 그에게 매력을 발휘한 한 가지 사례는 예수를 낳은 성모 마리아가 우주선에서 수태했다는 애플화이트의 설명이었다. "이제 와서는 믿기 힘든 이야기처럼 들리겠지만, 그것이야말로 일반적인 처녀 수태보다는 더 나은 설명이었습니다." 코니어스의 말이다. "그건 기술적이었으니까요. 그건 육체성을 지녔으니까요."10

마이클 코니어스가 애플화이트와 네틀스를 만난 것은 1975년 5월에 열
린 최초의 영입 모임에서였는데, 당시 애플화이트는 감옥에서 석방된 지
불과 몇 달밖에 되지 않은 시점이었다. 애플화이트와 네틀스는 캘리포니
아주 오하이의 한 호텔방에서 수십 군데의 교회에 전단을 보냈고, 그가 감
옥에서 저술한 내용을 자신들의 명함 대용으로 사용했다. 이에 응한 극소
수의 사람 가운데 한 명인 72세의 형이상학 강사 클래런스 클루그Clarence
Klug는 자기 학생들과 두 사람의 만남을 주선해 주었다. 그들이 만난 장소
는 '기묘한 것은 나를 흥분시킨다'라는 좌우명을 지닌 전직 광고 전문가
겸 영매인 조앤 컬페퍼Joan Culpepper의 로스앤젤레스 자택이었다.

코니어스에 따르면, 80여 명의 청춘은 "UFO 2인조"의 "최면에 걸
려" 버렸다. 애플화이트와 네틀스는 이제 자기네 주장의 내용을 업데이트
한 상태였다. 두 사람은 전통적인 기독교인이 오랫동안 '천국'이라고 해
석해 온 장소인 '다음 수준'이라는 행성에서 온 외계인이었다. 두 사람은
이러한 맥락을 고수하며 유사 과학과 유사 종교를 혼합했다. 이들은 추종
자들을 '다음 수준'으로 데려갈 우주선을 만들고 있으며,「계시록」11장
3절에 언급된 '두 증인'이 바로 자기들이라고 주장했다. 그리고 이들은 여
행 중에 사악한 외계인 종족을 발견했으며, '루시퍼주의자'(두 사람 버전
의 사탄과 각종 마귀였다)라고 불리는 그 종족은 스스로를 '하느님'이라
고 자처하면서 사람들을 계속 인간 수준에 붙들어 놓는다고 주장했다. 두
사람은 ('예수 그리스도의 재림'의 체현인) 애플화이트와 (약간은 헷갈리
게도 '하늘의 아버지'로 지칭된) 네틀스를 따르는 사람들이야말로 구원의
길에 들어서는 것이라고, 또는 자기네 말마따나 "더 높은 진화의 수준"에

들어서는 것이라고 약속했다.

이렇게 애플화이트와 네틀스는 고양된 존재의 층위에서 온 살아 있는 대변자로, '다음 수준'으로 안내할 지상 유일의 존재로 자처하며, 첫 모임에 참석한 사람들을 완전히 자신들에게 의존하게끔 만들었다. 이제 두 사람은 서로를 각각 '도와 시'로 불렀는데, 애플화이트의 주장에 따르면 이는 의미가 없는 이름임에도 불구하고 이들 한 쌍을 마치 음계의 처음 두 음처럼 근본적인 원리로 묶어 주는 것이었다. 이는 리프턴이 말한 사고 개조의 원리 가운데 하나의 작은 사례였으며, 애플화이트와 네틀스는 이미 이 원리를 실천에 옮기기 시작한 상태였다. 그것은 바로 의미심장한 언어의 사용, 즉 '사고 파괴 상투어'였다. 예를 들어 두 사람은 '다음 수준'에 가기 위한 필수적인 단계를 '인간 개별 변모Human Individual Metamorphosis', 약자로 HIM이라고 일컬었다. HIM을 달성하는 것은 쉽지도 않았고 저렴하지도 않았다. 어쨌거나 천국이었기 때문이다. 여기에 들어가기 위해서는 인간의 모든 집착을 포기해야 했는데, 이때 버려야 할 것들의 길고도 모호한 목록에는 경력, 가족, 친구, 성관계, 물질적 소유, 심지어 성별까지 포함되어 있었다.

아울러 두 사람은 리프턴이 '신성한 지식의 분위기'라고 말한 것에 통달해 있었다. 애플화이트는 애벌레의 비유를 통해 그들의 변신이 실제로 생물학적인 변화이며 그들이 '다음 수준'에서는 다른 종이 되는 것이라고 주장했다. 이런 말은 합리적이고 과학적이고 비종교적인 것처럼 들렸지만, 실제로는 천국의 발상을 그야말로 문자 그대로 투사했다는 점에서 유치하기 짝이 없었다. 하지만 첫 모임에 참석했던 사람 중 어느 누구도 이런 문제를 제기하지 않았으며, 발표가 끝났을 무렵 두 사람은 대략 20여 명을 새로이 영입할 수 있었다.

도대체 어째서 이와 같은 이야기에 사람들이 매료되었던 것일까? 신경학자 샘 해리스Sam Harris에 따르면, 어쩌면 애플화이트의 기묘하게도 눈을 깜빡이지 않는 시선이 최면 효과를 발휘했기 때문일 수도 있다. 그가 말하는 과학이라든지 주장이 설득력이 있지 않다는 것만큼은 명백했기 때문이다. "그는 명석한 사람은 아닙니다." 해리스는 자신의 팟캐스트 〈이해하기Making Sense〉에서 이렇게 말했다. "그는 여러 발상을 연결하거나 그럴듯하게 말하는 능력을 이용해서 누군가를 껌벅 넘어가게 할 사람까지는 아니라는 겁니다."11 하지만 비디오 영상에 나타나듯이 애플화이트는 눈을 크게 뜨고 마치 카메라를 꿰뚫어 보듯이 바라본다. 어쩌면 이것이야말로 네틀스의 딸 테리가 "믿을 수 없는 힘"이라고 말했을 때 의미한 바일 수도 있다. 샘 해리스는 『깨어나기: 종교 없는 영성 안내서Waking Up: A Guide to Spirituality Without Religion』에서 다음과 같이 썼다.

> 따라서 구루들이 눈 맞춤을 유지하기 위해 이례적인 노력을 하는 것도 우연은 아니다. 최상의 경우에 이런 행동은 다른 사람들과 함께 있다는 진정한 위안과 아울러 그들의 안위에 대한 깊은 관심에서 비롯된다. 이러한 마음가짐을 가정했을 때는 굳이 시선을 회피할 이유가 없을 것이다. 하지만 눈 맞춤을 유지한다는 것은 또한 '영적으로 행동하는' 방법이, 따라서 강제적인 꾸밈이 될 수도 있다. 아울러 엄격한 눈 맞춤을 유지하는 사람 중에는 개방성과 관심의 태도로서, 또는 그렇게 보이려는 시도로서 그렇게 한다기보다는, 단지 공격적이고 자기애적 지배의 과시로서 그렇게 하는 경우도 있다. 사이코패스는 예외적이다 싶을 만큼 훌륭하게 눈 맞춤을 하는 경향이 있다.12

해리스는 논리나 표현력이나 카리스마의 맥락에서 애플화이트가 오히려 압도적이지 못하다고 지적한다. 따라서 그에게는 사람들을 끌어들일 만한 다른 뭔가가 필요했다. 놀랍게도 그가 일찍이 감옥에서 겪은 경험을 본받아서 추종자들이 모든 것을 버리고 '도와 시'를 따르기 시작했기 때문이다. 훗날 집단 자살에 가담했던 사람 중 몇 명은 컬페퍼의 자택에서 있었던 첫 모임 이후에 합류한 경우였다. 그중에는 19세의 리 앤 펜턴Lee Ann Fenton도 있었는데, 대학에서 장학금을 받던 생물학 전공생이었다가 즉각적인 구원이라는 이들의 발상에 이끌렸다. "저는 다음의 삶이 아니라

이번의 삶에서 인간의 조건을 극복하고 싶었습니다." 그녀의 말이다. 또한 26세의 딕 조슬린Dick Joslyn도 있었는데, 대학을 졸업하고 한때 해군 장교로 복무했다가 잠재의식에 매료되었으며, 다른 뉴에이지 설교자들의 연극적인 요소를 지니지 않은 두 사람의 단순한 발표를 마음에 들어 했다. 그는 이들이 인간의 깊은 정신세계로 가는 입구를 제공할 수 있다고 생각했다.

마지막까지 이 집단과 함께했던 사람 중에서 핵심은 1975년에 합류한 이들이었다. 데이비드 무어David Moore는 질풍노도의 19세 청년으로, 훗날 IT 전문가가 되어 이 집단이 어느 지역으로 이동하든지 일자리를 얻어 천국문의 유지를 도왔던 믿음직한 극소수의 사람 중 한 명이었다. 마거릿 엘라 릭터Margaret Ella Richter는 UCLA에서 컴퓨터 과학으로 석사 학위를 취득한 드럼 연주자로, 결혼 생활이 이혼으로 마무리된 직후였다. 수전 포프Susan Paup는 불임 때문에 괴로워한 여성으로, 함께 합류했던 남편이 떠난 이후에도 여전히 남아 있었다. 주디스 롤런드Judith Rowland는 전직 모델이자 두 아이를 둔 어머니로, 친정어머니에게 영입되어 "나는 주님과 함께 걷기 위해 떠나요"라는 짤막한 편지를 남기고 남편 곁을 떠났다. 조이스 스칼라Joyce Skalla는 전직 미인 대회 우승자로, 아직 십 대인 쌍둥이 딸들에 대한 권리를 남편에게 "양도한다"는 작별 편지를 남기고 떠났다.

상호 합의로 결혼의 해소가 가능한 무과실 이혼 법률이 1967년에 도입된 이후로 미국에서는 이혼율이 급증했다. 하지만 이 특정한 결별의 단호함(그토록 많은 사람이 부모, 배우자, 자녀와의 모든 유대를 끊는 데 동의한 방식)은 상당히 이례적이었다. 천국문에 가담한 존 크레이그John Craig는 콜로라도주 하원 의원에 유력 후보로 나설 만한 이력을 지닌 인물이었다. 197센티미터의 신장에, 사관학교를 졸업하고, 한국 전쟁에 참전했으며, 주지사와 함께 사슴 사냥을 다니고, 여섯 자녀와 함께 스키를 타러 다녔다. 그는 콜로라도에서 주도적인 부동산 개발업자로 활동했으며, 두랑고 상공 회의소에서 확고한 입지를 지닌 구성원이었다. 하지만 그는 1975년 여름에 아내와 아이들이 수영 대회에 참가하러 집을 비운 사이에

437

덴버 공항에서 애플화이트와 네틀스를 만났으며, 머지않아 아내에게 위임장을 써 주고 사라져 버렸다.

"당시에 그 집단은 3주 내지 4주 안에 UF⊕가 자기네를 데려갈 거라고 말했습니다." 크레이그의 딸이 『뉴욕 타임스』에 한 말이다. "저는 이렇게 생각했죠. '좋아. 그런 일이 벌어지지 않으면 아빠도 돌아오실 거야.' 하지만 아빠는 결코 돌아오시지 않았어요." 크레이그는 사라진 지 2개월 뒤에 딸에게 연락해서 덴버 YⅢCA에서 열리는 천국문 모임에 한번 와 보라고 초대했다. 하지만 주최 측의 지시에 따라 그녀는 아버지 옆에 앉을 수 없었으며, 아버지 역시 행사 뒤에 딸과 단둘이 승용차가 있는 곳까지 걸어갈 수 없었다. "아빠는 전혀 좀비처럼 보이지 않았어요. 저는 마약을 이용한 세뇌가 이루어졌으리라 예상했거든요. 하지만 아빠는 또박또박 말씀하셨고 매우 활기가 넘치셨어요. 딱 우리 아빠였어요."[13]

가족은 급기야 사립 탐정을 고용해서 크레이그의 행방을 추적했다. 하지만 애플화이트와 네틀스는 자기네 행방을 감추는 솜씨가 남달랐다. 게다가 설령 사립 탐정에게 발견되었다 하더라도 크레이그는 집으로 돌아갈 의향이 전혀 없었을 것이다. '로건 형제Brother Logan'라는 새 이름으로 통하던 그는 이 집단의 핵심 조직가로 부상했으며, 애플화이트와 네틀스 다음으로 2인자가 되었다. 아울러 천국문에서 가장 적극적인 모집책 중한 명이 되었고, 전단 인쇄며 모임 장소 대관을 도왔으며, 추종자 후보생들을 문간에서 직접 맞이했다. 그는 콜로라도 지역 부동산 업계에서 지녔던 저명한 지위를 이 집단의 사실상 참모이자 컬트를 계속 돌아가게 만드는 조직가라는 훨씬 더 중추적인 지위와 맞바꾼 것처럼 보인다. 크레이그는 개인 재산으로 이 집단에 상당한 재정을 지원함으로써 자신의 지도자 역할을 굳건히 했다.

이른바 'UF⊕ 2인조'에 대한 소문이 퍼지면서 가입자도 늘어났다. 1975년 말에 애플화이트와 네틀스는 오리건주 월드포트에 있는 한 호텔에서 모임을 개최했다. 이후 그 자리에 참석한 30여 명이 각자의 개인 재산을 매각했고, 가족과 작별했으며, '도와 시'를 따라서 사라졌다. 이 사건으로 인해 천국문은 전국적인 주목과 부정적인 언론 보도를 처음으로 맛보았다.

이에 상처를 입은 애플화이트는 자기네 집단을 지금보다 더 은밀하게 운영하기로 작정했다. 그는 네틀스와 함께 이제 거의 2백 명에 달하는 구성원을 데리고 전국 각지로 유랑 생활을 하고 있었는데, 어떤 면에서는 새로운 가족과 함께 자신의 어린 시절을 재현하고 있는 셈이었다. 이들은 로키산맥과 텍사스 전역의 공원과 야영지에서 천막과 침낭을 이용해서 잠을 청했으며, 낮에는 종종 구걸에 나섰다. 그러다가 어느 시점에 권력 다툼이 일어났는데, 카리스마적인 가담자 한 명이 성관계와 대마초에 탐닉하면서도 이 집단의 원칙을 따르는 일이 충분히 가능하다고 몇몇 추종자를 설득했기 때문이었다. 이처럼 솔깃한 정도의 방임은 자칫 애플화이트와 네틀스의 권위를 위협할 수도 있었다. 하지만 2인조는 이탈 분파를 곧바로 내쫓았으며, 이후로도 자기네 실천을 진지하게 받아들이지 않는 사람들을 외면했기 때문에 충성스러운 추종자의 규모도 70명으로 줄어들었다.

애플화이트와 네틀스는 추종자가 자신들에게 전적으로 의존하게 하는 통제 시스템을 고안했다. 우선 이름을 바꾸게 하고 외부 세계와의 유대를 끊었다. 또한 구성원들은 짝을 지어서 일하거나 이동했다. 애플화이트와 네틀스는 자기들이 판단하기에 애착을 형성할 가능성이 가장 적어 보이는 사람들을 한데 묶음으로써 이들이 항상 플라토닉한 '확인 상대'를 갖게 만들었다. 두 사람은 복종을 강조했으며, 2인조가(오직 2인조만이) 진리의 출처라는 발상을 강요했다. 짧은 반란 이후로도 애플화이트와 네틀스는 계속해서 구성원 사이의 친밀한 우정을 곧 단결에 대한 위협으로 간주했다. 두 사람은 추종자들에게 마치 애완동물처럼 복종하라고 강조했으니, 결국 이들의 유일한 책무는 지도자들에게 복종하는 것뿐이었다. 어떤 결정을 내려야 할 때마다 "만약에 '도'라면 어떻게 했을까?"라고 자문하라고 추종자들을 독려했다.

새로운 권위주의적 시스템으로 인해 새로운 영입자들 사이에서 추가적인 이탈이 일어났지만, 여전히 남아 있는 사람들은 철저하게 충성했고, 심지어 애플화이트의 태도가 느긋하고도 아버지답다고 생각하기까지 했다. 그는 사람들을 계속해서 바쁘게 만들었으며, 반복적인 과제를 수행할 추종자들의 능력을 시험하는 자의적인 훈련을 고안해 냈다. 예를 들어 고립 상태에서 일하면서 소리굽쇠 소리에 정신을 집중하는 훈련이 있었는데, 이는 인간의 사고를 무시하는 한편 '다음 수준'에 계속해서 정신을 집중하도록 고안된 것이었다. 또 다른 훈련에서는 구성원에게 곁눈 가리개를 씌워서 오로지 자기 앞에 있는 것만 볼 수 있게 했다. 이런 수도원 같은 통제를 견디는 충성파는 "학급"이라고 지칭되었고, 이들은 "졸업"을 통해 "인간을 넘어선 왕국 수준"으로 갈 준비를 하라는 말을 들었다.

이들이 '다음 수준'에 계속해서 정신을 집중하는 한 가지 방법은 밤하늘을 관측하는 것이었다. 평소보다 분위기가 가벼울 때는 여행 중에 마주치는 천체투영관에 함께 들어가 구경했다. 추종자들은 1976년 6월에 자신들의 비범한 헌신이 보상받았다는 이야기를 들었는데, 네틀스가 '다음 수준'의 외계인과 접촉했다고 주장했기 때문이다. 2인조는 제자들을 와이오밍주 남동부에 있는 메디신보 국유림으로 불러 모았고, 바로 그날 저녁에 UFO⊕가 방문할 것이라고 약속했다. 딱히 놀라운 일까지는 아니었지만, 결국 아무것도 나타나지 않았다. 날이 밝자 네틀스는 무리에게 사과하면서 이렇게 말했다. "음, 완전히 망신당한 기분이로군요." 그러면서 방문이 취소되었다는 메시지를 받았다고 사람들에게 알렸다. 비록 이 일이 추종자들의 신앙을 시험하러 계획된 것까지는 아니었겠지만, 각자의 자녀와 정착민의 삶까지 포기함으로써 가장 많은 것을 희생한 사람들은 이런 허탕 경험으로 인해 오히려 믿음이 더 강화되었으니, 어쩌면 이것이야말로 이 사건의 핵심이었을지도 모른다.

1970년대 말에 집단은 나름의 부를 일구었는데, 아마도 예전 구성원의 상속이나 기부에서 비롯되었을 것이다. 이렇게 재정적 안정을 이루고 나자 천국문은 이제 이 도시 저 도시로 이동하며 어디서든 주택을 임대하거나 구입할 수 있게 되었다. 하지만 도시에서 한참 떨어진 야영지와는 달리, 지켜보는 눈이 많은 지역의 주택가에서 거주하다 보니, 애플화이트는 이전보다 더 편집증적 증세를 보였다. 자기가 예수처럼 복음을 전파했다는 이유로 정부에게 암살되지는 않을지, 그들이 가는 곳마다 수사 기관이 천국문의 활동을 탄압하지 않을지 두려움에 사로잡혔던 것이다. 애플화이트와 네틀스는 만약을 대비해서 몇 가지 정교한 안보 수단을 고안했다.

마이클 코니어스의 회고에 따르면, 이들은 미리 지정한 몇 사람에게만 거주지를 떠나 식품 구매며 심부름을 할 수 있게 허락했다. 그리하여 실제로는 열다섯 명이 훨씬 넘는 사람들이 함께 살고 있으면서도, 이웃들의 눈에는 두세 사람만 왔다 갔다 하는 것처럼 보였다. 이런 성향의 집단이라면 몇 개월, 심지어 몇 년을 은둔한 채 지낼 수 있었겠지만, 일단 애플화이트가 이웃 중 누군가가 눈치를 챈 것 같다고 의심하기 시작하면, 집단 전체가 곧바로 다른 곳으로 이주하는 일이 반복되었다. 이러한 행태는 안정적인 재정과 더불어 유리한 임대를 협상하는 존 크레이그의 솜씨 덕분에 더 용이해졌다. 세상 전반과의 접촉을 반대하는 이 엄중한 금지야말로 로버트 제이 리프턴이 말한 '주변 개조'와 일치하는데, 이는 단지 가족과 친구와의 의사소통뿐만 아니라, 컬트 너머 세상과의 일상적인 접촉까지도 차단하는 것이다. 심지어 이런 규제는 긍정적인 것으로 제시될 수도 있었으니, 그렇게 함으로써 개별 인간의 변모에 더 집중할 수 있다는 이유에서였다.

천국문 추종자의 생활 방식은 갈수록 더 많이 통제되었던 반면, 그 근거가 되는 교의는 오히려 살아 있는 문서라서 언제든지 변경될 수 있었다. 여러 해에 걸쳐서 애플화이트와 네틀스는 자신들의 실천과 믿음에 중요한 변경을 가했다. 이들은 뉴에이지 개념을 더 많이 포함시켰으며, 특히 루스 몽고메리Ruth Montgomery의 1979년 저서 『우리 사이의 낯선 자들: 미래의 세계에서 온 깨달은 자들Strangers Among Us: Enlightened Beings from a World to Come』에서 대중화된 개념인 '방문객'의 발상을 포함시켰으니, 다시 말해 신체와 결부된 원래의 인간 영혼이 더 새로운 영혼으로 대체될 수 있다는 주장이었다.

천국문의 교의에서 이 방문객은 또 다른 인간 영혼이 아니라 '다음 수준'에서 온 외계인의 영혼이었으며, 애플화이트와 네틀스의 주장에 따르면 '다음 수준'은 단지 실제의 물리적 장소만이 아니라 세속 종교에서 천국이라고 지칭하는 바로 그 장소이기도 했다. 다시 말해 두 사람은 지금까지 주장했던 '도와 시'가 아니었다는 뜻이었다. 이제는 그 세속적 이름과 이전에 결부되었던 신체에 거주하고 있는 '다음 수준'의 방문객이 바로 그들의 페르소나였다. 이것이야말로 편리하기 짝이 없는 허구였으니, 덕분에 두 사람은 각자의 개인적 이력과 과거를 모두 지워 버릴 수 있었다. '도'는 남학생과 애정 행각을 벌이다가 해임당한 적이 없었고, '시'는 결혼 생활을 저버린 적이 없었다. 두 사람은 모두 외계에서 최근에 도착한 상태였다.

어떤 면에서는 현금의 유입 덕분에 창시자들이 억압을 약간 풀기도 했다. 1980년에 이르러 구성원 80명이 일자리를 가져도 된다는 허락을 받았는데, 대부분 컴퓨터와 자동차 수리 쪽에서 일했다. 1982년에는 심지어 자기들이 버리고 떠난 가족에게 가끔씩 전화를 걸기도 했다. 1983년에는 어버이날을 맞이해 가족을 짧게나마 방문할 일정을 잡기도 했다. 하지만 이것은 정상화를 향한 단계라기보다는 이 집단의 이미지를 개선하려는 노력에 불과했다. 추종자들은 어느 수도원에서 컴퓨터를 공부하고 있다고 가족에게 둘러대라는 지시를 받았는데, 그렇게 함으로써 그들이 각자의 자유 의지에 따라서 천국문의 일부로 남아 있다는 인상을 줄 수 있었다.

하지만 핵심 교의의 가장 급격한 변화는 1985년에 찾아왔는데, ('하늘 아버지'이자 '시'인) 네틀스가 사망해서 (애플화이트의 설명에 따르면) '다음 수준'으로 올라갔기 때문이었다.

의료적인 관점에서 보자면 그녀의 죽음은 예견된 바였으니, 1983년에 암으로 이미 한쪽 눈을 잃은 상태였다. 그 시점에 의사들은 이 질병이 몸의 나머지 부분으로도 확산되기 시작했다고 알려 주었다.

전직 간호사인 네틀스는 이 진단의 위중함을 분명히 알고 있었다. 그럼에도 그녀는 2인조가 이전까지 설교한 발상을 계속해서 유지했던 것으로 보인다. 자신과 애플화이트가 추종자들과 함께 현재의 신체 그대로 UF⊕에 실려서 '다음 수준'으로 이송되리라는 것이었다. 하지만 1985년에 암이 간으로 전이되자 셸리 웨스트Shelly West라는 가명으로 댈러스의 파크랜드 메모리얼 병원에 입원했다. 6월 중순에 네틀스는 결국 사망했다. 이로써 애플화이트는 전체 사업을 만드는 데 도움을 주었던 동업자를 잃어버렸을 뿐만 아니라, 나아가 위기에 봉착한 종교의 유일한 대변자까지도 잃어버리고 말았다.

네틀스의 죽음 이후 애플화이트는 한동안 우울 상태를 겪다가, 천국문의 헌신적인 충성파들 덕분에 신앙의 위기에서 벗어났다. 그들이 그에게 사명을 상기시켰고, 무위와 낙담 상태에서 그를 끌어올렸던 셈이다. 하지만 네틀스의 신체적 사망이라는 매우 실제적인 결과(그녀의 시신을 화장하고 재를 인근 호수에 뿌렸다)에 직면한 상태이다 보니 애플화이트로서는 UF⊕ 컬트의 핵심 원리 가운데 하나를 수정하지 않을 수 없었다. 그는 '시'가 지상에 남겨 놓은 유형의 신체를 소진했으며, 그녀의 상승은 영적인 것이었다고 사람들에게 말하기 시작했다. '도'의 말에 따르면, 사실 그녀는 우주선에 실려서 '다음 수준'으로 가는 도중이며, 거기 도착해서는 새로운 몸에 들어갈 것이라고 했다.

비록 이 새로운 교의가 앞서 그가 조롱했던 (애벌레가 죽으면 신비하게도 장미꽃 속에서 다시 나타나서 왕나비 곁에 머물게 되리라는) 교의와 놀라우리만치 유사했지만, 이러한 태세 전환으로 컬트를 탈퇴한 사람은 딱 한 명에 불과했다. 사실은 이 발상이야말로 '도'와 '시'를 외계인이 아니라 방문객으로 개작한 이전의 태세 전환과도 잘 맞아떨어졌다. 어쨌거나 '시'가 인간의 육체를 방문할 수 있었다고 한다면, 마찬가지로 작별할 수도 있다는 것이 이치에 맞았다.

어쩌면 1985년에는 명백하지 않았을 수도 있지만, 이 변화는 궁극적으로 치명적인 결과를 가져왔다. 자신들의 살아 있는 신체가 '다음 수준'으로 가는 과정에서 실제 UF⊕에 탑승하지 않을 것이라는 (즉 자신들이 지금까지 믿도록 인도받았듯이 인간의 형체를 지닌 채로 천국까지 전세 비행을 떠나는 것은 아니라는) 발상을 일단 받아들이고 나자, 그렇다면 자신들이 '실제로' 정확히 어떻게 '다음 수준'에 도달할 것인지에 대한 설명이 필요해졌다. 불운하게도 이 변모는 그로부터 12년 뒤에 따라올 집단 자살을 위한 이론적 기초를 놓고 말았다. 한때는 문자 그대로 보였던 것이 '시'의 사후에 급격히 수정된 것이다. 이들은 머지않아 '일시적 용기容器'로서의 신체에 관해서 이야기하기 시작했다. '다음 수준'에 도달하기 위해서는 이제 "탈것에서 하차하는" 것을 포함하는 "최종적인 변모 행위"가 필요할 예정이었다.

네틀스의 사망 이후, 가뜩이나 편집증 경향이 있던 애플화이트는 자기를 죽이려는 사람들이 있다고 더 많이 의심하게 되었다. 이 집단은 더 은밀하게 운영되었으며, 워낙 몸을 낮추었기 때문에 심지어 외부에서는 천국문이 더 이상 존재하지 않는다고 간주하기 시작했다. 1990년대 초에 이르러 구성원 숫자는 26명까지 줄어들었다. 인원이 줄어들면서 애플화이트는 자기 집단의 새로운 사업체인 (당시 최신 유행 기술이었던) 웹사이트 디자인 회사 하이어 소스Higher Source에서 생성되는 자금을 전용해서 자신의 복음을 설교하는 내용의 12부작 비디오 시리즈를 위성을 통해 방송했다.

1993년 5월에 애플화이트는 『USA 투데이』에 3만 달러짜리 전면 광고를 실으며 자기네 집단을 '익명의 전면적 극복자들'이라고 지칭하고, 인류에게 임박한 파국적 심판을 대중에게 경고했다. 이 광고의 결과로 최소한 20명의 예전 구성원이 컬트에 재합류했다. 1994년에는 두 번째 비디오 강연으로 몇 명이 더 합류했다. 이 집단은 최저점에서 규모가 두 배로 늘어났다. 천국문은 한창 대두하던 인터넷 서브컬처에서 나름의 평판을 얻었으며, 웹사이트를 통해서 자칭 외계인 '도'를 접한 신규 추종자도 몇 명쯤 있었다.

하지만 월드 와이드 웹의 초기 사용자들 사이에서 가시성이 고조된 것이며, 이와 동시에 천국문이 여러 해 동안 은밀하게 활동하다 말고 대중 앞에 재등장한 것 때문에 새로이 감시와 비판이 따라붙자 애플화이트도 이를 마음에 새기게 되었다. 네틀스의 사후에 겪었던 우울증은 기세를 더해 갔고, 그는 고갈의 징후를 드러내기 시작했던 것처럼 보인다. 무법자 무리를 이끌고, 야영지와 불법 임대 장소에 머물고, 수시로 교체되는 궁핍하고 의존적인 추종자들을 관리하면서 20년을 보낸 사람이다 보니 충분히 이해할 만한 일이었다. 애플화이트는 자기 몸에 대해 한탄하며 점차 퇴화하고 있다고 말했다. 사람들에게 자기가 암에 걸렸다고도 말했다(하지만 사후 부검 결과 그런 증거는 전혀 없었다). 수전 레인의 지적에 따르면, 자신의 신체적 자아에 대한 이런 집착과, 스스로의 성취에 대한 빈번한 검토야말로 편집증적 정신 분열증의 특징이었다. 자신의 신체며 일 모두를 고려해 본 애플화이트는 절망할 이유를 찾아냈다.

그는 공개적으로 자살을 거론하기 시작했고, '다음 수준'으로 상승하기 위해서는 신체를 포함해서 인간적인 모든 것을 반드시 희생해야 한다고 말했다. "자기 손으로 그 일을 해치우는 것이 필요할 수 있다." 애플화이트의 말이다. 이전의 맨슨 패밀리, 마약악마숭배파, 다윗가지파와 마찬가지로 천국문의 구성원들은 자기네 믿음의 내적 논리에 점점 더 사로잡히게 되었다. 그들은 여러 해 동안 사람들이 "인간성에 낚여" 있다고 말해 왔다. 이들의 훈련(기묘한 식단이라든지, 집단 앞에서 발표해야 하는 각자의 육욕적 충동에 대한 강제적인 고백)은 마치 이들이 이런 '포유류적 인간성'을 넘어서도록 도와주게끔 고안된 것 같았다. 이제 이들은 스스로를 '다음 수준'으로의 이행을 열망하는 '졸업 예정 학급'이라고 이야기하기 시작했다.

컬트 내부의 사고를 지금에 와서 재구성하기는 불가능하지만, 애플화이트는 한 가지 기묘한 우회를 이용해 저 끔찍한 운명을 회피하려 시도했을 수도 있다. 1995년에 천국문의 구성원 두 명이 뉴멕시코에서 어느 건축가의 워크숍에 참여해 방명록을 적었다. 거기서는 폐타이어와 유리병 같은 재활용품과 다진 흙을 이용해서 지은 에너지 효율적이고 자가발전하는 건물을 전문적으로 다루었다(안에다 흙을 다져 넣은 폐타이어를 쌓아서 벽을 만들고, 유리병을 콘크리트 벽 위에다가 구조 및 장식 요소로 사용하는 것이었다). 어쩌면 이들은 '스페이스십 어스', 즉 '우주선 지구'라는 그 업체의 이름에 이끌렸던 것일 수도 있다. 이들은 건축 자재 세트를 구입했으며, 이후 몇 달 동안 뉴멕시코의 외딴 지역으로 가서 천국문 나름의 '흙 우주선'을 건설하기 시작했다. 혹시 이것은 자기네 우주선에 들어가 살아감으로써, 자신들의 신앙의 지시를 문자 그대로 따르는 동시에 집단 자살을 회피하려던 시도가 아니었을까? 일부 구성원은 이 작업의 어려움에 대해 불평했는데, 어쩌면 신탁 자금의 지원으로 인해 더 편안하게 살아가는 데 익숙해진 상태였기 때문이었을 수도 있다. 애플화이트는 이들의 불평에 귀를 기울인 나머지 실험을 포기했으며, 다시 떠돌이 생활로 돌아갔다.

비슷한 시기에 이들은 인근의 천체투영관으로 천문학 현장 학습을 갔다가, 이전까지만 해도 기록된 바 없었던 혜성의 접근에 대해서 알게 되었다. 이 혜성은 앨런 헤일과 토머스 밥이라는 아마추어 천문학자 두 명이 동시에 각자 발견했기 때문에 이들 모두의 이름을 따서 명명되었다. 혜성은 이전까지만 해도 관측된 적 없었던 희미한 나트륨 꼬리를 달고 있다는 점에서 이례적이었다. 이 화려한 우주 사건은 음모 이론가들에게 영감을 제공했으니, 그중 한 명은 심야 라디오 쇼(<아트 벨의 방방곡곡 AM>이라는 프로그램으로 종종 UF⊕에 관한 주장을 내놓는 초대 손님을 출연시켰다)에 전화를 걸어서 자기가 그 혜성을 따라오는 별개의 토성 비슷한 형체를 보았다고 주장했다.

애플화이트는 이런 주장과 탈선의 어떤 조합을 변조하여 자기에게 필요한 현실 세계의 증거에 끼워 맞췄던 것으로 짐작된다. 외견상 과학적인 증거를 이용해서 그는 헤일-밥 혜성을 따라오는 우주선이 있고, '시'가 그 배에 타고 있으며, 모두를 인간 너머의 존재 수준으로 데려갈 것이라고 추종자를 설득했다. 추종자들은 이것이야말로 자기네가 그토록 오랫동안 믿어 왔던 모든 것의 확증이라고 받아들였다.

1996년 10월, 천국문은 캘리포니아주 샌디에이고에서 북쪽으로 40킬로미터 떨어진 랜초샌타페이에 있는 면적 850제곱미터에 침실이 여덟 개인 주택을 임대했다. 이 부동산은 폐쇄 상태였기 때문에 임대료도 매달 7천 달러로 저렴했으며, 이들이 웹사이트 제작 사업을 통해 벌어들인 수익금으로 충당할 수 있었다. 이 주택은 사생활을 중시하는 (급기야 원치 않는 감시가 더 용이할 수 있다는 이유로 가로등까지도 제거한) 담장 두른 주택 단지에서도 거의 길 끝자락에 있었다.

컴퓨터 전문가인 마거릿 릭터와 데이비드 무어, 기술 분야 저술가인 수전 포프처럼 취업이 용이한 사람들은 계속해서 일자리를 유지했다. 관련 보도를 취합해 보면, 천국문의 구성원들은 일터에서 매일 오후 12시 15분에 항상 시간을 정확히 지켜서 점심 도시락을 먹었다. 집단 자살 이후, 한 고용주는 이들이 캘리포니아 남부에 어울리지 않는 옷차림이었다고 증언했다. "여름에도 소매가 긴 옷을 입었고 단추를 목까지 잠갔습니다. 검은색이었죠. 머리카락은 짧았습니다." 이들의 업체에 웹 서비스를 맡겼던 작은 사업체 소유주는 다음과 같이 회고했다. "뛰어나고 똑똑하고 선량한 사람들이었습니다. 매우 굳건한 믿음을 지녔고, 그걸 위해서라면 자기 목숨이라도 기꺼이 내놓을 태세였습니다." 그들은 종종 자기네 의도를 충분히 공개했으며, 자기네 일정에서 조만간 다가올 큰 사건에 대해서 모호하게나마 언급했다. 심지어 어떤 고용주는 3월 25일이 다가오는 것에 대해서 이들과 농담을 나누기까지 했다. 그의 말에 따르면, 혜성에 관한 이야기를 어찌나 많이 들었던지, 이들이 들어오는 걸 볼 때마다 자기 삐삐를 들여다보고는 이렇게 말하며 놀렸다는 것이다. "카운트다운까지 18일 남았음."

이 집단은 랜초샌타페이의 주택 밖에서 초록이 무성한 교외를 배경 삼아 하차 성명을 녹화했다. 비디오에서 이들은 상승에 대한 기대 때문에 흥분한 듯 보인다. 빛을 타고 올라간다는 것을 놓고 웃음을 터뜨리는가 하면, 이 성명을 보는 사람 모두는 자신들의 죽음을 과격하다거나 비합리적이라고 잘못 해석하리라는 점까지도 생각한 듯하다. 아울러 이들의 어조도 갈망하고 확신하는 것처럼 보인다. 재고나 머뭇거림에 대한 실질적인 증거는 전혀 없다. 이 마지막 증언은 신앙 고백 노릇을 했다. 이들이 평소에 그렇게 한다고 주장했듯이, 부엌 식탁에 둘러 앉아 웃는 모습을 상상하기는 쉬운 일이다. 어떤 사람은 서툴게 깎은 짧은 머리카락이고, 안경을 쓴 사람들은 가장 저렴하고도 멋지지 않은 테를 고른 것처럼 보인다. 대부분 자신보다 훨씬 더 덩치가 큰 사람에게서 빌려 온 듯한 옷을 입고 있어서, 마치 자기 몸에 잘 맞지도 않는 옷 속에서 헤엄이라도 치는 것처럼 보인다.

운명적인 날짜가 다가오는 가운데, 이들은 집단적으로 조용한 퇴진의 몸짓을 드러냈다. 그중 한 명은 '수도원 일' 때문에 멀리 가게 되었다고 고용주에게 말했다. 또 한 명은 상사가 항상 칭찬하던 외계인 문양이 새겨진 끈 넥타이를 작별 선물로 남겼다.

집단 자살 전날, 이 집단은 마지막 저녁 식사를 함께 즐겼다. 무려 39명이 식당에 단체 예약을 했다. 프랜차이즈 식당 측이 편하게 준비할 수 있도록 똑같은 메뉴를 미리 주문해 놓았다. 토마토 비네그레트소스를 넣은 샐러드, 칠면조 파이, 블루베리 치즈케이크, 아이스티였다. 덕분에 그 식당에서 준비한 하루어치 레몬 조각이 그 한 끼에 동나고 말았다. 이들은 식대 351달러에다가, 그 금액의 15퍼센트가 약간 안 되는 팁 52달러를 모두 현금으로 내고 떠났다.

집으로 들어온 이들은 서류철을 하나 남겨 놓았는데, 자신들의 의도를 보여 주는 일종의 해설서였다. 그곳에 함께 살지 않았던 한 컬트 구성원의 911 신고를 받고 출동한 수사관들이 훗날 이 서류철을 찾아냈다. 신고자는 동료들의 하차 선언이 담긴 비디오테이프를 택배로 받고 나서 확인차 찾아왔다가 시신을 발견했던 것이다. 희생자는 모두 검은색 티셔츠와 윈드브레이커를 걸치고 있었는데, 어깨에는 다음과 같은 마크가 붙어 있었다. '천국문 원정팀'. 이들은 역시나 모두 검은색과 흰색이 섞인 나이키 디케이즈 운동화를 신고 있었는데, 한 켤레에 14달러씩 주고 공동 구매한 물건이었다(지금은 중고 매매 사이트에서 한 켤레에 5천 달러쯤에 판매된다는 것이야말로 섬뜩한 반전이라 할 만하다). 이 집단의 서류철에는 하차 순서를 이렇게 설명해 놓았다. "급우 15명, 조수 8명, 추가로 조수 15명과 8명, 이후 서로 돕는다." 마지막 두 명을 제외한 모두는 얼굴에 자주색 천이 덮여 있었다. 저마다 수면제와 사과 소스와 보드카를 섞은 치명적인 혼합제를 복용한 상태였다.

천국문 컬트 구성원이 스스로 목숨을 끊게끔 한 원인이 무엇인지에 대해서는 여러 가지 이론이 나와 있다. 이것은 집단 자살이었을까, 아니면 1건의 자살과 38건의 사전 계획된 타살이었을까? 마셜 애플화이트의 강력한 영향력만 가지고는 맑은 눈의 하차 성명도, 또는 천국문에서 사람들이 언제든지 자유롭게 떠날 수 있었다던 전직 구성원 여러 명의 증언도 설명이 안 되는 것처럼 보인다. 이 컬트의 웹사이트는 여전히 남아 있고 추종자들이 유지하고 있어서, 하차 성명은 물론이고 눈을 크게 뜬 애플화이트의 두서없는 다수의 연설도 손쉽게 온라인으로 살펴볼 수 있다. 이 웹사이트는 상황 반전을 시도하며, 자살에 "반박한다"는 자기네 입장을 설명한 성명을 내걸고는, "'자살'의 진짜 의미란 '다음 수준'을 제안받았을 때 외면해 버리는 것"이라고 주장했다. 바꿔 말하자면, 그들과 함께 스스로 목숨을 끊지 않은 사람들이야말로 진정으로 자살을 범한 셈이라는 것이다. 하지만 이것은 현실의 부정이라기보다는 오히려 현실의 역전이다. 비극적이게도 사망자 39명 전원은 이 성명을 받아들였던 것처럼 보인다. 그 중 한 명의 다음과 같은 말처럼 말이다. "제 생각에 이 학급의 모든 사람은 이 인간의 삶이 제공해야만 했던 것보다 더 많은 뭔가를 원하는 것 같습니다."

감사의 말

어머니께 감사드립니다. 저의 고등학교 시절 과제물부터 팟캐스트 대본까지 모두 읽어 주시면서, 어머니께서는 항상 저를 지지해 주셨습니다. 제가 안주하도록 내버려 두지 않으셨고요. 저의 꿈에서부터 저의 일까지, 어머니께서는 항상 긍정적인 일상의 힘이었고, 저의 완전한 잠재력을 독려해 주셨습니다. 어머니께서는 제 꿈이 현실이 되도록 보장해 주셨습니다. 아버지께도 감사드립니다. 아버지께서 저에게 주신 영향력은 지대합니다. 아버지께서는 항상 저의 북극성이셨고, 평생 저를 인도해 주셨습니다. 아버지의 긍정적인 태도, 추진력, 창의력은 항상 영감을 제공해 주었습니다. 부모님 모두 저의 슈퍼히어로이십니다.

팟캐스트 제작진에게도 감사드립니다. 여러분 모두에게 감사할 따름입니다. 이야기에 대한 여러분의 재능과 헌신 못지않게 팟캐스트에 대한 여러분의 열성도 대단했습니다. 특히 〈컬트〉 팟캐스트를 만드는 데 도움을 준 줄리언 보이로, 로널드 샤피로, 드류 콜, 칼레이 매든, 버네사 리처드슨, 그레그 폴신, 매기 어드마이어에게 감사드리는 바입니다.

〈컬트〉의 단행본까지 만들게 된 것은 어디까지나 에이전트인 벤 데이비스와 이브 애터먼 덕분이었습니다. 아울러 담당 편집자 에드 슐레진저와 출판사 갤러리 북스의 도움에도 감사드리는 바입니다. 아울러 이 책을 함께 저술하는 과정에서 협조와 노고를 무릅쓴 케빈 콘리에게도 감사드립니다.

옮긴이의 말

이 책은 맥스 커틀러가 제작한 미국의 인기 팟캐스트 시리즈 〈컬트〉의 내용 가운데 일부를 골라 재구성한 단행본이다. 맨슨 패밀리, 인민사원, 천국문처럼 세계적으로 악명을 떨친 사례에서부터 크레도니아 음웨린데처럼 그 규모에 비해서 덜 알려진 사례, 가장 최근에 나타난 다단계 겸 자기계발 컬트 넥시움의 사례까지 모두 아홉 가지 사례에 대해서 다룬다.

컬트를 다루는 책이라면 보통은 그토록 터무니없는 단체며 주장에 선뜻 동조했던 추종자의 심리와 행적에 초점을 맞추게 마련이지만, 여기서는 오히려 그 지도자에게서 나타나는 공통적인 특징에 초점을 맞춘다. 컬트 지도자라면 흔히 압도적인 카리스마를 지닌 비범한 인물로 평가되는데, 이 책에서는 특이하게도 사이코패스라는 범주로 분류한다.

사이코패스라면 종종 뉴스에서도 언급되듯이 연쇄 살인을 비롯해 갖가지 반사회적 강력 범죄를 저지르는 범죄자를 가리키므로 종교와는 무관해 보이지만, 저자의 지적에 따르면 이 책에서 소개한 여러 극단적 사례의 컬트에서는 그 지도자가 살인, 강간, 상해, 기타 잔혹 행위를 다수 저질렀다는 점에서 사이코패스의 전형적인 면모를 드러냈다.

사이코패스 검사의 창안자 로버트 헤어는 뛰어난 언변, 과도한 자기애, 공감 결여, 냉혹함, 무책임, 상습적 거짓말, 타인에 대한 조종 등을 그런 부류의 특징으로 거론하는데, 이 책에 나온 컬트 지도자들의 행적을 살펴보면 상당 부분 유사성이 나타난다. 사람을 휘어잡는 카리스마와 사람을 해치는 잔혹성이 사실상 동전의 양면이었던 셈이다.

사이코패스라는 개념에 집중하다 보니 이 책에서는 컬트 지도자의 각종 범죄와 만행을 상세히 서술한다. 워낙 충격적인 내용이다 보니 지나치게 흥미 일변도가 아니냐는 지적도 나올 만하며, 자칫 선정적인 내용 때문에 진지함이 희석될 가능성도 있어 보인다. 하지만 여기서 가장 주목해야 할 부분은 그 내용이 하나같이 '사실'이었다는 점이다.

사이코패스 검사의 발전 과정을 취재한 언론인 존 론슨이 강조했듯이, 언론이 굳이 광기를 보도하는 이유는 결국 '절대로 이래서는 안 된다'는 교훈을 주기 위해서이다. 제아무리 그 개념이 대중화되면서 창작을 통해 일부 미화까지도 이루어지지만, 사이코패스의 본질은 그 명칭대로 병적이고 반사회적인 행위임을 분명히 기억할 필요가 있다.

얼마 전 한국의 컬트를 다룬 다큐멘터리가 큰 화제가 되며 일부나마 단죄로까지 이어졌듯이, 역사의 뒤편으로 사라져 이제는 기억하는 사람도 드문 흉악 범죄의 민낯을 보여 준다는 점에서는 이런 책도 충분히 의의가 있을 것이다. 그런 사례를 이미 지난 과거의 일이라 치부하고 방심하는 사이에도 컬트의 희생자는 여전히 발생했기 때문이다.

저자의 말마따나 사람은 누구나 뭔가를 믿고 싶어 하고, 어딘가에 소속되고 싶어 한다. 따라서 컬트라는 문제는 앞으로도 쉽게 근절되지 않을 것이다. 제아무리 끔찍하고 불편하게 들리는 내용이라 하더라도 거듭해서 이야기함으로써 기억하는 것만이, 아울러 믿음의 본질이 무엇인지에 대해서 숙고하는 것만이 그나마 대안이 될 수 있지 않을까.

주

제3장
착취: 바그완 슈리 라즈니쉬

1   Sanjeev Sabhlok, "A Religious Guru Who *Strongly* Endorses Capitalism," *Sanjeev Sabhlok's blog*, July 26, 2011, https://www.sabhlokcity.com/2011/07/a-religious-guru-who-strongly-endorses-capitalism/.

2   Osho, *Autobiography of a Spiritually Incorrect Mystic* (New York: St. Martin's Press, 2001), 56.

3   Ibid.

4   Amy Cooper, "Screaming Meditation Aims to Help Stress Relief," *Canberra Times*, August 4, 2021, https://www.canberratimes.com.au/story/7370998/shake-it-off-with-screaming-meditation/.

5   Osho, *The Great Challenge* (New Delhi: Diamond Pocket Books, 2003), 30.

6   Sabhlok, "A Religious Guru Who *Strongly* Endorses Capitalism."

7   Hugh B. Urban, *Zorba the Buddha: Sex, Spirituality, and Capitalism in the Global Osho Movement* (Oakland: University of California Press, 2016), 96.

8   Max Weber, *On Charisma and Institution Building: Selected Papers* (Chicago: University of Chicago Press, 1968), 53.

9   Ma Anand Sheela, *Don't Kill Him!: The Story of My Life with Bhagwan Rajneesh* (New Delhi: FiNGERPRINT!, 2012), 139.

10   Ibid., 114.

11   Robert Jay Lifton, *Thought Reform and the Psychology of Totalism: A Study of "Brainwashing" in China* (Chapel Hill: University of North Carolina Press, 1989), 423.

12   Susan J. Palmer, "Charisma and Abdication: A Study of the Leadership of Bhagwan Shree Rajneesh," *Sociological Analysis* 49, no. 2 (July 1, 1988): 126, https://doi.org/10.2307/3711009.

13   Hugh B. Urban, *Zorba the Buddha: Sex, Spirituality, and Capitalism in the Global Osho Movement* (Oakland: University of California Press, 2015), 97.

14   Malcolm McConnell, *Stepping Over: Personal Encounters with Young Extremists* (New York: Reader's Digest Press, 1984), 72.

15   Win McCormack, "Bhagwan's Devious Trap," *New Republic*, April 12, 2018, https://newrepublic.com/article/147905/bhagwans-devious-trap.

16   Sam Wollaston, "Growing Up in the Wild Wild Country Cult: 'You Heard People Having Sex All the Time, Like Baboons,'" *Guardian*, April 24, 2018, https://www.theguardian.com/tv-and-radio/2018/apr/24/wild-wild-country-netflix-cult-sex-noa-maxwell-bhagwan-shree-rajneesh-commune-childhood.

17   Win McCormack, *The Rajneesh Chronicles: The True Story of the Cult That Unleashed*

the First Act of Bioterrorism on U.S. Soil (Portland: Tin House Books, 2010), 233.

18   Dashiell Edward Paulson, "The Routinization of Rajneeshpuram: Charisma and Authority in the Rajneesh Movement, 1981–1985," Thesis, University of Oregon, 2015, 31.

19   "L.A. Resident Gets 20 Years for '83 Bombing of Hotel Rahneesh," *Los Angeles Times*, November 10, 1985, https://www.latimes.com/archives/la-xpm-1985-11-10-mn-3387-story.html.

20   Philip Elmer-DeWitt, "America's First Bioterrorism Attack," Time, September 30, 2001, http://content.time.com/time/magazine/article/0,9171,176937,00.html.

21   Marlow Stern, "'Wild Wild Country': Most Shocking Reveals from the Sex Cult's FBI Informant," *Daily Beast*, April 2, 2018, updated April 4, 2018, https://www.thedailybeast.com/wild-wild-country-the-most-shocking-reveals-from-the-sex-cults-fbi-informant.

22   Harry David, "Guru's Dying Words: 'I Am Leaving This Tortured Body,'" UPI, United Press International, January 19, 1990, https://www.upi.com/Archives/1990/01/19/Gurus-dying-words-I-am-leaving-this-tortured-body/2188652725200/.

23   Noa Jones, "I Charged My Sexual Energies at the Osho Meditation Resort in India," Vice, April 19, 2015, https://www.vice.com/en/article/xd7qp4/sex-robes-and-gurus-299.

제4장
착취: 짐 존스와 인민사원

1   James L. Kelley, "'You Don't Know How Hard It Is to Be God': Rev. Jim Jones' Blueprint for Nurture Failure," Alternative Considerations of Jonestown & Peoples Temple, Department of Religious Studies at San Diego State University, October 26, 2017, updated October 17, 2018, https://jonestown.sdsu.edu/?page id=70768.

제6장
과대망상광: 데이비드 코레시와 다윗가지파

1   World Science Festival, "Hallucinations with Oliver Sacks," YouTube, December 8, 2014, https://www.youtube.com/watch?v=8T_XimPc4xU.

2   Oliver Sacks, *Hallucinations* (New York: Vintage Books, 2012), 159–60.

3   Sue Anne Pressley and Mary Jordan, "'Mighty Men' of Cult Enforced Koresh's Rules," *Washington Post*, April 22, 1993, https://www.washingtonpost.com/archive/politics/1993/04/22/mighty-men-of-cult-enforced-koreshs-rules/3fc01c4f-0990-44f7-8d52-a64899271cc7/.

4   Susan Aschoff, "After the 'War' at Waco," *Tampa Bay Times*, February 28, 2000, updated September 26, 2005, https://www.tampabay.com/archive/2000/02/28/after-the-war-at-waco/.

5   United States Bureau of Alcohol, Tobacco, and Firearms, and Federal Bureau of Investigation, "Negotiation Transcript—Tape 25," *The Ashes of Waco*, The Wittliff

Collections at Texas State University, March 3, 1993, https://digital.library.txstate.edu/handle/10877/1782.

6   Susan Aschoff, "After the 'War' at Waco."

7   Cole Moreton, "Waco Siege 20 Years On: The Survivor's Tale," *Telegraph*, March 24, 2013, https://www.telegraph.co.uk/news/religion/9950378/Waco-siege-20-years-on-the-survivors-tale.html.

8   Mark Swett, "David Koresh and the Waco Davidians: An Ultimate Act of Faith?," Cult Education Institute, March 2002, https://culteducation.com/group/1220-waco-davidians/24283-david-koresh-and-the-waco-davidians-an-ultimate-act-of-faith.html.

9   Corey Charlton, "25 Years On," The Sun, February 28, 2018, www.thesun.co.uk/news/5672656/british-survivor-waco-cult-david-koresh-still-believes-apocalypse-coming/.

제7장
가학성: 키스 라니에르와 넥시움

1   Suzanna Andrews, "The Heiresses and the Cult," *Vanity Fair*, October 13, 2010, https://www.vanityfair.com/culture/2010/11/bronfman-201011.

2   Ibid.

3   CBC, *Uncover: Escaping NXIVM* (podcast), Episode 3: Sex, Money, and Nazis, September 4, 2018 (8:00 mins.).

4   Ibid., (8:25 mins.).

5   Lenny Bernstein, "How Parents Create Narcissistic Children," *Washington Post*, March 9, 2015, https://www.washingtonpost.com/news/to-your-health/wp/2015/03/09/how-parents-create-narcissistic-children/.

6   Bowen Xiao, "EXCLUSIVE: Delving into the Childhood of NXIVM's Leader," *Epoch Times*, May 28, 2018, updated May 30, 2018, https://www.theepochtimes.com/exclusive-delving-into-the-childhood-of-nxivms-leader 2540043.html.

7   Vanessa Grigoriadis, "Inside Nxivm, the 'Sex Cult' That Preached Empowerment," *New York Times Magazine*, May 30, 2018, https://www.nytimes.com/2018/05/30/magazine/sex-cult-empowerment-nxivm-keith-raniere.html.

8   CBC, *Uncover: Escaping NXIVM* (podcast), Episode 3: Sex, Money, and Nazis, September 4, 2018 (6:30 mins.).

9   Xiao, "EXCLUSIVE: Delving into the Childhood of NXIVM's Leader."

10 James M. Odato and Jennifer Gish, "In Raniere's Shadows," *Albany Times Union*, February 18, 2012, updated February 22, 2012, https://www.timesunion.com/local/article/In-Raniere-s-shadows-3341644.php.

11 "NXIVM: Gina Melita's Story," *Albany Times Union*, YouTube, April 22, 2019, https://youtu.be/YWJcMMgXNmw?t=53.

12 Ibid., https://youtu.be/YWJcMMgXNmw?t=58.

13 Ibid., https://youtu.be/YWJcMMgXNmw?t=108.

14   Odato and Gish, "In Raniere's Shadows."

15   Josh Bloch, Kathleen Goldhar, Anita Elash, and Dave Pizer, "The Making of Vanguard," CBCnews, September 12, 2018, https://newsinteractives.cbc.ca/longform/the-making-of-the-vanguard.

16   CBC, *Uncover: Escaping NXIVM* (podcast), Episode 3: Sex, Money, and Nazis, September 4, 2018 (13:05 mins.).

17   Ibid., (13:40 mins.).

18   Irene Gardner Keeney, "Troy Man Has a Lot on His Mind," *Times Union*, June 26, 1988, https://www.timesunion.com/7dayarchive/article/Troy-man-has-a-lot-on-his-mind-15640272.php.

19   Christopher Ringwald, "Discount Service Target of Probe," *Times Union*, May 12, 1992, https://www.timesunion.com/7dayarchive/article/Discount-service-target-of-probe-15640345.php.

20   Toni Natalie with Chet Hardin, *The Program: Inside the Mind of Keith Raniere and the Rise and Fall of NXIVM* (New York: Grand Central Publishing, 2019), 20.

21   EJ Dickson, "How NXIVM Was the Ultimate Wellness Scam," *Rolling Stone*, October 8, 2019, https://www.rollingstone.com/culture/culture-features/nxivm-keith-raniere-wellness-scam-sex-cult-848439/.

22   Natalie, *The Program*, 19.

23   Barry Meier, "Once Idolized, Guru of Nxivm 'Sex Cult' to Stand Trial Alone," *New York Times*, May 1, 2019, https://www.nytimes.com/2019/05/01/nyregion/nxivm-keith-raniere-trial.html.

24   Natalie, *The Program*, 21.

25   Ibid.

26   Ibid., 27.

27   Odato and Gish, "In Raniere's Shadows."

28   Natalie, *The Program*, 36.

29   Kimberly Lawson, "Sleep Deprivation Can Be a Weapon in the Hands of an Abusive Partner," Vice, July 9, 2019, https://www.vice.com/en_us/article/3k3myn/sleep-deprivation-can-be-a-weapon-in-the-hands-of-an-abusive-partner.

30   Natalie, *The Program*, 59.

31   Ibid., 63.

32   Katie Heaney (as told to), "What It Was Like to Date a Cult Leader," The Cut, November 7, 2019, https://www.thecut.com/2019/11/what-it-was-like-to-date-a-cult-leader.html.

33   Taste of Reality, *Pinkshade* (podcast), Episode 34: "Exclusive: Toni Natalie, Keith Raniere's Ex-Girlfriend, On NXIVM," May 15, 2018 (17:40 mins.), https://radiopublic.com/pink-shade-6rVXLa/s1!76165..

34   Ibid., 84.

35   Michael Freedman, "Cult of Personality," *Forbes*, October 13, 2003, https://www.forbes.com/forbes/2003/1013/088.html#421b13041853.

36 Namkje Koudenburg, Tom Postmes, Ernestine H. Gordijn, and Aafkevan Mourik Broekman, "Uniform and Complementary Social Interaction: Distinct Pathways to Solidarity," *PLoS One* 10, no. 6 (2015), https://doi.org/10.1371/journal.pone.0129061.

37 Brendan J. Lyons, "Guilty Plea Ends Salzman's Long Allegiance to Raniere," *Albany Times Union*, March 15, 2019, updated March 21, 2019, https://www.timesunion.com/news/article/Guilty-plea-of-Salzman-ends-her-long-allegiance-13691433.php.

38 Kate Prengel, "Lauren Salzman: 5 Fast Facts You Need to Know," Heavy, April 2, 2019, https://heavy.com/news/2019/04/lauren-salzman/.

39 EJ Dickson, "'I Was in One Mode: Protect Keith': NXIVM Member Testifies About Naked Meetings, Group Sex, Dungeon Paddlings," *Rolling Stone*, May 21, 2019, https://www.rollingstone.com/culture/culture-features/lauren-salzman-nxivm-sex-slave-keith-raniere-testimony-trial-836547/.

40 Barbara Bouchey, "Barbara Bouchey Breaks Long Silence and Speaks Out About Commodities Losses and Other Raniere-Bronfman Matters," Frank Report, October 21, 2019, https://frankreport.com/2019/10/21/barbara-bouchey-breaks-long-silence-and-speaks-out-about-commodities-losses-and-other-raniere-bronfman-matters/.

41 Emanuella Grinberg and Sonia Moghe, "She Says She Dropped Out of School and Left Mexico to Join a Cult," CNN, May 24, 2019, https://www.cnn.com/2019/05/24/us/nxivm-trial-mexican-witness/index.html.

42 Natalie, *The Program*, 125.

43 Grinberg and Moghe, "She Says She Dropped Out of School."

44 Ibid.

45 Natalie, *The Program*, 126.

46 Sarah Berman, "'I Was Gone from the World and Nobody Noticed': One Woman's Story of Being Trapped by NXIVM," Vice, May 30, 2019, https://www.vice.com/en/article/evy58a/i-was-gone-from-the-world-and-nobody-noticed-one-womans-story-of-being-trapped-by-nxivm.

47 Nicole Chavez and Sonia Moghe, "6 Weeks of Testimony in Nxivm Case Reveal Lurid Details of Alleged Sex Cult, Including Branding Women and Holding Them Captive," CNN, updated June 16, 2019, https://www.cnn.com/2019/06/16/us/nxivm-keith-raniere-trial/index.html.

48 Amanda Ottaway, "Witness in Sex-Cult Trial Says She Was Held Captive for 2 Years," Courthouse News Service, May 31, 2019, https://www.courthousenews.com/witness-in-sex-cult-trial-says-she-was-held-captive-for-2-years/.

49 Michael Blackmon, "A Former NXIVM 'Cult' Member Says She and Her Two Sisters Had to Have Abortions After Sex with Keith Raniere," BuzzFeed News, May 28, 2019, https://www.buzzfeednews.com/article/michaelblackmon/nxivm-sex-cult-abortion-keith-raniere-sisters.

50 Lisette Voytko, "FBI: Nxivm's Leader Had 'Sex Slave' Cruise Tinder for Him," *Forbes*, June 6, 2019, https://www.forbes.com/sites/lisettevoytko/2019/06/06/fbi-nxivms-leader-had-sex-slave-cruise-tinder-for-him/#4993ded95962.

51   Robert Gavin, "Messages Suggest Girl Was 15 When Raniere Relationship Began," *Albany Times Union*, June 5, 2019, updated June 5, 2019, https://www.timesunion.com/news/article/Messages-suggest-Raniere-s-relationship-with-13939595.php.

52   Ibid.

53   Voytko, "FBI: Nxivm's Leader Had 'Sex Slave' Cruise Tinder for Him."

54   Andrews, "The Heiresses and the Cult."

55   Ibid.

56   Ibid.

57   Rozina Sabur, "Seagram Whisky Heiress Clare Bronfman Pleads Guilty to Role in Nxivm 'Sex Cult,'" *Telegraph*, April 20, 2019, https://www.telegraph.co.uk/news/2019/04/20/seagram-whisky-heiress-clare-bronfman-pleads-guilty-role-nxivm/.

58   Barry Maier, "The Journey of the 'Sex Cult' Heiress: From Reluctant Recruit to Criminal Defendant," *New York Times*, August 11, 2018, https://www.nytimes.com/2018/08/11/business/clare-bronfman-nxivm.html.

59   Ibid.

60   Andrews, "The Heiresses and the Cult."

61   Natalie, *The Program*, 147.

62   Freedman, "Cult of Personality."

63   Andrews, "The Heiresses and the Cult."

64   Natalie, *The Program*, 156.

65   Freedman, "Cult of Personality."

66   Ibid.

67   Natalie, *The Program*, 159, in ebook search: "dossier."

68   Andrews, "The Heiresses and the Cult."

69   Kent A. Kiehl and Morris B. Hoffman, "The Criminal Psychopath: History, Neuroscience, Treatment, and Economics," *Jurimetrics* 51 (2011): 374, https://www.ncbi.nlm.nih.gov/pmc/articles/PMC4059069/.

70   Beata Pastwa-Wojciechowska, "The Relationship of Pathological Gambling to Criminality Behavior in a Sample of Polish Male Offenders," *Medical Science Monitor* 17, no. 11 (2011), CR669-75, doi: 10.12659/MSM.882054.

71   Kiehl and Hoffman, "The Criminal Psychopath," 374.

72   Nicole Hong, "Clare Bronfman, Facing Sentencing, Refuses to Disavow 'Sex Cult' Leader," *New York Times*, September 28, 2020, updated October 27, 2020, https://www.nytimes.com/2020/09/28/nyregion/clare-bronfman-keith-raniere-nxivm-sentence.html.

73   Natalie, *The Program*, 128.

74   Ibid., 129.

75   Flavie Waters, Vivian Chiu, Amanda Atkinson, and Jan Dirk Blom, "Severe Sleep Deprivation Causes Hallucinations and a Gradual Progression Toward Psychosis with Increasing Time Awake," *Frontiers in Psychiatry* 9 (July 10, 2018): 303, https://

doi.org/10.3389/fpsyt.2018.00503.

76 Natalie, *The Program*, 129.

77 Scott Johnson and Rebecca Sun, "Her Darkest Role: Actress Allison Mack's Descent from 'Smallville' to Sex Cult," *Hollywood Reporter*, May 16, 2018, https://www.hollywoodreporter.com/features/how-smallvilles-allison-mack-went-actress-sex-cult-slaver-1112107.

78 Robert Gavin, "NXIVM Turned Lake George Resort into Annual Raniere Birthday Jamboree," *Albany Times Union*, May 10, 2019, https://www.timesunion.com/news/article/NXIVM-turned-Lake-George-resort-into-annual-13836853.php.

79 *20/20*, S40, E34, "Woman Recalls Being Branded as Part of Joining Secret Society; What Former NXIVM Members Say About Keith Raniere's Attitude Toward Women; How 'Smallville' Actress Became Involved in NXIVM," April 27, 2018, https://abc.com/shows/2020/episode-guide/2018-04/27-042718-nxivm (~20:00 mins.).

80 Josh Bloch, Kathleen Goldhar, Anita Elash, and Dave Pizer, "The Making of Vanguard: The Story of How NXIVM's Keith Raniere Went from Gifted Child to Self-Help Guru to Accused Sex-Cult Leader," CBC News, CBC Radio-Canada, September 12, 2018, https://newsinteractives.cbc.ca/longform/the-making-of-the-vanguard.

81 Elizabeth Hopper, "What Is the Mere Exposure Effect in Psychology? Why We Like Things We've Seen Before," ThoughtCo, updated December 13, 2019, https://www.thoughtco.com/mere-exposure-effect-4777824.

82 Johnson and Sun, "Her Darkest Role: Actress Allison Mack's Descent from 'Smallville' to Sex Cult."

83 Hopper, "What Is the Mere Exposure Effect in Psychology?"

84 Johnson and Sun, "Her Darkest Role."

85 Zack Sharf, "'Smallville' Star Allison Mack Reached Out to Emma Watson About Alleged Sex Cult," IndieWire, April 25, 2018, https://www.indiewire.com/2018/04/smallville-allison-mack-emma-watson-sex-cult-1201957138/.

86 Taryn Ryder, "How Did Smallville's Allison Mack Get Involved with a Sex Cult in the First Place?," HuffPost, May 18, 2018, https://www.huffpost.com/entry/how-did-smallvilles-allison-mack-get-involved-with-a-sex-cult-in-the-first-place n 5aff3222e4b0a046186b7fbb.

87 Ibid.

88 Susan Dones, "Susan Dones on the Record: A Detailed and Provocative Account from an EXpian [*sic*]," Frank Report, October 23, 2017, https://frankreport.com/2017/10/23/susan-dones-on-the-record-the-most-detailed-and-provocative/.

89 Frank Report, "NXIVM Cult Leader Keith Raniere Claims to Have Had People Killed," YouTube, December 6, 2015, https://youtu.be/HuStK6xg-7g ?t=212.

90 Sarah Edmondson, *Scarred: The True Story of How I Escaped NXIVM, the Cult That Bound My Life* (San Francisco: Chronicle Prism, 2019).

91 Ibid., 185.

92 Ibid.

93   Ibid.

94   Ibid.

95   Barry Maier, "Inside a Secretive Group Where Women Are Branded," *New York Times*, October 17, 2017, https://www.nytimes.com/2017/10/17/nyregion/nxivm-women-branded-albany.html.

96   Edmondson, *Scarred*.

97   *20/20*, "Woman Recalls Being Branded as Part of Joining Secret Society."

98   Vice News, "The Man Who Blew the Whistle on Alleged Sex Cult Inside NXIVM," YouTube, May 17, 2018, https://www.youtube.com/watch?v=wsoUjimrglE.

99   *Today*, "Actress Catherine Oxenberg Talks About Her Fight to Save Her 'Hijacked' Daughter," YouTube, November 2, 2017, https://www.youtube.com/watch?v=Gz9YKhZzzUQ.

100   Edmondson, *Scarred*.

101   Michael Blackmon, "The Founder of an Alleged Sex Cult Hid in a Walk-In Closet When Officials Raided His Mexican Villa to Arrest Him," BuzzFeed News, May 21, 2019, updated May 21, 2019, https://www.buzzfeednews.com/article/michaelblackmon/keith-raniere-closet-arrest-mexico-lauren-salzman.

102   Emily Saul and Lea Eustachewich, "Nxivm Leader Keith Raniere Hid in Closet to Avoid Arrest: Testimony," *New York Post*, May 21, 2019, https://nypost.com/2019/05/21/nxivm-leader-keith-raniere-hid-i-closet-to-avoid-arrest-testimony/.

103   EJ Dickson, "Keith Raniere, Head of NXIVM and Alleged Sex Cult, Found Guilty on All Counts," *Rolling Stone*, June 19, 2019, https://www.rollingstone.com/culture/culture-news/keith-raniere-nxivm-trial-guilty-all-counts-849967/.

104   Amanda Arnold, "NXIVM Member Admits to Enslaving Woman for Two Years," The Cut, April 2, 2019, https://www.thecut.com/2019/04/nxivm-enslaved-woman-locked-room-lauren-salzman.html.

105   Amanda Arnold, "The Most Disturbing Details from the NXIVM Sex-Cult Case," The Cut, May 7, 2019, https://www.thecut.com/2019/05/the-most-disturbing-details-from-the-nxivm-sex-cult-case.html.

106   Will Yakowicz, "Nxivm 'Sex Cult' Leader Posed as a Mentor for Women, But Was a Predatory 'Crime Boss,' Prosecutors Say," *Forbes*, May 7, 2019, https://www.forbes.com/sites/willyakowicz/2019/05/07/nxivm-sex-cult-leader-posed-as-a-mentor-for-women-but-was-a-predatory-crime-boss-prosecutors-say/.

107   Arnold, "The Most Disturbing Details."

108   Emily Saul and Lea Eustachewich, "Nxivm 'Slave Master' Describes Naked Group Meetings with Leader," *New York Post*, May 17, 2019, https://nypost.com/2019/05/17/nxivm-slave-master-describes-naked-group-meetings-with-leader/.

109   Sarah Berman, "The NXIVM 'Sex Cult' Story Keeps Getting More Disturbing," Vice, May 20, 2019, https://www.vice.com/en ca/article/evyb5j/the-nxivm-sex-cult-story-keeps-getting-more-disturbing.

110   EJ Dickson, "'I Was in One Mode: Protect Keith.'"

111　EJ Dickson, "Former Slave Describes Allison Mack's Alleged Abusive, Terrifying Behavior in Detail," *Rolling Stone*, June 10, 2019, https://www.rollingstone.com/culture/culture-features/nxivm-trial-allison-mack-sex-slave-nicole-abuse-keith-raniere-845830/.

112　Emily Saul, Lea Eustachewich, and Kate Sheehy, "Nxivm 'Slave' Gives Jurors Look Inside Alleged Sex Cult," *New York Post*, May 7, 2019, https://nypost.com/2019/05/07/nxivm-slave-gives-jurors-look-inside-alleged-sex-cult/.

113　Chavez and Moghe, "6 Weeks of Testimony in Nxivm Case."

114　Edward Helmore, "Nxivm Trial: Keith Raniere Found Guilty on All Counts in Sex Cult Case," *Guardian*, June 19, 2019, https://www.theguardian.com/us-news/2019/jun/19/nxivm-trial-keith-raniere-verdict-guilty-allison-mack.

115　Frank Parlato, "Federal Prisoner #57005-177—a/k/a Keith Alan Raniere a/k/a Vanguard—to Be Arraigned Today; What to Expect," Frank Report, April 13, 2018, https://frankreport.com/2018/04/13/raniere-to-be-arraigned-today-what-to-expect/.

제8장
탈주: 크레도니아 음웨린데와 하느님의 십계명 회복 운동

1　Bernard Atuhaire, *The Uganda Cult Tragedy: A Private Investigation* (London: Janus, 2003), xx.

2　Ibid., 6.

3　Ibid., 52.

제9장
현실 부정: 마셜 애플화이트와 천국문

1　Laura Barcella, "Heaven's Gate, 23 Years Later: Remembering 38 People Who Died with Cult Leader," *People*, March 26, 2020, https://people.com/crime/heavens-gate-22-years-later-remembering-lives-lost/.

2　John Holliman, "Applewhite: From Young Overachiever to Cult Leader," CNN, March 28, 1997, http:// www.cnn.com/US/9703/28/applewhite/index.html.

3　Mubarak Dahir, "Heaven's Scapegoat," *The Advocate*, no. 733, May 13, 1997, 35.

4　Marc Fisher and Sue Ann Pressley, "Crisis of Sexuality Launched Strange Journey," *Washington Post*, March 29, 1997, https://www.washingtonpost.com/archive/politics/1997/03/29/crisis-of-sexuality-launched-strange-journey/3709d9ff-51ec-4f50-a9cd-a45525d7ad8f/.

5　HeavensGateDatabase, "Student Exit Statements," YouTube, April 9, 2013, https://www.youtube.com/watch?v=wHz9it70TdI.

6　Robert Jay Lifton, Destroying the World to Save It (New York: Henry Holt, 1999), 307.

7　James Brooke, "Former Cultists Warn of Believers Now Adrift," *New York Times*, April 2, 1997, https://archive.nytimes.com/www.nytimes.com/library/national/0402mass-suicide-recruit.html.

8   C. G. Jung, *Flying Saucers: A Modern Myth of Things Seen in the Skies*, trans. R. F. C. Hull (Abingdon: Routledge Classics, 2002), 11.

9   Jaclyn Anglis, "The Twisted Story of the Heaven's Gate Cult—and Their Tragic Mass Suicide," All That's Interesting, November 14, 2021, updated December 1, 2021, https://allthatsinteresting.com/heavens-gate-cult.

10   Ibid.

11   Sam Harris, *Making Sense* (podcast), Episode 7: "Through the Eyes of a Cult," March 24, 2015 (10:00 mins.), https://www.samharris.org/podcasts/making-sense-episodes/through-the-eyes-of-a-cult.

12   Sam Harris, *Waking Up: A Guide to Spirituality Without Religion* (New York: Simon & Schuster, 2014) 164.

13   James Brooke, "For Cowboy in Cult, Long Ride into Sunset," *New York Times*, March 31, 1997, https://www.nytimes.com/1997/03/31/us/for-cowboy-in-cult-long-ride-into-sunset.html.

참고 문헌

제1장

수치: 찰스 맨슨과 패밀리

Bugliosi, Vincent, with Curt Gentry. *Helter Skelter: The True Story of the Manson Murders.* New York: Norton, 1974.

Guinn, Jeff. *Manson: The Life and Times of Charles Manson.* London: Simon & Schuster, 2013.

Heigl, Alex. "The Manson Murders, 45 Years Later." People.com, August 27, 2014. https://people.com/celebrity/manson-family-murders-45-years-later-2/.

Manson, Charles, and Nuel Emmons. *Manson in His Own Words.* New York: Grove Press, 1986.

Ng, Christina. "Charles Manson Denied Parole After Saying He Is a 'Very Dangerous Man.'" ABC News, April 10, 2012. https://abcnews.go.com/US/charles-manson-denied-parole-dangerous-man/story ?id=16111128.

People v. Manson, 61 Cal.App.3d 102 (Cal. Ct. App. 1976). https://casetext.com/case/people-v-manson-1.

Sanders, Ed. *The Family.* Berkeley, CA: Da Capo, 2002.

Statman, Alisa, with Brie Tate. *Restless Souls: The Sharon Tate Family's Account of Stardom, the Manson Murders, and a Crusade for Justice.* New York: It Books, 2013.

제2장

수치: 아돌포 데 헤수스 콘스탄소와 마약악마숭배파

Applebome, Peter. "Drugs, Death and the Occult Meet in Grisly Inquiry at Mexico Border." *New York Times*, April 13, 1989, sec. U.S. https://www.nytimes.com/1989/04/13/us/drugs-death-and-the-occult-meet-in-grisly-inquiry-at-mexico-border.html.

Barber, Nigel. "Why Cults Are Mindless: Mindless Obedience Keeps Religious Cults Together." *Psychology Today*, August 6, 2012. https://www.psychologytoday.com/za/blog/the-human-beast/201208/why-cults-are-mindless.

Bourbon-Galdiano-Montenegro, Carlos Antonio de. *Palo Mayombe: Spirits—Rituals—Spells.* Morrisville, NC: Lulu Press, 2011 (self-published).

Bovsun, Mara. "Spring Break Revelry Turns to Horror as Mexican Druglord Kills University of Texas Student in Sicko Human Sacrifice Voodoo Ritual." *New York Daily News*, March 21, 2015. https://www.nydailynews.com/news/crime/mexican-druglord-kills-college-student-sicko-ritual-article-1.2157613.

Garcia, Guy. "The Believers: Cult Murders in Mexico." *Rolling Stone* (website), June 29, 1989. https://www.rollingstone.com/culture/culture-features/the-believers-cult-murders-in-mexico-55577/.

Giannangelo, Stephen J. *The Psychopathology of Serial Murder: A Theory of Violence.* Westport:

Praeger Publishers, 1996.

González-Wippler, Migene. *The Complete Book of Spells, Ceremonies, and Magic*. St. Paul: Llewellyn Publications, 1978.

Gregoire, Carolyne. "The Real Connection Between Ambition and Mental Health." HuffPost, December 16, 2014. https://www.huffpost.com/entry/money-power-mental-health_n_6297946?1418762970=.

Greig, Charlotte. *Evil Serial Killers: In the Minds of Monsters*. London: Arcturus Publishing, 2006.

Mouradian, Vera E. "Abuse in Intimate Relationships: Defining the Multiple Dimensions and Terms." National Violence Against Women Research Center, 2000. https://mainweb-v.musc.edu/vawprevention/research/defining.shtml.

Rakovec-Felser, Zlatka. "Domestic Violence and Abuse in Intimate Relationship from Public Health Perspective." *Health Psychology Research* 2, no. 3(2014). https://doi.org/10.4081/hpr.2014.1821.

Ramsland, Katherine. *Inside the Minds of Serial Killers: Why They Kill*. Westport, CT: Praeger, 2006.

———. "Merging into Murder: Emotional Investment and Certain Mindsets Can Set Up Moral Meltdown." *Psychology Today*, September 3, 2021. https://www.psychologytoday.com/us/blog/shadow-boxing/202109/merging-murder.

———. "Partners in Crime." *Psychology Today*, July 1, 2014. https://www.psychologytoday.com/us/articles/201407/partners-in-crime.

Schiller, Dane. "Woman Called Priestess of Satanic Cult Says She's Changed: Inmate Has Served 15 Years in Prison in Mexico for Ritual Sacrifices of 13 People." SFGATE, March 28, 2004. https://www.sfgate.com/news/article/Woman-called-priestess-of-satanic-cult-says-she-s-2774267.php.

Singer, Margaret Thaler, and Marsha Emmer Addis. "Cults, Coercion, and Contumely." In *The Mosaic of Contemporary Psychiatry in Perspective*, edited by Anthony Kales, Chester M. Pierce, and Milton Greenblatt. New York: Springer, 1992, 130–42. https://doi.org/10.1007/978-1-4613-9194-4_13.

제3장
착취: 바그완 슈리 라즈니쉬

Birnstiel, Sheela, and Ma Anand Sheela. *Don't Kill Him: The Story of My Life with Bhagwan Rajneesh*. New Delhi: Fingerprint Publishing, 2013.

Carter, Lewis F. *Charisma and Control in Rajneeshpuram: The Role of Shared Values in the Creation of a Community*. Cambridge, UK: Cambridge University Press, 1990.

Moshakis, Alex. "What Do Near-Death Experiences Mean, and Why Do They Fascinate Us?" *Guardian*, March 7, 2021. https://www.theguardian.com/society/2021/mar/07/the-space-between-life-and-death.

Nagaraj, Anil Kumar Mysore. "Osho—Insights on Sex." *Indian Journal of Psychiatry* 55, supplement 2 (January 2013): S268–272. https://doi.org/10.4103/0019-5545.105549.

Oregon Experience: Rajneeshpuram. Season 7, episode 701. PBS. Aired November 19, 2012. https://www.pbs.org/video/oregon-experience-rajaneeshpuram/.

Osho. *Sex Matters: From Sex to Superconsciousness*. New York: St. Martin's, 2003.

Palmer, Susan J., and Frederick Bird. "Therapy, Charisma and Social Control in the Rajneesh Movement." *Sociology of Religion* 53, Special Issue (June 1, 1992): S71–S85. https://doi.org/10.2307/3711252.

Sarasohn, David. "Antelope's Last Stand." *New Republic*, April 12, 2018. https://newrepublic.com/article/147876/antelopes-last-stand.

Stork, Jane. *Breaking the Spell: My Life as a Rajneeshee, and the Long Journey Back to Freedom*. Sydney: Macmillan Australia, 2009.

Urban, Hugh B. *Zorba the Buddha: Sex, Spirituality, and Capitalism in the Global Osho Movement*. Oakland: University of California Press, 2016.

Way, Maclain, and Chapman Way. *Wild Wild Country*. Netflix docuseries, 2018.

Wright, Charles. *Oranges & Lemmings: The Story Behind Bhagwan Shree Rajneesh*. Richmond, Victoria, Australia: Greenhouse Publications, 1985.

Zaitz, Les. "25 Years After Rajneeshee Commune Collapsed, Truth Spills Out—Part 1 of 5." *Oregonian*, April 14, 2011, updated February 5, 2019. https://www.oregonlive.com/rajneesh/2011/04/part_one_it_was_worse_than_we.html.

제4장
착취: 짐 존스와 인민사원

Bebelaar, Judy, and Ron Cabral. *And Then They Were Gone: Teenagers of Peoples Temple from High School to Jonestown*. Berkeley, CA: Minuteman, 2018.

Mitchell, Dawn, and Michael Jesse. "Retro Indy: Jim Jones and the People's Temple in Indianapolis." *IndyStar*, November 18, 2013, updated November 18, 2019. https://www.indystar.com/story/news/history/retroindy/2013/11/18/peoples-temple/3634925/.

Fondakowski, Leigh. *Stories from Jonestown*. Minneapolis: University of Minnesota Press, 2013.

Gritz, Jennie Rothenberg. "Drinking the Kool-Aid: A Survivor Remembers Jim Jones." *Atlantic*, November 18, 2011. https://www.theatlantic.com/national/archive/2011/11/drinking-the-kool-aid-a-survivor-remembers-jim-jones/248723/.

Guinn, Jeff. *The Road to Jonestown: Jim Jones and Peoples Temple*. Illustrated edition. New York: Simon & Schuster, 2017.

"Jonestown." FBI Records: The Vault. Collection, 1978–1979. https://vault.fbi.gov/jonestown/jonestown.

Kilduff, Marshall, and Phil Tracy, "Inside Peoples Temple," *New West* magazine, August 1, 1977.

Klineman, George, Sherman Butler, and David Conn. *The Cult That Died: The Tragedy of Jim Jones and the Peoples Temple*. New York: Putnam, 1980.

Mahaffie, Michael. *605 Adults 304 Children*. Vimeo.com, 2018. https://

vimeo.com/373653092.

Mailman, Erika. "What Happened After Jonestown?" *Rolling Stone*, November 16, 2018. https://www.rollingstone.com/culture/culture-features/jonestown-jim-jones-bodies-memorial-756320/.

Naipaul, Shiva. *Black & White*. London: Hamish Hamilton, 1980.

Reiterman, Tim, with John Jacobs. *Raven: The Untold Story of the Rev. Jim Jones and His People*. New York, Jeremy P. Tarcher/Penguin, 1982.

Scheeres, Julia. *A Thousand Lives: The Untold Story of Hope, Deception, and Survival at Jonestown*. Reprint edition. New York: Free Press, 2011.

제5장
가학성: 로크 테리오와 개미 언덕 아이들

Bovsun, Mara. "Canadian 'Messiah' Formed Horrifying Doomsday Cult After Ulcer Surgery Left Him with Chronic Pain." *New York Daily News*, February 4, 2018. https://www.nydailynews.com/news/crime/canadian-messiah-formed-doomsday-cult-ulcer-problems-article-1.3797931.

"Cult Leader Roch Theriault Killed in N.B. Prison." CTVNews, February 27, 2011. https://www.ctvnews.ca/cult-leader-roch-theriault-killed-in-nb-prison-1.612633.

Ford, Laura Grace. *Savage Messiah*. New York: Verso, 2011.

Kaihla, Paul, Ross Laver, Ann McLaughlin, and Barry Came. "The Ant Hill Kids." *Maclean's*, February 8, 1993. https://archive.macleans.ca/article/1993/2/8/the-ant-hill-kids.

McPadden, Mike. "Roch Thériault: The Horrifying Savagery (& Home Surgery) of Canada's Most Violent Cult Leader." ID Crimefeed, September 28, 2017. https://www.investigationdiscovery.com/crimefeed/murder/roch-theriault-the-horrifying-savagery-home-surgery-of-canadas-most-violent-cult-leader.

Palmer, Susan, Martin Geoffroy, and Paul L. Gareau, eds. *The Mystical Geography of Quebec: Catholic Schisms and New Religious Movements*. Cham, Switzerland: Palgrave Macmillan, 2020.

Thompson, Emily G. *Cults Uncovered: True Stories of Mind Control and Murder*. New York: DK Publishing, 2020.

Vandonk, Todd. "Behind the Crimes: Murder, Mutilation, Abuse Part of Life at Ant Hill Kids Commune." Toronto.com, September 10, 2020. https://www.toronto.com/news-story/10148519-behind-the-crimes-murder-mutilation-abuse-part-of-life-at-ant-hill-kids-commune/.

제6장
과대망상: 데이비드 코레시와 다윗가지파

Activities of Federal Law Enforcement Agencies Toward the Branch Davidians (Part 1). Joint Hearings Before the Subcommittee on Crime of the Committee on the Judiciary, House of Representatives, and the Subcommittee on National Security, International Affairs,

and Criminal Justice of the Committee on Government Reform and Oversight, One
    Hundred Fourth Congress, First Session, July 19, 20, 21, and 24, 1995. Committee
    on the Judiciary Serial No. 72. Washington, DC: U.S. Government Printing Office,
    1996, 221. https://books.google.com/books/about/Activities of Federal Law
    Enforcement Ag.html ?id=qisLLk7GOQC&printsec=frontcover&source=kp read
    button&hl=en&newbks=1&newbks redir=0#v=onepage&q&f=false.

Benson, Eric. "The Branch Davidians: The FBI Agent Who Can't Stop Thinking About
    Waco." *Texas Monthly*, April 2018. https://www.texasmonthly.com/articles/fbi-agent-
    cant-stop-thinking-waco/.

Gladwell, Malcolm. "Sacred and Profane: How Not to Negotiate with Believers." *New Yorker*,
    March 24, 2014. https://www.newyorker.com/magazine/2014/03/31/sacred-and-
    profane-4.

Mitra, Debkumar. "Following Cult Followings: Why the Crisis Is Omnipresent in India."
    Economic Times, August 27, 2017. https://economictimes.indiatimes.com/blogs/et-
    commentary/following-cult-followings-why-the-crisis-is-omnipresent-in-india/.

Murray, Evan D., Miles G. Cunningham, and Bruce H. Price. "The Role of Psychotic Disorders
    in Religious History Considered." *Journal of Neuropsychiatry and Clinical Neurosciences*
    24, no. 4 (October 1, 2012). https://doi.org/10.1176/appi.neuropsych.11090214.

Newport, Kenneth G. C. *The Branch Davidians of Waco: The History and Beliefs of an
    Apocalyptic Sect*. New York: Oxford University Press, 2006.

Thibodeau, David, Leon Whiteson, and Aviva Layton. *Waco: A Survivor's Story*. New York:
    Hachette Books, 2018.

"Waco Siege." Britannica.com. Accessed January 14, 2020. https://www.britannica.com/
    event/Waco-siege.

Wessinger, Catherine. "The Deaths of 76 Branch Davidians in April 1993 Could Have Been
    Avoided—So Why Didn't Anyone Care?" The Conversation, April 13, 2018. https://
    theconversation.com/the-deaths -of-76-branch-davidians-in-april-1993-could-have-
    been-avoided-so -why-didnt-anyone-care-90816.

제7장
가학성: 키스 라니에르와 넥시움

Andrews, Suzanna. "The Heiresses and the Cult." *Vanity Fair*, October 13, 2010. https://
    www.vanityfair.com/culture/2010/11/bronfman-201011.

Arnold, Amanda. "NXIVM 'Sex Slave' Gives Harrowing Testimony in Court." The Cut, May 9,
    2019. https://www.thecut.com/2019/05/nxivm-sex-slave-gives-testimony-in-court-
    against-raniere.html.

Berman, Sarah. "The NXIVM 'Sex Cult' Story Keeps Getting More Disturbing." Vice, May
    30, 2019. https://www.vice.com/en/article/evyb5j/the-nxivm-sex-cult-story-keeps-
    getting-more-disturbing.

"Cult of Personality." *Forbes*, October 13, 2003. https://www.forbes.com/
    forbes/2003/1013/088.html ?sh=483fdd221853.

Dickson, EJ. "How NXIVM Was the Ultimate Wellness Scam." *Rolling Stone* (website), October 8, 2019. https://www.rollingstone.com/culture/culture -features/nxivm-keith-raniere-wellness-scam-sex-cult-848439/.

Edmondson, Sarah. *Scarred: The True Story of How I Escaped NXIVM, the Cult That Bound My Life*. San Francisco: Chronicle Prism, 2019.

Grigoriadis, Vanessa. "Inside Nxivm, the 'Sex Cult' That Preached Empowerment." *New York Times Magazine*, May 30, 2018. https://www.nytimes.com/2018/05/30/magazine/sex-cult-empowerment-nxivm-keith-raniere.html.

Grinberg, Emanuella, and Sonia Moghe. "She Says She Dropped Out of School and Left Mexico to Join a Cult." CNN, May 24, 2019. https://www.cnn.com/2019/05/24/us/nxivm-trial-mexican-witness/index.html.

Heaney, Katie (as told to). "What It Was Like to Date a Cult Leader." The Cut, November 7, 2019. https://www.thecut.com/2019/11/what-it-was-like-to-date-a-cult-leader.html.

Johnson, Scott, and Rebecca Sun. "Her Darkest Role: Actress Allison Mack's Descent from 'Smallville' to Sex Cult." *Hollywood Reporter*, May 16, 2018. https://www.hollywoodreporter.com/tv/tv-features/how-smallvilles-allison-mack-went-actress-sex-cult-slaver-1112107/.

Meier, Barry. "Once Idolized, Guru of Nxivm 'Sex Cult' to Stand Trial Alone." *New York Times*, May 1, 2019. https://www.nytimes.com/2019/05/01/nyregion/nxivm-keith-raniere-trial.html.

———. "The Journey of the 'Sex Cult' Heiress: From Reluctant Recruit to Criminal Defendant." *New York Times*, August 11, 2018. https://www.nytimes.com/2018/08/11/business/clare-bronfman-nxivm.html.

Natalie, Toni, and Chet Hardin. *The Program: Inside the Mind of Keith Raniere and the Rise and Fall of NXIVM*. New York: Grand Central Publishing, 2019.

"NXIVM: Gina Melita's Story." *Albany Times Union*, YouTube, April 22, 2019. https://youtu.be/YWJcMMgXNmw?t=53.

Odato, James M. "A Split from NXIVM." *Albany Times Union*, May 10, 2014, updated May 12, 2014. https://www.timesunion.com/local/article/A-split-from-NXIVM-5468731.php.

Odato, James M., and Jennifer Gish. "In Raniere's Shadows." *Albany Times Union*, February 18, 2012, updated February 22, 2012. https://www.timesunion.com/local/article/In-Raniere-s-shadows-3341644.php.

Ringwald, Christopher. "Discount Service Target of Probe Pyramid Scheme Alleged." *Albany Times Union*, May 21, 1992. https://culteducation.com/group/907-nxivm/6023-discount-service-target-of-probe-pyramid-scheme-alleged.html.

Waters, Flavie, Vivian Chiu, Amanda Atkinson, and Jan Dirk Blom. "Severe Sleep Deprivation Causes Hallucinations and a Gradual Progression Toward Psychosis with Increasing Time Awake." *Frontiers in Psychiatry* 9 (July 10, 2018): 303. https://doi.org/10.3389/fpsyt.2018.00303.

Xiao, Bowen. "Delving into the Childhood of NXIVM's Leader." *Epoch Times*, May 28, 2018, updated May 30, 2018. https://www.theepochtimes.com/exclusive-delving-into-the-childhood-of-nxivms-leader 2540043.html.

제8장
탈주: 크레도니아 음웨린데와 하느님의 십계명 회복 운동

Atuhaire, Bernard. *The Uganda Cult Tragedy: A Private Investigation*. London: Janus Publishing, 2003.

Behrend, Heike. "Salvation and Terror in Western Uganda. The Movement for the Restoration of the Ten Commandments of God." *Bulletin des Séances/Mededelingen der Zittingen. Royal Academy of Overseas Sciences* 47, supplement (2001): 77–96. http:// www.kaowarsom.be/documents/BULLETINS MEDEDELINGEN/2001-SUPPLEMENT.pdf.

Borzello, Anna. "The Zealot Who Ran Uganda's Killer Cult." *Guardian*, March 29, 2000. https://www.theguardian.com/world/2000/mar/30/2.

Cauvin, Henri E. "Fateful Meeting Led to Founding of Cult in Uganda." *New York Times*, March 27, 2000. https://www.nytimes.com/2000/03/27/world/fateful-meeting-led-to-founding-of-cult-in-uganda.html.

Fisher, Ian. "Exploring the Deadly Mystique Surrounding a Uganda Cult." *New York Times*, April 1, 2000. https://archive.nytimes.com/www.nytimes.com/library/world/africa/040200uganda-cult-deaths.html.

"Priestess of Death." *Newsweek*, August 13, 2000. https://www.newsweek.com/priestess-death-159015.

Reid, Richard J. *A History of Modern Uganda*. Cambridge, UK: Cambridge University Press, 2017.

Ward, Kevin. "A History of Christianity in Uganda." Dictionary of African Christian Biography. https://dacb.org/histories/uganda-history-christi anity/.

Zimdars-Swartz, Sandra L. *Encountering Mary: From La Salette to Medjugorje*. Princeton, NJ: Princeton University Press, 2014.

제9장
현실 부정: 마셜 애플화이트와 천국문

Bearak, Barry. "Eyes on Glory: Pied Pipers of Heaven's Gate." *New York Times*, April 28, 1997. https://www.nytimes.com/1997/04/28/us/eyes-on-glory-pied-pipers-of-heaven-s-gate.html.

Evans, Claire L. "Higher Source: The Immortal Web Design of the Suicide Cult 'Heaven's Gate.'" Vice, April 2, 2014. https://www.vice.com/en/article/pgapzy/heavens-gate-web-designers-higher-source-suicide-cult.

Galanter, Marc. *Cults: Faith, Healing, and Coercion*. New York: Oxford University Press, 1999.

"Heaven's Gate Cult Members Found Dead." History, February 9, 2010, updated March 24, 2021. https://www.history.com/this-day-in-history/heavens-gate-cult-members-found-dead.

Lane, Justin E. "UFO Cults." In *Encyclopedia of Sciences and Religions*, edited by Anne L. C. Runehov and Lluis Oviedo. Dordrecht: Springer Netherlands, 2013, 2317–20. https://doi.org/10.1007/978-1-4020-8265-8 1498.

Lewis, James R., ed. *Encyclopedic Sourcebook of UFO Religions*. Amherst, NY: Prometheus Books, 2003.

Lewis, James R., and Jesper Aagaard Petersen, eds. *Controversial New Religions*. New York: Oxford University Press, 2004.

Raine, Susan. "Reconceptualising the Human Body: Heaven's Gate and the Quest for Divine Transformation." *Religion* 35, no. 2 (April 2005): 98–117. https://doi.org/10.1016/j.religion.2005.06.003.

Robinson, Wendy Gale. "Heaven's Gate: The End." *Journal of Computer-Mediated Communication* 3, no. 3 (December 1, 1997). https://doi.org/10.1111/j.1083-6101.1997.tb00077.x.

Wessinger, Catherine. *How the Millennium Comes Violently: From Jonestown to Heaven's Gate*. New York: Seven Bridges Press, 2000.

Zeller, Ben. "What the Heaven's Gate Suicides Say about American Culture." The Conversation, March 24, 2017, updated December 4, 2020. http://theconversation.com/what-the-heavens-gate-suicides-say-about-american-culture-74343.